U0807969

福建省文物局　主编

福建文物考古报告Ⅶ

# 闽江下游流域史前遗址考古调查与研究

福建省昙石山遗址博物馆　编著

科 学 出 版 社

北 京

# 内 容 简 介

本书是福建省昙石山遗址博物馆对2011～2016年期间开展的“闽江下游流域史前遗址考古调查与研究”课题成果的集中展现。其内容不仅包涵了截至目前对该区域新石器时代至青铜时代遗址最新最全的调查、勘探及发掘资料，而且在立足于对20世纪50年代以来所累积研究成果的梳理和比较的基础上，较为全面地揭示了本区域诸史前文化时期遗址分布的特点，进一步完善了对该区域史前文化面貌、人地关系及年代序列等重要问题的认识。此外，本书还为福建史前海洋文化、闽台交流以及南岛语族起源的研究提供了丰富的原始资料和研究线索。

本书适合于文物考古工作者及地方史研究者参考、阅读。

**图书在版编目（CIP）数据**

闽江下游流域史前遗址考古调查与研究 / 福建省昙石山遗址博物馆编著. —北京：科学出版社，2018. 5
（福建文物考古报告；Ⅶ）
ISBN 978-7-03-057270-7

Ⅰ. ①闽… Ⅱ. ①福… Ⅲ. ①新石器时代文化—文化遗址—调查研究—福建 Ⅳ. ①K878.04

中国版本图书馆CIP数据核字（2018）第083446号

责任编辑：雷 英 刘 能 / 责任校对：邹慧卿
责任印制：肖 兴 / 封面设计：美光设计

科学出版社出版
北京东黄城根北街16号
邮政编码：100717
http://www.sciencep.com

中国科学院印刷厂 印刷
科学出版社发行 各地新华书店经销
*
2018年5月第 一 版 开本：889×1194 1/16
2018年5月第一次印刷 印张：25 1/2 插页：8
字数：725 000

**定价：280.00元**

（如有印装质量问题，我社负责调换）

## 课题单位

福建省文物局

福建省昙石山遗址博物馆

## 顾　问

郑国珍　傅柒生　林恭务　李国庆

## 编委会

董　平　姚　田　吴　卫　王有为　林瑞明

陈仕桦　朱燕英　王银平　陈捷寅　陈美祥

陈　蓉　上官建基

## 主　编

董　平

## 编　撰

吴　卫　王有为　朱燕英　王银平　林凤英

肖　凡　林海南

# 序

福建历史悠久，文化多元，文物鼎盛。21世纪初，福建省文物局将“福建青铜时代遗址考古”项目纳入《福建省“十一五”文化发展专项规划》。该项目的设想是利用我省文物考古工作者的力量，有组织、有计划地开展对福建各流域的文物考古调查，逐步积累田野考古资料，以期建立起福建史前考古的区系类型框架，廓清历史本来的面目。

闽之山，何苍苍；闽之水，何泱泱。闽江是我省最大的独流入海河流，全长562千米，流域面积6万余平方千米，占全省总面积的近二分之一，流域内人口占全省总人口的三分之一。早在旧石器时代，就有人类在闽江上游流域繁衍生息，位于三明市的万寿岩遗址即为这一时期的重要见证。进入新石器时代以后，闽江流域的史前文化聚落分布更为广泛，并因地理环境的不同而演变成北部以山地文化为特点和东部以海洋文化为特点的两大区系，后者所涵盖的范围即以闽江下游流域为中心。

为了摸清闽江下游流域史前文化遗址的分布情况，福建省昙石山遗址博物馆申报并承担了“闽江下游流域史前遗址考古调查与研究”课题。该课题的野外调查工作自2011年6月启动，结束于2015年9月。涉及10个县（市）、区，不仅完整覆盖了整个闽江下游流域，还对中游的古田溪流域进行了调查。除了对原有的遗址点进行复查外，还新发现了151处遗址点，并对5处濒临破坏的遗址进行了考古勘探或抢救性发掘，获得了一批重要的实物资料，不仅丰富了对本区域史前文化面貌及内涵的认识，更为今后开展更深入的研究提供了重要线索。在一定意义上来说，《闽江下游流域史前遗址考古调查与研究》填补了一个长期存在的学术空白，特别是对福建史前考古领域的研究和探索而言，具有重要意义。同时，对推进我省文物考古事业繁荣发展也具有较大的作用。概言之有以下几点。

首先，闽江下游流域是福建考古事业的滥觞之地。1954年昙石山遗址第一次发掘是我省考古史上首次科学的考古发掘活动，而后以该遗址命名的昙石山文化则是我省首个被学界认定的考古学文化。半个多世纪以来，围绕着对昙石山文化的研究，闽江下游流域一直是福建史前考古最活跃、成果最丰富的区域之一，一代又一代的考古工作者在此学习、锻炼、成长，不少佼佼者成为福建考古事业的中坚力量。

其次，闽江下游流域是福建史前海洋文化研究的中心。目前我省唯一建立起新石器时代至青铜时代考古学文化较完整序列的仅有闽江下游流域。不仅如此，距今约6500年的平潭壳丘头文化是我省目前已知最早的新石器时代文化，以此为起始，本区域内诸时期考古学文化都具有浓厚的海洋性特点。除了以海贝、海鱼为主要食物，以贝壳、鱼骨为原料制作工具等基本的要素外，更为重要的是史前航海活动也在兴起，不仅往来于沿海岛屿，甚至航向遥远的南太平洋。所有这些构成了福建史前海洋文化的丰富内涵。

再次，闽江下游流域是闽台史前文化交流研究的重要前沿。闽江下游流域与宝岛台湾早在新石器时代就形成了密切的文化联系，最早期的壳丘头文化与同时期台北的大坌坑文化，二者文化面貌的诸多相似点已表明它们具有共同的来源，其可追溯的历史已远远超过了史书记载的时间。在此之后直至青铜时代，两地之间的文化传播和交流始终在持续进行，这一点已有大量考古资料可以佐证。

最后，闽江下游流域是探索南岛语族起源的关键区域。自从20世纪80年代张光直先生提出了南岛语族起源于中国大陆以闽粤为中心的东南沿海的理论并迅速在国际学术界取得了广泛认同之后，在上述地区开展的研究活动至今方兴未艾。作为福建史前海洋文化的中心区，闽江下游流域必然成为探索南岛语族起源的重要区域之一。

“闽江下游流域史前遗址考古调查与研究”调查结束之后，即于2016年开始转入室内资料整理和该书的编撰工作，期间召开了两次书稿论证会。于2017年5月形成《闽江下游流域史前遗址考古调查与研究》专题报告。自2011年以降的6年多时光里，福建省昙石山遗址博物馆的业务人员不管是在野外调查顶风沐雨、跋山涉水、披荆斩棘，还是在室内埋头苦干、挑灯夜读、寂寞冷清，都能无怨无悔、孜孜不倦，表现出文物考古人的敬业态度，其执着精神值得嘉许点赞。一分耕耘一分收获，“闽江下游流域史前遗址考古调查与研究”终于如见花开，结出了累累硕果；更为可喜的是，课题人员业务能力得到了显著提高，助力全省文物考古队伍茁壮成长。相信在不久的将来，经过全省文物考古工作者的不懈努力，福建史前发展的历史脉络和框架将会清晰地展示在大众面前。

该书是继《福建晋江流域考古调查与研究》之后，我省文物考古界出版的第二部流域考古调查专题报告。可喜可贺！

是为序。

傅柒生

福建省文物局局长、研究员

2017 年秋

# 目　录

# 插 图 目 录

# 插表目录

# 图 版 目 录

# 第一章　绪　　言

## 第一节　闽江下游流域自然环境概况①

福建地处我国东南沿海，北与浙江、西与江西、南与广东接壤，东临台湾海峡，面向太平洋。总体地貌为由西向东倾斜，呈逐级下降的趋势，山地、丘陵、台地、平原、港湾、半岛和岛屿构成了复杂多样的地貌特点（图 1-1）。

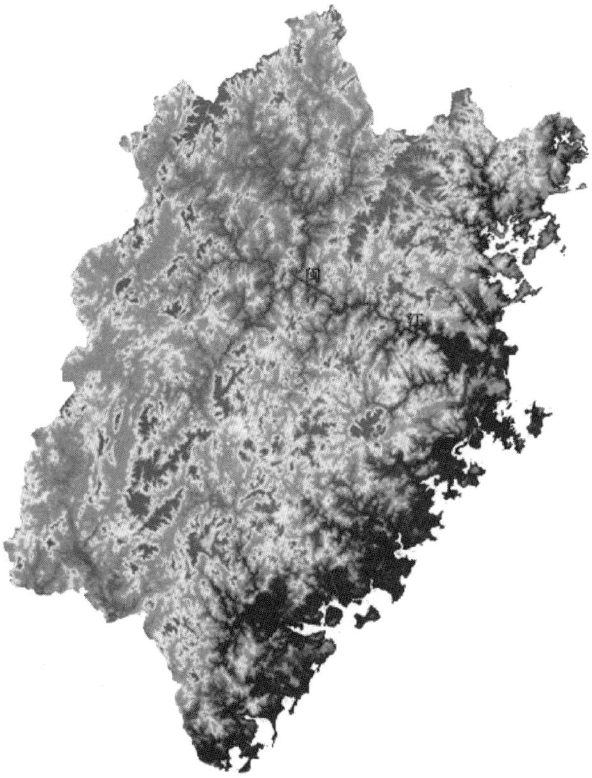

图 1-1　福建省地形图

闽江是福建省最大独流入海（东海）的河流，也是中国东南沿海的最大河流，位于东经 116°23′～119°35′，北纬 25°23′～28°16′，流经 38 个县、市（含浙江省庆元、龙泉两县），全长 562 千米，流域面积 60 992 平方千米，其中福建省境内 59 922 平方千米，约占福建全省面积的一半，人口总数的三分之一。

闽江主流上源为沙溪的水茜溪，发源于武夷山脉建宁县均口镇台田村严峰山西南坡。水茜溪至宁化县城东纳入武义溪转向南，东流入九龙溪。九龙溪至永安与文川溪汇合称沙溪，流经沙溪口称西溪，到南平双剑潭以下称闽江。闽江是一条山区性河流，其特点是两岸多高山峡谷，溪流密布，流程短促，河道坡降大，河床岩石裸露，滩多流急，流经山间盆地则形成宽谷，两者相间排列，呈串珠状。

闽江在南平双剑潭以上称上游，除以沙溪为干流外，还有富屯溪和建溪。三溪在南平汇合，流域

① 福建省地方志编纂委员会：《福建省志·地理志》，方志出版社，2001 年。

面积共计41 922平方千米，占全流域的68.7%。上游主要在三明市，主要流经建宁县、明溪县、宁化县、清流县、永安市、三元区、梅列区、沙县，以及南平市延平区。

闽江中游是指南平到安仁溪口的峡谷河段，主要在宁德市古田县境内。这一段闽江横切鹫峰山-戴云山脉形成峡谷，长达97千米，比降在0.5‰，是福建省最长的河曲深切大峡谷。河谷狭窄，滩多流急。其最大支流是尤溪，其次为古田溪。两溪流域面积共计7230平方千米，占全流域的11.9%。

安仁溪口到闽江口为下游，长度约113.7千米。河床比降小，在0.1‰以下，河水流速缓慢，沉积作用占优势，河床由中游的岩床转为沙床为主。下游除了几小段峡谷外，大部分属于河漫滩曲流型河流（图1-2、图1-3）。

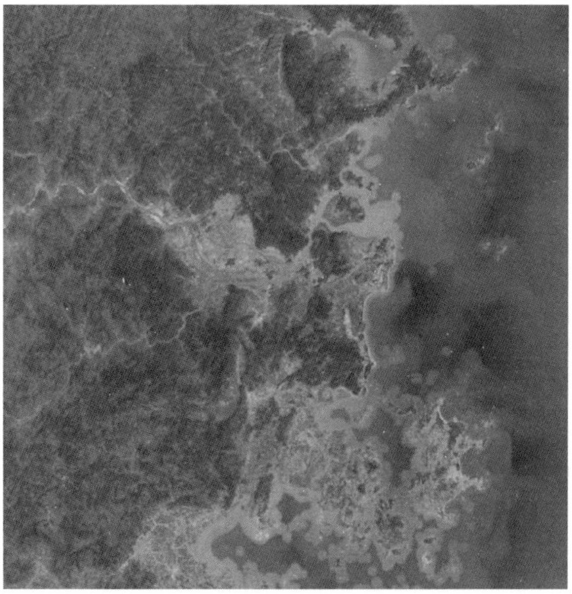

图1-2　闽江下游流域卫星地图

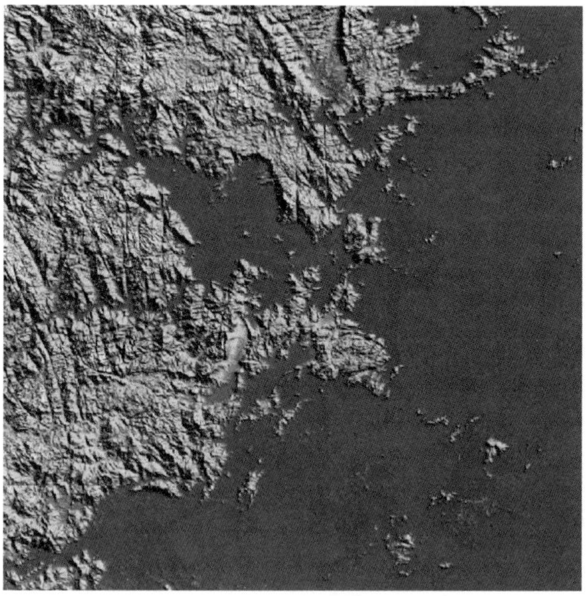

图1-3　闽江下游流域高程图

安仁溪口至侯官（闽侯县上街镇）河段长55千米，流经闽清县、闽侯县；侯官至长门河段长59千米，流经仓山区、鼓楼区、台江区、马尾区、长乐市、连江县。闽江在侯官处开始分汊，北支穿过福州市区至马尾港称北港；南支绕南台岛南侧，至江口接纳大樟溪后出峡兜至马尾称南港（乌龙江）。南、北港汇合后折向东北，再穿过闽安峡谷（河宽由1.7千米再次缩窄为0.6千米）至亭江又分两支：南支梅花水道绕琅岐岛南侧至梅花镇入海；北支长门，其中被岛屿分割为四支，即乌猪水道、熨斗水道、川石水道和壶江水道分流入海。

闽江下游主要支流为大樟溪，其次为起步溪。大樟溪在闽江干流南侧，发源于戴云山（德化县赤水乡），源头为国宝溪。德化至南埕称浐溪，南埕以下称大樟溪，有后亭溪、潼关溪等汇入；至闽侯县江口注入闽江下游南港，大樟溪流域面积4843平方千米，河长234千米，河道平均坡降2.1‰。起步溪发源于罗源县北部飞仙岩山，由西向东流经洪洋、起步、凤山注入罗源湾，全长28.6千米，流域面积222.48平方千米。主要支流有护国溪和南门溪。

闽江下游流域在福州市境内，干流流经闽清县、闽侯县、仓山区、台江区、马尾区、长乐市、连江县，支流流经福清、罗源、平潭区和永泰县（图 1-4）。

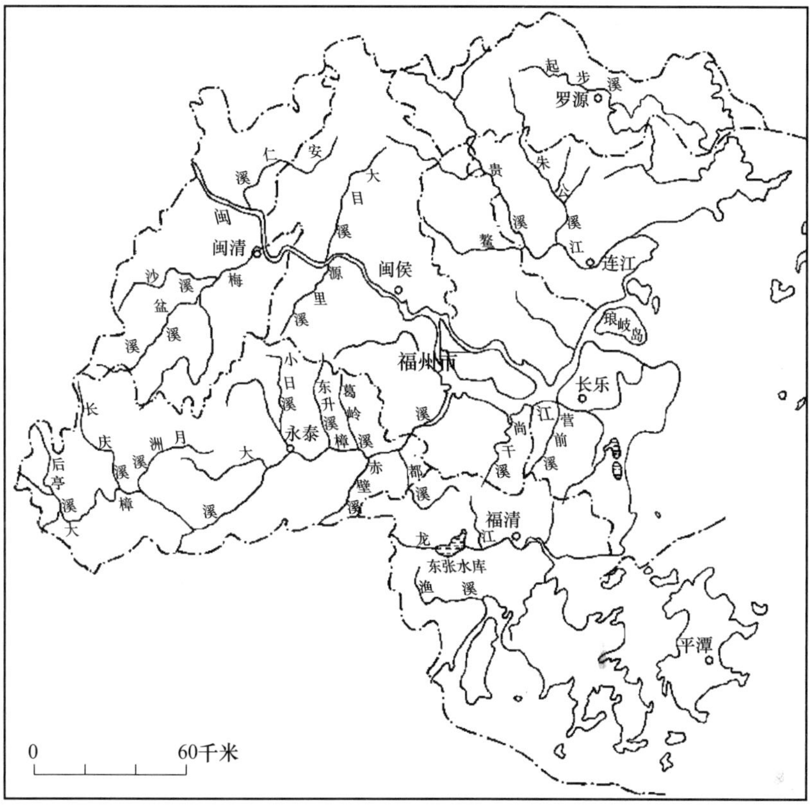


图 1-4　闽江下游流域水系图

在地貌分区方面，福建地貌总体分为闽西区、闽中区和闽东沿海区 3 个一级地貌区和 12 个二级地貌区。闽江下游流域地跨闽中区和闽东沿海区 2 个一级地貌区。闽江中游丘陵、河谷平原区，闽东北滨海高丘、岛屿区和闽东中部沿海丘陵、台地、平原区 3 个二级地貌区。其总体特征为背山面海，西北高东南低，呈阶梯式下降趋势。西部以高丘为主，其次是河谷平原，丘陵零星分布于高丘前缘。东部以高丘、丘陵、台地、平原为主，低丘和山地呈零星分布。水系发育，海积 - 冲积平原、盆谷平原、河谷平原沿河流分布，台地分布广泛，土壤深厚肥沃，河网发育，热量资源丰富，利于发展渔业和农业。

从行政区划上来看，闽江下游流域基本上包含整个福州市，地理位置介于北纬 25° 15′ ～26° 39′，东经 118° 08′ ～120° 31′，辖鼓楼、台江、仓山、晋安、马尾 5 个区和福清、长乐、闽侯、闽清、连江、永泰、罗源、平潭 8 个县（市）[①]。

本区域气候类型为南亚热带海洋性季风气候和中亚热带海洋性季风气候。境内气候暖热湿润，夏

① 2013 年 7 月，平潭综合实验区成立，成为福建省直管的地级行政管理区。平潭县与综合实验区实行“政区合一”的管理体制。

长冬短，霜冻少，作物生长期长。除海拔较高的山地外，大部分地区的无霜期都在300天以上，最冷月气温在10℃左右，最热月气温在28℃左右，南部低海拔地区作物生长期可达全年。境内盛行风向的季节更替明显。境内冬季主吹来自大陆的偏北风，夏季以来自海上的偏南风为主，这样风向的季节变化，对全区的气温、湿度、降水及其他天气现象均有影响。境内除了受季风影响外，也受海洋气流的影响，从而表现出一定的海洋性气候特征。

## 第二节　本次调查的缘起及开展

### 一、调查的缘起

闽江下游流域是福建省最早开展考古研究活动的区域，同时也是福建省史前海洋文化及南岛语族起源研究的重点区域。自20世纪50年代以来，历经学界半个多世纪孜孜以求的研究和探索，目前已基本完成了本区域内史前文化序列框架的构建。但毋庸讳言的是，尽管在本区域内先后进行过多次文物普查及调查活动，发现了为数不少的史前遗址点，但始终缺乏一次系统、全面且有针对性的专题性考古调查活动，早期调查获得的相关遗址点资料信息也大多未经整理和完善。如此一来造成的主要问题是：尽管对本区域内史前文化序列的认识已基本形成，但对各时期遗址的分布特点、扩散情况等仍然没有一个比较清晰的答案。此外对本区域内诸史前文化之间的交替变迁、与周边区域的交流情况如何，以及对黄土仑文化后期的文化内涵的认识等也语焉不详。造成上述问题的关键症结就在于现有遗址点资料不完善，对本区域诸史前文化的时空分布情况尚无全面的了解。从而成为对本区域乃至对整个福建史前海洋文化进行更为深入的研究的瓶颈。为解决这个问题，就需要在前人研究工作的基础上继续加以补充完善，扩大成果。在福建省文物局的大力支持下，由福建省昙石山遗址博物馆承担此次“闽江下游流域史前遗址考古调查与研究”课题任务，并于2011年5月底正式启动。

### 二、方案的设计和开展情况

本次调查以闽江下游流域新石器时代至青铜时代遗址遗存为重点。同时为了解闽江下游与中游史前文化的交流和扩散，将古田溪流域也纳入本次调查范围，故在调查地域上不仅包括福州市所辖区县，还包括宁德市下辖的古田县部分区域。本次调查的目的主要有两个：①通过一次全面系统的专题调查以摸清闽江下游流域史前诸时期遗址的时空分布情况；②通过有针对性地对部分典型遗址进行探掘，获取新资料并加以分析与研究，发现更多的研究线索，以求进一步完善对闽江下游流域史前时代考古学文化序列及内涵的认识。基于这两个目的，闽江干流及主要支流沿岸、沿海大陆和岛屿上适合史前聚落选址的区域都被纳入本次调查的视野。

本次调查总体路线以昙石山遗址所处的闽侯县为起点，分阶段、分区块推进。先溯闽江而上逐步向北部扩展，完成对内陆地区的调查，然后对闽江出海口及沿海地带进行调查。由于本次调查以福建省昙石山遗址博物馆相关专业人员为主要力量，人手有限，无法采取集中人员一次性完成野外调查阶段的工作，再加之季节、气候等多种因素影响，故野外调查工作持续至2015年下半年方告基本结束。

第一阶段调查在闽侯县境内进行，重点是以昙石山遗址为中心的周边地区；第二阶段调查除闽侯县外的福州所辖其他区县；第三阶段，为进一步了解闽江下游流域史前文化向福建内陆扩散和交流的情况，又选取了古田县境内的古田溪流域作为调查对象。

在对各具体区块展开调查前，注意事先对该区块地形地貌进行地图研究，主要以区块内水系流向及分布为主要依据来规划具体的调查路线，并根据调查过程中的实际情况对路线进行必要的修正和补充。本次调查主要采取两种方式：一种为野外实地调查。在调查前对所涉及区域首先进行地图研究，确定行车路线和徒步调查地点，然后根据实际情况分为一至两个小组进行分片调查，夜间会合后对当日的调查做讨论和小结，并制定次日的路线。对调查的遗址进行记录、拍照、记录文化层埋藏特征、采集标本，并利用地理信息系统（geographic information system，GIS）记录遗址的位置、地理环境与聚落特征。另一种方式则是针对个别破坏较严重，但暴露遗存比较丰富的遗址进行小面积清理、试掘和发掘，以求尽可能详细地采集遗物等信息，更为深入地了解其所在区域的考古学文化内涵。

田野调查活动在2011年5月30日至2015年9月26日基本完成。各阶段调查开展情况为：2011年5月至2012年12月，完成对闽侯县的田野调查；2013年，先后完成对闽清县、永泰县和平潭区的田野调查；2014年，先后完成对长乐市、福州市、福清市、连江县和罗源县的田野调查；2015年，完成对古田县境内古田溪流域的调查。

在调查过程中先后对闽侯县荆溪镇仁山遗址、闽侯县鸿尾乡坪峰山遗址、连江县透堡镇黄岐屿遗址、闽侯县荆溪镇芝山遗址、闽侯县洋里乡大坪顶遗址进行了小规模的考古勘探或抢救性发掘。

在野外调查的间隙及阶段性休整期间逐步完成了室内整理工作。调查报告于2015年12月开始编写，至2016年3月完成文字初稿，并于同年5月通过专家论证。2017年4月完成修改稿，6月定稿并交付出版。

# 第二章　闽江下游流域史前文化研究回顾

## 第一节　以往开展的田野考古工作

### 一、考古调查

闽江下游流域的史前考古调查活动始于20世纪50年代初，与1954年昙石山遗址的首次发掘是紧密相关的。1954年4月，厦门大学的林惠祥教授应福建省文物管理委员会之邀，以厦门大学人类博物馆代表的名义前往参加昙石山遗址的首次发掘工作，其任务分工为考察遗址环境。4月13～16日，林惠祥教授调查了昙石山遗址及周边洽浦村和山前村等处的7座山冈，又发现了洽浦山遗址、鲢鱼山遗址①和山前山遗址共3处史前遗址②。

1953年我国第一个五年计划开始实施后，国务院适时颁发了《关于在基本建设工程中保护历史及革命文物的指示》，提出在基本建设中保护文物的具体要求，以配合基本建设开展考古工作为中心的文物保护工作由此开始。1955年农业合作化运动高潮在全国掀起后，国务院于次年颁发了《关于在农业生产建设中保护文物的通知》，首次提出了文物普查和建立文物保护单位的制度，从而发起了第一次全国文物普查。1956～1959年开展的第一次全国文物普查，由福建省文物管理委员会组织在全省开展文物调查，在本区域内又新发现了一批史前遗址。特别值得一提的是，在后来确立的本区域史前文化序列中，处于标杆地位的一批遗址，如平潭县的壳丘头遗址，闽侯县的溪头遗址、庄边山遗址，福清市的东张遗址等，都是在此期间发现的。由于这一时期正值中华人民共和国成立后福建省第一次基建高潮，所以配合基建进行的文物调查工作也是本次普查的重要内容之一。其中较重要的是福建省文物管理委员会配合南福铁路修建开展的沿线调查，其间在闽侯县杜坞以及铁岭等地都有发现史前遗址的报告发表③。

限于当时的历史背景及专业条件，本次普查过程中对本区域内史前遗址的调查缺乏全面性和系统

① 第一次全国文物普查期间，鲢鱼山遗址改称为白头遗址被记录进普查成果。

② 林惠祥：《福建闽侯县甘蔗恒心联乡新石器时代遗址考察报告》，《厦门大学学报（哲学社会科学版）》1954年5期。

③ 曾凡：《南福铁路工程中福州附近的考古发现》，《考古通讯》1958年1期。

性。虽然在各县均有史前遗址发现，但总体数量较少，且分布零散。例如，对闽清县的调查仅限于闽江干流沿岸，对其境内较重要的闽江支流，如梅溪、芝溪等流域未作调查[①]。

20世纪60年代初，在第一次全国文物普查结束后，福建省的文物工作者还进行了零星且小规模的调查活动。较重要的有1962年8～10月，福建省博物馆的曾凡先生等人对闽清县阪东镇境内的演溪流域和永泰县长庆镇境内的大樟溪支流流域进行的调查。此次调查发现了西牛山遗址等5处史前遗址点[②]。

“文化大革命”期间，福建省文物工作基本陷入停顿。但是在“文化大革命”结束前后在闽侯县还是有3处较重要的遗址被发现：1974年，在鸿尾乡中学操场建设过程中发现了黄土仑遗址；1979年，为配合闽江水库建设进行的闽江沿岸调查中，在小箬乡发现了牛头山遗址[③]；同年5月，根据当地群众提供的线索，又在鸿尾乡发现了古洋遗址群[④]。

“文化大革命”结束后，随着文物工作得到拨乱反正，相关法制也得到恢复和健全。为摸清全国文物的保存状况，1981年1月15日，《国务院批转国家文物局关于加强文物工作的请示报告》中要求“各省、市、自治区要分别情况进行一次文物普查或复查工作”。1982年国家文物局在全国文物（文化）局长会议上布置开展文物普查和文物志编写工作。随后第二次全国文物普查在各省陆续开展。本次文物普查至1988年基本结束，持续时间基本涵盖了整个20世纪80年代。相较于第一次全国文物普查，这次文物普查活动在持续时间、调查范围和细致程度上都有较大的提升，因此，包括史前遗址调查方面的收获也更为丰富。本次文物普查的成果已被详细载入国家文物局主编的《中国文物地图集》中。就本区域而言，此次文物普查中记录在案的史前遗址点有124处[⑤]。

进入20世纪90年代以来，在闽江下游流域开展的考古调查活动主要是配合诸如高铁、高速、水利设施等大型基建工程而开展的，在此过程中也发现了一批史前遗址。其中较为重要的发现有2004年福建博物院文物考古研究所在福清市东张水库调查时发现的下湾墓地[⑥]，以及2006年福州市文物考古工作队配合福州市机场高速二期建设的调查中发现的新店镇罗汉山遗址[⑦]。此外在1992年8～9月，福州市文物考古队与厦门大学考古专业师生联合对平潭岛进行了一次考古调查。这次调查除复查了壳丘头遗址、祠堂后遗址和南厝场遗址外，还新发现了2处新石器时代和6处青铜时代遗址[⑧]。

---

① 邱家柄、严惠芳：《闽清县新石器时代遗址调查》，《福建考古资料汇编（1953～1959）》，科学出版社，2011年，428～430页。
② 曾凡：《福建闽清永泰新石器遗址调查》，《考古》1965年2期。
③ 张其海：《闽侯县小箬发现一古文化遗址》，《福建文博》1980年1期。
④ 陈龙、林忠干等：《闽侯古洋发现商周时代印纹陶遗址》，《福建文博》1983年1期。
⑤ 国家文物局：《中国文物地图集》（福建分册），福建省地图出版社，2007年。
⑥ 福建博物院：《福清下湾墓地第一次发掘简报》，《福建文博》2005年1期。
⑦ 福州市文物考古工作队：《福州新店罗汉山商周遗址2008年度考古发掘简报》，《福建文博》2014年4期。
⑧ 福州市文物考古队、厦门大学考古专业：《1992年福建平潭岛考古调查新收获》，《考古》1995年7期。

根据目前已公开发表的资料（包括历次全国文物普查以及见诸文献的调查报告所公布的遗址点）统计，截至本课题启动前，闽江下游流域已发现的新石器时代至青铜时代遗址共计 141 处，其中经过考古发掘的重要遗址有 10 处。为便于研究者查询和使用，我们以行政区划为单位对这部分遗址点的信息进行了收集和整理，并收录进本报告[①]。

（一）福州市

**1. 淮安遗址**

位于仓山区建新镇淮安居委会天山马岭，1953 年发现。遗址面积数万平方米，包括天山马岭的江厝埕、巴掌山和大桥头山。1982 年在江厝埕的唐代青瓷窑基下发现有蛤蜊壳堆积层和几何纹硬陶片。1988 年在巴掌山山顶采集到方格纹褐色硬陶片和方格纹、菱形回纹泥质陶片，分属昙石山文化与黄土仑文化时期。新石器时代至青铜时代。

**2. 磐石山遗址**

位于晋安区新店镇磐石村东北 200 米，1988 年 1 月发现。遗址面积 1 万多平方米。采集有夹砂红陶、夹砂灰陶、泥质灰陶、泥质红陶、泥质灰黑陶和灰硬陶片。灰硬陶片占多数，部分硬陶表面施薄釉。纹饰有绳纹、弦纹、席纹、篮纹、米字纹、云雷纹等。可辨器形有釜、罐、豆等。青铜时代至汉代。

**3. 浮村遗址**

位于晋安区新店镇浮村北，1955 年发现，1957 年发掘。遗址面积约 500 平方米，文化层堆积最厚达 3.7 米，共出土青铜时代石器和陶片 4435 件，汉代板瓦和筒瓦 1 万多件。石器有斧、锛、刀、镞、凿、锥、环等。陶片有夹砂粗灰陶、夹砂粗红陶、泥质灰陶、泥质红陶、灰硬陶及釉陶等，还有陶刀、陶垫各一件。陶片纹饰有云雷纹、网格纹、绳纹、条纹等。可辨器形有杯、釜、罐、甗、豆等。青铜时代至汉代。

**4. 罗汉山遗址**

位于晋安区新店镇盘石村罗汉山，地理坐标为东经 119° 18′ 45″，北纬 26° 07′ 30″。罗汉山地处福州盆地东北边缘地带，为东北—西南走向的一个相对孤立低矮的小山包，植被较茂密，周边地势平坦开阔，遗址分布于整个罗汉山。

2006 年福州市文物考古工作队配合机场高速二期道路沿线调查时，在地表采集有大量青铜时代的印纹陶片和少量的磨制石器，主要有石锛及陶纺轮等生产工具。随后对该遗址所在山体东坡进行考古发掘，出土了大量青铜时代陶片。

---

① 由于古田溪流域被纳入本次调查范围，故本节亦将其以往调查的遗址点情况予以收录。

2008 年 11 月 1 日至 2009 年 3 月福州市文物考古工作队再次对遗址进行了考古发掘。共发现 10 座青铜时代墓葬，出土石器、玉器、原始瓷等器物。从出土遗物来看，罗汉山遗址属于闽江下游黄土仑文化的一个类型，但要晚于黄土仑遗址，代表其后的发展类型，并延续到东周时期。

（二）闽侯县

**1. 洽浦山遗址**

位于闽江北岸甘蔗镇洽浦村，1987 年发现。遗址面积约 5000 平方米，相对高度约 30 米，距离昙石山遗址约 1 千米，西侧断崖上有厚约 0.5 米的贝壳层堆积。采集有泥质陶片。纹饰有刻划纹、方格纹、绳纹等。可辨器形有壶、杯、罐等。属新石器时代昙石山文化。

**2. 桥头遗址**

位于鸿尾乡桥头村西南 200 米，1987 年发现。遗址面积约 3 万平方米，位于相对高度 20 多米的长形小山冈上，有厚 0.3～0.5 米的文化堆积层。采集有泥质灰硬陶片。纹饰有方格纹、少量刻划纹和弦纹。可辨器形有杯、罐等。属新石器时代昙石山文化。

**3. 白头遗址**

位于荆溪镇白头村西，1987 年发现。遗址面积约 5000 平方米，在闽江北岸的江边，距离昙石山遗址约 3 千米，有贝壳层。采集有石锛和泥质灰陶片。陶片纹饰有方格纹、席纹等。可辨器形有壶、罐、杯等。属新石器时代昙石山文化。

**4. 昙石山遗址**

位于甘蔗镇昙石村西北，1954 年修筑防洪堤时发现。昙石山紧靠闽江，是一座高出地面约 20 米的条形山冈，遗址面积约 3 万平方米，属贝丘遗址。1954～2009 年共发掘 10 次，发掘面积约 2000 平方米，遗址文化内涵可分为 4 期。新石器时代至青铜时代。

第 1 期：昙石山下层文化，距今 5500～5000 年。

第 2 期：昙石山文化，距今 5000～4300 年。

第 3 期：黄瓜山文化，距今 4300～3500 年。

第 4 期：黄土仑文化，距今 3500～2700 年。

**5. 赤塘山遗址**

位于上街镇上街村西 800 米，1987 年发现。遗址长约 750、宽约 200 米，位于闽江南岸三个山包相连的南北走向的长形山冈上，相对高度约 20 米。采集有泥质灰陶、灰黄陶片和少量灰硬陶片。纹饰有方格纹、云雷纹等。可辨器形有罐、壶、盆等。新石器时代昙石山文化至青铜时代。

**6. 凤山遗址**

位于上街镇红峰村北350米，1987年发现。凤山地处闽江南岸，在赤塘山遗址西面，两山相距约500米，是一座长约500、宽约100、相对高度约20米的小山冈，在断面有厚约0.8米的蛤蜊层堆积。采集有灰黄陶片和泥质灰陶片。纹饰有方格纹、云雷纹等。可辨器形有罐、壶、盆等。新石器时代至青铜时代。

**7. 溪头遗址**

位于白沙镇溪头村西南500米，1954年发现。遗址面积约1万平方米，位于白沙溪东岸台地上。1975、1979年两次发掘。文化层堆积分上下两层，上层出土陶片以印纹硬陶为主，少量原始瓷片，陶片纹饰有方格纹、云雷纹、刻划纹等，属于青铜时代黄土仑文化。下层为贝壳堆积，发现墓葬50余座，出土有骨锥、石锛、石镞、石斧、蚌耜和陶器等，陶器纹饰有条纹、绳纹、附加堆纹、刻划纹等。器形有釜、罐、壶、豆、杯、碗等。遗址属于昙石山文化。新石器时代至青铜时代。

**8. 庄边山遗址**

位于竹岐乡春风村西300米，省级文物保护单位。庄边山在闽江南岸，与昙石山隔江对峙，是一座高出江面约20米的条形山冈。遗址1956年发现，面积近2万平方米，1960年春试掘（面积78平方米），1982～1983年发掘（面积近3000平方米），文化层堆积分两层。上层破坏严重，陶片以橙黄陶和灰硬陶为主，纹饰有云雷纹、网格纹、刻划纹、几何形黑彩、赭红彩等，分属新石器时代末期至青铜时代早期的黄瓜山文化和青铜时代黄土仑文化。下层出土石器以石锛为主，少量凿、斧、镞等，贝器有耜和刀两大类，陶工具为陶拍、纺轮及小网坠；陶器主要为夹砂灰陶、夹砂黄陶和泥质灰陶，纹饰有绳纹、条纹等。器形有釜、罐、壶、豆、簋、碗、杯等。属新石器时代昙石山文化。

**9. 牛头山遗址**

位于小箬乡湖柄村东南500米，县级文物保护单位，1979年发现。牛头山紧靠闽江，相对高度20多米，遗址面积约1万平方米，有厚1～2.5米的文化层堆积。从断面观察，大致有三层堆积，上层土色黄灰，厚0.2～0.5米，包含物以几何印纹灰硬陶为主，采集有回形纹硬陶瓮残片，属于青铜时代黄土仑文化。中层主要是蛤蜊壳和灰土混合堆积。下层灰土堆积较厚，采集有磨光泥质灰陶簋、篮纹和方格纹橙红陶罐、夹砂红陶釜残片，以及鳖甲、石杵、陶网坠等。遗址属于昙石山文化。新石器时代昙石山文化至青铜时代。

**10. 黄土仑遗址**

位于鸿尾乡超垅村，1974年发现。1978年在遗址东西两侧进行发掘，发掘面积700平方米，清理竖穴土坑墓19座，出土几何印纹灰硬陶器158件，以及少量陶网坠、陶纺轮、石镞、石斧等生产工具。陶器纹饰有云雷纹、方格纹及刻划纹等。器形有豆、壶、杯、缸、钵、勺、盂、簋、尊、盘、釜、瓶、垒形器、虎子形器、鼓形器15种。经$^{14}C$测定距今3250年±150年。遗址内涵被命名为“黄土仑文化”。青铜时代。

**11. 古洋遗址**

位于鸿尾乡古洋村北500米，县级文物保护单位，1984年发现。遗址面积约3万平方米，分布在横岭仑、狮公仑、五房山三个山包上。采集有方格纹、绳纹、弧形纹、波浪纹、编织纹、云雷纹、刻划纹等灰硬陶片并发现冶炼遗址。部分陶片上刻划符号。遗址属黄土仑文化。青铜时代。

**12. 奎石遗址**

位于鸿尾乡奎石村西，1984年发现。遗址面积约1平方千米，分布在村内及后门山、梨园坪、曾家山等处。其中梨园坪有厚0.1～0.6米的蛤蜊壳堆积，包含物有灰硬陶片。采集的灰硬陶片纹饰有刻划纹、方格纹、云雷纹。可辨器形有壶、罐、盆、杯等。遗址属黄土仑文化。青铜时代。

**13. 大模遗址**

位于鸿尾乡大模村东，1984年发现。遗址面积约10万平方米，分布在蚬仔仑和大王顶两座相连的小山冈上，相对高度10多米。采集有石锛和橙黄陶片、灰硬陶片。陶片纹饰有方格纹、篮纹、云雷纹、刻划纹等。可辨器形有杯、壶、罐、盆等。遗址属黄土仑文化。青铜时代。

**14. 坪峰山遗址**

位于鸿尾乡官路村东南，1984年发现。遗址面积1.8万平方米，相对高度10多米。采集有石锛、陶垫饼、陶支柱和泥质灰陶片、彩陶片、灰色硬陶片等。陶片纹饰有方格纹、云雷纹、篮纹、刻划纹、黑彩条纹、回纹等。可辨器形有豆、杯、罐、壶、碗、盆等。新石器时代至青铜时代。

**15. 半岭山遗址**

位于竹岐乡半岭村西南，1984年发现。遗址面积约7.5万平方米，地处闽江南岸，半岭山台地上，有厚0.5～0.6米的文化层堆积。采集有灰硬陶片。纹饰有云雷纹、刻划纹、方格纹、斜格纹等。可辨器形有杯、壶、罐、盆等。遗址属黄土仑文化。青铜时代。

**16. 山仔顶遗址**

位于南通镇银安村西南1千米，1987年发现。遗址面积约1万平方米。采集有石镞、石斧和泥质橙黄陶片、灰黄陶片、夹砂灰陶片、灰硬陶片。陶片纹饰有方格纹、斜方格纹、凹弦纹、刻划纹、席纹等。可辨器形有罐、壶、杯等。遗址属黄土仑文化。青铜时代。

**17. 园林山遗址**

位于南通镇古城村西100米，1987年发现。遗址面积约1万平方米，地处大樟溪东岸，是一座相对高度20余米的独立小山冈。采集有灰硬陶片。纹饰有刻划纹、云雷纹、方格纹等。可辨器形有豆、罐、壶、杯等。遗址属黄土仑文化。青铜时代。

**18. 历山岭遗址**

位于南屿镇中溪村东北100米，1989年发现。遗址面积约1000平方米，地处乌龙江南岸，相对高度约20米。采集有灰硬陶片。纹饰有方格纹、云雷纹等。可辨器形有罐、壶等。遗址属黄土仑文化。青铜时代。

**19. 官塘山遗址**

南屿镇玉田村西北500米，1989年4月发现。遗址面积约1000平方米，地处官塘山台地上。采集有灰硬陶片。纹饰有刻划纹、波浪纹、方格纹、云雷纹。可辨器形有杯、罐、盆。遗址属黄土仑文化。青铜时代。

**20. 葛岐山遗址**

位于南屿镇葛岐村东南，1989年发现。遗址面积约600平方米，地处乌龙江南岸，是一座距江岸约1千米的高出江面约20米的小山冈。在山坡上采集有灰硬陶片。纹饰有水波纹、方格纹、云雷纹等。可辨器形有杯、罐。遗址属黄土仑文化。青铜时代。

**21. 晓岐遗址**

位于南屿镇晓岐村东北600米，1987年发现。遗址面积约500平方米，是一座紧临乌龙江南岸的高出江面约20米的小山冈。在山坡上采集有灰硬陶片。纹饰有水波纹、方格纹、云雷纹等。可辨器形有罐、盆等。遗址属黄土仑文化。青铜时代。

**22. 月山遗址**

位于南屿镇尧沙村南500米，1987年发现。遗址面积约2000平方米，地处大樟溪西岸高出江面约20米的长形山冈。采集有灰硬陶片。纹饰有刻划纹、方格纹等。可辨器形有罐、豆等。遗址属黄土仑文化。青铜时代。

**23. 千三兜遗址**

位于南屿镇南前村西南1千米，1987年发现。遗址面积约500平方米，地处台地上。采集有灰硬陶片。纹饰有方格纹、绳纹等。可辨器形有杯、壶等。遗址属黄土仑文化。青铜时代。

**24. 寻山遗址**

位于南屿镇寻山村，1987年发现。遗址面积约2000平方米，地处大樟溪西岸高出江面约20米的长形山冈。采集有石锛和灰黄色陶片、灰硬陶片。陶片纹饰有云雷纹、席纹、水波纹和方格纹等。可辨器形有罐、壶、杯等。遗址属黄土仑文化。青铜时代。

（三）闽清县

**1. 牛栏头遗址**

位于坂东镇坂东村东500米，1987年发现。遗址面积约300平方米。采集有灰硬陶片。纹饰有席纹、方格纹等。可辨器形有罐。青铜时代。

**2. 后门寨遗址**

位于坂东镇坂东村北1千米，1987年发现。遗址面积约2000平方米。地表散布较多陶片，采集有灰硬陶片。纹饰有方格纹、席纹。可辨器形有罐。青铜时代。

**3. 寨头山遗址**

位于坂东镇坂西村西500米，1987年发现。遗址面积约5000平方米。地表散布较多陶片，采集有灰硬陶片。纹饰有菱形回纹、弦纹等。可辨器形有罐、豆等。青铜时代。

**4. 倪公堂遗址**

位于坂东镇杨坂村西300米，1987年发现。遗址面积约4000平方米。地表散布少量石器和大量陶片，采集有石杵、石铲、石镰、陶柱和灰硬陶片。陶片纹饰有席纹、方格纹、菱形回纹等。可辨器形有罐、壶等。青铜时代。

**5. 占厝山遗址**

位于坂东镇仁溪村西300米，1987年发现。遗址面积约1400平方米。地表散布少量石器和较多陶片，采集有石镞、泥质灰陶片和灰硬陶片。陶片纹饰有绳纹、云雷纹、方格纹、菱形回纹、篦划纹、弦纹等。可辨器形有壶、罐、豆等。青铜时代。

**6. 牛厝山遗址**

位于坂东镇朱厝村北500米，1987年发现。遗址面积约300平方米。采集有席纹灰硬陶罐残片。青铜时代。

**7. 龟山遗址**

位于坂东镇坂中村东北1千米，1987年发现。遗址面积约1500平方米。采集有灰硬陶片。纹饰有席纹、绳纹等。可辨器形有罐。青铜时代。

**8. 佳丽山遗址**

位于坂东镇李坂村西800米，1987年发现。遗址面积约3000平方米。采集有灰硬陶片。纹饰有席纹、绳纹等。可辨器形有罐。青铜时代。

**9. 寨里山遗址**

位于白樟镇云渡村西北200米，1987年发现。遗址面积约2000平方米。采集有席纹灰硬陶片。青铜时代。

**10. 大王山遗址**

位于白樟镇云渡村西北500米，1987年发现。遗址面积约500平方米。采集有灰硬陶片。纹饰有席纹等。可辨器形有罐。青铜时代。

**11. 思国寨山遗址**

位于白樟镇前庄村西北1千米，1987年发现。遗址面积约5000平方米，地表散布较多陶片，采集有灰硬陶片。纹饰有方格纹、席纹、篦划纹、弦纹等。可辨器形有杯、豆、罐等。青铜时代。

**12. 白马坑遗址**

距县城约10千米，是大箬和闽侯小箬交接的地区。遗址是一座马蹄形的山冈，西靠南福铁路，隔铁路为闽江。河岸是狭小谷地，多为梯田。东距闽侯小箬村约1千米，南距大箬0.5千米。山冈的东部常年被雨水冲刷，露出光秃秃的黄色土壤山冈，遗物散布在东部且范围甚广，东南宽50、西北长250米。采集陶片33片，多为腹片，不能复原，以印纹硬陶为主，泥质陶次之。纹饰有方格纹、席纹、雷纹、篮纹、附加堆纹、弦纹、刻划纹等，其中以方格纹数量最大。可辨器形有罐、盆等。另采集石斧1件，石锛1件。青铜时代。

**13. 深坑遗址**

位于闽清县城北部，距县城约10千米，位于白马坑遗址的东部，在大箬和闽侯小箬的交界处。紧靠南福铁路，在遗址东部的山坡下环绕着谷地，南部面临白马坑遗址，北部与数座高山丘相毗连。在该山的西部冈顶发现有大量的陶片，也是遗址最集中的点，散布较广，范围南北长80、东西宽50米。地形较平坦。地表上混有晚期的陶片。采集陶片14片，均为印纹硬陶，纹饰有篮纹、刻划纹等。可辨器形均为罐类。采集石锛1件。青铜时代。

**14. 竹仔垱遗址**

位于县城东部约5千米，距渡口乡约500米的平坦山冈上，该山北部是闽江，对岸为梅埔村，西部靠谷地，现筑为水库，前面有一条小公路通往县城，南部为果园区。遗址范围东南宽 20、西北长 80 米。遗址内发现遗物较多，但多为碎片，全为印纹硬陶，灰色，质坚硬，表面饰方格纹、麻点纹、篮纹、刻划纹等。可辨器形有直口小罐，胎骨质灰色，外表有刻划纹；大口铲，胎骨灰色，口沿向外折，火候较低，灰白色，表面有附加堆纹。青铜时代。

### （四）永泰县

#### 1. 寨仔山遗址

位于嵩口镇三峰村东北 2 千米，1987 年 9 月发现。遗址面积约 230 平方米。地表散布零星陶片，采集有素面灰泥质陶片。可辨器形有壶。新石器时代。

#### 2. 半路仑遗址

位于长庆镇先锋村西北 2.5 千米，1987 年 9 月发现。遗址面积约 600 平方米。地表散布零星陶片，采集有素面泥质黄陶片。新石器时代。

#### 3. 大坪仑遗址

位于城峰镇刘岐村西 1 千米，1958 年发现。遗址面积约 300 平方米。地表散布较多陶片，采集有菱形回纹、条纹、方格纹灰硬陶片。可辨器形有罐。青铜时代。

#### 4. 小山仑遗址

位于城峰镇刘岐村西南 2 千米，1958 年发现。遗址面积约 120 平方米。地表散布较多陶片，采集有云雷纹、刻划纹、素面灰硬陶片。可辨器形有罐、豆等。青铜时代。

#### 5. 砖窑前遗址

位于城峰镇温泉村北 500 米，1958 年发现。遗址面积约 1500 平方米。地表散布较多陶片，采集有云雷纹、刻划纹、条纹、菱形回纹灰红色硬陶片。可辨器形有罐、豆等。青铜时代。

#### 6. 蛇仑遗址

位于赤锡乡玉锡村东北 500 米，1987 年 9 月发现。遗址面积约 1100 平方米。地表散布零星陶片，采集有云雷纹灰硬陶片。可辨器形有罐。青铜时代。

#### 7. 后山仑遗址

位于赤锡乡石梯村西 1 千米，1987 年 9 月发现。遗址面积约 380 平方米。地表散布零星陶片，采集有方格纹灰硬陶片。青铜时代。

**8. 昆仑山遗址**

位于梧桐镇梧桐村东 1 千米，1987 年 9 月发现。遗址面积约 450 平方米。地表散布零星陶片，采集有席纹灰硬陶片。青铜时代。

**9. 土袋山遗址**

位于梧桐镇埔埕村东北，1958 年发现。遗址面积约 360 平方米。地表散布大量陶片，采集有方格纹、云雷纹、刻划纹、绳纹灰硬陶片。可辨器形有罐、钵等。青铜时代。

**10. 椿头山遗址**

位于梧桐镇椿阳村西北 1 千米，1958 年发现。遗址面积约 180 平方米。地表散布零星陶片，采集有方格纹、云雷纹和素面灰硬陶片。可辨器形有罐、杯等。青铜时代。

**11. 小溪山遗址**

位于梧桐镇椿萱村东北 1 千米，1958 年发现。遗址面积约 720 平方米。地表散布零星陶片，采集有方格纹、云雷纹、绳纹灰硬陶片。可辨器形有罐。青铜时代。

**12. 宫后遗址**

位于梧桐镇圳南村东 1 千米，1958 年发现。遗址面积约 200 平方米。地表散布较多陶片，采集有石刀 1 件及篮纹、云雷纹、方格纹、菱形回纹灰褐色硬陶片。可辨器形有罐、豆、盆等。青铜时代。

**13. 对面山遗址**

位于嵩口镇东坡村北 1 千米，1987 年 9 月发现。遗址面积约 320 平方米。地表散布少量陶片，采集有篮纹、菱形回纹灰黄硬陶片。青铜时代。

**14. 寨里山遗址**

位于嵩口镇三峰村北 1 千米，1987 年 9 月发现。遗址面积约 240 平方米。地表散布零星陶片，采集有方格纹灰硬陶片。青铜时代。

**15. 里岭尾遗址**

位于嵩口镇里岭尾村南 2 千米，1987 年 9 月发现。遗址面积约 300 平方米。地表散布零星陶片，采集有方格纹灰硬陶片。青铜时代。

**16. 万宝山遗址**

位于嵩口镇下坂村西 500 米，1987 年 9 月发现。遗址面积约 180 平方米。地表散布零星陶片，采集有小方格纹灰硬陶片。青铜时代。

**17. 后尖仑遗址**

位于嵩口镇溪湖村北 2 千米，1987 年 9 月发现。遗址面积约 270 平方米。地表散布零星陶片，采集有小菱形回纹灰硬陶片。青铜时代。

**18. 芦厝遗址**

位于嵩口镇芦洋村东北 500 米，1958 年发现。遗址面积约 150 平方米。地表有较多陶片，采集有方格纹、刻划纹、绳纹、菱形回纹及席纹等灰色和灰黄色硬陶片。可辨器形有罐、豆等。青铜时代。

**19. 大圆山遗址**

位于嵩口镇东坡村西北 2 千米，1987 年 9 月发现。遗址面积约 210 平方米。地表散布零星陶片，采集有方格纹、云雷纹灰硬陶片。青铜时代。

**20. 大埕仑遗址**

位于长庆镇先锋村西北 3 千米，1987 年 9 月发现。遗址面积约 450 平方米。地表散布零星陶片，采集菱形回纹灰硬陶片。青铜时代。

**21. 后门仑遗址**

位于长庆镇先锋村西北 2 千米，1987 年 9 月发现。遗址面积约 360 平方米。地表散布零星陶片，采集方格纹灰硬陶片。青铜时代。

**22. 下树栏遗址**

位于长庆镇先锋村北 2 千米，1987 年 9 月发现。遗址面积约 200 平方米。地表散布少量陶片，采集斜方格纹灰硬陶片。青铜时代。

**23. 赤垢垄遗址**

位于长庆镇先锋村西南 1 千米，1987 年 9 月发现。遗址面积约 170 平方米。地表散布零星陶片，采集三角形纹灰硬陶片。可辨器形有杯等。青铜时代。

**24. 顶头埔遗址**

位于长庆镇顶头埔自然村，1962 年发现。遗址在大樟溪的东岸，顶头埔村背后的山上，高约 20 米，由三个略呈圆形的山丘构成，每个山丘的面积约为 600 平方米，没有文化层堆积，只有少量的石器和印纹陶片。采集的遗物有残石镞 1 件，磨光，扁菱形，铤残缺，残长 3.2、宽 1.5 厘米。残石凿 1 件，制作粗糙，仅在刃部稍加磨光，残长 5.2、刃宽 1.6 厘米。陶片均为灰色印纹硬陶，质地坚硬，纹饰有菱形回纹和条纹，也有素面的，而以菱形回纹为最多。还有少量的釉陶片。从碎片中观察，有平底器和圜底器等。青铜时代。

**25. 大坑垅遗址**

位于长庆镇大坑垅自然村，1962 年发现。遗址在大樟溪的东岸，大坑垅村的左边，与顶头埔遗址仅隔一条山沟，相距约 60 米。没有发现石器，陶片也很少。采集的陶片均为印纹硬陶，纹饰和顶头埔遗址大致相同，也以菱形回纹为多。青铜时代。

（五）罗源县

**1. 下林山遗址**

位于凤山镇南门外村西 800 米，1987 年发现。遗址位于山顶，东西长 40、南北宽 30 米。采集有石斧和灰硬陶片。陶片纹饰有雷纹、网格纹。可辨器形有罐。青铜时代。

**2. 梅峰遗址**

位于凤山镇梅峰村，1987 年发现。遗址面积约 2000 平方米。采集有石锛及残器。青铜时代。

**3. 中房遗址**

位于中房镇中房村南 200 米，1987 年发现。遗址面积约 4900 平方米。采集有石锛、石镞和灰陶片。陶片纹饰有云雷纹、方格纹、席纹等。可辨器形有罐等。青铜时代。

**4. 奶艮山遗址**

位于中房镇中房村北 200 米，1987 年发现。遗址面积约 4000 平方米。采集有夹砂红陶片、夹砂灰陶片。纹饰有方格纹。可辨器形有釜。青铜时代。

**5. 当边口遗址**

位于中房镇中房村西，1987 年发现。遗址面积约 1.2 万平方米。采集有菱形回纹泥质灰陶片、绳纹泥质红陶片。可辨器形有罐。青铜时代。

**6. 瓦窑山遗址**

位于中房镇上宅村南，1987 年发现。遗址面积约 1.5 万平方米。采集有斜方格纹泥质陶片。青铜时代。

**7. 后门岗遗址**

位于中房镇岙里村东 120 米，1987 年发现。遗址前临中房溪，背靠山，面积约 4 万平方米。采集有夹砂陶片、斜方格纹黑皮陶片、弦纹灰硬陶片。青铜时代。

**8. 贵家遗址**

位于中房镇岙里村南，1987 年发现。遗址面积约 5000 平方米。采集有泥质灰黄陶片、泥质红胎黑陶片、夹砂灰陶片和灰硬陶片。纹饰有席纹、方格纹、云雷纹等。可辨器形有罐、釜等。青铜时代。

**9. 宫右山遗址**

位于中房镇乾溪村北600米，1987年发现。遗址面积约12万平方米。采集有残石镰和泥质黄陶盖纽、泥质彩陶片、泥质灰陶片和灰硬陶片。陶片纹饰有菱形回纹、篮纹等。青铜时代。

**10. 塘边山遗址**

位于中房镇乾溪村北300米，1987年发现。遗址面积约900平方米。采集有泥质灰陶片、泥质黄陶片、夹砂灰陶片和灰硬陶片。纹饰有云雷纹、方格纹、弦纹等。青铜时代。

**11. 龙山遗址**

位于松山镇龙山村，1987年发现。遗址紧靠海边，遗址面积约2500平方米。采集有方格纹泥质黄陶片、篮纹泥质灰陶片、大方格纹灰硬陶片。可辨器形有罐、壶等。青铜时代。

**12. 岐后山遗址**

位于松山镇岐后山村委会东，1987年发现。岐后山由两个小山连接而成，南、北面均为海滩。遗址面积约2500平方米。采集有斜方格纹泥质灰陶片等。可辨器形有罐。青铜时代。

**13. 塘前遗址**

位于松山镇芝塘前村北300米，1987年发现。遗址南邻小溪，西临山，面积约1000平方米。采集有粗绳纹泥质黄陶片。可辨器形有罐。青铜时代。

**14. 道人峰遗址**

位于白塔乡七步村东300米，1987年发现。遗址面积约5000平方米。采集有泥质黄陶片、泥质灰陶片。陶片纹饰有方格纹、篦纹、人字纹。可辨器形有罐、豆等。青铜时代。

**15. 园坪山遗址**

位于白塔乡赤岭村东南1千米，1987年发现。遗址面积约4.5万平方米。采集有泥质红陶片、夹砂黄陶片、灰硬陶片。纹饰有云雷纹。可辨器形有豆、罐等。青铜时代。

**16. 明洲岗遗址**

位于白塔乡祥楼村南1.5千米，1987年发现。遗址面积约800平方米。采集有方格纹灰硬陶片。可辨器形有罐。青铜时代。

**17. 龟山遗址**

位于霍口畲族乡霍口村岱江西 150 米，1987 年发现。遗址濒临霍口溪，面积约 3000 平方米。采集有泥质灰陶片、泥质灰黄陶片、夹砂灰黄陶片、灰硬陶片。纹饰有绳纹、方格纹、篮纹、席纹等。可辨器形有罐、釜等。青铜时代。

**18. 白茅山遗址**

位于起步镇上长治村南 1 千米，1987 年发现。遗址面积约 1.5 万平方米。采集有泥质菱形回纹灰陶拍 2 件。青铜时代。

**19. 溪苏岗遗址**

位于起步镇港头居委会西南，1987 年发现。遗址面积约 3500 平方米。采集有泥质菱形回纹灰硬陶片，可辨器形有罐。青铜时代。

**20. 兰田遗址**

位于起步镇兰田村东北 500 米，1987 年发现。遗址面积约 7.5 万平方米。采集有灰硬陶片。纹饰有方格纹、云雷纹、叶脉纹等。可辨器形有罐。青铜时代。

**21. 鸭母岗遗址**

位于西兰乡岭尾店村东，1987 年发现。遗址面积约 1 万平方米。采集有席纹泥质灰陶片、席纹泥质黄陶片。可辨器形有罐。青铜时代。

（六）连江县

**1. 贵岭遗址**

位于江南乡贵岭村西北 100 米，1958 年发现。遗址面积 500 平方米，地层中有少量遗物，采集有石斧、石刀、石环等。新石器时代。

**2. 狮山遗址**

位于江南乡己古村西 1 千米，1996 年发现。遗址面积约 500 平方米。采集有泥质灰陶、灰硬陶片和石刀、石锛等。陶片纹饰有席纹、大方格纹。可辨器形有罐等。新石器时代。

**3. 云居山遗址**

位于东岱镇山堂村南 1 千米，1986 年发现。分布面积约 1 万平方米，地表有较多遗物，采集有石锛及方格纹、菱形回纹、弦纹、席纹等泥质灰陶片，以及夹砂灰陶片和少量泥质黑陶片等新石器时代遗物。可辨器形有罐、釜等。此外，还有石锛、夹砂灰陶片、灰硬陶片等青铜时代遗物。陶片纹饰有雷纹、网纹、席纹、弦纹等。可辨器形有罐等。新石器时代至青铜时代。

**4. 玉泉山遗址**

位于凤城镇玉山村西1千米，1996年发现。遗址面积1000平方米。采集有石锛和灰硬陶片。陶片纹饰有方格纹、席纹。可辨器形有罐等。青铜时代。

**5. 斗门山遗址**

位于江南乡下斗门村东南100米，1982年发现。遗址面积约1万平方米。采集有石锛、石镞和灰硬陶片。陶片纹饰有席纹、回纹、云雷纹、菱形回纹、方格纹。可辨器形有罐、尊等。青铜时代。

**6. 魁岐遗址**

位于江南乡魁岐村西南，1987年发现。遗址面积约2000平方米。采集有灰硬陶片。纹饰有席纹、弦纹等。可辨器形有罐等。青铜时代。

**7. 田角湾遗址**

位于江南乡己古村南500米，1986年发现。遗址面积1000平方米。采集有灰硬陶片。纹饰有刻划纹。可辨器形有豆、杯等。青铜时代。

**8. 乌石浦遗址**

位于敖江镇杉塘村西1千米，1975年发现。遗址分布于敖江北岸江边，遗址面积约300平方米。采集有石锛、石镞等。青铜时代。

**9. 小湾山遗址**

位于敖江镇小湾村南200米，1986年发现。遗址面积约1000平方米，在土层中夹杂少量夹砂灰陶片。采集有素面夹砂灰陶片、席纹灰硬陶片。可辨器形有罐、釜等。青铜时代。

**10. 荷山遗址**

位于敖江镇埔下村东，1985年发现。遗址面积6000平方米。采集有石锛、石镞和夹砂灰陶片。陶片纹饰有方格纹。可辨器形有罐、釜等。青铜时代。

**11. 洪坑遗址**

位于潘渡乡洪坑村西南100米，1986年发现。遗址面积约1000平方米。采集有灰硬陶片。纹饰有刻划纹。可辨器形有豆。青铜时代。

**12. 下保溪遗址**

位于潘渡乡下保溪村北，1986 年发现。遗址面积约 500 平方米。采集有夹砂灰陶片。纹饰有方格纹、刻划纹、弦纹、篮纹。可辨器形有罐、釜等。青铜时代。

**13. 思亲亭遗址**

位于潘渡乡贵安村西 200 米，1987 年发现。遗址面积约 1 万平方米。采集有石锛和灰硬陶片。陶片纹饰有席纹、大方格纹、弦纹。可辨器形有罐。青铜时代。

**14. 桃源遗址**

位于潘渡乡桃源村西南 200 米，1987 年发现。遗址面积 1000 平方米。采集有泥质灰陶片。纹饰有篮纹、大方格纹。可辨器形有罐、尊等。青铜时代。

**15. 蓼沿遗址**

位于蓼沿乡蓼沿村北 100 米，1987 年发现。遗址面积 1000 平方米。采集有夹砂灰硬陶片。纹饰有方格纹、菱形回纹等。可辨器形有罐、釜等。青铜时代。

**16. 岐山遗址**

位于蓼沿乡岐山村北，1978 年发现。遗址面积 1000 平方米。采集有夹砂灰陶片。纹饰有篮纹、菱形回纹。可辨器形有罐、釜等。青铜时代。

**17. 鲤鱼山遗址**

位于蓼沿乡溪东村南 100 米，1987 年发现。遗址面积约 500 平方米。采集有灰硬陶片。纹饰有席纹、方格纹。可辨器形有罐。青铜时代。

**18. 龟山遗址**

位于蓼沿乡蒲边村东南 1 千米，1987 年发现。遗址面积约 500 平方米。采集有灰硬陶片。纹饰有云雷纹、方格纹。可辨器形有罐、尊等。青铜时代。

**19. 蒲边遗址**

位于蓼沿乡蒲边村北 300 米，1987 年发现。遗址面积 1000 平方米。采集有灰硬陶片。纹饰有席纹、弦纹、大方格纹。可辨器形有罐。青铜时代。

**20. 后昌岗遗址**

位于蓼沿乡蒲边村西 200 米，1986 年发现。遗址面积 500 平方米。采集有夹砂灰黑陶片。有席纹、方格纹、菱形回纹等。可辨器形有罐、釜等。青铜时代。

**21. 布政坪遗址**

位于丹阳镇布政坪村东南，1987 年发现。遗址面积约 400 平方米。采集有石锛和素面夹砂陶釜残片等。青铜时代。

**22. 亭松山遗址**

位于丹阳镇坂顶村西北 150 米，1987 年发现。遗址面积有 1000 平方米。采集有泥质灰陶片、灰硬陶片等。纹饰有方格纹。可辨器形有罐。青铜时代。

**23. 大王山遗址**

位于丹阳镇松岭村南 100 米，1987 年发现。遗址面积 300 平方米。采集有泥质灰黄陶片、灰硬陶片等。纹饰有刻划纹。可辨器形有罐。青铜时代。

**24. 前笼山遗址**

位于丹阳镇松岭村西南 200 米，1987 年发现。遗址面积约 1000 平方米。采集有灰硬陶片。纹饰有菱格纹等。可辨器形有罐。青铜时代。

**25. 虎山遗址**

位于丹阳镇虎山村北 300 米，1987 年发现。遗址面积 5000 平方米。采集有夹砂灰陶片和灰硬陶片。纹饰有方格纹、弦纹。可辨器形有罐、釜、钵等。青铜时代。

**26. 祖厝山遗址**

位于丹阳镇溪尾村西北 200 米，1987 年发现。遗址面积 3000 平方米。采集有素面泥质灰陶片和灰硬陶片。纹饰有回纹。可辨器形有罐、盆等。青铜时代。

**27. 贤义岭遗址**

位于丹阳镇贤义村西南 200 米，1987 年发现。遗址面积约 4000 平方米。采集有石锛和黑衣泥质灰陶片、灰硬陶片。陶片纹饰有弦纹、云雷纹、刻划条纹。可辨器形有罐等。青铜时代。

**28. 后门仑遗址**

位于马鼻镇拱头村西 4 千米，1987 年发现。遗址面积约 1000 平方米。采集有泥质灰陶片、夹砂灰陶片和灰硬陶片。纹饰有方格纹、菱形回纹、凹弦纹、回纹。可辨器形有罐、釜等。青铜时代。

**29. 碗窑坪遗址**

位于透堡镇馆读村西 200 米，1987 年发现。遗址面积约 300 平方米。采集有篮纹夹砂灰陶釜残片。青铜时代。

（七）平潭县

**1. 桃花寨山遗址**

位于平原镇桃花寨村东南，1987年发现。遗址面积约750平方米。采集有打制石凿、磨制石镞，以及夹砂黑陶片、夹砂灰黄陶片等。陶片纹饰有贝齿纹、绳纹等。可辨器形有罐、釜等。遗址属壳丘头文化，距今约5500年。新石器时代。

**2. 壳丘头遗址**

位于平原镇南垄村东北，1958年发现。省级文物保护单位。遗址面积约3200平方米，断面有厚0.7～1米的文化层堆积。1985年9月发掘。出土有打制石器和磨制石斧、石锛、骨镞、骨匕、纺轮、陶支脚及陶片。陶片以夹砂灰黄陶为主，泥质陶较少，可辨器形有釜、缸、豆、碗、盘等。纹饰以贝齿纹、戳点纹、刻划纹为显著特征。还出土有大量轻度石化的鹿牙、鹿骨等兽骨和贝壳。年代距今6500～5500年。新石器时代。

**3. 湖埔墘遗址**

位于平原镇湖埔墘村东，1992年9月发现。遗址面积约2500平方米，坡地上散布零星遗物。采集有夹砂灰陶片、泥质灰陶片。纹饰有贝齿纹、绳纹等。可辨器形有罐、釜等。此遗址与壳丘头遗址同属壳丘头文化，距今6000～5500年。新石器时代。

**4. 井过安遗址**

位于平原镇官树下村东北200米，1992年9月发现。遗址面积约4万平方米。采集有凹石、硬彩陶和方格纹陶片，有福清东张遗址中层类型的特征，距今4000～3500年。新石器时代。

**5. 祠堂后遗址**

位于北厝镇北厝村北，1958年发现。遗址面积约1万平方米，断面有0.2～0.8米厚的贝壳堆积，内含少量夹砂灰黄陶片、夹砂硬陶片。纹饰以贝齿纹为主。可辨器形有罐、釜等。遗址属壳丘头文化，距今6000～5000年。新石器时代。

**6. 湖南边遗址**

位于北厝镇湖南村北，1987年发现。遗址面积约2500平方米。遗址上零星散布碎陶片等遗物。采集有夹砂灰陶片等。纹饰为方格纹和贝印纹。可辨器形有釜等。遗址属昙石山文化，距今4500～4000年。新石器时代。

**7. 瓷园头遗址**

位于敖东镇南厝场村西，1958年发现。定名为“南厝场遗址”，1984年更名“瓷园头遗址”。面积约2500平方米，遗址上分布零星陶片和蚶壳。采集有夹砂黄陶片、泥质陶片和灰硬陶片等。纹饰有贝齿纹、戳印纹、网纹（交错绳纹）、螺旋纹等。可辨器形有罐、釜等，其陶器与纹饰与壳丘头遗址类似。遗址属于壳丘头文化，距今6000～5500年。新石器时代。

**8. 苏澳崎遗址**

位于苏澳镇苏澳村南，1987年发现。遗址面积约150平方米，台地上散布零星遗物。公路断面暴露出厚0.1～0.5米厚的文化层堆积，内含贝壳及少量陶片。采集有夹砂粗黄陶碎片和泥质红陶片。纹饰有网纹。可辨器形有釜、罐等。遗址属昙石山文化，距今4500～4000年。新石器时代。

**9. 西营遗址**

位于平原镇西营村北，1992年9月发现。遗址面积约1万平方米，断面多处暴露贝壳堆积，可见0.2～0.5米厚的文化层堆积。采集有打制石器和陶器碎片。陶片以夹砂灰陶为主，其次是夹砂红陶、夹砂黑陶、泥质灰陶等。纹饰以绳纹居多，有细绳纹、绳纹、交错绳纹等。可辨器形有罐、釜等，陶器、纹饰同壳丘头遗址相似。遗址属壳丘头文化。此外还采集到青铜时代的云雷纹灰硬陶片，可辨器形有罐等。新石器时代至青铜时代。

**10. 马鞍山遗址**

位于白青乡伯塘村北，1987年发现。遗址面积约80平方米，遗址南侧断面暴露厚约0.2米的贝壳层，内含少量陶片。采集有轻度石化的贝壳、石环和夹粗砂灰陶片、灰硬陶片。陶片纹饰有网格纹、螺旋纹。可辨器形有釜、罐等。前者属于昙石山文化，后者属于青铜时代黄土仑文化。新石器时代至青铜时代。

**11. 半山遗址**

位于平原镇半山村，1992年9月发现。遗址面积约2500平方米，断面可见厚约0.2米的文化层堆积。采集有有段石锛、小石锛、残石斧和灰硬陶片、红硬陶片、黄陶片。陶片纹饰有弦纹、云雷纹、戳点纹、复线回字形刻划加戳点纹。可辨器形有罐、豆等，陶片具有黄土仑类型特征。青铜时代。

**12. 蛇鼻山遗址**

位于平原镇瓦窑村东南，1992年9月发现。遗址面积约200平方米，断面可见厚约0.1米的文化层堆积。采集有灰硬陶片、红硬陶片。纹饰有方格纹、弦纹、复线回字形刻划纹、弦纹加斜方格纹、斜复线交错刻划纹等。可辨器形有觚形杯、豆、罐等。遗址属黄土仑文化。青铜时代。

**13. 瓦窑山遗址**

位于平原镇瓦窑村瓦窑山，1992年9月发现。遗址面积约200平方米，断面可见厚0.2～0.5米的文化层堆积。采集有灰硬陶片、红硬陶片。纹饰有方格纹、斜方格纹、菱格纹、网格纹、弦纹加云雷纹、弦纹加斜方格纹。可辨器形有罐、釜、钵等。遗址属黄土仑文化。青铜时代。

**14. 湖东遗址**

位于北厝镇湖东村东，1992年9月发现。采集有石镞、石锛和夹砂灰硬陶片、泥质红陶片、泥质灰硬陶片等。陶片纹饰有篮纹、云雷纹等。可辨器形有罐等。遗址属黄土仑文化。青铜时代。

**15. 君山顶遗址**

位于中楼乡君山南坡，1992年9月发现。在离山顶约100米的乱石堆中发现有文化层堆积。采集有带凹槽的有段石锛。青铜时代。

（八）福清市

**1. 东张遗址**

位于东张镇镇政府驻地东500米，1957年1月发现，1958年抢救发掘。遗址总面积1500平方米。下层出土石锛、石刀、石镞、石纺轮、骨器和灰色泥质陶、黄褐色泥质陶、夹砂灰陶、泥质磨光陶，系新石器时代晚期遗存，距今4500年左右。中层出土橙黄泥质陶、彩陶和灰硬陶，新石器时代末期，距今4000～3500年。上层以印纹灰硬陶为主，并有釉陶以及残青铜器，系青铜时代遗址，属黄土仑文化，年代距今3000年左右。新石器时代至青铜时代。

**2. 下湾墓地**

位于东张镇东张水库西部边沿东张中学东南的山体平台上，海拔约30米。台地呈半圆形，东西长约300、南北长约200米，总面积约6万平方米。2004年2月发现，并于5月中旬至6月下旬由福建省博物院考古研究所对遗址进行了抢救性发掘，发掘面积800平方米。共清理黄土仑文化时期墓葬31座。出土陶器、石器、玉器等文物123件。青铜时代。

（九）长乐市

**1. 炽坪陇遗址**

位于梅花镇白犬列岛东犬（东莒）岛大坪村西南，离海岸约500、海拔约40米高的小台地。经$^{14}C$年代测定距今6000～4000年。石器以打制居多，少量磨制。打制有尖状器、刮削器、砸器、凹石、石锄、石斧，磨制的有石锛、石镞。陶片以夹砂红陶为主，夹砂灰陶次之，还有少量的橙黄泥质陶、黑色泥质陶、白色泥质陶和灰硬陶，器形与庄边山遗址的陶器有相似之处。新石器时代至青铜时代。

**2. 溪北遗址**

位于江田镇溪北村三溪水库西100米，1987年7月发现。面积约960平方米。采集有磨制残石器、泥质红衣黄陶片。可辨器形有罐等。青铜时代。

**3. 蛇头山遗址**

位于江田镇石门村西南150米，1987年7月发现。遗址面积约2.4万平方米。采集有方格纹灰硬陶片、绳纹灰硬陶片、方格纹红硬陶片。可辨器形有罐、钵等。青铜时代。

**4. 新园头遗址**

位于江田镇溪湄村西南2千米，1987年7月发现。遗址面积约3700平方米。采集有方格纹灰硬陶片。可辨器形有罐等。青铜时代 。

**5. 大王山遗址**

位于江田镇溪湄村西北200米，1987年7月发现。遗址面积约6140平方米。采集有方格纹泥质红陶片。可辨器形有罐等。青铜时代。

**6. 沃头山遗址**

位于古槐镇上官村东北200米，1987年发现。遗址面积约4160平方米。采集有方格纹红硬陶片、方格纹灰硬陶片、篮纹灰硬陶片。可辨器形有罐等。青铜时代。

**7. 高楼遗址**

位于古槐镇高楼村西1千米，1987年7月发现。遗址面积约760平方米。采集有泥质堆纹黄陶片。可辨器形有罐等。青铜时代。

**8. 鲤鱼山遗址**

位于古槐镇前塘村西2千米，1987年7月发现。遗址面积约2000平方米。采集有绳纹红硬陶片、灰硬陶片。可辨器形有罐等。青铜时代。

（十）古田县

**1. 浮山垱遗址**

位于吉巷乡坂中村东南300米，1987年4月发现。遗址面积约1万平方米。东坡文化层堆积厚约0.3米，内含红烧土、陶支座和大量灰硬陶片；南坡文化层堆积厚约1米，内含灰色陶片、烧土及炭屑。在山顶发现一烧土堆长约1米。采集有石锛、砺石、纺轮和灰硬陶片。陶片纹饰有波浪纹、锥刺纹、席纹、方格纹、凸棱纹等。可辨器形有盘、罐、甗等。青铜时代。

**2. 天坪山遗址**

位于大桥镇大桥村东南，1987年4月发现。遗址面积约900平方米。采集有夹砂灰陶片、泥质灰陶、灰硬陶片。陶片纹饰有网格纹、弦纹、席纹、篮纹、云雷纹等。可辨器形有盘、罐、釜、甗等。青铜时代。

**3. 安章遗址**

位于大桥镇上安章村东北 100 米，1987 年 4 月发现。遗址面积约 4.5 万平方米。采集有少量石器和夹砂灰硬陶片。陶片纹饰有方格纹、网纹、刻划纹、弦纹等。可辨器形有盘、釜、罐等。青铜时代。

**4. 月琴丘遗址**

位于大桥镇上安章村西北 200 米，1987 年 4 月发现。遗址面积约 5000 平方米。采集有石器和泥质灰陶片、灰硬陶片。陶片纹饰有篮纹、纺织纹、凸棱纹、条纹、绳纹等。可辨器形有罐等。青铜时代。

**5. 宅里遗址**

位于大桥镇宅里村东南，1987 年 4 月发现。遗址面积约 3 万平方米。采集有石球、石锛和灰硬陶片。陶片纹饰有绳纹、曲折纹、云雷纹、弦纹、篮纹、方格纹、锥刺纹、回纹、席纹等。可辨器形有甗、盘、罐等。青铜时代。

**6. 长头岗遗址**

位于大桥镇梳妆桥村东南 500 米，1987 年 4 月发现。遗址面积约 8 万平方米。采集有石器和灰硬陶片。陶片纹饰有雷纹、网纹等。可辨器形有盘、罐、甗等。青铜时代。

**7. 长门山遗址**

位于湖滨乡前山村东 5008 米，1987 年 4 月发现。遗址面积约 10 万平方米。采集有夹砂灰陶片和灰硬陶片。纹饰有方格纹、刻划纹、凸棱纹、弦纹等。可辨器形有罐、盘、甗等。青铜时代。

**8. 岭尾山遗址**

位于湖滨乡前山村东 200 米，1987 年 4 月发现。遗址面积约 1.2 万平方米。采集有彩陶片、灰硬陶片。纹饰有席纹、方格纹等。可辨器形有罐、盘等。青铜时代。

**9. 桥头山遗址**

位于湖滨乡前山村东北，1987 年 4 月发现。遗址面积约 5000 平方米。采集有夹砂灰陶片、灰硬陶片。纹饰有网格纹、弦纹、席纹、云雷纹等。可辨器形有罐、盘等。青铜时代。

**10. 柿树埕遗址**

位于湖滨乡前山村东北 500 米，1987 年 4 月发现。遗址面积约 6 万平方米。采集有灰硬陶片。纹饰有席纹、方格纹等。可辨器形有罐、盘、甗等。青铜时代。

**11. 西峰里遗址**

位于湖滨乡西峰里村西，1987年4月发现。遗址面积约24万平方米。采集有灰硬陶片。纹饰有席纹、方格纹。可辨器形有罐、甗等。青铜时代。

**12. 鬼山顶遗址**

位于湖滨乡永洋村北，1987年4月发现。遗址面积约8万平方米。采集有石纺轮、石镞、石锛、石戈、砺石和夹砂灰陶片、灰硬陶片。陶片纹饰有云雷纹、弦纹、方格纹、席纹、绳纹、麦纹、曲折纹等。陶片施黑衣。可辨器形有盘、罐、甗等。青铜时代。

**13. 后门岗遗址**

位于湖滨乡永洋村南100米，1987年4月发现。遗址面积约32平方米。采集有灰硬陶片。纹饰有网纹、回纹、云雷纹、弦纹等。可辨器形有盘、甗、罐等。青铜时代。

**14. 墓山遗址**

位于湖滨乡永洋村南，1987年4月发现。遗址面积约10万平方米。采集有灰硬陶片。纹饰有席纹等。可辨器形有盘、罐等。青铜时代。

**15. 溪垅遗址**

位于平湖镇溪垅村西500米，1987年4月发现。遗址面积约3万平方米。采集有灰硬陶片。纹饰有篮纹、方格纹。可辨器形有盘、罐、甗等。青铜时代。

**16. 后琦厂遗址**

位于平湖镇新舫村东北100米，1987年4月发现。遗址面积约600平方米。采集有灰硬陶片。纹饰有曲折纹、云雷纹。可辨器形有罐、甗等。青铜时代。

**17. 后湾里遗址**

位于平湖镇新舫村东北，1987年4月发现。遗址面积约2000平方米。采集有泥质灰陶片、灰硬陶片。纹饰有绳纹、刻划纹、回纹、凸棱纹、方格纹、席纹、弦纹等。可辨器形有盘、罐等。青铜时代。

**18. 秧池坪遗址**

位于平湖镇新舫村东北1千米，1987年4月发现。遗址面积约3000平方米。采集有夹砂灰陶片、泥质灰陶片、灰硬陶片。纹饰有方格纹、刻划纹。可辨器形有罐、盘。青铜时代。

**19. 兰前里遗址**

位于平湖镇林前里村西北，1987 年 4 月发现。遗址面积约 4000 平方米。采集有灰硬陶片。纹饰有曲折纹、云雷纹、方格纹。可辨器形有盘、罐、甗等。青铜时代。

**20. 长白头遗址**

位于平湖镇横洋村北 100 米，1987 年 4 月发现。遗址面积约 10.5 万平方米。采集有灰硬陶片。纹饰有方格纹、刻划纹。可辨器形有杯、罐等。青铜时代。

**21. 横下遗址**

位于平湖镇横洋村西南 500 米，1987 年 4 月发现。遗址面积约 2000 平方米。采集有石器和泥质灰陶片。陶片纹饰有绳纹、条纹。可辨器形有罐、杯、盘等。青铜时代。

**22. 钱坂遗址**

位于平湖镇前坂村西，1987 年 4 月发现。遗址面积约 18 万平方米。采集有夹砂灰陶片、泥质灰陶片、灰硬陶片。纹饰有方格纹、弦纹加方格、刻划纹、弦纹、曲折纹等。可辨器形有杯、罐、甗等。青铜时代。

**23. 碗厂岗遗址**

位于平湖镇前坂村西南，1987 年 4 月发现。遗址面积约 200 平方米。采集有灰硬陶片。纹饰有方格纹、条纹、篮纹、刻划纹、编织纹、绳纹等。可辨器形有罐、盘等。青铜时代。

**24. 牛头岗遗址**

位于平湖镇钱坂村西南 100 米，1987 年 4 月发现。遗址面积约 1000 平方米。采集有灰硬陶片。纹饰有方格纹。可辨器形有罐、杯、盘等。青铜时代。

**25. 后上墩遗址**

位于平湖镇玉源村西 200 米，1987 年 4 月发现。遗址面积约 1.4 万平方米。采集有灰硬陶片。纹饰有弦纹、回纹、刻划纹、席纹、方格纹、绳纹、凸棱纹等。可辨器形有罐、盘、杯、甗等。青铜时代。

**26. 月牙山遗址**

位于平湖镇平湖村南，1987 年 4 月发现。遗址面积约 2 万平方米。采集有泥质灰陶片、灰硬陶片。纹饰有篮纹、云雷纹、方格纹、弦纹等。可辨器形有盘、罐等。青铜时代。

**27. 上谢湾遗址**

位于平湖镇赖垱村西南，1987 年 4 月发现。遗址面积约 1000 平方米。采集有灰硬陶片。纹饰有编织纹、方格纹、凸棱纹、弦纹、刻划纹、绳纹等。可辨器形有杯、罐等。青铜时代。

**28. 粉架山遗址**

位于平湖镇桥西村东100米，1987年4月发现。遗址面积约2万平方米。采集有泥质灰陶片、彩陶片和灰硬陶片。纹饰有叶脉纹、回纹、方格纹、席纹、绳纹。可辨器形有杯、罐等。青铜时代。

**29. 桥西遗址**

位于平湖镇桥西村西，1987年4月发现。遗址面积约1000平方米。采集有石锛、石戈和夹砂灰陶片、泥质灰陶片、灰硬陶片、原始瓷片。陶片纹饰有回纹、弦纹、篮纹、方格纹、凸棱纹等。可辨器形有豆、杯、罐等。青铜时代。

**30. 网地山遗址**

位于平湖镇溪坂村，1987年4月发现。遗址面积约1000平方米。采集有石球、石戈和灰硬陶片。陶片纹饰有方格纹、篮纹、回纹、席纹等。可辨器形有杯、罐、豆等。青铜时代。

**31. 兰箍田遗址**

位于平湖镇溪坂村东南200米，1987年4月发现。遗址面积约1.2万平方米。采集有石锛和灰硬陶片。陶片纹饰有条纹、回纹。可辨器形有罐等。青铜时代。

**32. 瓦厂岗遗址**

位于凤埔乡平沙村东1.5千米，1987年4月发现。遗址面积约8万平方米。采集有灰硬陶片。纹饰有方格纹、刻划纹、绳纹、编织纹、曲折纹、篮纹、网纹等。可辨器形有豆、杯、罐等。青铜时代。

**33. 塔头顶遗址**

位于凤埔乡平沙村东南300米，1987年4月发现。遗址面积约6万平方米。采集有夹砂灰陶片、泥质灰陶片、灰硬陶片。纹饰有方格纹、弦纹加方格、刻划纹、弦纹、曲折纹等。可辨器形有豆、杯、罐等。青铜时代。

**34. 平岗头遗址**

位于凤埔乡平沙村西南，1987年4月发现。遗址面积约8000平方米。采集有灰硬陶片。纹饰有回纹、方格纹。可辨器形有杯、罐、豆等。青铜时代。

**35. 铁头亭遗址**

位于凤埔乡平沙村南500米，1987年4月发现。遗址面积约2万平方米。采集有灰硬陶片。纹饰有方格纹、回纹等。可辨器形有豆、杯、罐等。青铜时代。

**36. 西溪遗址**

位于凤埔乡西溪村北，1987 年 4 月发现。遗址面积约 500 平方米。采集有间断点纹灰硬陶片和青釉陶片。可辨器形有罐、豆等。青铜时代。

**37. 鸡尾山遗址**

位于松吉乡松台村西南，1987 年 4 月发现。遗址面积约 7 万平方米。采集有砺石和泥质灰陶片、灰硬陶片。陶片纹饰有席纹、方格纹、附加堆纹等。可辨器形有豆、杯、罐等。青铜时代。

**38. 局下遗址**

位于松吉乡局下村西 100 米，1987 年 4 月发现。遗址面积约 9600 平方米。采集有泥质灰陶片、灰硬陶片。纹饰有回纹、绳纹、条纹、方格纹、变形方格纹、重圈纹、席纹、曲折纹等。可辨器形有豆、杯、罐、甗等。青铜时代。

**39. 后垅遗址**

位于松吉乡后垅村西 100 米，1987 年 4 月发现。遗址面积约 8400 平方米。采集有石锛和泥质灰陶片。陶片纹饰有网纹、绳纹等。可辨器形有豆、杯、罐等。青铜时代。

**40. 苏洋厝遗址**

位于松吉乡吉兆村西 150 米，1987 年 4 月发现。遗址面积约 1.44 万平方米。采集有雷纹灰硬陶片。可辨器形有罐等。青铜时代。

**41. 凤都遗址**

位于凤都镇凤都村，1987 年 4 月发现。遗址面积约 30 万平方米。采集有夹砂灰陶片、泥质灰陶片、灰硬陶片、原始瓷片。纹饰有雷纹、网纹、方格纹、席纹、条纹、篮纹、刻划回纹、弦纹。可辨器形有豆、杯、罐等。青铜时代。

**42. 斧头岩遗址**

位于凤都镇洋头村东，1987 年 4 月发现。遗址面积约 2400 平方米。采集有夹砂灰陶片、泥质灰陶片、灰硬陶片。纹饰有方格纹、席纹等。可辨器形有豆、杯、罐等。青铜时代。

**43. 碗厂岗遗址**

位于凤都镇洋头村东，1987 年 4 月发现。遗址面积约 2.25 万平方米。采集有灰硬陶片。纹饰有网格纹、篮纹、刻划纹、网纹加弦纹、席纹等。可辨器形有豆、杯、罐等。青铜时代。

**44. 虎山遗址**

位于凤都镇洋头村西，1987 年 4 月发现。遗址面积约 3600 平方米。采集有泥质灰陶片、黑衣陶片、灰硬陶片。纹饰有席纹、条纹、弦纹、刻划纹等。可辨器形有豆、杯、罐等。青铜时代。

**45. 甲山遗址**

位于凤都镇东厝村西，1987 年 4 月发现。遗址面积约 1.5 万平方米。采集有石器和灰硬陶片。陶片纹饰有雷纹、方格纹。可辨器形有罐、豆等。青铜时代。

**46. 溪头遗址**

位于凤都镇溪头村，1987 年 4 月发现。遗址面积约 9600 平方米。采集有石镞和灰硬陶片。陶片纹饰有雷纹。可辨器形有罐、豆等。青铜时代。

**47. 南殿岗遗址**

位于凤都镇溪头村西 300 米，1987 年 4 月发现。遗址面积约 9600 平方米。采集有石器和灰硬陶片。陶片纹饰有雷纹、方格纹。可辨器形有豆、杯、罐等。青铜时代。

**48. 畚箕甲遗址**

位于凤都镇溪头村西南 150 米，1987 年 4 月发现。遗址面积约 8000 平方米。采集有石器和灰硬陶片。陶片纹饰有雷纹。可辨器形有罐。青铜时代。

**49. 四丘山遗址**

位于黄田镇双坑村西 500 米，1987 年 4 月发现。遗址面积约 8000 平方米。采集有石锛。因建水库于 1993 年 5 月淹没。青铜时代。

## 二、考古发掘

1954 年对昙石山遗址的发掘是福建省考古史上的首次科学发掘活动。以此为开端，半个多世纪以来在本区域内先后对 10 处重要遗址进行了 20 余次的考古发掘，获得了一大批珍贵的实物资料，为推进对本区域史前文化内涵认识的不断完善和深入研究提供了重要佐证。根据对本区域史前文化内涵研究开展的不同阶段，可以将这些考古发掘活动大致划分为三个时期。

第一个时期为 20 世纪 50 年代中期至 60 年代“文化大革命”开始前。作为福建省史前考古研究的起步期，进行初步的探索和考古资料的积累是该时期的主要特点。这一时期最重要的成果是“昙石山文化”的发现，其作为福建省首个考古学文化被正式提出。在此期间，昙石山遗址分别于 1954 年、1959～1960 年、1963 年、1964～1965 年进行了六次规模不等的发掘活动（图 2-1、图 2-2）。同时期较重要的发掘活动还有 1957 年福州市新店镇浮村遗址的发掘（图 2-3）、1958 年福清市东张遗址的发掘（图 2-4）和 1960 年闽侯县竹岐乡庄边山遗址的首次发掘。

图 2-1　1954 年昙石山遗址第一次发掘现场

图 2-2　1960 年昙石山遗址第四次发掘现场

图 2-3　浮村遗址全景（1957 年）

图 2-4　1958 年东张遗址发掘现场

图 2-5　溪头遗址全景（1975 年）

第二个时期为 20 世纪 70 年代中期至 90 年代末。该时期的主要研究进展基本厘清了闽江下游流域史前文化发展序列，提出“昙石山文化”的时空界定并得到学界的确认。在此期间除了对昙石山遗址于 1974 年和 1996 年开展了第七、第八次发掘外，主要的发掘活动还有 1975 年和 1979 年对闽侯县白沙镇溪头遗址的两次发掘（图 2-5）、1978 年对闽侯县鸿尾乡黄土仑遗址的发掘、1982～1984 年对闽侯县竹岐乡庄边山遗址的第二次发掘（图 2-6），以及 1985～1986 年对平潭县壳丘头遗址的第一次发掘（图 2-7）。

图 2-6　1982 年庄边山遗址发掘现场

图 2-7　1985 年壳丘头遗址发掘现场

第三个时期为 21 世纪初至今。这一时期的研究活动以扩充"昙石山文化"内涵和完善闽江下游流域史前文化的科学编年为主要内容。不仅一批新遗址的发现和发掘为进一步完善对本区域史前文化内涵的认识提供了新资料，而且相关课题的研究也得以开展，同时新的考古学理念和方法也越来越多地运用到实践中。在此期间，昙石山遗址又分别在 2004 年和 2009 年经历了两次发掘。此外 2001～2002 年对闽侯县鸿尾乡古洋遗址的发掘、2004 年对平潭县壳丘头遗址的第二次发掘、2008 年对福州市新店镇罗汉山遗址的发掘，以及 2013 年对闽清县东桥镇南木墩遗址的发掘也都是这一时期比较重要的考古发掘活动。

截至本课题开展前，在本区域进行过考古发掘的重要遗址有 10 处，由于这些遗址的发掘报告或简报均已公开发表，故本书不再赘述。在此以遗址首次发掘的时间先后为顺序，将相关文献进行了梳理，以便查阅。

**1. 昙石山遗址**

华东文物工作队福建组、福建省文物管理委员会：《闽侯昙石山新石器时代遗址探掘报告》，《考古学报》1955 年 2 期。

福建省文物管理委员会、厦门大学人类学博物馆：《闽侯昙石山新石器时代遗址第二至四次发掘简报》，《考古》1961 年 12 期。

福建省文物管理委员会、厦门大学考古实习队：《福建闽侯昙石山新石器时代遗址第五次发掘简报》，《考古》1964 年 12 期。

福建省博物馆：《闽侯昙石山遗址第六次发掘报告》，《考古学报》1976 年 1 期。

福建省博物馆：《福建闽侯县昙石山遗址发掘新收获》，《考古》1983 年 12 期。

福建省博物馆：《闽侯昙石山遗址第八次发掘报告》，科学出版社，2004 年。

福建省博物馆、福建省昙石山遗址博物馆：《闽侯昙石山遗址2004年考古发掘简报》，福建文博2010年1期。

福建省昙石山遗址博物馆：《2009年昙石山遗址考古发掘简报》，《福建文博》2013年2期。

福建博物院、福建省昙石山遗址博物馆：《福建省昙石山遗址1954～2004年发掘报告》，海峡书局，2015年。

**2. 浮村遗址**

曾凡：《福州浮村遗址的发掘》，《考古学报》1958年2期。

**3. 东张遗址**

厦门大学人类博物馆：《福清县东张镇白豸寺新石器时代遗址第11—39探方发掘报告》，《厦门大学学报（哲学社会科学版）》1959年1期。

福建省文物管理委员会：《福建福清东张新石器时代遗址发掘报告》，《考古》1965年2期。

**4. 庄边山遗址**

福建省文物管理委员会：《闽侯庄边山新石器时代遗址试掘简报》，《考古》1961年1期。

福建省博物馆：《闽侯庄边山遗址发掘报告》，《考古学报》1998年2期。

**5. 溪头遗址**

福建省博物馆：《闽侯溪头新石器时代遗址第一次发掘简报》，《考古》1980年4期。

福建省博物馆：《闽侯溪头遗址第二次发掘报告》，《考古学报》1984年4期。

**6. 黄土仑遗址**

福建省博物馆：《福建闽侯黄土仑遗址发掘简报》，《文物》1984年4期。

**7. 壳丘头遗址**

福建省博物馆：《福建平潭壳坵头遗址发掘简报》，《考古》1991年7期。

福建博物院：《2004年壳丘头遗址发掘报告》，《福建文博》2009年1期。

**8. 古洋遗址**

福州市文物考古工作队：《福建闽侯古洋平冈先秦遗存的发掘》，《东南考古研究（第三辑）》，厦门大学出版社，2003年。

**9. 下湾墓地**

福建博物院：《福清下湾墓地第一次发掘简报》，《福建文博》2005年1期。

**10. 罗汉山遗址**

福州市文物考古工作队：《福州市新店罗汉山商周遗址 2008 年度考古发掘简报》，《福建文博》2014 年 4 期。

## 第二节　对闽江下游流域史前文化的探索历程

正如前文所述，半个多世纪以来在闽江下游流域所开展的考古调查和发掘活动先后经历了三个重要时期，与之相应的是在各时期内学者们对本区域史前文化的探索也在持续开展并不断取得新的认识。在此回顾这一历程既是对迄今为止闽江下游流域史前文化研究的脉络作一次较全面的梳理，亦是对前人所付出辛劳的致敬。

闽江下游流域是福建省最早开展史前文化研究的区域，其标志是 1954 年闽侯县昙石山遗址的发现及首次发掘活动。由于昙石山遗址较完整地保存了本区域新石器时代至青铜时代的各期文化遗迹，长期以来围绕昙石山遗址文化内涵展开的研究和认识过程成为构建本区域新石器时代至青铜时代史前文化年代序列框架的重要基石。因此，在回顾闽江下游流域史前文化的探索历程时，必然要围绕这一认识过程展开。

1954 年 1 月，位于闽侯县第七区恒心乡（今甘蔗镇）的昙石山遗址在当地村民取土修筑防洪堤的过程中被发现，福建省文物管理委员会文物组随即联同华东文物工作队对遗址进行抢救性发掘。这是福建考古史上首个进行科学发掘的史前遗址。厦门大学的林惠祥先生也应邀到场参观并对昙石山遗址周边进行了调查，发现了洽浦山遗址、鲢鱼山遗址、山前山遗址等数处类似的遗址。并结合调查收获对昙石山遗址及周边区域史前文化的性质、年代、民族及生活文化等方面作了初步的推论①。此外，值得一提的是，在这个阶段，林惠祥先生通过他在福建南部进行的考古调查工作，从宏观的角度提出了有段石锛和印纹陶是中国东南区新石器时代文化的两个重要特征的创见，对后世影响深远。

在昙石山遗址被发现后不久，第一次全国文物普查活动在福建开展，其间又在本区域内发现了一批后来被视为本区域新石器时代文化研究过程中具有标杆性意义的遗址，包括闽侯县庄边山遗址、溪头遗址，福清市东张遗址，平潭县壳丘头遗址等，大致了解了本区域内新石器时代文化遗址的分布情况，并对其文化内涵展开了研究。

“昙石山文化”被学界首度提出时，其内涵被定义为“以几何印纹陶为主的文化”②。在经过 1964～1965 年的第六次考古发掘后，学界意识到有必要对此内涵定义进行修正。发掘报告的撰写者将昙石山遗址的内涵分为上、中、下三层，并指出昙石山文化以下、中层为代表，属于新石器时代文

① 林惠祥：《福建闽侯县甘蔗恒心联乡新石器时代遗址考察报告》，《厦门大学学报（哲学社会科学版）》1954 年 5 期。
② 曾昭燏、尹焕章：《古代江苏历史上的两个问题》，《江苏省出土文物选集·序》，文物出版社，1963 年。

化；晚期以上层为代表，属于青铜时代。

20 世纪 70 年代中期至 90 年代是闽江下游流域考古研究活动活跃期。在此期间对昙石山遗址分别于 1974 年和 1996 年开展了第七、第八次发掘。其中 1996 年对昙石山遗址的第八次发掘尤为重要，此次发掘以丰富的考古资料和清楚的层位关系，揭示了昙石山遗址中实际存在的四期文化遗存，在随后发表的《闽侯昙石山遗址第八次发掘报告》中对四期文化遗存的文化内涵、年代进行了清晰的界定，指出只有二期文化遗存才属于昙石山文化。这一时期重要的发掘活动主要有 1975 年和 1979 年对闽侯县溪头遗址的两次发掘、1978 年对闽侯县黄土仑遗址的发掘、1982～1984 年对闽侯县庄边山遗址的第二次发掘，以及 1985～1986 年对平潭县壳丘头遗址的第一次发掘。这些发掘活动获取的大量考古资料与昙石山遗址第八次发掘获得的考古资料相互印证，不仅为“昙石山文化”准确的时空界定提供了有力的支持，而且在此基础上对闽江下游流域史前文化发展序列的探索也取得了重要进展，初步完成了本区域内已知新石器时代至青铜时代古文化序列的建构，即：壳丘头文化（距今 6500～5500 年）→昙石山下层文化（距今 5500～5000 年）→昙石山文化（距今 5000～4300 年）→黄瓜山文化（距今 4300～3500 年）→黄土仑文化（距今 3500～2700 年）①。

20 世纪 60 年代以来，国际学术界在南岛语族起源研究上逐渐把目光转向中国的华南地区，以 Peter Bellwood 为代表的一批学者开始探讨南岛语族从台湾岛向太平洋的扩张过程。到 80 年代末，著名考古学家张光直先生进而提出了南岛语族起源于中国大陆以闽粤为中心的东南沿海的理论，并很快得到国际学术界的普遍接受与响应②。福建的考古研究者也于此时开始关注这一课题，并逐步与国内外学者们展开接触与交流，从而为 20 世纪末以来南岛语族起源研究在本区域的兴起埋下了伏笔。

此外，这一时期围绕昙石山文化开展的多学科研究也取得较大进展，成果内容涉及人类学③、古环境④、社会经济生活等方面⑤。

进入 21 世纪以来，本区域内的新石器时代考古研究活动进入了一个新的阶段，与之前相比，这一

① 吴绵吉：《试论昙石山遗址的文化性质及其文化命名》，《厦门大学学报（哲学社会科学版）》1979 年 2 期；吴锦吉：《昙石山遗址的分期和年代》，《文物集刊》（第 3 辑），文物出版社，1981 年；《昙石山文化研究中的若干问题》，《福建文博》1987 年 2 期；王振镛、林公务：《闽江下游印纹陶遗存的初步分析》，《文物集刊》（第 3 辑），文物出版社，1981 年；吴春明：《闽江下游史前文化发展序列的初步线索》，《东南文化》1990 年 3 期；林公务：《福建境内史前文化的基本特点及区系类型》，《福建历史文化与博物馆学研究》，福建教育出版社，1993 年；林忠干：《昙石山文化的再研究》，《东南文化》（第一辑）1991 年 5 期。

② 张光直：《中国东南海岸考古与南岛语族起源问题》，《南方民族考古》（第一辑），四川大学出版社，1987 年；张光直：《新石器时代的台湾海峡》，《考古》1989 年 6 期；臧振华：《中国东南海岸史前文化的适应与扩张》，《考古与文物》1999 年 3 期。

③ 韩康信、张振标、曾凡：《闽侯昙石山遗址的人骨》，《考古学报》1976 年 1 期；潘其风：《福州闽侯县昙石山遗址第八次发掘出土人骨的观察研究》，《南方文物》2000 年 1 期。

④ 祁国琴：《福建闽侯昙石山新石器时代遗址中出土的兽骨》，《古脊椎动物与古人类》1977 年 4 期；蓝东兆、于永芬、陈承惠，等：《福州盆地晚更新世海侵及全新世海面波动的初步研究》，《海洋地质与第四纪地质》1986 年 3 期；王珏：《闽江河口区晚更新世以来的自然环境变化》，《台湾海峡》1990 年 1 期；吴学忠：《福州马尾全新世孢粉组合及其地质意义》，《福建地质》1993 年 4 期；曾从盛：《闽东北沿海晚第四纪海侵与海面变动》，《福建师范大学学报（自然科学版）》1997 年 6 期。

⑤ 钟礼强：《昙石山文化原始居民的经济生活》，《厦门大学学报（哲学社会科学版）》1986 年 1 期；蔡保全：《从贝丘遗址看福建沿海先民的居住环境与资源开发》，《厦门大学学报（哲学社会科学版）》1998 年 3 期。

阶段的考古研究活动有三个比较突出的特点。

其一，专题性的科研课题活动得以开展。在本区域内开展的重要科研课题活动有两个，即2004～2010年福建博物院与美国毕士普博物馆、夏威夷大学人类学系联合开展的“东南沿海史前航海术和南岛语族起源”，以及2011～2015年福建省昙石山遗址博物馆开展的“闽江下游流域史前遗址考古调查与研究”。

其二，新的考古理念、技术和方法的引进和实践日益普及。除了上述两个课题活动外，2004年和2009年昙石山遗址的两次发掘、2001～2002年闽侯县古洋遗址发掘、2011年闽侯县仁山遗址发掘，以及2013年闽清县东桥镇南木墩遗址发掘也都是这一时期比较重要的考古发掘活动。在这些考古活动中，如区域系统调查法、环境考古、科技考古、地理信息系统（GIS）辅助应用等新理念或新方法也都不同程度地在考古活动中得到实践。从而在人地关系、聚落形态、经济生活等方面的研究也取得了比较丰富的成果[①]。

其三，这一时期仍然以对闽江下游流域史前文化内涵认识的扩充和完善为主，同时在研究视野上更趋开阔：一方面在与相邻省份，包括与我国台湾地区考古学文化的比较研究更为活跃，为了解本区域史前文化的传播与交流情况积累了一批成果[②]；另一方面，南岛语族起源研究方兴未艾，福建省内学者与来自国内外高校和科研机构的学者们开展了多次合作，运用了多种科技考古手段，对包括本区域在内的福建沿海史前文化与南岛语族文化起源和发展的内在关联展开了研究[③]，其中在海峡两岸史前航海贸易活动的证据[④]，以及在马祖“亮岛人”的发现及其与南岛语族渊源关系研究[⑤]等方面所取得的进展尤为令人瞩目。

经过几代考古学者半个多世纪孜孜以求的探索，目前不仅完成了本区域内从新石器时代到青铜时代史前文化年代序列的构建；而且在对本区域各时期史前文化的源流、内涵等诸多方面都进行了大量

---

① 陈兆善：《论“昙石山文化”居民的食物构成和获取方式》，《福建文博》2004年3期；钟伯清：《人类学的视角：昙石山遗址中若干民俗的再认识》，《中央民族大学学报（哲学社会科学版）》2009年2期；郑卓、Barry V Rolett、于远福等：《福州盆地全新世沉积和生态环境演变与人类经济活动方式的耦合关系》，《中国古生物学会孢粉学分会第八届二次学术年会》，2011年；马婷、Rolette Barry、林公务等：《福建昙石山文化的稻作农业活动新证据：庄边山遗址的植硅石和孢粉研究》，《岭南考古研究》（13），中国学术评论出版社，2013年；吴梦洋、葛威、陈兆善：《海洋性聚落先民的食物结构：昙石山遗址新石器时代晚期人骨的碳氮稳定同位素分析》，《人类学报》2016年2期；乐远福、郑卓、Barry V Rolett等：《闽江下游全新世孢粉记录的植被与环境变化》，《热带地理》2016年3期。

② 林清哲：《昙石山文化与周邻新石器文化比较研究》，《南方文物》2004年3期；钟礼强：《略论昙石山文化与良渚文化的关系》，《东南文化》2005年6期；林公务：《福建沿海新石器时代文化综述》，《福建文博》2005年4期；曲晓雷、陈智扬：《从胶东半岛和福建沿海的比较看贝丘遗址消亡原因》，《福建文博》2010年2期。

③ 焦天龙：《东南沿海的史前文化与南岛语族的扩散》，《中原文物》2002年2期；郭志超、吴春明：《台湾原住民“南来论”辨析——兼论“南岛语族”起源》，《厦门大学学报（哲学社会科学版）》2002年2期；焦天龙、范雪春、罗莱：《壳丘头遗址与台湾海峡早期新石器时代文化》，《福建文博》2009年2期；焦天龙、范雪春：《福建与南岛语族》，中华书局，2010年。

④ 吴春明：《中国东南与太平洋的史前交通工具》，《南方文物》2008年2期；Barry V. Rolett, Jiao Tian Long, Lin Gong Wu: Early Seafaring in The Taiwan Strait and The Search of Austronesian Origins, Journal of East Asian Archaeology, 2002, 4(1).

⑤ 陈仲玉：《马祖亮岛岛尾遗址发掘及“亮岛人”修复计划》，（中国台湾）连江县政府，2013年。

有益的探索，取得了一系列重要的研究成果。但与此同时也应看到，仍有若干重要的学术问题尚在寻找答案。例如，本区域新石器时代文化的来源问题；南岛语族形成期在本区域的分布及迁徙路线问题；本区域史前农业的起源及传播问题，等等。而且随着近年来在本区域内考古新发现、新材料的不断积累，对答案的寻找显得更为迫切。这就要求我们在前人打下的良好基础上，一方面积极开展区域性的考古调查课题，尽可能全面地积累、掌握研究资料和线索；另一方面积极开展多学科协作的专题性、精细化的研究，以期早日寻找到关于本区域史前文化诸多问题的答案。

# 第三章　本次调查与发掘情况

在本次调查中，我们在区域内各县（市）、区复查遗址点67处，新发现新石器时代至青铜时代遗址点151处[①]，并在调查期间先后对位于闽侯县和连江县境内的5处遗址点进行了考古勘探或抢救性发掘。

## 第一节　遗址复查[②]

（一）福州市

**1. 淮安遗址**

2014年6月复查。位于福州市仓山区建新镇淮安半岛西北端，地理坐标为北纬26°06′08.96″，东经119°13′32.02″。海拔30米，相对高度25米。系一座相对独立的不规则形山冈，西南—东北走向。长约150、宽约100米，总面积约1.5万平方米。山顶平坦开阔，四面坡度略陡，山体植被茂密，西北濒临闽江（图3-1）。复查时发现由于房地产开发导致遗址破坏严重。在西北坡一处护坡断坎上发现大量陶片及贝壳堆积层，长约10、厚度0.5～1.5米（图3-2）。在断坎上采集到石锛1件以及器足、口沿若干。共采集陶片143片。其中夹砂灰陶4片（方格 纹1片、细绳纹3片）、夹砂灰黄陶48片（素面7片、细绳纹41片）、夹砂素面红褐陶2片、泥质橙黄陶39片（素面10片、方格纹10片、条纹13片、网格纹2片、长方格纹1片、叶脉纹2片、篮纹1片）、泥质素面赭衣陶9片、泥质黄陶4片（素面2片、方格纹1片、席纹1片）、泥质素面灰陶15片、彩陶1片、灰硬陶21片（素面6片、方格纹9片、席纹5片、刻划纹1片）（图3-3、图3-4）。新石器时代至青铜时代。

石锛　1件。淮安：5，黑色燧石。平面近长方形，横截面为梯形，背面平直，通体磨制精细。长9.1、宽4.8、厚3.2厘米（图3-5；图3-7：5）。

---

① 本次调查在长乐市未发现新遗址点。

② 许多早期记录在案的遗址点由于位置记载不明确、被建设活动破坏殆尽、地表植被茂密等原因导致无法复查或复查没有采集到遗物标本，故本节仅选取有采集到遗物标本的31处遗址点予以介绍。

图 3-1　淮安遗址（西北—东南）

图 3-2　淮安遗址贝丘堆积

图 3-3　淮安遗址采集陶片

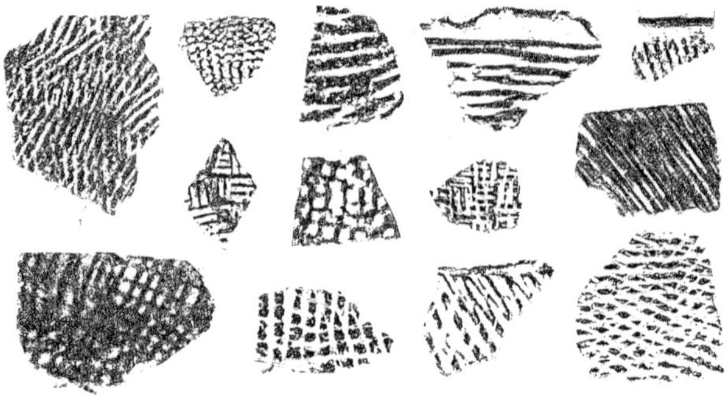

图 3-4　淮安遗址采集陶片纹饰拓片

器足　2件。淮安：1，泥质灰陶，素面。圜底，矮圈足，足根外撇。足径13、残高4.2厘米（图3-6；图3-7：1）。淮安：2，夹砂灰黄陶，素面。矮圈足，足根外撇。底径16、残高3.1、厚0.7～2.2厘米（图3-7：2）。

口沿　2件。淮安：3，夹砂灰黄陶，素面。侈口，圆唇，弧腹。长7.5、宽7.2、厚0.7厘米（图3-7：3）。淮安：4，夹砂灰黄陶。侈口，圆唇，束颈，沿面微内凹，有数道凹弦纹，腹部饰绳纹。直径16、残高4、厚0.6～1.2厘米（图3-7：4）。

图3-5　淮安遗址采集石锛
（淮安：5）

图3-6　淮安遗址采集器足
（淮安：1）

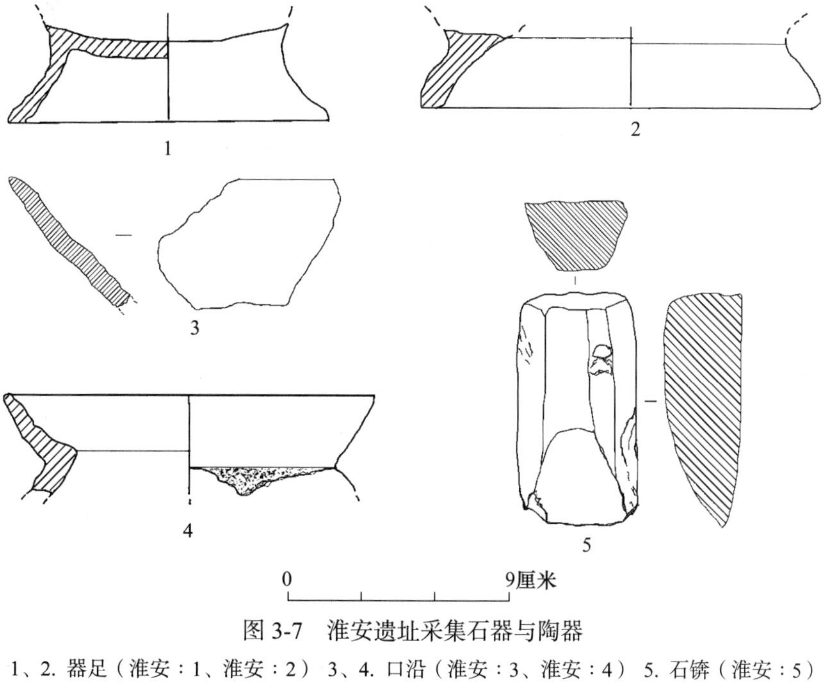


图3-7　淮安遗址采集石器与陶器
1、2. 器足（淮安：1、淮安：2）　3、4. 口沿（淮安：3、淮安：4）　5. 石锛（淮安：5）

## 2. 磐石山遗址

2014年6月复查。位于福州市晋安区新店镇磐石村东北约200米，地理坐标为北纬26°07′43.18″，东经 119° 18′ 44.54″。海拔 25 米，相对高度 10 米。系一相对独立的不规则形山冈，面积约 1 万平方米。山顶平坦开阔，四面坡度较缓，山顶植被较密，有一处已废弃的部队营区，山脚四面为民房。复查时因建设取土，山体已基本被破坏殆尽，仅在西侧山坡上发现零星陶片。共采集陶片 5 片，均为方格纹。未发现文化层堆积。青铜时代（图 3-8）。

图 3-8　磐石山遗址（西北—东南）

## （二）闽侯县

### 1. 旧厝遗址

2011 年 6 月复查。位于闽侯县白沙镇花云村西面，地理坐标为北纬 26° 13′ 12.18″，东经 119° 03′ 58.89″。海拔 18 米，相对高度 10 米。系一相对独立的不规则形山冈，西南—东北走向。长约 150、宽约 80 米，总面积约 1.2 万平方米。山顶较平坦开阔，四周山坡较低缓（图 3-9）。于山之东、北坡近合福铁路处发现零星陶片。共采集陶片 9 片。其中夹砂素面灰陶 1 片、灰硬陶 8 片（方格纹 6

图 3-9　旧厝遗址（东南—西北）

片、弦纹 2 片）（图 3-10、图 3-11）。2010 年曾在山顶进行抢救性考古发掘，未发现遗迹。本次复查未发现文化层堆积。青铜时代。

罐　1 件。旧厝：1，夹砂灰硬陶。直口，平沿，斜弧腹，颈部饰刻划纹，肩部饰弦纹，腹部饰方格纹。口径 16、残高 8.2 厘米（图 3-12）。

图 3-10　旧厝遗址采集陶片

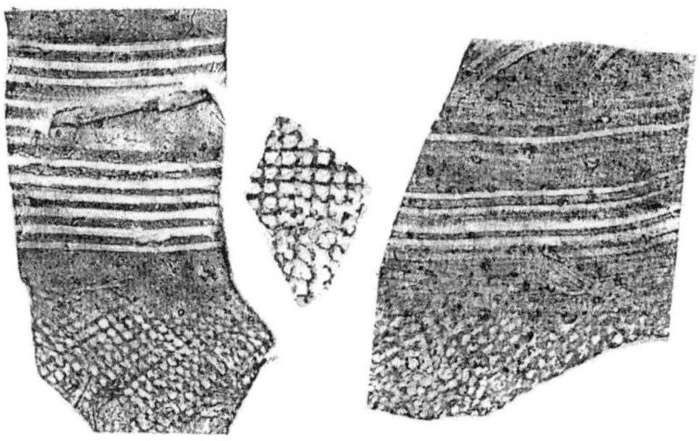

图 3-11　旧厝遗址采集陶片纹饰拓片

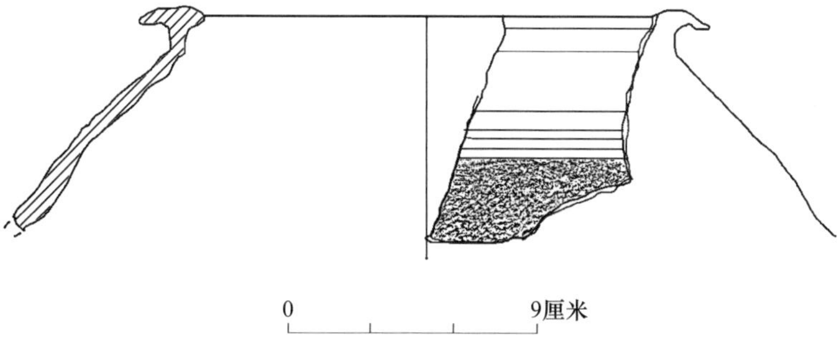


图 3-12　旧厝遗址采集陶罐

（旧厝：1）

## 2. 坪峰山遗址

2012 年 11 月复查。位于闽侯县鸿尾乡官路村东南 200 米，地理坐标为北纬 26° 09′ 38.67″，东经 118° 59′ 24.42″。海拔 43 米，相对高度 13 米。系一相对独立的不规则形山冈，西南—东北走向。长约 120、宽约 150 米，总面积约 1.8 万平方米。山顶平坦开阔，四周山坡低缓，但东、南、西坡均被公路或民房破坏成断坎。坡下周边因民房建设，导致遗址破坏较严重。东北靠近新修水泥路一侧断坎上发现大量陶片（图 3-13），文化层厚度约 1 米，因取土破坏，遗址的核心区域仅剩三分之一，

图 3-13　坪峰山遗址采集陶器口沿

2013 年福建省昙石山遗址博物馆对其进行了抢救性试掘，详见本章第三节。新石器时代至青铜时代。

**3. 大模遗址**

2012 年 11 月复查。位于闽侯县鸿尾乡大模自然村东北面 500 米，地理坐标为北纬 26° 08′ 52.87″，东经 118° 58′ 37.06″。海拔 31.65 米，相对高度 12 米。分布在蚬仔仑和大王顶两座相连的山冈上。面积约 10 万平方米。山顶较平坦宽阔，南坡与大山相连，东坡和北坡低缓，西坡较陡。植被较茂密（图 3-14）。本次复查仅在北坡发现零星陶片。共采集陶片 13 片。其中泥质绳纹黑衣陶 1 片、灰硬陶 12 片（素面 1 片、方格纹 5 片、云雷纹 2 片、凸棱纹 1 片、弦纹 1 片、网格纹 1 片、竹编纹 1 片）（图 3-15）。未发现文化层堆积。新石器时代至青铜时代。

图 3-14　大模遗址（西—东）

图 3-15　大模遗址采集陶片

**4. 奎石遗址**

2012 年 11 月复查。位于闽侯县鸿尾乡奎石自然村西面新桥头，地理坐标为北纬 26° 10′ 40.33″，东经 118° 59′ 51.27″。海拔 25 米，相对高度 5 米。系源里溪东岸一片三角形台地。遗址东西长约 300、南北最宽处约 200 米，总面积约 3 万平方米。山顶较平坦宽阔，四周山坡低缓。山顶和山坡上都经开垦，有较多民房（图 3-16）。于山顶发现零星陶片，南坡和西坡发现大量陶片。共采集陶片 201 片。其中泥质灰陶 34 片（素面 23 片、方格纹 6 片、刻划纹 2 片、弦纹 1 片、菱格纹 2 片）、泥质橙黄陶 18 片（素面 12 片、方格纹 3 片、弦纹 3 片）、泥质红褐陶 7 片（方格纹 6 片、菱格纹 1 片）、泥质弦纹灰黄陶 1 片、灰硬陶 111 片（素面 23 片、方格纹 53 片、菱形回纹 2 片、网格纹 1 片、弦纹 11 片、刻划纹 21 片）、灰黄硬陶 20 片（素面 18 片、方格纹 2 片）、赭衣硬陶 10 片（素面 2 片、方格纹 8 片）（图 3-17、图 3-18）。于西坡山脚发现厚约 30 厘米的文化层堆积。新石器时代末期至青铜时代。

图 3-16　奎石遗址（西—东）

图 3-17　奎石遗址采集陶片

钵　1件。奎石：3，夹砂红陶，素面。直口，浅直腹内收成平底，口沿及内壁有施一层灰白色陶衣。口径13、底径6.8、高3.4厘米（图3-19：7）。

罐　2件。奎石：4，灰硬陶。小口，广肩，肩部饰数道凹弦纹，口肩交接处曾有耳，已残缺。口径10.6、残高5.8厘米（图3-19：1）。奎石：7，灰硬陶。微侈口，广肩，肩部近口处有数道弦纹，器腹饰刻划回纹。口径18，残高5厘米（图3-19：4）。

甗　1件。奎石：8，夹砂灰硬陶，仅余中部箅承及部分下腹片，腹壁呈圆弧形。残高5.4、壁厚0.5厘米（图3-19：5）。

杯　1件。奎石：5，灰硬陶。敛口，斜直腹，下腹部饰方格纹。口径10、残高4.2厘米（图3-19：3）。

口沿　2件。奎石：1，泥质灰陶，素面。侈口，平沿，束颈，颈部起一道凸棱。口径15、残高4.5厘米（图3-19：6）。奎石：2，夹细砂灰硬陶。侈口，窄斜沿，束颈，颈肩部饰数道弦纹，颈肩交接处有一道凸棱。口径23、残高2.4厘米（图3-19：2）。

图3-18　奎石遗址采集陶片纹饰拓片

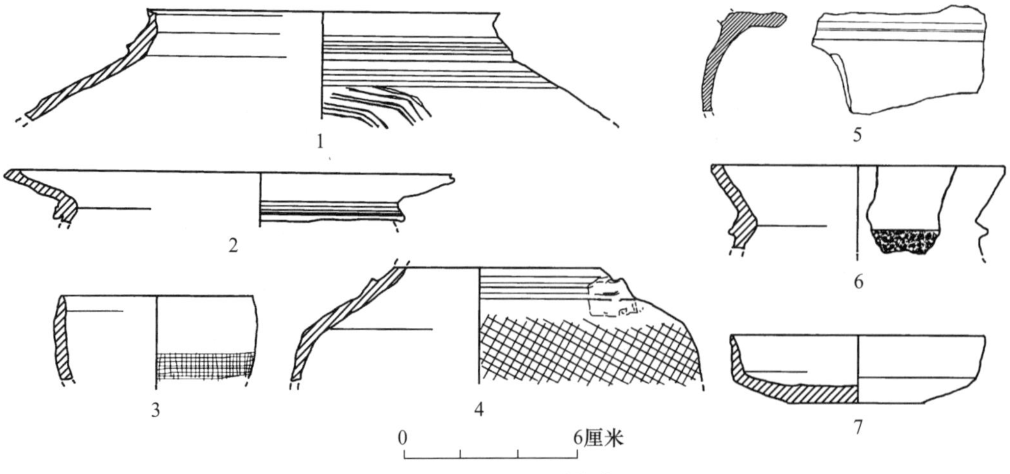


图3-19　奎石遗址采集陶器

1、4. 罐（奎石：4、奎石：7）　2、6. 口沿（奎石：2、奎石：1）　3. 杯（奎石：5）　5. 甗（奎石：8）　7. 钵（奎石：3）

## 5. 平岗遗址

2014 年 12 月复查。位于闽侯县鸿尾乡古洋村（外境）西北约 200 米，地理坐标为北纬 26° 11′ 46.793″，东经 118° 56′ 03.981″。海拔 174.14 米，相对高度 20 米。系大山向南延伸出来的条形山冈。遗址东西长约 150、南北长约 300 米，总面积约 4.5 万平方米。山顶较平坦宽阔，北面与大山相连，东、西坡较陡，南坡较缓，地表大部分经开垦种植橄榄树。福银高速穿过遗址南部，东侧有古洋溪自南向北蜿蜒流过（图 3-20）。本次复查于山顶靠南部和东南坡发现零星陶片分布。共采集陶片 28 片。其中夹砂素面红陶 2 片、夹砂素面黄陶 1 片、灰硬陶 25 片（素面 3 片、方格纹 18 片、弦纹 3 片、刻划纹 1 片）（图 3-21、图 3-22）。本次复查未发现文化层堆积。青铜时代。

罐　1 件。平岗：1，灰硬陶。侈口，宽折平沿，高领，深弧腹，器腹饰刻划回纹。口径 20、残高 6.5 厘米（图 3-23）。

图 3-20　平岗遗址（西—东）

图 3-21　平岗遗址采集陶片

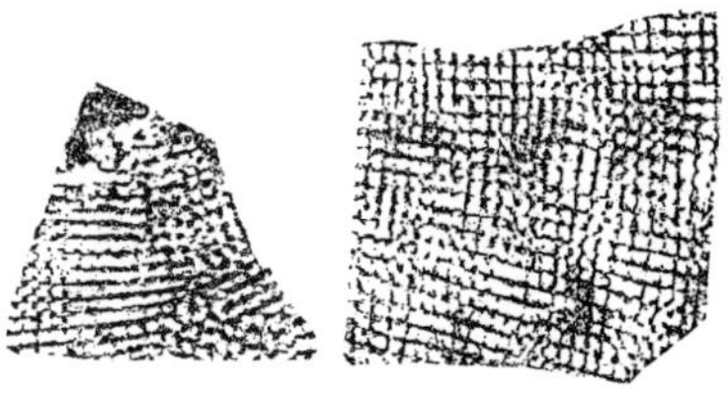

图 3-22　平岗遗址采集陶片纹饰拓片

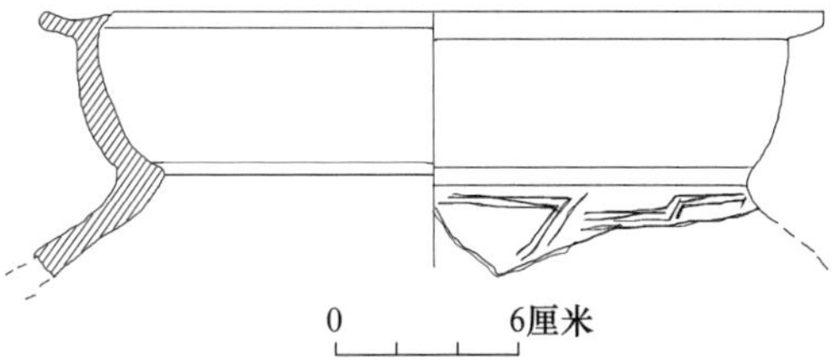


图 3-23　平岗遗址采集陶罐
（平岗：1）

**6. 白头遗址**

2011 年 6 月复查。位于闽侯县荆溪镇白头村西北 500 米，地理坐标为北纬 26° 07′ 45.579″，东经 119° 09′ 09.918″。海拔 35 米，相对高度 15 米。系一东西走向相对独立的狭长形山冈。遗址东西长约 100、南北长约 200 米，总面积约 2 万平方米。山顶较平坦宽阔，西端被原第二造船厂占用，东面杂草灌木丛生。四周山坡低缓，但南、西、北坡均被后期建筑破坏成断坎（图 3-24）。于山顶发现零星陶片，南坡断面及道路上发现较多陶片。共采集陶片 44 片。其中夹砂绳纹黄陶 2 片、泥质黑衣陶 3 片（绳纹 2 片、网格纹 1 片）、泥质黄陶 17 片（素面 4 片、方格纹 2 片、席纹 1 片、网格纹 4 片、篮纹 5 片、刻划纹 1 片）、灰硬陶 18 片（素面 5 片、方格纹 8 片、席纹 4 片、刻划纹 1 片）、素面黄硬陶 1 片、彩陶 3 片（图 3-25、图 3-26）。未发现文化层堆积。新石器时代至青铜时代。

图 3-24　白头遗址（北—南）

尊　1 件。白头：1，泥质橙黄陶。侈口外撇，沿面内凹，高领。领部外壁饰三角形黑彩条纹。口径 43、残高 6 厘米（图 3-27）。

图 3-25　白头遗址采集陶片

图 3-26　白头遗址采集陶片纹饰拓片

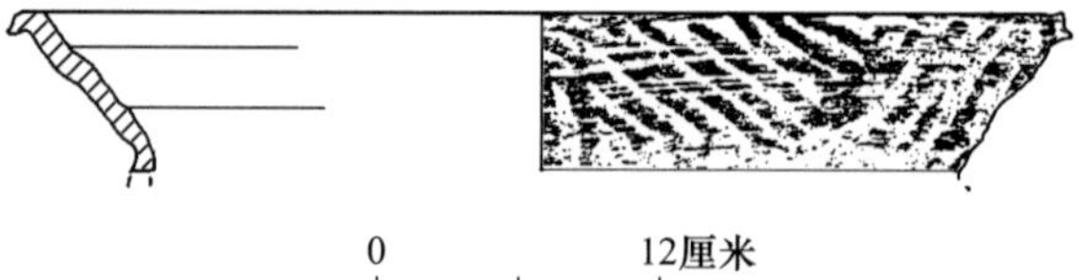


图 3-27　白头遗址采集彩陶尊
（白头：1）

**7. 西山遗址**

2011 年 6 月复查。位于荆溪镇里西山村西面约 300 米，地理坐标为北纬 26° 08′ 09.46″，东经 119° 09′ 58.35″。海拔 29 米，相对高度 15 米。系洽浦山东南山脚的一处不规则形台地，面积约 6000

平方米。因长期被村民开垦，现今的台地呈阶梯状，顶部较平坦，但植被茂密，多为橄榄树。东面山脚下有一近似六角形的池塘，再往东约150米处有荆溪自北向南流过；南面为外西山村；西面有京台高速穿山而过（图3-28）。地表仅有零星陶片分布。共采集陶片24片，其中夹砂素面黑衣陶1片、泥质方格纹橙黄陶1片、灰硬陶16片（素面2片、席纹11片、凹弦纹2片、方格纹1片），原始瓷6片，均为素面（图3-29、图3-30）。未发现文化层堆积。青铜时代。

图3-28　西山遗址（西—东）

图3-29　西山遗址采集陶片

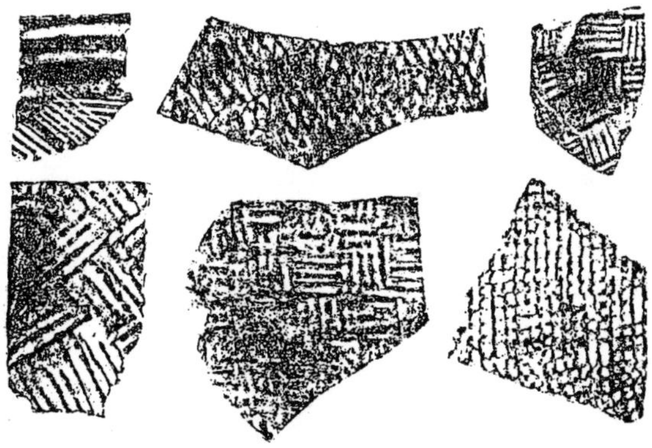

图3-30　西山遗址采集陶片纹饰拓片

### 8. 凤山遗址

2012 年 11 月复查。位于闽侯县上街镇红峰村北面约 300 米，地理坐标为北纬 26° 05′ 29.18″，东经 119° 10′ 52.81″。海拔 20 米，相对高度 10 米。系一相对独立近似圆形的山冈，面积约 1.2 万平方米。山顶平坦开阔，四面坡度低缓，植被茂密。东北约 600 米为赤塘山，两山之间为农田；西面山脚下有溪源溪自南向北流过（图 3-31）。在南坡发现零星陶片。共采集陶片 20 片，均为灰硬陶（方格纹 5 片、席纹 11 片、网格纹 1 片、云雷纹 1 片、条纹 1 片、弦纹 1 片）（图 3-32、图 3-33）。未发现文化层堆积。青铜时代。

图 3-31　凤山遗址（北—南）

图 3-32　凤山遗址采集陶片

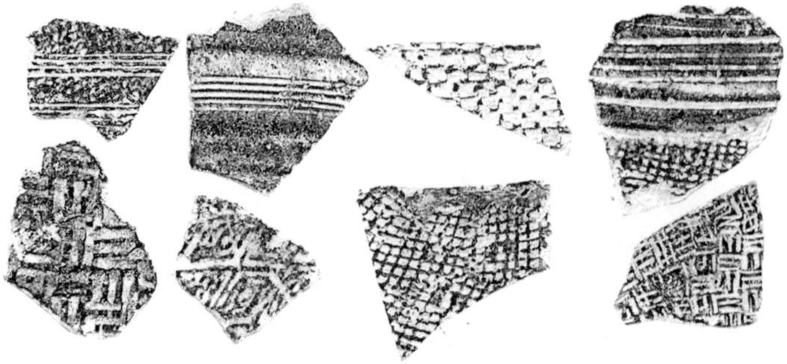

图 3-33　凤山遗址采集陶片纹饰拓片

### 9. 赤塘山遗址

2012年11月复查。位于闽侯县上街镇赤塘村北面，地理坐标为北纬26°05′360″，东经119°11′21.790″。海拔43米，相对高度10米。系一不规则形山冈。东—西走向。长约600、宽约200米，总面积约12万平方米。山顶平坦宽阔，四周山坡低缓，经开垦种植有龙眼、橄榄等果树。山顶有零星陶片分布（图3-34）。共采集陶片8片，均为灰硬陶（素面1片、席纹6片、绳纹1片）（图3-35、图3-36）。本次复查未发现文化层堆积。新石器时代至青铜时代。

图3-34　赤塘山遗址（西南—东北）

图3-35　赤塘山遗址采集陶片

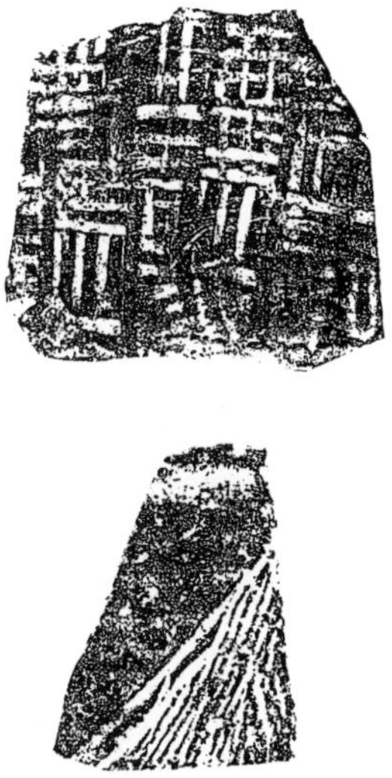

图3-36　赤塘山遗址采集陶片纹饰拓片

### 10. 牛头山遗址

2014年12月复查。位于闽侯县小箬乡湖柄村西北面，地理坐标为北纬26°16′23.371″，东经118°52′24.380″。海拔44.71米，相对高度30米。系一相对独立的近似牛头形山冈，东—西走向。

长约 300、最宽约 350 米，总面积约 5 万平方米。山顶平坦宽阔，四周山坡较低缓，西坡被外福铁路切断。山顶及山坡大部分经开垦，种植橄榄、茶树等。山顶及四周山坡均有陶片分布（图 3-37）。共采集陶片 82 片。其中夹砂弦纹橙红陶 1 片、灰硬陶 78 片（素面 7 片、云雷纹 9 片、席纹 1 片、方格纹 44 片、网格纹 3 片、弦纹 5 片、附加堆纹 1 片、篮纹 3 片、刻划纹 5 片）、褐衣方格纹硬陶 2 片、原始瓷 1 片，素面（图 3-38、图 3-39）。本次复查未发现地层堆积。新石器时代至青铜时代。

图 3-37　牛头山遗址（东—西）

图 3-38　牛头山遗址采集陶片

图 3-39　牛头山遗址采集陶片纹饰拓片

器耳　1件。牛头山：1，灰硬陶。平面略呈长方形，宽带贯耳。顶端有两个圆形纽，器身为竹节形。高3、宽4.5厘米（图3-40：1）。

口沿　2件。牛头山：2，灰褐色硬陶。侈口，直壁，器表饰刻划纹和凹弦纹。残高4.4厘米（图3-40：2）。牛头山：3，灰硬陶，素面。撇口，圆唇，中领，微束颈。口径18、残高4厘米（图3-40：3）。

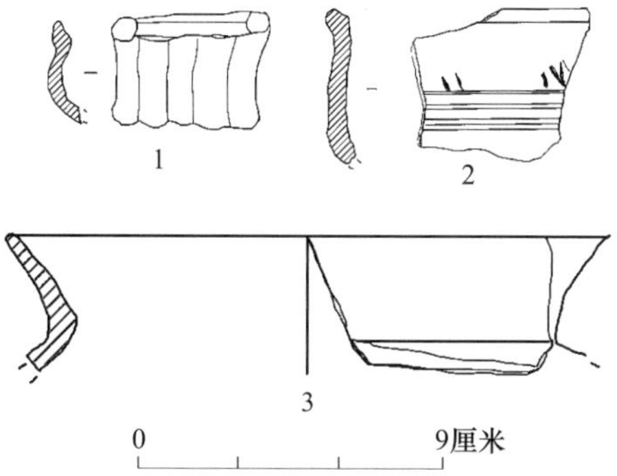

图3-40　牛头山遗址采集陶器
1. 器耳（牛头山：1）　2、3. 口沿（牛头山：2、牛头山：3）

### 11. 大黄山遗址

2014年12月复查。位于闽侯县小箬乡小箬村小学东北面约300米，地理坐标为北纬26°16′56.113″，东经118°52′36.655″。海拔111.4米，相对高度80米。系闽江东岸一系列起伏丘陵之一。遗址东西长约100、南北宽约80米，总面积约8000平方米。山顶较平坦宽阔，四周山坡低缓，大部分经开垦，种植橄榄树等果树和苗木（图3-41）。闽江距离其西面约500米。于山顶、南坡和西坡发现零星陶片。共采集陶片10片，均为灰硬陶（席纹8片、方格纹1片、素面1片）（图3-42、图3-43）。未见文化层堆积。青铜时代。

图3-41　大黄山遗址（南—北）

图 3-42　大黄山遗址采集陶片

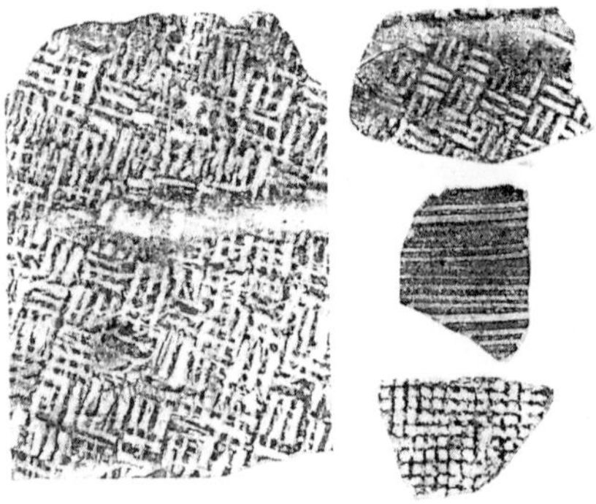

图 3-43　大黄山遗址采集陶片纹饰拓片

**12. 蛇山遗址**

2014 年 12 月复查。位于闽侯县小箬乡湖柄村桥头自然村东面，地理坐标为北纬 26° 16′ 18.292″，东经 118° 52′ 55.259″。海拔 91.64 米，相对高度 30 米。系一东西走向相对独立的长条形山冈，面积约 3000 平方米。山顶较平坦宽阔，四周山坡较缓，植被稀疏，有灌木、竹林等，部分经开垦种植橄榄树（图 3-44）。于山顶发现较多陶片。共采集陶片 46 片。其中夹砂灰黄陶 5 片（素面 2 片、刻划纹 1 片、绳纹 2 片）、泥质灰陶 7 片（素面 3 片、绳纹 4 片）、灰硬陶 33 片（素面 1 片、席纹 21 片、方格纹 4 片、弦纹 1 片、刻划纹 2 片、绳纹 3 片、篮纹 1 片）、刻弦纹原始瓷 1 片（图 3-45、图 3-46）。2013 年 1 月福州市文物考古工作队曾对该遗址进行小规模试掘[①]。新石器时代至青铜时代。

图 3-44　蛇山遗址（北—南）

① 福州市文物考古工作队：《福州市闽侯县小箬村遗址群调查简报》，《福建文博》2015 年 2 期。

图 3-45　蛇山遗址采集陶片

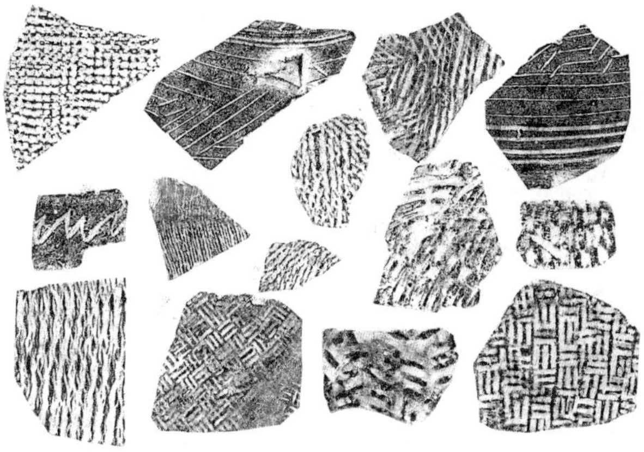

图 3-46　蛇山遗址采集陶片纹饰拓片

罐　1件。蛇山：1，灰硬陶。侈口，唇缘外凹，束颈，鼓腹，器腹饰席纹和方格纹。口径16、残高9.9厘米（图3-47：1）。

豆　1件。蛇山：5，泥质灰黄陶，素面。侈口，弧腹。口径15、残高4.7厘米（图3-47：6）。

原始瓷钵　1件。蛇山：7，胎质灰黄，内外均施青黄釉，但脱落严重。敛口，斜弧腹。直径16、残高4厘米（图3-47：5）。

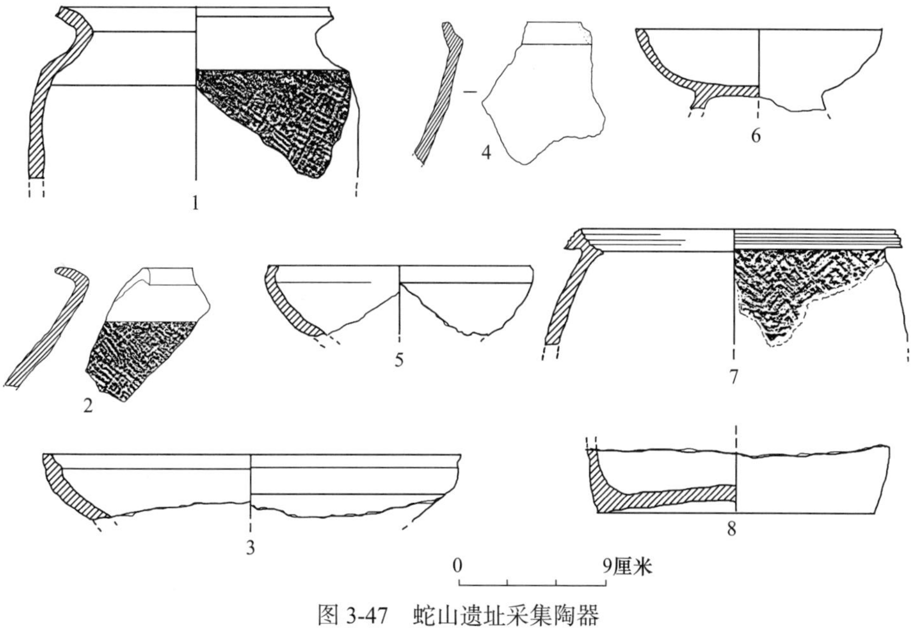


图 3-47　蛇山遗址采集陶器

1. 罐（蛇山：1）2～4、7. 口沿（蛇山：3、蛇山：4、蛇山：6、蛇山：8）
5. 原始瓷钵（蛇山：7）6. 豆（蛇山：5）8. 器底（蛇山：2）

器底　1件。蛇山：2，灰硬陶。斜直壁，平底微内凹，外壁饰席纹。底径17、残高3.6厘米（图3-47：8）。

口沿　4件。蛇山：3，泥质灰黄陶，素面。侈口且内曲，唇缘外凸，束颈，沿面及唇外缘均饰凹弦纹，斜弧腹。口径19、残高6.6厘米（图3-47：2）。蛇山：4，灰硬陶。侈口，束颈，斜腹，腹部饰席纹。残长7.7、宽7.4厘米（图3-47：3）。蛇山：6，灰硬陶，素面。敛口，方唇，斜直腹。口径25、残高3.8厘米（图3-47：4）。蛇山：8，灰硬陶，素面。侈口，方唇，束颈，斜直腹。残长8.3、宽6.8厘米（图3-47：7）。

**13. 半岭山遗址**

2012年10月复查。位于闽侯县竹岐乡半岭村北面200米，地理坐标为北纬26°08′43.096″，东经119°03′18.440″。海拔68.26米，相对高度20米。系一相对独立的椭圆形山冈。长约200、宽约100

图3-48　半岭山遗址（东南—西北）

图3-49　半岭山遗址采集陶片

米，总面积约 2 万平方米。山顶较平坦宽阔，植被较茂密，遍生杂草。东坡较低缓，其他三面较陡（图 3-48）。于东、西、北坡发现零星陶片，并发现夹粗砂红陶支脚残件一个。共采集陶片 13 片。其中夹砂方格纹黄陶 1 片、泥质方格纹灰黄陶 1 片、泥质方格纹赭衣陶 1 片、泥质素面灰陶 1 片、泥质素面灰褐陶 1 片、灰硬陶 8 片（素面 1 片、方格纹 4 片、席纹 1 片、刻划纹 2 片）（图 3-49、图 3-50）。本次复查未发现文化层堆积。新石器时代至青铜时代。

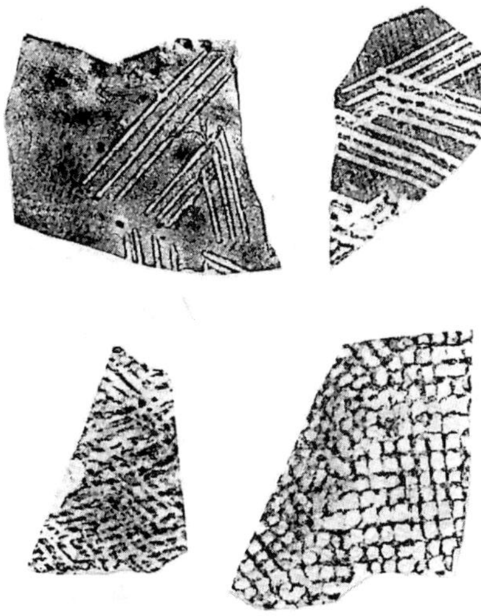

图 3-50　半岭山遗址采集陶片纹饰拓片

**14. 庄边山遗址**

2012 年 10 月复查。位于闽侯县竹岐乡榕岸自然村，地理坐标为北纬 26° 07′ 06.713.858″，东经 119° 07′ 46.223″。海拔 53.05 米，相对高度 10 米。系一东西走向相对独立的狭长形山体，面积约 2 万平方米。山顶较平坦宽阔，四周山坡较低缓，植被较茂盛，种植大量龙眼树（图 3-51）。于山顶和西、

图 3-51　庄边山遗址（南—北）

南坡发现较多陶片。山体遍布文化堆积层和陶片。文化层埋藏较浅，距地表10～20厘米，部分已被村民取土、种植果树和破坏，山顶建两座通信塔，对遗址破坏较大。共采集陶片109片。其中夹砂红陶22片（素面3片、绳纹19片）、泥质灰陶3片（弦纹1片、席纹2片）、泥质黑衣陶20片（素面1片、条纹1片、绳纹9片、栅篱纹2片、弦纹1片、篮纹6片）、泥质赭衣陶7片（素面1片、绳纹4片、篮纹1片、弦纹1片）、泥质素面灰黄陶21片、泥质橙黄陶21片（绳纹4片、栅篱纹5片、篮纹11片、叶脉纹1片）、黑衣硬陶7片（素面5片、条纹2片）、赭衣硬陶8片（素面5片、绳纹1片、叶脉纹1片、方格纹1片）（图3-52）。新石器时代至青铜时代。

图3-52　庄边山遗址采集陶片

（三）闽清县

**南木墩遗址**[①]

2014年11月复查。位于东桥镇南坑村东北约300米。地理坐标为北纬26°23′07.39″，东经119°。海拔206米，相对高度50米。系大山向西延伸出的不规则形山冈。山顶平坦开阔，植被茂密，安仁溪自北向南从西面的山脚下流过（图3-53）。2010年京台高速沿线考古调查时发现。2013年5～7月，为配合京台高速公路建设，福建博物院文物考古研究所对南木墩遗址开展了抢救性考古发掘工作，发掘面积500平方米。发现并清理了10座新石器时期墓葬及一个灰坑（图3-54）。墓葬均为土坑竖穴墓，遗址共出土陶器、石器100余件。石器有石锛、石钺、石镞、水晶尖状器等。陶器陶质多数很疏松且薄，保存状况不理想，少量黑陶保存稍好。陶器器形有罐、釜、壶、豆、盘、簋、杯、纺轮、鼎等（图3-55）。

① 南木墩遗址的相关图文资料由福建博物院文物考古研究所温松全研究员提供。

图 3-53　南木墩遗址（南—北）

图 3-54　南木墩遗址发掘现场

南木墩遗址发现的墓葬中随葬品的器物组合及特征与昙石山遗址中层，即“昙石山文化”极为相似，可判断其年代应为新石器晚期，其文化内涵与昙石山文化有着密不可分的关系，但器物形态及陶质、陶色较昙石山文化又有所变化，多数陶器的陶质更薄且疏松、陶色亦有所不同，是对昙石山文化内涵的重要补充。复查时遗址已被基建活动完全破坏，未发现遗迹遗物。新石器时代。

图 3-55　南木墩遗址出土石器与陶器

1. 石钺　2、3. 石锛　4. 陶鼎　5. 陶壶　6. 陶釜　7. 陶盘

## （四）连江县

### 1. 贵岭遗址

2014 年 6 月复查。位于江南乡贵岭村西面约 100 米。地理坐标为北纬 26° 10′ 52″，东经 119° 33′ 09″。

海拔 12 米，相对高度约 3 米。系一处相对独立的近圆形山冈。山顶平坦开阔，植被较少，主要为村民开垦的菜园。四面坡度低缓，除北面山脚下为民居外，东、西、南三面均是农田。西面距沈海高速约 300 米。西北距鳌江约 1.7 千米（图 3-56）。仅在山顶采集到零星陶片。共采集陶片 9 片，其中泥质陶 1 片，刻划纹；黑衣陶 2 片，素面和条纹各 1 片；灰硬陶 7 片（素面 1 片、方格纹 3 片、条纹 2 片）（图 3-57）。未发现文化层堆积，青铜时代。

图 3-56　贵岭遗址（北—南）

图 3-57　贵岭遗址采集陶片

**2. 小湾山遗址**

2014 年 6 月复查。位于凤城镇小湾村西面约 50 米，地理坐标为北纬 26° 12′ 19″，东经 119° 31′ 10″。海拔 17 米，相对高度约 8 米。系大山向东延伸出的不规则形山冈。山顶平坦较开阔，植被十分茂密，仅小部分开垦为菜园。四面坡度较缓，大部分被植被覆盖。北面山脚下有一条溪流自西向东流过，东南山脚下为连江县看守所（图 3-58）。仅在山顶采集到零星陶片。共采集陶片 6 片，均为硬陶（素面 2 片、席纹 4 片）（图 3-59、图 3-60）。未发现文化层堆积。青铜时代。

图 3-58　小湾山遗址（南—北）

图 3-59　小湾山遗址采集陶片

图 3-60　小湾山遗址采集陶片纹饰拓片

**3. 下保溪遗址**

2014 年 6 月复查。位于潘渡乡下保溪村东面约 50 米。地理坐标为北纬 26° 13′ 46″，东经 119° 28′ 33″。海拔 199 米，相对高度约 30 米。系大山向东北延伸出的长条形坡地。顶部较开阔，植被茂密，东坡较缓，南、北两侧较陡。东面山脚下为下保溪村通往县城的公路，再往东约 200 米有潘渡溪自西北向东南流过（图 3-61）。仅采集到 1 片云雷纹硬陶片以及 2 件残石锛（图 3-62、图 3-63）。未发现文化层堆积。青铜时代。

图 3-61　下保溪遗址（东—西）

石锛　2 件。下保溪：1，青黑色。通体粗磨，平面呈长方形，横截面近椭圆形，上部残缺，刃部崩损。残长 6.9、宽 4.9、厚 2.0 厘米（图 3-64：1）。下保溪：2，灰

1　　2　　3

图 3-62　下保溪遗址采集陶片及石锛

1. 陶片　2、3. 石锛（下保溪：2、下保溪：1）

图 3-63　下保溪遗址采集陶片纹饰拓片

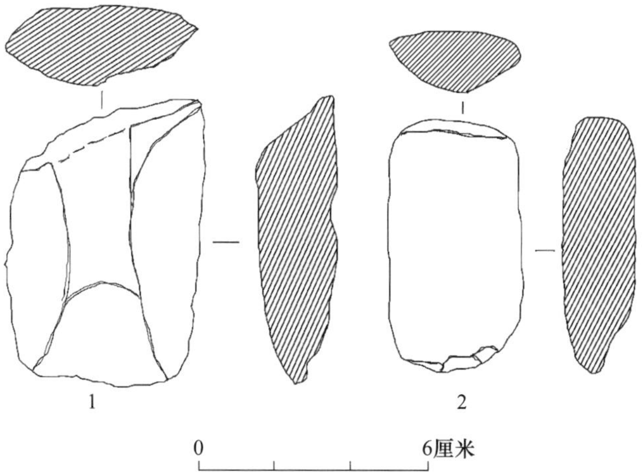

图 3-64　下保溪遗址采集石锛

1. 下保溪：1　2. 下保溪：2

绿色。通体粗磨，平面呈椭圆形，横截面近三角形，刃部崩损。残长 6.3、宽 3.4、厚 1.9 厘米（图 3-64：2）。

**4. 布政坪遗址**

2014 年 7 月复查。连江县丹阳镇布政坪村东南面 100 米，地理坐标为北纬 26°23′49″，东经 119°28′03″。海拔 130 米，相对高度约 8 米。系大山向西南延伸出的近似长条形台地。顶部平坦开阔，植被较密，小部分为村民开垦的菜园。东、北、南面坡度略陡，东南面山脚下有一条小溪自东北向西南蜿蜒流过，并在遗址南面汇入鳌江干流（图 3-65）。仅在山顶采集到零星陶片，共采集陶片 8 片。其中硬陶 7 片（黑衣素面 1 片、方格纹 2 片、云雷纹 3 片、刻划纹 1 片）；原始瓷 1 片，曲折纹。另采集陶网坠 1 件（图 3-67、图 3-68）。未发现文化层堆积，青铜时代。

陶网坠　1 件。布政坪：1，夹细砂泥质灰陶。圆柱形，两端及两侧各有一道凹槽。长 3.3、直径 1.3 厘米（图 3-66）。

图 3-65　布政坪遗址（南—北）

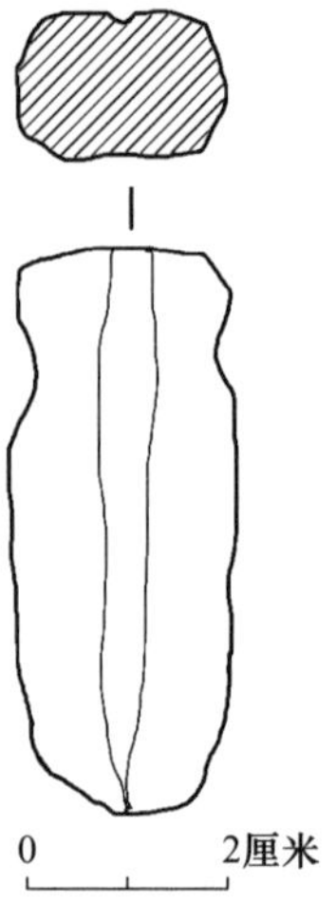


图 3-66　布政坪遗址采集陶网坠
（布政坪：1）

图 3-67　布政坪遗址采集陶片及陶网坠

图 3-68　布政坪遗址采集陶片纹饰拓片

**5. 亭松山遗址**

2014 年 7 月调查。位于丹阳镇坂顶村西北约 50 米，地理坐标为北纬 26°24′33″，东经 119°28′42″。海拔 139 米，相对高度约 10 米。原系一处相对独立的葫芦形山冈，西北—东南走向，现被 104 国道从中切分为东西两部分。山顶平坦开阔，西面较陡，东、南、北三面较缓。整个山体基本都被开垦为果园。西面山脚下有溪流自北向南蜿蜒流过，南北山脚为石材加工厂，东面为大片梯田（图 3-69）。在山顶及东坡、南坡采集到少量陶片。共采集陶片 46 片，其中彩陶 2 片；黑衣陶 10 片，均为条纹；硬陶 34 片（素面 11 片、云雷纹 7 片、方格纹 9 片、凹弦纹 3 片、凸棱纹 4 片）（图 3-70）。未发现文化层堆积。新石器时代至青铜时代。

图 3-69　亭松山遗址（东—西）

图 3-70　亭松山遗址采集陶片

**6. 碗窑坪遗址**

2014 年 7 月复查。位于透堡镇馆读村西面约 100 米。地理坐标为北纬 26° 21′ 40″，东经 119° 36′ 53″。海拔 40 米，相对高度约 35 米。系大山向西北延伸出的近似长条形山冈。山顶平坦开阔，东坡较缓，南、北坡较陡。山体基本被开垦为果园。温福铁路从中将山体分为东西两部分。北面山脚下有馆读溪自西南向东北流过，南侧紧挨着温福铁路可门港延长线（图 3-71）。在山顶和南坡采集到零星陶片。共采集陶片 9 片。其中赭衣陶 2 片（条纹 1 片、云雷纹 1 片）、黑衣陶 3 片（凸棱纹 2 片、云雷纹 1 片）、灰硬陶 4 片（方格纹 2 片、刻划纹 1 片、弦纹 1 片）（图 3-72、图 3-73）。未发现文化层堆积。青铜时代。

图 3-71　碗窑坪遗址（南—北）

图 3-72　碗窑坪遗址采集陶片

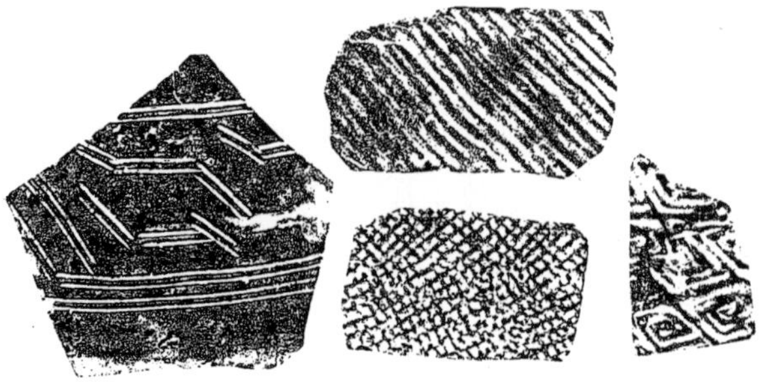

图 3-73　碗窑坪遗址采集陶片纹饰拓片

## （五）罗源县

### 1. 白茅山遗址

2014年8月复查。位于起步镇下长治村白茅山自然村西侧，地理坐标为北纬26°30′25″，东经119°31′20″。海拔36米，相对高度15米。系大山向北延伸出来的不规则形台地。面积约1.5万平方米。遗址顶面较平坦宽阔，植被茂密，东坡、南坡、西坡三面较低缓，北坡较陡（图3-74）。仅在遗址东坡、南坡采集到2片灰硬陶，纹饰分别为席纹和菱形回纹（图3-75、图3-76）。未发现遗迹及地层堆积。青铜时代。

图3-74　白茅山遗址（西—东）

图3-75　白茅山遗址采集陶片

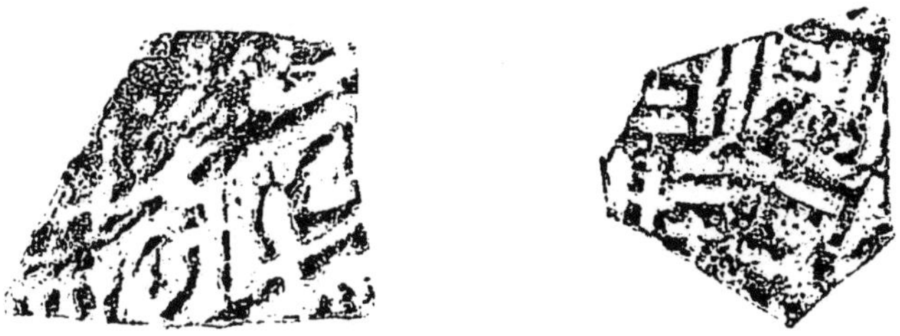

图3-76　白茅山遗址采集陶片纹饰拓片

**2. 盘上遗址**[①]

位于霍口畲族乡王廷洋村盘上，霍口溪东岸，西南临143县道，东侧为坝上临时公路，大部分位于此次水库建设临时用地红线范围内。现为废弃的梯田，种植各种果树，面积约2万平方米。海拔125米，相对高度约10米（图3-77）。经初步勘探，该处存在文化层，根据土质、土色及包含物变化，共分四层，据断面解剖结果显示：

图3-77　盘上遗址（南—北）

第1层：表土层。灰黑土，土质疏松，含大量的植物根茎，厚5～20厘米。

第2层：灰黄土，土质较致密，包含物多为灰瓦片、碎砖块、石块、青白瓷片、酱黑釉瓷片等。瓷器可辨器形有碗、执壶、盏、罐等，整体呈带状分布，厚30～50厘米。该地层内，还发现一座宋元时期的小型墓葬，从裸露在地表的酱釉罐和莲瓣纹青白瓷碗判断属二次葬形制。因此本层属宋元时期文化层。

图3-78　盘上遗址采集陶片及青瓷片

第3层：黄褐土，致密，包含物为印纹硬陶片。陶片纹饰有方格纹、席纹、弦纹等，可辨器形有罐、釜等。厚10～30厘米（图3-78）。与相距仅5千米的霍口村龟山遗址（“第二次全国文物普查”文物点）文化内涵上相近，同属商周时期“黄土仑文化”。青铜时代。

① 盘上遗址的调查及勘探资料由福州市文物考古工作队提供。

### 3. 宫右山遗址

位于中房镇乾溪村北约600米，地理坐标为北纬26°，东经119°。海拔518米，相对高度20米。系一相对独立的不规则形山冈。遗址东西长100、南北长约120米，总面积约1.2万平方米。山顶较平坦开阔，四面坡度较缓。山体植被较为茂密，国家级文物保护单位陈太尉宫正位于山顶南侧。北面山脚下是密集的民居区，东侧山脚下有中房溪支流自北向南流过（图3-79）。于山顶发现零星陶片。共采集陶片13片。其中灰硬陶4片（素面1片、云雷纹1片、条纹2片）、黑衣陶7片（素面1片、条纹6片）、褐衣陶2片，条纹（图3-80、图3-81）。未发现文化层堆积。新石器时代至青铜时代。

图3-79　宫右山遗址（北—南）

图3-80　宫右山遗址采集陶片

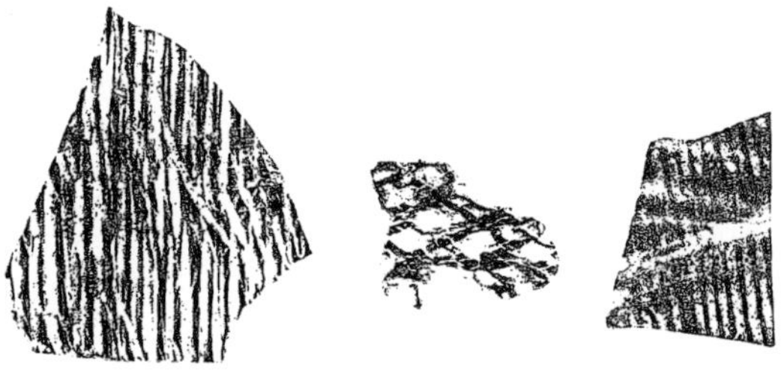

图3-81　宫右山遗址采集陶片纹饰拓片

## （六）永泰县

### 1. 芦厝遗址

2013年11月复查。位于嵩口镇芦洋自然村西50米，地理坐标为北纬25°48′40.673″，东经118°34′58.531″。海拔163米，相对高度20米。系一个略呈葫芦形的山冈，东南—西北走向。长约150、宽约100米，面积约1.5万平方米。山顶较平坦、宽阔，有一通信塔、水塔，种植大量茶树。东坡和南坡略缓，种植山茶树；西坡略陡，有竹林和大片杂草；北坡平缓，与另一个山包相连，种植山茶树。遗址东面为芦厝寨包围，紧邻省道203；南面山脚下为芦厝寨，紧邻大樟溪；西面山脚下为一山谷，远处为大山；北面与另一山包相连接；东北不远处为芦洋大桥；东南不远处为嵩口大桥。周围因民房、开垦活动破坏较严重（图3-82）。整体地形、环境理想，但遗物较少，陶片主要分布于山顶和西坡。采集陶片6片，全部为灰硬陶。纹饰有方格纹、素面、交错绳纹（图3-83、图3-84）。未见文化层堆积。新石器时代至青铜时代。

图3-82　芦厝遗址（南—北）

图3-83　芦厝遗址采集陶片

图3-84　芦厝遗址采集陶片纹饰拓片

## 2. 下乾屿遗址①

2013年11月复查。位于梧桐镇汤埕村东南面200米，地理坐标为北纬25°45′49.03″，东经118°49′04″。海拔82米，相对高度约10米。系一处相对独立的不规则形山冈。遗址长约80、宽约60米，面积约5000平方米。山顶较平坦、宽阔，植被茂密，四面坡度较缓。遗址地处永泰县梧桐镇汤埕村东南大樟溪上的江心岛—下乾屿西侧山峰顶部，该岛屿因地质运动与两岸陆地分离（图3-85）。陶片主要分布于山顶，另东坡和南坡也有零星陶片。共采集陶片8片，均为灰硬陶（方格纹4片、席纹1片、云雷纹1片、弦纹1片、刻划纹1片）（图3-86）。未见文化层堆积。青铜时代。

图3-85　下乾屿遗址（南—北）

图3-86　下乾屿遗址采集陶片

① 下乾屿遗址调查资料由福州市文物考古工作队提供。

## （七）古田县

### 1. 平岗头遗址

2015年5月复查。位于古田县凤埔乡凤埔村东南约150米，地理坐标为北纬26°40′23.98″，东经118°。海拔31.66米，相对高度13米。系一相对独立，呈西北—东南走向的不规则形山冈。遗址东西长约80、南北长约150米，总面积约1.2万平方米。山顶平坦开阔，已开辟为果园，植被较密。四周坡度较缓。西北山脚下是921县道，遗址三面环水：北面的凤埔溪和南面一溪流在遗址东面汇合后注入翠屏湖（图3-87）。仅在山顶采集到2片陶片。分别为夹砂素面黄陶和竹编纹灰硬陶（图3-88）。未发现文化层堆积。青铜时代。

图3-87　平岗头遗址（西—东）

图3-88　平岗头遗址采集陶片

### 2. 西峰里遗址

2015年6月复查。位于古田县城东街道西峰里村西南50米，地理坐标为北纬26°35′38.20″，东经118°。海拔375米，相对高度20米。系一相对独立的近似圆形山冈。遗址东西长约450米，总面积约16万平方米。山顶平坦开阔，四面坡度较缓。距西北山脚约400米有九都溪自西北向东南流过（图3-89）。由于山体经长期开垦，遗址已被严重破坏。仅于东坡采集到3片灰硬陶，均为竹编纹（图3-90）。未发现文化层堆积。青铜时代。

图 3-89　西峰里遗址（东—西）

图 3-90　西峰里遗址采集陶片

**3. 虎山遗址**

2015 年 6 月复查。位于古田县凤都镇坑头洋村东南约 100 米，地理坐标为北纬 26° 36′ 49.678″，东经 118° 39′ 45.268″。海拔 572 米，相对高度 35 米。系大山向东北延伸出的“U”形山冈。遗址长约 300、宽约 200 米，总面积约 6 万平方米。山顶平坦开阔，东、西、北面较陡，地表为果园。古田县往凤都镇的县道绕东、南、北侧山脚而过（图 3-91）。在山顶及西坡发现少量陶片。共采集陶片 27 片。其中泥质旋涡纹灰陶 2 片、灰硬陶 25 片（素面 5 片、云雷纹 5 片、旋涡纹 5 片、竹编纹 11 片）（图 3-92、图 3-93）。未发现文化层堆积堆积。青铜时代。

图 3-91　虎山遗址

图 3-92　虎山遗址采集陶片

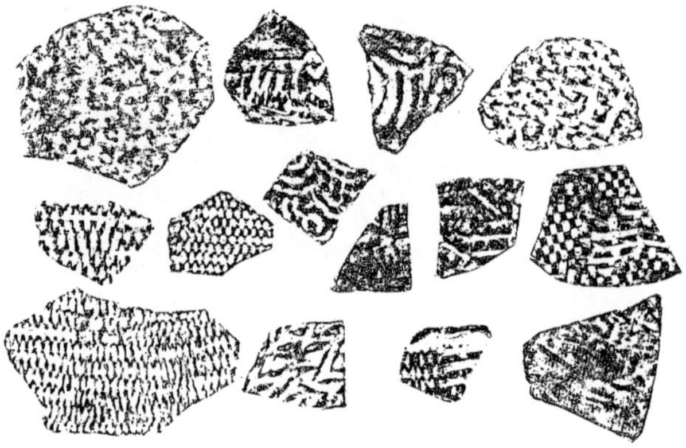

图 3-93　虎山遗址采集陶片纹饰拓片

# 第二节　新发现遗址点

本次调查新发现新石器时代至青铜时代遗址点共计 151 处，具体分布情况为：闽侯县 58 处、闽清县 6 处、永泰县 20 处、福清市 2 处、平潭区 4 处、连江县 10 处、罗源县 5 处、古田县 46 处。

## 一、闽　侯　县

闽侯县地处福建省东部，省会福州市的西南侧，北纬 25°47′～26°36′，东经 118°52′～119°25′。东部、东南部与福州市、长乐市相邻；西部、西南部与闽清、永泰县交界；南部与福清市接壤；北部、东北部与古田、罗源县毗邻。南北长 89.7、东西宽 55.75 千米，总面积 2136 平方千米。全县下辖 9 镇 6 乡。

全县地势西北高、东南低，南部隶属福州盆地，西北部多为丘陵、山地，海拔多在 800 米以上，最高峰为大湖乡牛姆山主峰——梯岭，海拔达 1403.7 米。闽江自西北向东南横贯县境中部，把县域分割为南北两大块，境内流长 100.4 千米。此外，境内较重要的闽江支流有：荆溪、大目溪、小目溪、安仁溪、源里溪、穆源溪、溪源溪等[①]。

本次调查新发现史前遗址点 58 处，分布在白沙、鸿尾、小箬、洋里、荆溪、甘蔗、竹岐、上街、南屿、青口 10 个乡镇（街道）境内（图 3-94）。

① 闽侯县的地理环境资料参考福建省闽侯县地方志编纂委员会：《闽侯县志》，方志出版社，2001 年。

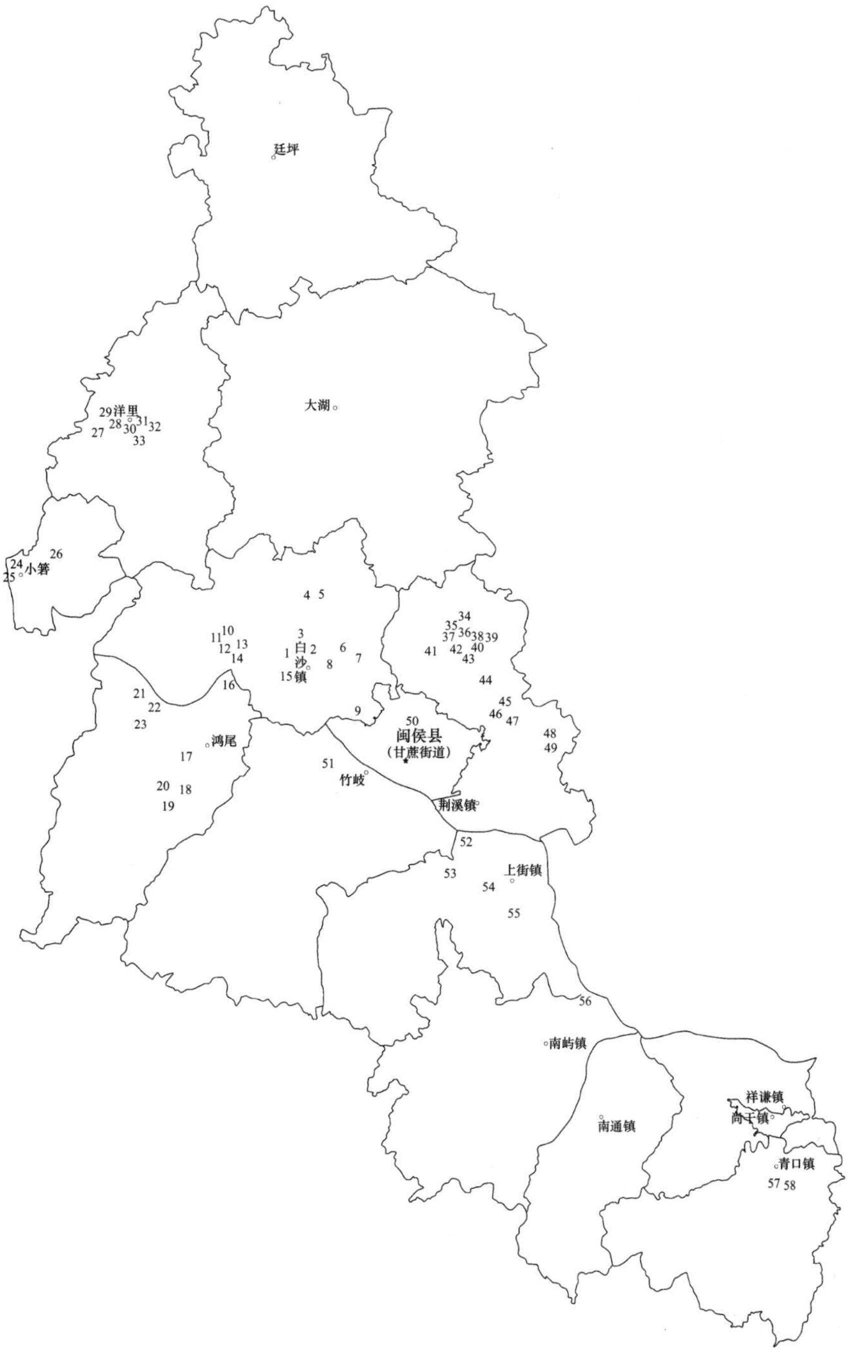


图 3-94　闽侯县新发现遗址分布图

1. 保镜山遗址　2. 黄宗尾遗址　3. 马墓山遗址　4. 上寨遗址　5. 孔庵山遗址　6. 磨石顶遗址　7. 南山洋遗址　8. 仙山边遗址　9. 寨垱遗址　10. 北斗九遗址　11. 十三营遗址　12. 和尚山遗址　13. 梧桐下遗址　14. 后山遗址　15. 鸡公山遗址　16. 程湾遗址　17. 观春厝遗址　18. 郭山遗址　19. 上岚口遗址　20. 对面山遗址　21. 米粉岬遗址　22. 圣君堂遗址　23. 五峰山遗址　24. 马夹山遗址　25. 象山遗址　26. 牛栏墓遗址　27. 格垄遗址　28. 梧墘遗址　29. 鲤鱼山遗址　30. 利洋遗址　31. 大坪顶遗址　32. 转角山遗址　33. 洋里遗址　34. 屿山坡遗址　35. 王大顶遗址　36. 后门山遗址　37. 祖殿山遗址　38. 埔前山遗址　39. 蛇仑山遗址　40. 仁山遗址　41. 西塘山遗址　42. 牛豆山遗址　43. 芝山遗址　44. 狮公殿遗址　45. 溪南山遗址　46. 铁岭遗址　47. 龟山遗址　48. 湖里遗址　49. 塔前遗址　50. 樟山遗址　51. 火炬山遗址　52. 夕烟山遗址　53. 超山岭遗址　54. 袁岐山遗址　55. 岐头遗址　56. 高岐头遗址　57. 洛山遗址　58. 青圃里遗址

## （一）白沙镇

### 1. 保镜山遗址

位于闽侯县白沙镇溪头村保镜自然村东南约200米，地理坐标为北纬26°13′48.107″，东经119°04′03.134″。海拔36.6米，相对高度5米。系一相对独立的不规则形台地，南北走向。遗址长约130、宽约1000米，总面积约1.3万平方米。山体东部为开阔盆地，现为农耕地，东距黄宗尾山约100米，西北部距保镜自然村约200米，北距马墓山遗址约400米。西侧有上寨溪自东北向西南流过，周边植物以毛竹为主，山间较多低矮灌木丛，四周被低矮山丘环绕（图3-95）。于山顶发现零星陶片。共采集陶片11片。其中夹砂绳纹灰陶1片、泥质篮纹灰陶1片、席纹灰硬陶9片（图3-96、图3-97）。未发现文化层堆积。新石器时代至青铜时代。

图3-95　保镜山遗址（西南—东北）

图3-96　保镜山遗址采集陶片

图3-97　保镜山遗址采集陶片纹饰拓片

**2. 黄宗尾遗址**

位于闽侯县白沙镇后义村东南约250米，地理坐标为北纬26°13′41.703″，东经119°04′11.859″。海拔72.17米，相对高度20米。系一相对独立的不规则形山冈，西南—东北走向。遗址长约150、宽约100米，面积约1.5万平方米。山顶较平坦开阔，四周山坡较低缓，遗址植被破坏严重，局部尚有保留。有上寨溪的一条支流绕遗址的东、西、北侧山脚流过（图3-98）。于山顶发现零星陶片。共采集陶片3片。其中篮纹黑衣硬陶1片、篮纹灰硬陶1片、弦纹＋方格纹灰硬陶1片（图3-99、图3-100）。未见文化层堆积。青铜时代。

图3-98　黄宗尾遗址（南—北）

图3-99　黄宗尾遗址采集陶片

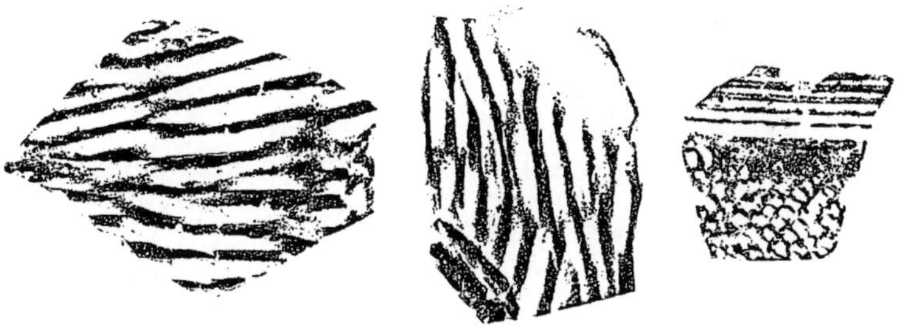

图3-100　黄宗尾遗址采集陶片纹饰拓片

### 3. 马墓山遗址

位于闽侯县白沙镇溪头保境村东北约600米处，地理坐标为北纬26°14′58.194″，东经119°03′53.538″。海拔32.23米，相对高度4米。遗址位于马墓山西坡二级台地上，遗址东西宽约500、南北长约900米，面积约4.5万平方米。山顶较凸起，植被茂密，西面有上寨溪自北向南流过（图3-101）。地表散布少量陶片，共采集陶片72片。其中泥质素面灰陶10片、泥质红陶6片（素面5片、席纹1片）、泥质素面黄陶10片、方格纹黑衣陶4片、灰硬陶42片（素面17片、席纹22片、弦纹2片、方格纹1片）（图3-102、图3-103）。另采集到残鼎1件、器盖残件2件。此外在东南侧较为开阔的低缓台地上的一条冲沟边发现黄土仑文化时期残墓1座，由于破坏严重，墓圹形状已不可辨，亦未发现遗骸。清理后共出土硬陶罐、器盖、青铜矛等7件器物。青铜时代。

图3-101　马墓山遗址（东—西）

图3-102　马墓山遗址采集陶片

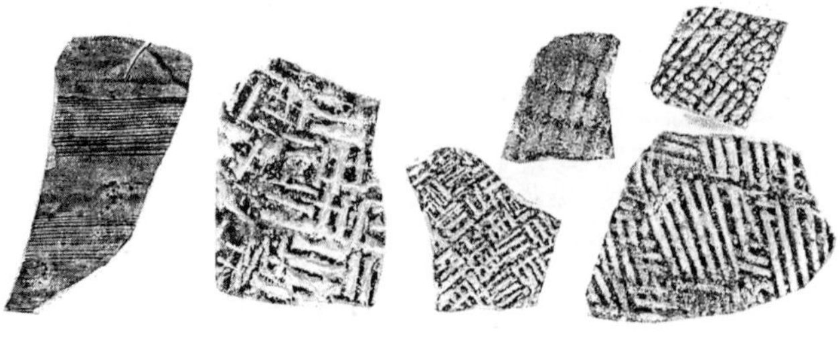

图3-103　马墓山遗址采集陶片纹饰拓片

图 3-104　马墓山遗址采集残陶鼎
（马墓山：1）

陶鼎　1 件。马墓山：1，夹砂红陶。口沿及上腹部缺失，弧腹，平底，三条椭圆形鼎足呈倒梯形横向按接于腹底。底径 12、残高 15 厘米（图 3-104；图 3-106：4）。

青铜矛　1 件。M1：1，残。为窄叶青铜矛，残存部分平面呈长锐角三角形，矛身有两条突起的脊，矛叶与脊前聚成锋，矛身中空。器身大部分保留有一层深绿色光亮包浆。锋顶及矛叶两侧包浆脱落，有浅绿色铜锈。残长 11.2、残宽 2.6、最大厚度 1.85 厘米（图 3-105：1；图 3-106：9）。

陶罐　4 件。马墓山：3，夹细砂灰硬陶。侈口，微束颈，斜弧腹。器腹中下部饰小方格纹。口径 7、残高 4.6 厘米（图 3-106：10）。M1：5，夹细砂灰黄陶。侈口，束颈，垂腹，凹底，口沿沿面有两道凹弦纹，器表通体饰席纹。底径 6、高 10.8、口径 7.7 厘米（图 3-105：3；图 3-106：5）。M1：7，夹细砂灰黄陶。侈口，沿略外斜，束颈，垂腹，圜凹底。口沿处饰数道凹弦纹，口沿与肩部黏有一带状耳。腹部拍满席纹。制作不甚规整，器腹不对称。口径 10、腹径 12.5、高 10.4 厘米（图 3-105：4；图 3-106：7）。M1：4，夹砂灰黄陶，侈口束颈，宽斜沿，鼓腹凹底，沿面有数道凹弦纹，上腹部有一道凸棱纹，腹部及器底饰席纹。口径 9.7、底径 8、高 11.5 厘米（图 3-105：2；图 3-106：3）。

陶器盖　3 件。马墓山：2，灰黄硬陶。残余部分呈扇形，盖顶有一桥形贯耳，器表饰席纹。直径 15、高 4、厚 0.7、耳高 1.3 厘米（图 3-102；图 3-106：8）。马墓山：4，夹砂灰红陶。盖顶有一鸡形纽，器表饰席纹。直径 15、高 2.2、厚 0.4、纽高 1 厘米（图 3-102；图 3-106：1）。M1：6，泥质灰硬陶，制作规整。表面饰拍印席纹，中心有一个桥形纽。直径 12.3，高 4.2，厚 0.8 厘米（图 3-105：6；图 3-106：2）。

陶壶　1 件。M1：3，泥质灰硬陶。口缘外折，高领，鼓腹，圜凹底。口沿处饰四道凹弦纹，口缘外折处饰二道凹弦纹。颈部素面。颈肩结合处有小凸棱一道，并有两个小带状纽。腹部拍印席纹。口径 16、腹径 20.7、底径 8、高 24 厘米（图 3-105：5；图 3-106：6）。

图 3-105　马墓山遗址 M1 出土文物

1. 青铜矛（M1：1）　2～4. 陶罐（M1：4、M1：5、M1：7）　5. 陶壶（M1：3）　6. 陶器盖（M1：6）

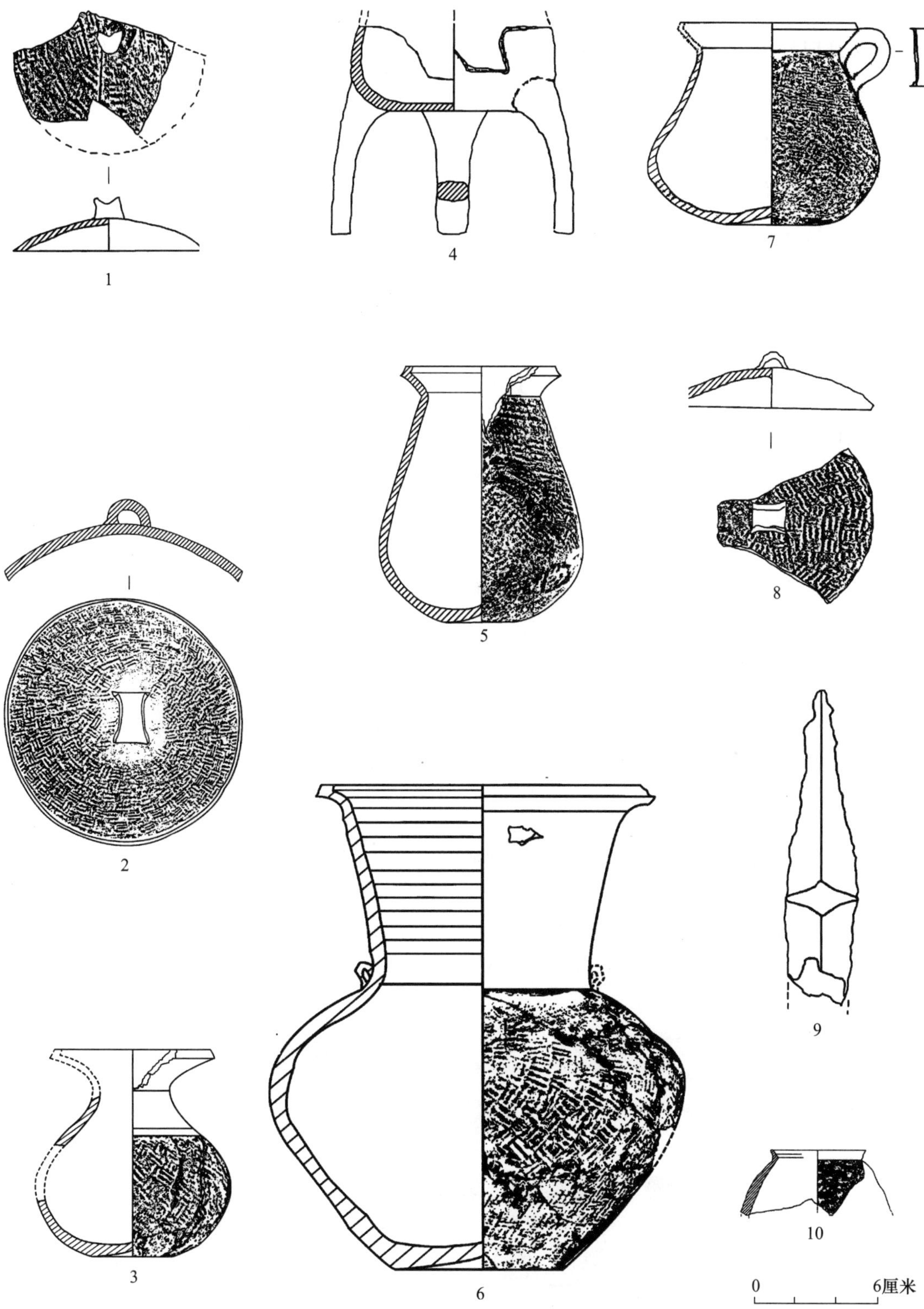


图3-106　马墓山遗址出土文物

1、2、8. 陶器盖（马墓山：4、M1：6、马墓山：2）3、5、7、10. 陶罐（M1：4、M1：5、M1：7、马墓山：3）4. 陶鼎（马墓山：1）6. 陶壶（M1：3）9. 青铜矛（M1：1）

#### 4. 上寨遗址

位于闽侯县白沙镇上寨村南面 1.5 千米，地理坐标为北纬 26° 14′ 34.984″，东经 119° 04′ 18.976″。海拔 92.8 米，相对高度 28 米。系大山向南延伸的一长条形山冈。东西长约 150、南北宽约 80 米，面积约 1.2 万平方米 。山顶平坦开阔，南侧约 100 米处有上寨溪自东向西流过（图 3-107）。山顶地表散布大量陶片。共采集陶片 569 片。其中夹砂素面黄陶 3 片、泥质红陶 13 片（方格纹 8 片、素面 1 片、弦纹 2 片、刻划纹 2 片）、灰硬陶 549 片（方格纹 221 片、素面 62 片、弦纹 18 片、刻划纹 23 片、弦纹＋方格纹 222 片、刻画符号 3 片）、原始瓷 4 片，均为素面（图 3-108、图 3-109）。另采集到石锛以及陶器各两件。未发现文化层堆积。青铜时代至汉代。

石锛　2 件。上寨：51，黄绿色泥质岩，风化严重。顶部残缺，刃部磨损较多。通体磨制，平面呈长方形，横截面近椭圆形。残长 4.4、宽 3、厚 1.5 厘米（图 3-110：1；图 3-111：27）。上寨：55，灰褐色砾岩。平面近长方形，横截面为扁菱形，背微弧，刃部圆钝，器表粗糙未磨制。长 8、宽 5.2、厚 1.9 厘米（图 3-110：2）。

图 3-107　上寨遗址（东南—西北）

图 3-108　上寨遗址采集陶器口沿

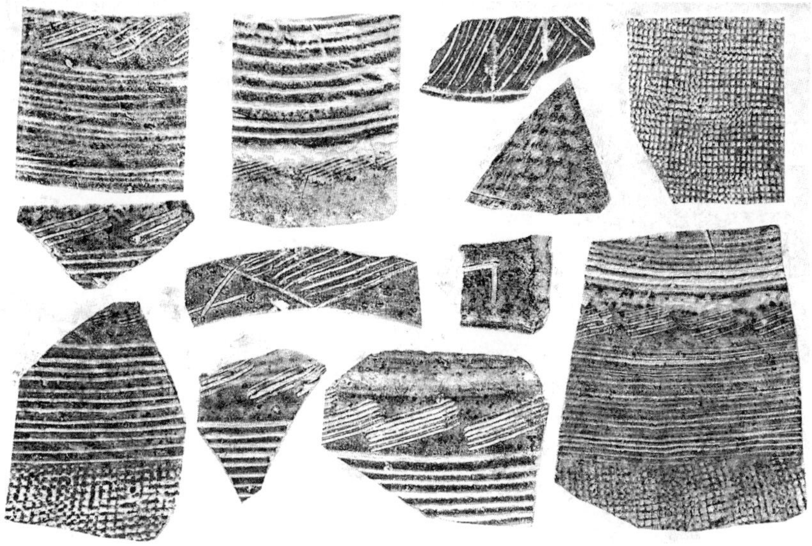

图 3-109　上寨遗址采集陶片纹饰拓片

1　2

3　4

图 3-110　上寨遗址采集石器与陶器（一）

1、2. 石锛（上寨：51、上寨：55） 3. 陶盂（上寨：52） 4. 不知名陶器（上寨：53）

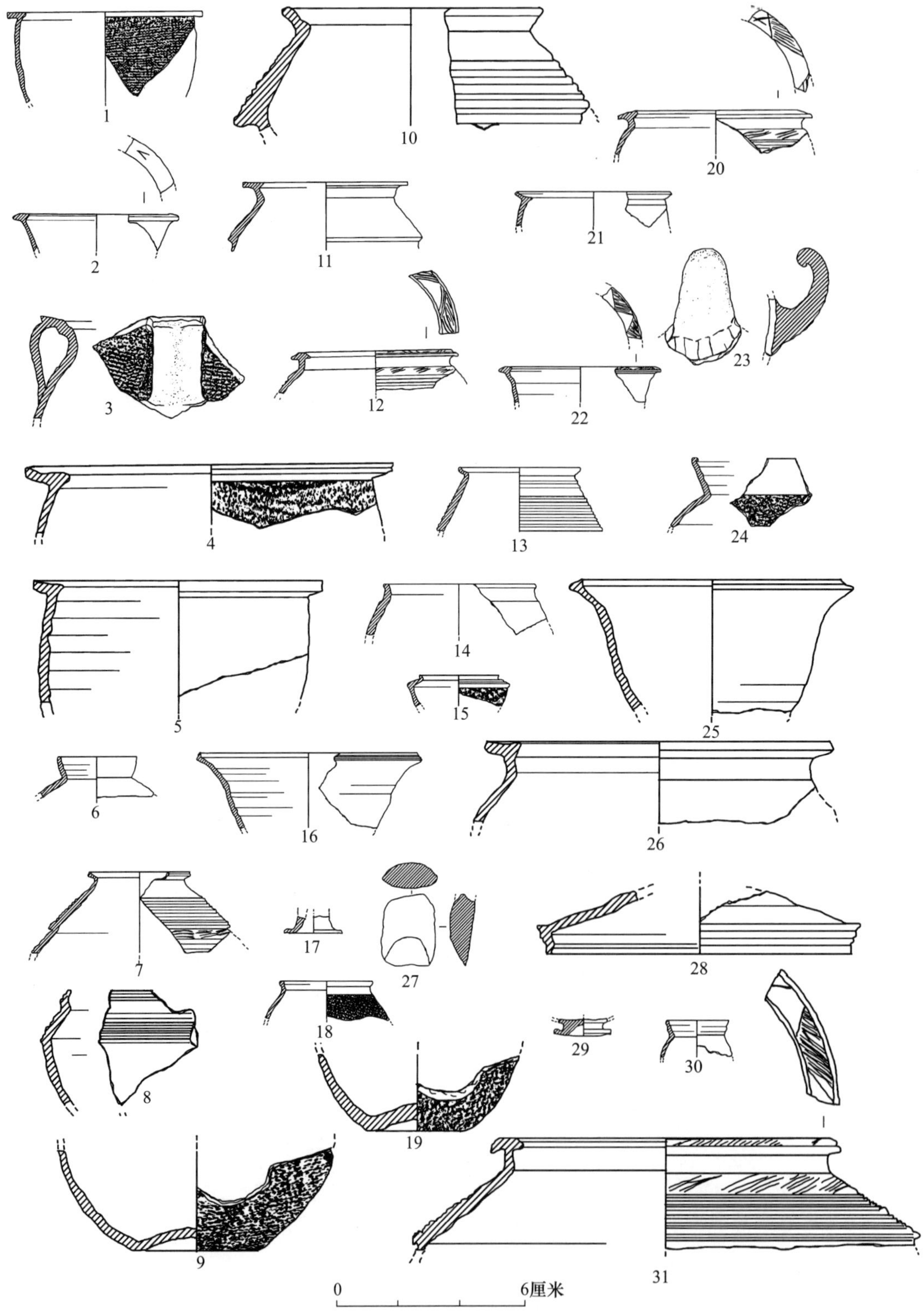


图 3-111　上寨遗址采集石器与陶器（二）

1、4～16、18～21、24～26、30、31. 陶罐（上寨：1、上寨：6、上寨：12、上寨：29、上寨：5、上寨：33、上寨：2、上寨：49、上寨：4、上寨：16、上寨：11、上寨：24、上寨：15、上寨：18、上寨：32、上寨：22、上寨：38、上寨：45、上寨：8、上寨：3、上寨：7、上寨：30、上寨：9）2、22. 陶盆（上寨：10、上寨：50）3. 陶器耳（上寨：37）17、29. 陶器足（上寨：26、上寨：21）23. 陶鋬（上寨：44）27. 石锛（上寨：51）28. 陶器盖（上寨：14）

陶罐　21件。上寨：1，灰硬陶。敛口，宽折平沿，弧腹，器腹饰小方格纹。口径24、残高11厘米（图3-111：1）。上寨：2，灰硬陶。凹底，鼓腹，器腹饰方格纹，凹底为杂乱的条纹。底径8、残高6.1厘米（图3-111：9）。上寨：3，灰硬陶。敛口，尖唇，外缘凸出起棱，斜直腹。口径18、残高8.2厘米（图3-111：25）。上寨：4，泥质灰陶。敛口，宽折平沿，鼓腹，上腹有一道凸棱。口径21、残高8.3厘米（图3-111：11）。上寨：5，灰硬陶。敛口，尖唇，斜直腹，器腹饰凹弦纹和刻划斜线纹。口径12.6、残高9.8厘米（图3-111：7）。上寨：6，灰硬陶，侈口，宽折沿，沿面内凹，弧腹，腹外饰方格纹。口径23、残高3.8厘米（图3-111：4）。上寨：7，灰硬陶。敛口，折平沿，斜弧腹，器腹饰方格纹。口径22、残高5厘米（图3-111：26）。上寨：8，灰硬陶。侈口，圆唇，束颈，弧腹，器腹饰方格纹。残高8.7厘米（图3-111：24）。上寨：9，灰硬陶。敛口，折沿，沿面外卷呈弧形且饰刻划纹，斜直腹，器腹饰凹弦纹及刻划斜线纹。口径22、残高6.6厘米（图3-111：31）。上寨：11，灰硬陶。侈口，斜折沿，沿面微内凹，弧腹，器腹饰方格纹。口径18、残高6.9厘米（图3-111：13）。上寨：12，灰硬陶。侈口，圆唇，沿面内凹，束颈，斜直腹，上腹部饰数道凹弦纹，腹中部饰凸棱纹。口径15、残高7.8厘米（图3-111：5）。上寨：15，泥质灰褐陶。直口，圆唇，折肩，折肩处起凸棱，斜直腹。器腹饰方格纹。口径9、残高3.6厘米（图3-111：15）。上寨：16，灰硬陶。敛口，宽折沿，沿面弧起且饰刻划三角纹，斜弧腹，器腹饰刻划斜线纹和凹弦纹。口径21、残高4.6厘米（图3-111：12）。上寨：18，灰硬陶，长颈，敛口，尖唇，唇缘外凸。口径28、残高9厘米（图3-111：16）；上寨：22，灰硬陶。凹底，斜弧腹，器腹饰方格纹。底径6，残高4.6厘米（图3-111：19）。上寨：24，灰硬陶。直口，圆唇，斜弧腹，器腹饰方格纹。口径19、残高6.2厘米（图3-111：14）。上寨：29，灰硬陶。侈口，圆唇，束颈，斜弧腹，器腹饰方格纹。口径10、残高4.8厘米（图3-111：6）。上寨：30，灰硬陶。侈口，圆唇，束颈，弧腹，器腹饰方格纹。口径8.2、残高4.5厘米（图3-111：30）。上寨：32，泥质灰陶。侈口，圆唇，微束颈，弧腹，器腹饰方格纹。口径12、残高4.3厘米（图3-111：18）。上寨：33，灰硬陶。敛口，斜肩，肩部饰凹弦纹，肩腹间有一道凸棱，器腹饰方格纹。残高7厘米（图3-111：8）。上寨：38，灰硬陶。敛口，宽折斜沿，口沿饰刻划菱形回纹，斜直腹，器腹饰凹弦纹和刻划斜线纹。口径24、残高5.2厘米（图3-111：20）。上寨：45，灰硬陶。侈口，束颈，窄斜沿，沿口内折，弧腹，器腹饰方格纹。口径19、残高4.2厘米（图3-111：21）。上寨：49，灰硬陶。侈口，圆唇，折腹，上腹部饰弦纹。口径8、残高3.7厘米（图3-111：10）。

陶盆　2件。上寨：10，灰硬陶，素面。敛口，宽折沿，沿面有“∠”形刻划符号，斜直腹。口径21、残高6厘米（图3-111：2）。上寨：50，灰硬陶。敛口，斜折沿，沿面饰刻划三角纹，斜直腹。口径20、残高4.4厘米（图3-111：22）。

陶盂　1件。上寨：52，泥质灰红陶。侈口卷唇，浅折腹，圜底。一端有一个把，已残断。底部饰拍印方格纹。口径6.4、底径3.4、高3.8厘米（图3-110：3）。

陶器盖　1件。上寨：14，泥质灰陶。口沿微敛，弧形顶，器表饰方格纹。直径19、残高3.8厘米（图3-111：28）。

陶器耳　1件。上寨：37，灰硬陶，平面近似宽带状，素面。残高6.2、宽2.1厘米（图3-111：3）。

陶鋬　1件。上寨：44，灰硬陶，与器身相连部分较宽，末端较窄且向内卷曲，素面。长6.2、顶部宽0.6、底部宽3.9厘米（图3-111：23）。

陶器足　2件 。上寨：21，灰硬陶。足径7、残高1.9厘米（图3-111：29）。上寨：26，灰硬陶。足径7.2、残高2厘米（图3-111：17）。

不知名陶器　1件。上寨：53，灰硬陶。平面略呈菱角状，敛口，近直腹，平底。四角突出起翘，有一角未封口，造型随意，用途不明。口边长约3.7、底边长5.1、高3.5厘米（图3-110：4）。

### 5. 孔庵山遗址

位于闽侯县白沙镇上寨村北约100米，地理坐标为北纬26°14′31.249″，东经119°04′38.037″。海拔85.08米，相对高度20米。系大山向南延伸出的长条形山冈。遗址东西长约150、南北宽约100米，面积约1.5万平方米。山顶较平坦开阔，东、西、南面坡度较缓。东南山脚下上寨溪自东北向西南流过（图3-112）。由于建立砖厂取土和农民开垦遭受较大破坏，地表分布少量陶片。共采集陶片71片。其中泥质素面灰陶15片、灰硬陶55片（素面1片、方格纹33片、席纹7片、压印纹1片、刻划纹6片、弦纹7片）、素面黑衣硬陶1片（图3-113、图3-114）。未见文化层堆积。新石器时代至青铜时代。

图3-112　孔庵山遗址（西—东）

口沿　2件。孔庵山：1，泥质灰硬陶，素面。侈口，微束颈，腹部钻有一孔。口径5、残高2.4厘米（图3-115：1）。孔庵山：2，泥质灰硬陶，器表施黑衣，残余部分有一卷云状纽。残高3.2厘米（图3-115：2）。

图 3-113　孔庵山遗址采集陶片

图 3-114　孔庵山遗址采集陶片纹饰拓片

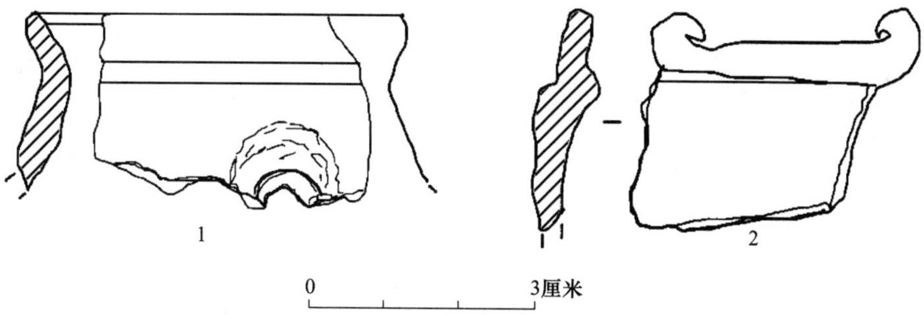


图 3-115　孔庵山遗址采集陶器

1. 孔庵山：1　2. 孔庵山：2

**6. 磨石顶遗址**

位于闽侯县白沙镇后义村南面约 500 米，地理坐标为北纬 26° 13′ 28.452″，东经 119° 04′ 24.948″。海拔 58.4 米，相对高度 40 米。系大山向西北延伸出的不规则形台地。遗址南北长约 100、东西宽约

70 米，面积约 7000 平方米。山顶较平坦开阔，开辟为果树林，植被以毛竹为主，伴有低矮灌木丛及蕨类植物。四周山坡较低缓，多开垦为农田。距北面约 200 米有上寨溪的一条支流自东向西流过（图 3-116）。遗址所处山体西部为开阔盆地，仅在山顶发现 4 片灰硬陶片（方格纹 2 片、席纹 1 片、素面 1 片）（图 3-117、图 3-118）。未发现文化层堆积。青铜时代。

图 3-116　磨石顶遗址（东北—西南）

图 3-117　磨石顶遗址采集陶片

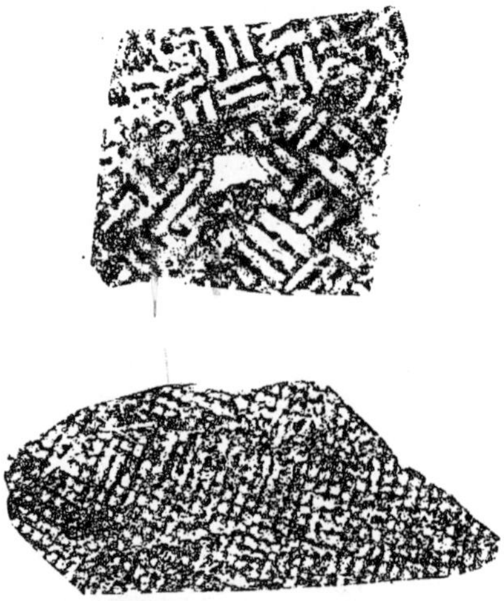

图 3-118　磨石顶遗址采集陶片纹饰拓片

**7. 南山洋遗址**

位于闽侯县白沙镇南山洋村东面 30 米，地理坐标为北纬 26° 13′ 9″，东经 119° 5′ 6″。海拔 45.7 米，相对高度 25 米。系大山向西北延伸出来的山冈。遗址长约 200、宽约 150 米，总面积约 3 万平方米。顶面形态较凸起，平面较宽阔，种植有翠冠梨、柑橘、山茶等果树和经济作物。东南面与大山相连，东坡较低缓，西、北坡较陡。西面山脚下有上寨溪的一条支流自东北向西南流过（图 3-119）。于山顶发现较多陶片，西坡发现零星陶片，共采集陶片 223 片。其中泥质方格纹灰黄陶 7 片；灰硬陶214片（素面8片、方格纹163片、云雷纹2片、弦纹34片、刻划纹6片、席纹1片）；原始瓷2片，皆为弦纹（图3-120、图3-121）。另采集到石凿1件。未发现文化层堆积，但于坡顶西北角发现一不规则形状、口大底小的灰坑，长90、宽约40厘米，内含大量陶片（图3-122、图3-123）。其

图3-119　南山洋遗址（东—西）

图3-120　南山洋遗址采集陶片

图3-121　南山洋遗址采集陶片纹饰拓片

图3-122　南山洋遗址H1（清理前）

图3-123　南山洋遗址H1（清理后）

图 3-124　南山洋遗址采集石凿（南山洋：2）

中泥质素面灰黄陶 54 片（素面 4 片、方格纹 12 片、弦纹 32 片、刻划纹 6 片）、泥质刻划纹褐陶 19 片、灰硬陶 534 片（素面 13 片、方格纹 389 片、弦纹 132 片）。青铜时代。

石凿　1 件。南山洋：2，灰色细砂岩。平面长条形，横截面为扁方形，弓背，通体粗磨制。长 3.1、宽 1.0、厚 0.8 厘米（图 3-124；图 3-125：1）。

陶罐　1 件。南山洋：1，灰硬陶。侈口，平沿，颈微束，颈下部凸起一棱，广肩，口沿至肩部饰数道弦纹。口径 17、残高 4.8 厘米（图 3-125：4）。

陶杯　1 件。南山洋：4，泥质灰黄陶。直壁，口沿部饰刻划回纹。残高 4.2 厘米（图 3-125：2）。

陶器口沿　1 件。南山洋：3，灰硬陶。盘口，沿外斜上翘，颈部饰方格纹。口径 26、残高 2.6 厘米（图 3-125：3）。

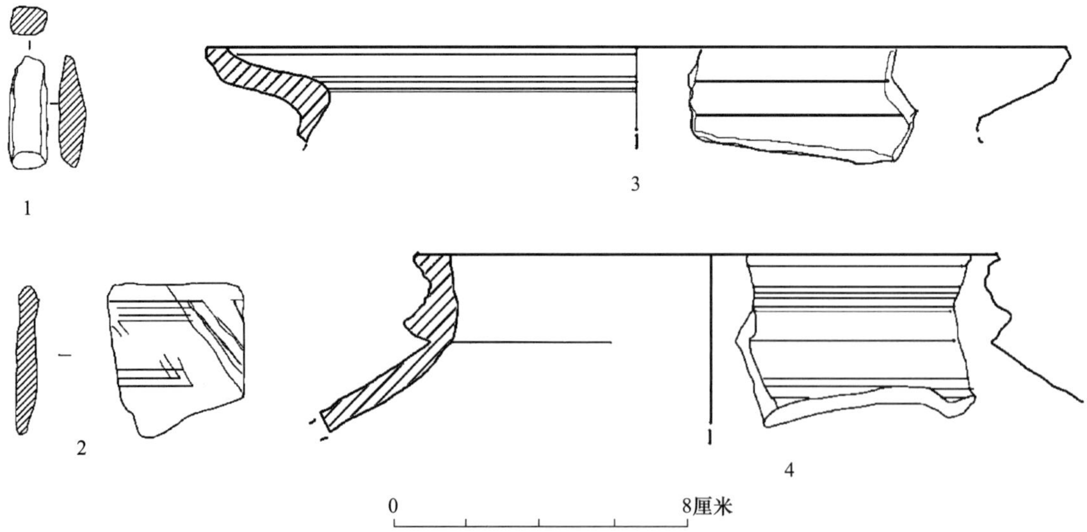


图 3-125　南山洋遗址采集石器与陶器

1. 石凿（南山洋：2）2. 陶杯（南山洋：4）3. 陶器口沿（南山洋：3）4. 陶罐（南山洋：1）

**8. 仙山边遗址**

位于闽侯县白沙镇溪头村仙山边自然村东约 50 米，地理坐标为北纬 26° 13′ 03.007″，东经 119° 04′ 26.724″。海拔 60.68 米，相对高度 50 米。系大山向西延伸出来的坡地。遗址长约 100、宽约 80 米，面积约 8000 平方米。西面山脚下有上寨溪自北向南蜿蜒流过（图 3-126）。共采集陶片 96 片。其中夹砂素面灰黄陶 45 片、泥质素面灰黄陶 4 片、灰硬陶 47 片（素面 11 片、席纹 24 片、方格纹 6 片、栅篱纹 3 片、弦纹 2 片、叶脉纹 1 片）（图 3-127、图 3-128）。又于合福铁路基建工地便道南侧围墙底下发现一座黄土仑时期墓葬暴露于地表，编号为M1（图3-129：1）。该墓葬呈东西朝向，平面近似长方形，由于墓葬一半在围墙内，故仅对暴露的部分进行了清理，共出土罐、盆、钵等5件陶器。

文化层堆积情况：

第1层：即表土层。为灰黄色黏土，夹杂一些草根树根等。

第2层：黄灰色黏土，土质较松软、纯净。

第3层：砖红土，包含较多陶片。新石器时代至青铜时代。

釜　1件。仙山边∶3，夹砂灰黄陶。侈口，束颈。口径18、残高4厘米（图3-130：2）。

豆　4件。仙山边∶2，泥质灰黄陶，素面。侈口，束颈，斜直腹，浅盘。口径16、残高3.4厘米（图3-130：6）。仙山边∶5，泥质灰黄陶，素面。侈口，微束颈，折腹。残高3.2厘米（图3-130：4）。

图3-126　仙山边遗址（西—东）

图3-127　仙山边遗址采集陶片

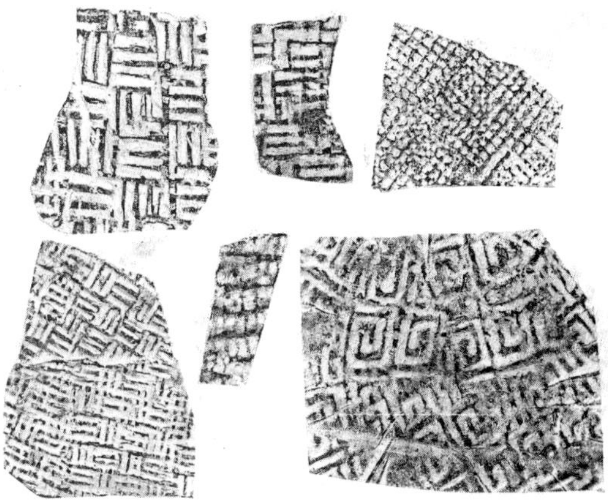

图3-128　仙山边遗址采集陶片纹饰拓片

1

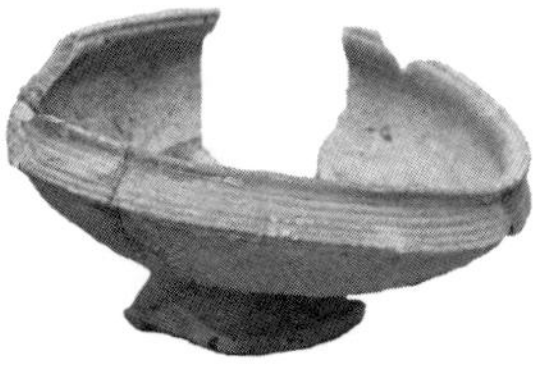

2

3

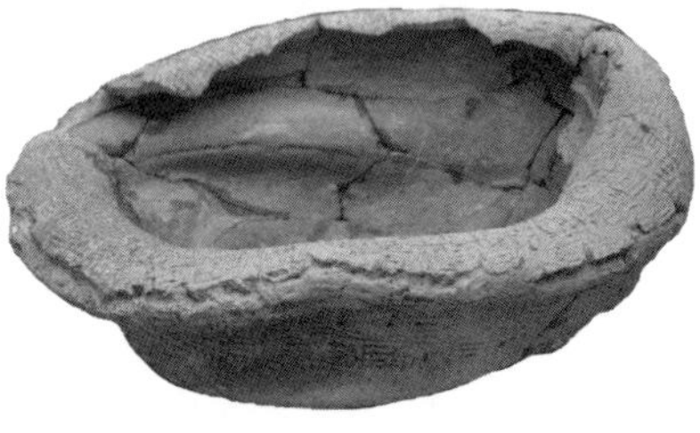

4

图 3-129　仙山边遗址 M1 及出土器物

1. M1　2. 陶豆（M1：1）　3. 陶钵（M1：2）　4. 陶罐（M1：5）

仙山边：8，夹砂灰硬陶。敛口，折弧腹，平底，矮圈足。足根外撇，器腹饰方格纹，整体变形较严重。口径 10～13.6、高 6.6 厘米。M1：1，灰黄硬陶，素面。侈口，束颈，斜直腹，浅盘。口径 16、残高 3.4 厘米（图 3-129：2；图 3-130：3）。

罐　2 件。仙山边：9，灰硬陶。口沿残损，圆鼓腹，内收成圜凹底，器腹饰席纹。底径 7、残高 15 厘米（图 3-130：1）。M1：5，夹砂灰硬陶。器物变形严重，口肩部深陷入器腹内。侈口，斜沿，方唇，束颈，鼓腹，圜凹底。口沿面有数道凹弦纹，肩部有一道凸棱纹，器腹饰席纹。口径 23.4、残高 16、底径 10.5 厘米（图 3-129：4）。

钵　3 件 。仙山边：1，夹细砂灰陶。侈口，斜弧腹，器腹饰席纹，器物变形较严重。残高 4.2 厘米（图 3-130：7）。仙山边：4，灰硬陶。直口，矮领，圆鼓腹，器腹饰回纹。口径 13、高 6.4 厘米（图 3-130：5）。M1：2，灰硬陶。直口，矮领，圆鼓腹，器腹饰回纹。口径 13、高 6.4 厘米（图 3-129：3；3-130：8）。

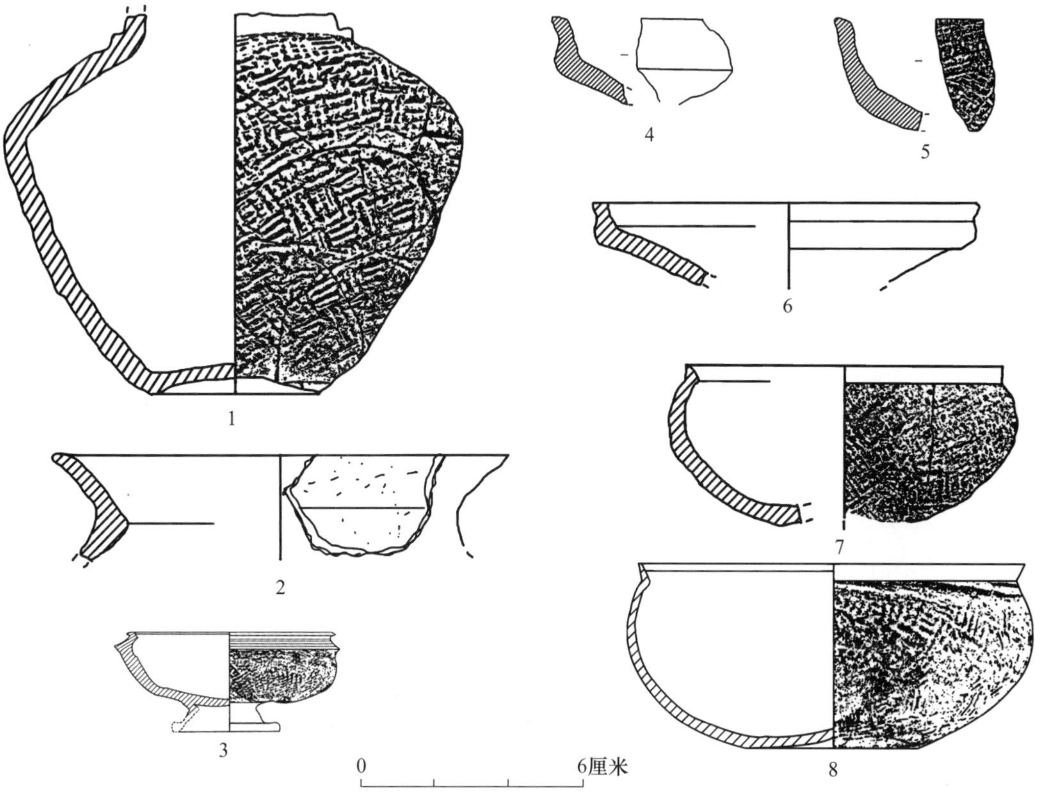


图 3-130　仙山边遗址采集陶器

1. 罐（仙山边：9）2. 釜（仙山边：3）3、4、6. 豆（M1：1、仙山边：5、仙山边：2）
5、7、8. 钵（仙山边：4、仙山边：1、M1：2）

## 9. 寨垱遗址

位于闽侯县白沙镇汶溪村南面 60 米，地理坐标为北纬 26° 11′ 08.636″，东经 119° 05′ 18.812″。海拔 44.98 米，相对高度 8 米。系大山向西北延伸出的不规则形台地。遗址东西长约 70、南北长约 80 米，面积约 6000 平方米。顶面平坦开阔，植被较茂密，四周山坡低缓（图 3-131）。东部有溪流自西

图 3-131　寨垱遗址（北—南）

北向东南蜿蜒流过，中部被合福高铁工程便道贯穿，在道路东侧断坎发现一件残陶罐，仅轮廓可辨，且因陶质酥脆无法复原（图 3-132）；同时还发现厚 10～30 厘米的贝壳堆积（图 3-133）。新石器时代。

图 3-132　寨垱遗址出土残陶罐（寨垱：1）

图 3-133　寨垱遗址贝壳堆积

### 10. 北斗九遗址

位于闽侯县白沙镇梧桐下村彭安厝北约 200 米，地理坐标为北纬 26°13′36.795″，东经 118°59′44.404″。海拔 32.81 米，相对高度 5 米。系大山向东延伸出的坡地。东坡中下部为阶梯状旱作地，与大目溪冲积湿地相连。遗址南北长约 90、东西宽约 100 米，面积约 9000 平方米。山顶较为平坦开阔，平面呈斜坡状，地表以低矮草丛为主，有少量树木。西坡与大山相连，其他三面山坡皆较低缓，北面和东面有大目溪环绕流过（图 3-134）。在东坡发现少量陶片。共采集陶片 43 片。其中泥质素面灰陶 6 片、泥质素面红陶 2 片、灰硬陶 33 片（方格纹 30 片、素面 2 片、凸棱纹 1 片）、赭衣硬陶 2 片（方格纹 1 片、弦纹 1 片）（图 3-135、图 3-136）。未见文化层堆积。青铜时代。

图 3-134　北斗九遗址（东—西）

图 3-135　北斗九遗址采集陶片

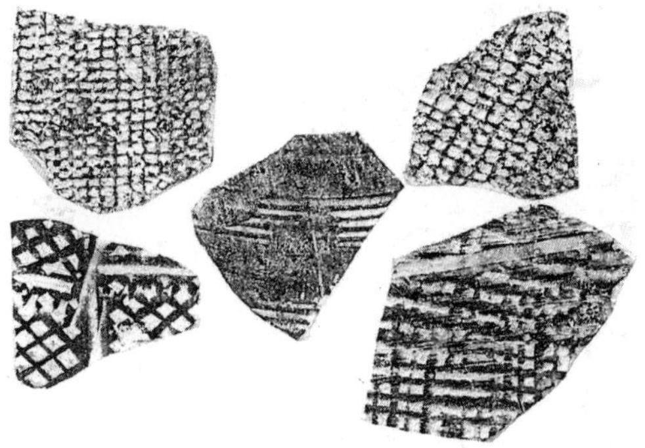

图 3-136　北斗九遗址采集陶片纹饰拓片

**11. 十三营遗址**

位于闽侯县白沙镇梧桐下村彭安厝自然村南面 50 米，地理坐标为北纬 26° 13′ 28.476″，东经 118° 59′ 39.267″。海拔 41.27 米，相对高度 7 米。系大山向东延伸出来的台地。遗址东西宽约 80、南北长约 60 米，面积约 4800 平方米。山顶微凸，较狭窄，植被以毛竹和灌木丛为主，局部有农田。东、南坡较低缓，西、北坡较陡，植被茂密。距遗址东面约 200 米有上寨溪自南向北流过（图 3-137）。在南坡发现零星陶片。共采集陶片 14 片。其中泥质素面红陶 1 片、灰硬陶 13 片（素面 4 片、方格纹 9 片）（图 3-138、图 3-139）。未发现文化层堆积。青铜时代。

图 3-137　十三营遗址（东—西）

图 3-138　十三营遗址采集陶片

图 3-139　十三营遗址采集陶片纹饰拓片

**12. 和尚山遗址**

位于闽侯县白沙镇梧桐下村渔业队自然村南面 300 米，地理坐标为北纬 26° 13′ 17.116″，东经 118° 59′ 38.363″。海拔 27.64 米，相对高度 7 米。系和尚山向北延伸出来的坡地。遗址东西长约 40、南北长约 50 米，面积约 2000 平方米。顶面略凸起，平面狭长，大部分经开垦为农田。西面山坡略陡且植被茂密，东、北两面山坡较低缓，东面山脚紧邻大目溪河曲部分的西岸（图 3-140）。仅在东坡发现零星陶片。共采集陶片 4 片，均为灰硬陶（素面 1 片、方格纹 3 片）（图 3-141、图 3-142）。未发现文化层堆积。青铜时代。

图 3-140　和尚山遗址（东—西）

图 3-141　和尚山遗址采集陶片

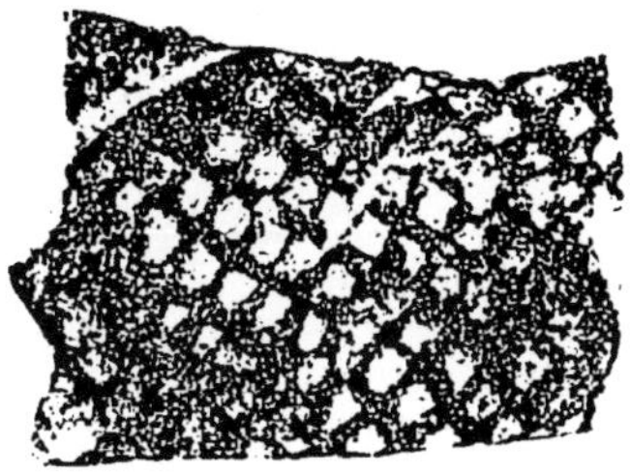

图 3-142　和尚山遗址采集陶片纹饰拓片

**13. 梧桐下遗址**

位于闽侯县白沙镇梧桐下村东北面 300 米，地理坐标为北纬 26° 13′ 18.567″，东经 118° 59′ 50.145″。海拔 54.11 米，相对高度 15 米。系大山向西延伸出来的坡地。遗址东西宽约 60、南北约宽 70 米，面积约 4200 平方米。顶面较平坦开阔，植被破坏较严重，地表大部分裸露。东面与大山相连，西、南坡较低缓，东坡较陡，山脚下有少量民房建筑。上寨溪自北向南环绕遗址的北、西、南三面流过（图 3-143）。仅于东坡采集到 1 件石锛。未发现文化层堆积。青铜时代。

石锛　1 件。梧桐下：1，灰褐色砾岩。平面呈圆角梯形横截面为椭圆形，背微弧，刃部因磨损而圆钝，背部粗磨制。长 7.6、宽 5.5、厚 2 厘米（图 3-144）。

图 3-143　梧桐下遗址（西—东）

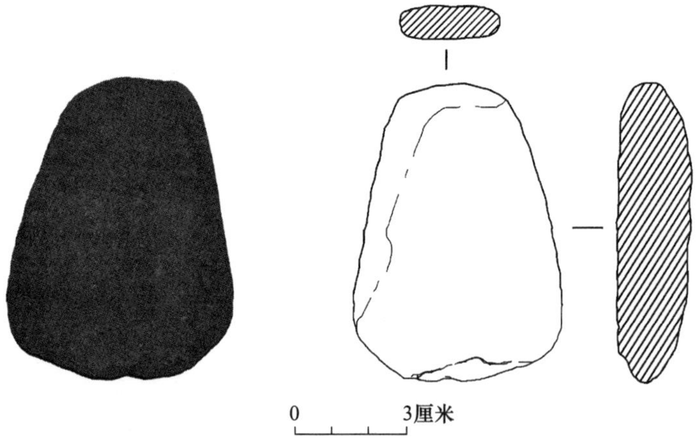

图 3-144　梧桐下遗址采集石锛
（梧桐下：1）

**14. 后山遗址**

位于闽侯县白沙镇大目埕村溪口自然村西南约 400 米，地理坐标为北纬 26° 12′ 36.259″，东经 119° 00′ 03.667″。海拔 67.04 米，相对高度 20 米。系大山向东延伸出的长条形山冈。遗址长约 100、宽约 800 米，面积约 8 万平方米。顶面较平坦开阔，植被茂密。北坡与大山相连，其他三面较低缓。东北面有上寨溪自西北向东南流过，且在东北约 300 米处汇入闽江（图 3-145）。于山之东、南坡都发现较多陶片。共采集陶片 186 片。其中夹砂素面灰陶 5 片、夹砂素面红陶 1 片、泥质黄陶 14 片（素面 8 片、方格纹 2 片、刻划纹 1 片、绳纹 3 片）、灰硬陶 157 片（素面 19 片、方格纹 103 片、刻划纹 16 片、凹弦纹 17 片、网格纹 2 片）、方格纹黑衣硬陶 9 片（图 3-146、图 3-147）。青铜时代。在东坡和南坡均发现地层堆积，堆积情况以南坡地层堆积为例：

第 1 层：表土层。浅灰褐色风化土，厚度约 20 厘米，包含少量灰白色风化岩，有陶片出土。

图 3-145　后山遗址（东北—西南）

图 3-146　后山遗址采集陶片

图 3-147　后山遗址采集陶片纹饰拓片

图 3-148　后山遗址文化层剖面

第 2 层：浅灰色土。厚度约 40 厘米，包含部分灰白色风化岩，出土较多陶片（图 3-148）。

盅　1 件。后山：1，夹细砂灰褐陶，素面。微侈口，斜直腹，平底内凹。口径 9、高 3.1 厘米（图 3-149：2）。

罐　1 件。后山：2，夹细砂灰硬陶。敛口，平沿，束颈，颈肩部之间饰刻划回纹和粗弦纹。口径 34、残高 6.6 厘米（图 3-149：3）。

口沿　1 件。后山：3，夹细砂灰黄陶。侈口近直，平沿，外斜腹，器身饰弦纹和小方格纹。残高 4.5 厘米（图 3-149：1）。

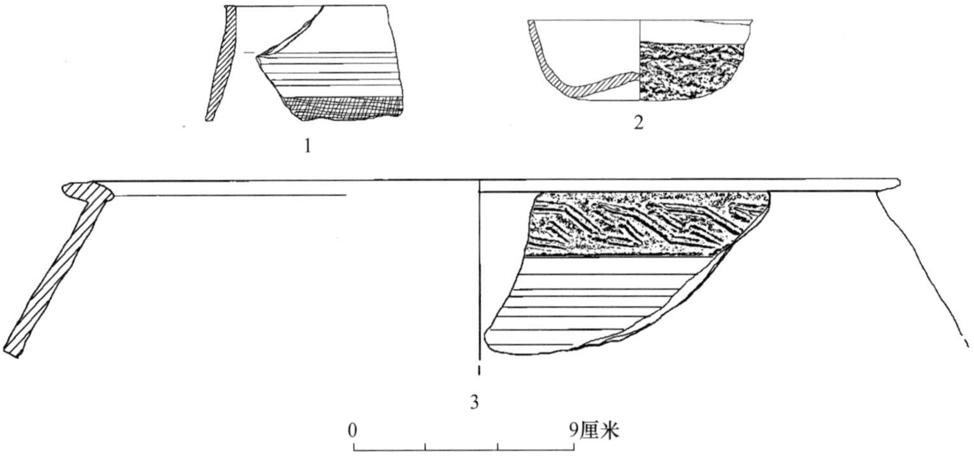


图 3-149　后山遗址采集陶器

1. 口沿（后山：3）　2. 盅（后山：1）　3. 罐（后山：2）

**15. 鸡公山遗址**

位于闽侯县白沙镇马坑村西面约 50 米，地理坐标为北纬 26° 13′ 32.226″，东经 119° 02′ 44.228″。海拔 64.38 米，相对高度 15 米。系闽江北侧一座相对独立的近似圆形山冈。半径约 200 米，遗址面积约 3 万平方米。山顶较平坦开阔，有现代移动通信塔一座，四周山坡较低缓，植被以灌木丛为主，南面濒临闽江（图 3-150）。于地表发现零星陶片。共采集陶片 22 片。其中夹砂素面红陶 5 片；夹砂黑陶 4 片（素面 3 片、绳纹 1 片）；泥质红陶 2 片（素面 1 片、篮纹 1 片）；泥质黑衣陶 3 片，均为篮纹；灰硬陶 8 片（方格纹 6 片、梯格纹 2 片）（图 3-151、图 3-152）。未见文化层堆积。新石器时代至青铜时代。

器把　1 件。鸡公山：2，夹砂灰陶，素面。平面呈勺形，横断面呈长方形。高 7.8、厚 1.3 厘米（图 3-153：3）。

口沿　2 件。鸡公山：1，泥质橙黄陶，素面。侈口，高领。口径 22、残高 6 厘米（图 3-153：2）。鸡公山：3，夹细砂灰黄陶。侈口，外平沿，内外皆施黑衣。口径 26、残高 4 厘米（图 3-153：1）。

图 3-150　鸡公山遗址（西南—东北）

图 3-151　鸡公山遗址采集陶片

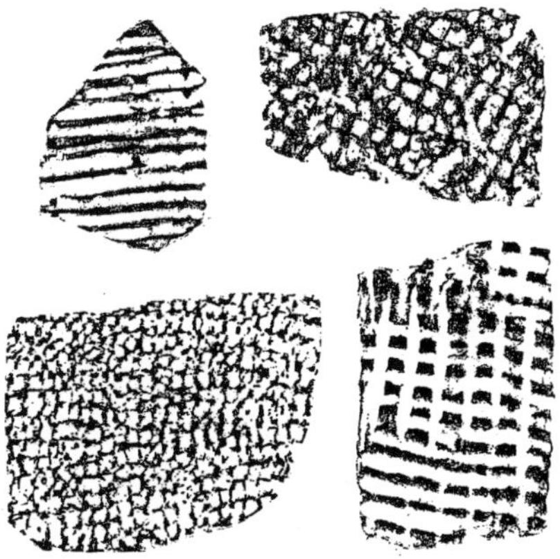

图 3-152　鸡公山遗址采集陶片纹饰拓片

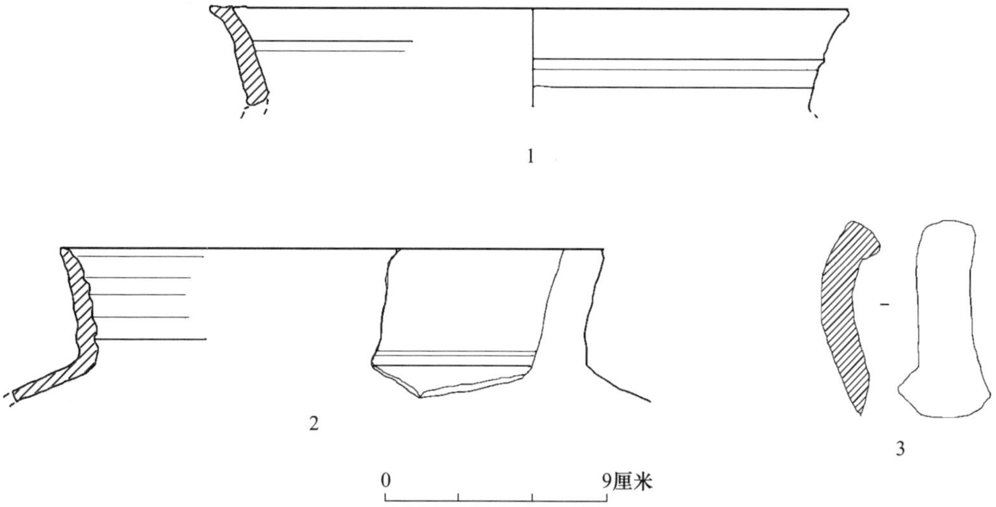


图 3-153　鸡公山遗址采集陶器

1、2. 口沿（鸡公山：3、鸡公山：1）3. 器把（鸡公山：2）

（二）鸿尾乡

**1. 程湾遗址**

位于闽侯县鸿尾乡源口村程湾自然村东北面200米，地理坐标为北纬26°12′21.858″，东经119°00′25.335″。海拔67米，相对高度30米。系大山向西延伸出的坡地。遗址长约60、宽约80米，面积约4800平方米。顶面形态较平坦开阔，山顶植被茂盛，东、南面与大山相接，西、北坡较陡，种植有橄榄、茶树等。西面山脚下有通往闽清方向的旧省道自北向南经过，路基下即闽江（图3-154）。于山之西、北坡上发现少量陶片。共采集陶片54片。其中方格纹泥质灰陶7片；泥质黄陶22片（素面8片、席纹2片、方格纹12片）；灰硬陶15片（素面6片、菱形回纹3片、席纹3片、方格纹3片）；素面赭衣硬陶1片；原始瓷9片，均为素面（图3-155～图3-157）。另采集原始瓷豆和石锛各1件，均残。未发现文化层堆积。青铜时代。

图3-154　程湾遗址（南—北）

图3-155　程湾遗址采集陶片

图3-156　程湾遗址采集原始瓷片

图 3-157 程湾遗址采集陶片纹饰拓片

石锛 程湾：3，灰黑色燧石，双面刃。磨制精细。平面呈长方形，上部残损。残长 5.3、宽 3.6、厚 2 厘米（图 3-159、图 3-160：6）。

原始瓷簋 1 件。程湾：7，敛口，折弧腹，胎质灰黄，内外施青黄釉，釉面有细小的冰裂纹，肩部有数道细凹弦纹。口径 12.8、残高 5.8 厘米（图 3-160：8）。

原始瓷豆 5 件。程湾：1，直口，尖唇，折腹，施青黄釉，外腹部大部分釉已脱落，足底露胎，口沿外饰两周弦纹，并贴有 3 只实心小耳。口径 13.6、残足径 4.4、残高 5.7 厘米（图 3-158；图 3-160：1）。程湾：6，敛口，平沿，折弧腹，浅盘。胎质灰黄，通体施青黄釉，但剥落较严重。口径 14、残高 2.5 厘米（图 3-160：9）。程湾：8，敛口，弧折浅腹，胎质灰黄，内外施青黄釉，胎釉结合较紧密。口径 17、残高 3.6 厘米（图 3-160：4）。程湾：9，敛口，弧折腹，口沿饰小纽，胎质灰黄，内外施青黄釉，胎釉结合较紧密。口径 24、残高 4.5 厘米（图 3-160：3）。程湾：10，胎质灰黄，施青黄釉。圜凹底，矮圈足，足部脱釉严重。足径 6.8、残高 3.4 厘米（图 3-160：7）。

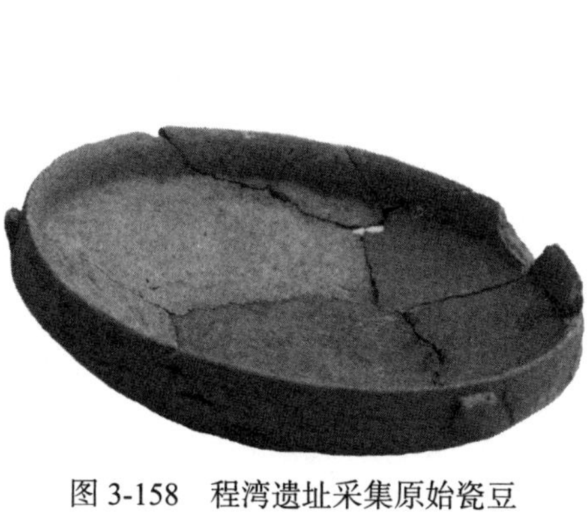

图 3-158 程湾遗址采集原始瓷豆
（程湾：1）

图 3-159 程湾遗址采集残石锛
（程湾：3）

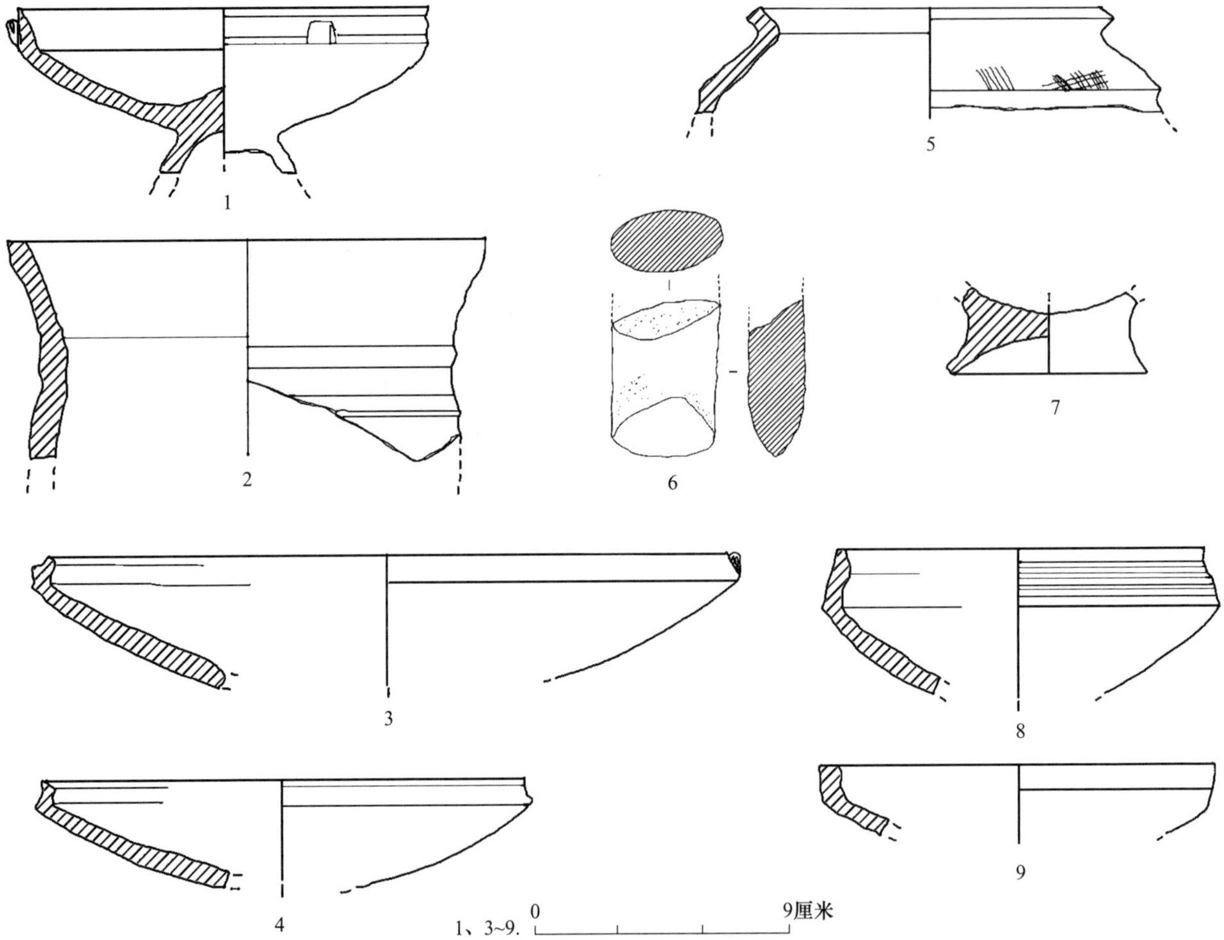


图 3-160　程湾遗址采集石器、原始瓷器与陶器

1、3、4、7、9. 原始瓷豆（程湾：1、程湾：9、程湾：8、程湾：10、程湾：6） 2、5. 口沿（程湾：2、程湾：4）
6. 石锛（程湾：3） 8. 原始瓷簋（程湾：7）

口沿　2件。程湾：2，泥质灰黄硬陶，侈口圆唇，斜腹，口沿内部有数道弦纹。口径17、残高7.5、厚0.9厘米（图3-160：2）。程湾：4，灰硬陶。侈口，窄斜沿，方唇，束颈，斜折腹，器表饰席纹。口径12、残高3.6厘米（图3-160：5）。

**2. 观春厝遗址**

位于闽侯县鸿尾乡观春厝北约100米，地理坐标为北纬26°09′48.500″，东经118°58′30.88″。海拔25.37米，相对高度10米。为大山向东南延伸出来的不规则形坡地。遗址长约80、宽约100米，面积约8000平方米。顶面较平坦，植被茂密，四周山坡低缓（图3-161）。于山之南坡开垦出来的地瓜地、水稻田田埂上发现零星硬陶片。共采集陶片16片。其中灰硬陶15片（素面3片、席纹10片、弦纹1片、网格纹1片）、席纹赭衣硬陶1片（图3-162、图3-163）。未发现文化层堆积。青铜时代。

图 3-161　观春厝遗址（北—南）

图 3-162　观春厝遗址采集陶片

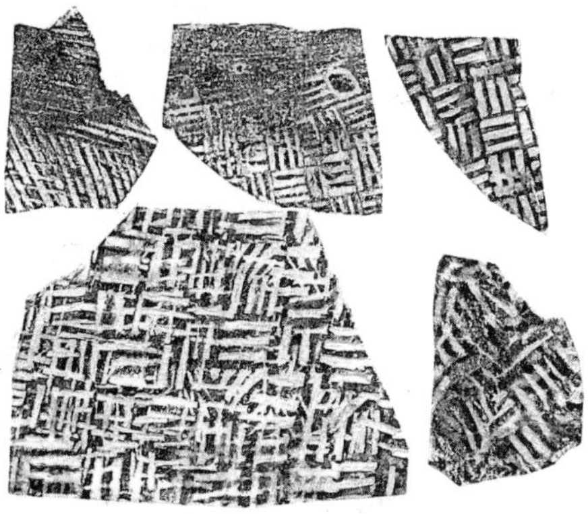

图 3-163　观春厝遗址采集陶片纹饰拓片

**3. 郭山遗址**

位于闽侯县鸿尾乡郭山自然村东北面 500 米，地理坐标为北纬 26°08′25.696″，东经 118°58′03.199″。海拔 58.66 米，相对高度 5 米。系大山向西延伸出的坡地。遗址长约 80、宽约 50 米，面积约 4000 平方米。山顶平坦宽阔，植被较茂密，四周山坡低缓，西坡被 114 国道破坏成断崖。地表杂草丛生，坡下散布少量民居，西面有源里溪自南向北流过（图 3-164）。于山顶发现零星陶片。共采集陶片 11 片。其中泥质灰陶 3 片（素面 1 片、方格纹 1 片、网格纹 1 片）、灰硬陶 8 片（方格纹 5 片、弦纹 3 片）（图 3-165、图 3-166）。未发现文化层堆积。青铜时代。

图 3-164　郭山遗址（西—东）

图 3-165　郭山遗址采集陶片

图 3-166　郭山遗址采集陶片纹饰拓片

**4. 上岚口遗址**

位于闽侯县鸿尾乡上岚口自然村西面 20 米，地理坐标为北纬 26° 08′ 21.202″，东经 118° 57′ 26.154″。海拔 67.58 米，相对高度 20 米。系大山向东南延伸出的长条形山冈。遗址长约 100、宽约 80 米，面积约 8000 平方米。山顶平坦宽阔，四周山坡低缓，距南坡约 100 米有源里溪自西向东流过。遗址东坡和南坡被 114 国道和民房破坏成陡坎。山顶植被稀少，北坡植被较茂密（图 3-167）。整个山体均有少量陶片分布。共采集陶片 41 片。其中泥质云雷纹灰陶 5 片、灰硬陶 36 片（素面 1 片、云雷纹 22 片、方格纹 10 片、网格纹 1 片、弦纹 2 片）（图 3-168、图 3-169）。未发现文化层堆积。青铜时代。

图 3-167　上岚口遗址（东南—西北）

图 3-168　上岚口遗址采集陶片

图 3-169　上岚口遗址采集陶片纹饰拓片

**5. 对面山遗址**

位于闽侯县鸿尾乡千里洋自然村东面 500 米，地理坐标为北纬 26° 08′ 52.335″，东经 118° 57′ 26.931″。海拔 54.28 米，相对高度 6 米。系大山向北延伸出的末端呈三角形的山冈。遗址长约 100、宽约 80 米，面积约 8000 平方米。山顶较平坦宽阔，四周山坡低缓。山顶植被茂盛，有野生竹林、杂木，山坡都经人工开垦，北面有源里溪支流自西向东流过（图 3-170）。在西坡上发现少量陶片，分布范围约 300 平方米。遗物较少，除山脚下断坎和坡上近代墓地周围裸露的地面上可见少量陶片外，山的其他部位都被竹林覆盖。紧邻山南面的小山包上也可见零星陶片。共采集灰硬陶片 35 片（素面 9 片、席纹 24 片、刻划纹 1 片、篮纹 1 片）（图 3-171、图 3-172）。未见文化层堆积。青铜时代。

口沿　1 件。对面山：1，夹砂灰褐色硬陶。侈口，平沿，圆唇，外斜腹，腹部饰席纹。口径 28.6、残高 4.7 厘米（图 3-173）。

图 3-170　对面山遗址（西北—东南）

图 3-171　对面山遗址采集陶片

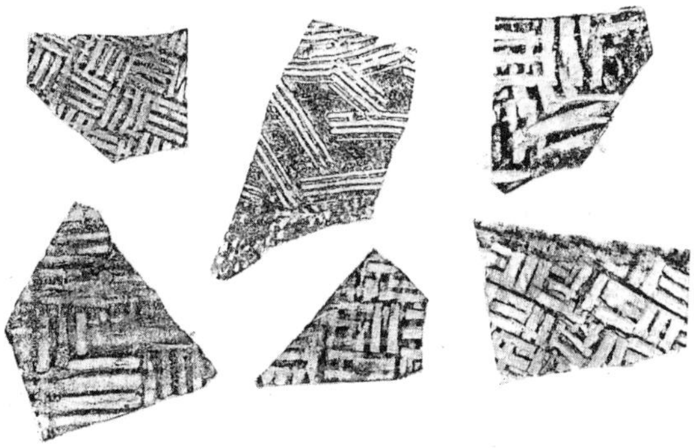

图 3-172　对面山遗址采集陶片纹饰拓片

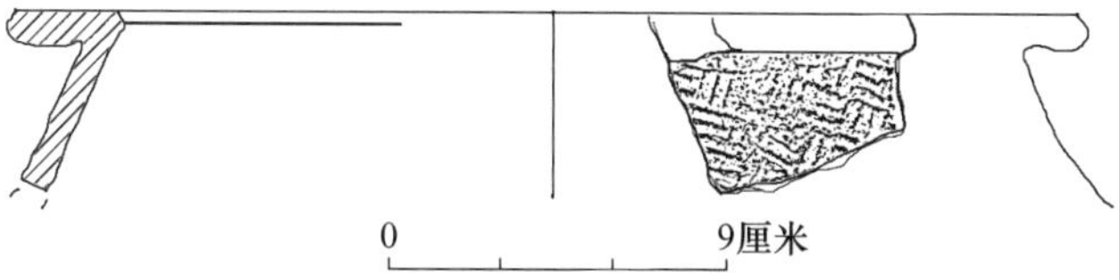

图 3-173　对面山遗址采集陶器口沿
（对面山：1）

**6. 米粉岬遗址**

位于闽侯县鸿尾乡古洋村（外境）北约 200 米，地理坐标为北纬 26°11′50.190″，东经 118°56′14.858″。海拔 179.91 米，相对高度 35 米。系大山向东南延伸出来的近似长条形山冈。遗址长约 200、宽约 300 米，面积约 6 万平方米。山顶较平坦开阔，西北面与大山相连，东、南、西坡均较陡，大部分经开垦，种植橄榄树。南面山脚下有古洋溪自西向东蜿蜒流过（图 3-174）。于山顶及近山顶处发现大量陶片，东、南、西坡均发现较多陶片。共采集陶片 144 片。其中夹砂方格纹红褐陶 2 片、夹砂弦纹黄陶 1 片、泥质灰黄陶 10 片（素面 1 片、方格纹 8 片、刻画符号 1 片）、灰硬陶 89 片（素面 12 片、方格纹 53 片、刻划纹 6 片、复线方格纹 3 片、弦纹 13 片、细绳纹 1 片、刻画符号 1 片）、褐硬陶 41 片（方格纹 5 片、刻划纹 18 片、复线方格纹 18 片）、方格纹赭衣硬陶 1 片（图 3-175～图 3-177）。未发现文化层堆积。青铜时代。

图 3-174　米粉岬遗址（东—西）

图 3-175　米粉岬遗址采集陶片

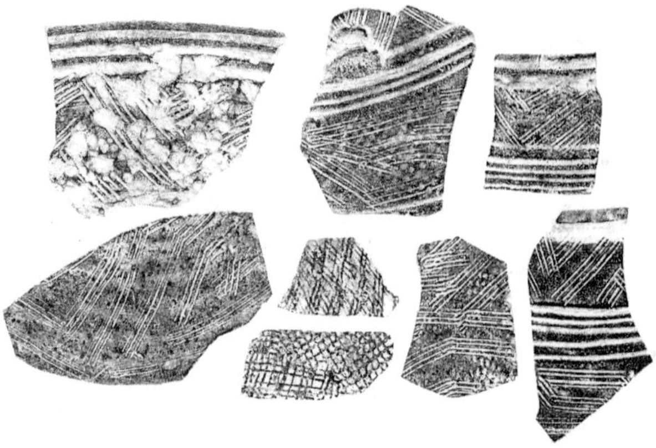

图 3-176　米粉岬遗址采集陶片纹饰拓片（一）

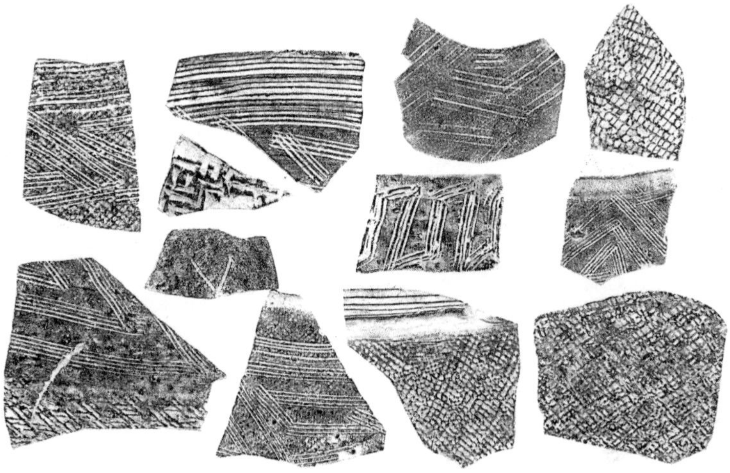

图 3-177　米粉岬遗址采集陶片纹饰拓片（二）

罐　5 件。米粉岬：2，泥质黄陶。侈口，束颈，深弧腹，沿面内侧有三道凹弦纹，器腹饰复线方格纹。口径 25、残高 6.2 厘米（图 3-178：1）。米粉岬：3，灰硬陶。侈口，颈略长，颈腹间有一道凹弦纹，深弧腹，器腹饰小方格纹。残高 7.1 厘米（图 3-178：8）。米粉岬：4，灰硬陶。直口，方唇，斜直腹，口腹间饰一道凸棱，器腹饰小方格纹。残高 6.2 厘米（图 3-178：4）。米粉岬：5，灰硬陶。侈口，鼓腹，颈部饰凹弦纹及刻划纹，颈腹间有两道凸棱。口径 7、残高 5 厘米（图 3-178：7）。米粉岬：9，灰硬陶。侈口，唇缘外凸成斜沿，束颈，颈部有一道凸棱，斜肩。口径 25、残高 3 厘米（图 3-178：3）。

杯　1 件。米粉岬：8，灰硬陶。侈口，尖唇，口沿面内凹，直腹，器表饰刻划曲折纹。口径 6、残高 3.8 厘米（图 3-178：5）。

器足　1 件。米粉岬：1，灰硬陶，素面。高圈足，足根外撇。足径 12、残高 4.6 厘米（图 3-178：6）。

器盖　1 件。米粉岬：6，灰硬陶。弧形顶，顶部盖纽已残损，表面饰刻划回纹。直径 16、残高 2.6 厘米（图 3-178：2）。

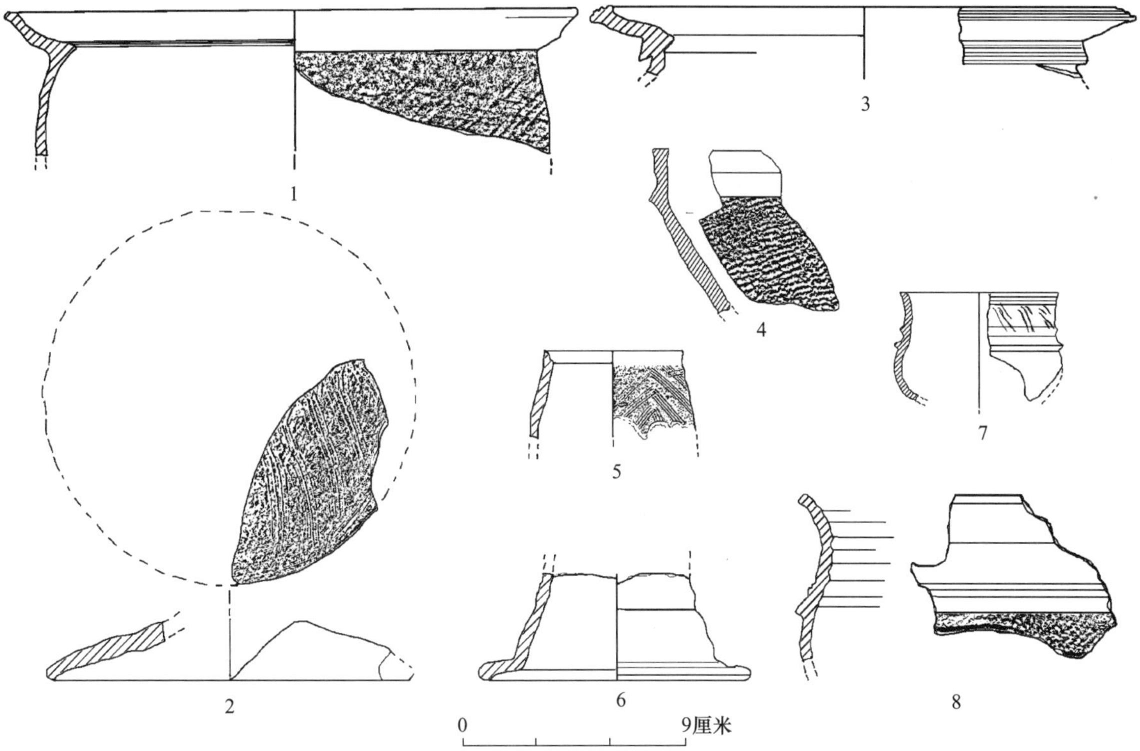


图 3-178 米粉岬遗址采集陶器

1、3、4、7、8. 罐（米粉岬：2、米粉岬：9、米粉岬：4、米粉岬：5、米粉岬：3） 2. 器盖（米粉岬：6）
5. 杯（米粉岬：8） 6. 器足（米粉岬：1）

**7. 圣君堂遗址**

位于闽侯县鸿尾乡古洋村（外境）东北约 200 米，地理坐标为北纬 26°11′43.845″，东经 118°56′22.301″。海拔 169.02 米，相对高度 20 米。系大山向西北延伸出来的不规则形山冈。遗址长约 350、宽约 120 米，面积约 4.2 万平方米。山顶较平坦开阔；东北坡较缓；西、北坡较陡，大部分经开垦种植橄榄、茶树等；北侧山脚下是通往古洋村的公路，公路北侧有古洋溪自西向东蜿蜒流过；南侧被福银高速切断（图 3-179）。于山顶发现较多陶片，东北坡和西北坡发现少量陶片。共采集陶片 46 片。其中灰硬陶 45 片（素面 6 片、方格纹 13 片、网格纹 3 片、刻划纹 9 片、绳纹 1 片、复线菱格纹 5 片、凹弦纹 6 片、复线大方格纹 2 片）、方格纹红硬陶 1 片（图 3-180、图 3-181）。未发现文化层堆积。青铜时代。

图 3-179 圣君堂遗址（西—东）

图 3-180　圣君堂遗址采集陶片

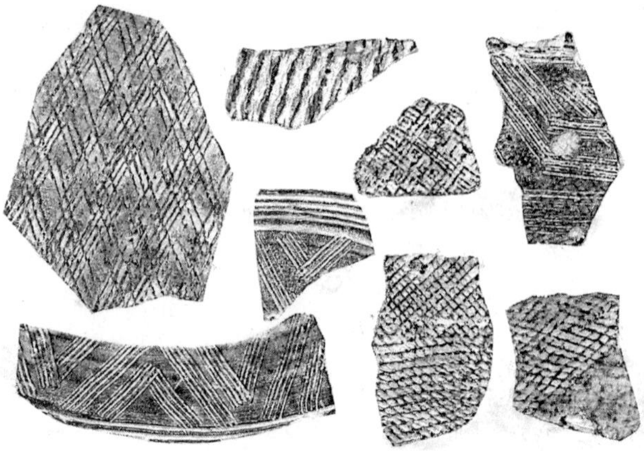

图 3-181　圣君堂遗址采集陶片纹饰拓片

罐　3 件 。圣君堂：1，夹细砂灰黄硬陶。直口，广肩。肩部饰三角形刻划纹，口沿饰两道弦纹。口径 18、残高 3.4 厘米（图 3-182：6）。圣君堂：2，灰硬陶，素面。近直口，圆唇，广肩。口径 9、残高 5.4 厘米（图 3-182：2）。圣君堂：4，夹细砂灰硬陶。盘口，直颈，颈部饰刻划纹。口径 12、残高 2.4 厘米（图 3-182：3）。

器盖　1 件。圣君堂：3，灰硬陶，素面。残余部分平面略呈扇形，外口沿外撇，盖面有明显的轮制痕迹（图 3-182：4）。

器足　1 件。圣君堂：5，夹细砂灰硬陶。矮圈足，圈足底部微内凹，器腹近底处饰刻划纹。底径 6.6、残高 2.4 厘米（图 3-182：5）。

口沿　1 件。圣君堂：6，灰硬陶，素面。侈口，窄平沿，束颈，广肩。口径 18、残高 3.8 厘米（图 3-182：1）。

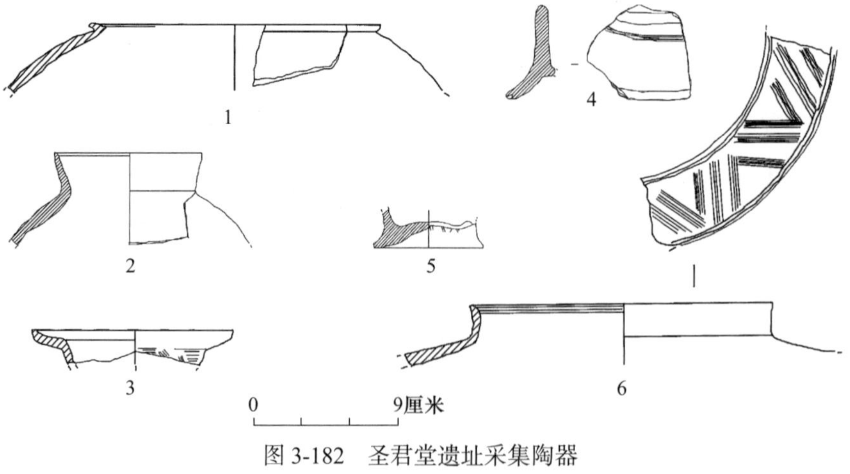


图 3-182　圣君堂遗址采集陶器

1. 口沿（圣君堂：6）2、3、6. 罐（圣君堂：2、圣君堂：4、圣君堂：1）
4. 器盖（圣君堂：3）5. 器足（圣君堂：5）

### 8. 五峰山遗址

位于闽侯县鸿尾乡古洋村（内境）西北约50米，地理坐标为北纬26°11′16.821″，东经118°56′14.145″。海拔205.47米，相对高度30米。系大山向西北延伸出的条形山冈。遗址长约150、宽约300米，面积约4.5万平方米。山顶较平坦开阔，东南与大山相接，四周山坡较陡，大部分经开垦种植橄榄、茶树等经济作物。西侧山脚下是通往古洋村的公路，公路西侧古洋溪自南向北流过（图3-183）。于山顶及各坡均发现较多陶片。共采集陶片96片，其中夹砂素面黑陶2片、夹砂灰黄陶4片（竹编纹2片、曲折纹1片、叶脉纹1片）、夹砂曲折纹灰陶1片、泥质条纹灰陶1片、泥质黄陶3片（绳纹1片、方格纹1片、曲折纹1片）、灰硬陶85片（素面18片、方格纹30片、刻划纹4片、网格纹14片、弦纹10片、竹编纹3片、麻点纹2片、绳纹1片、复线方格纹1片、刻画符号2片）（图3-184、图3-185）。未发现文化层堆积。青铜时代。

图3-183　五峰山遗址（西—东）

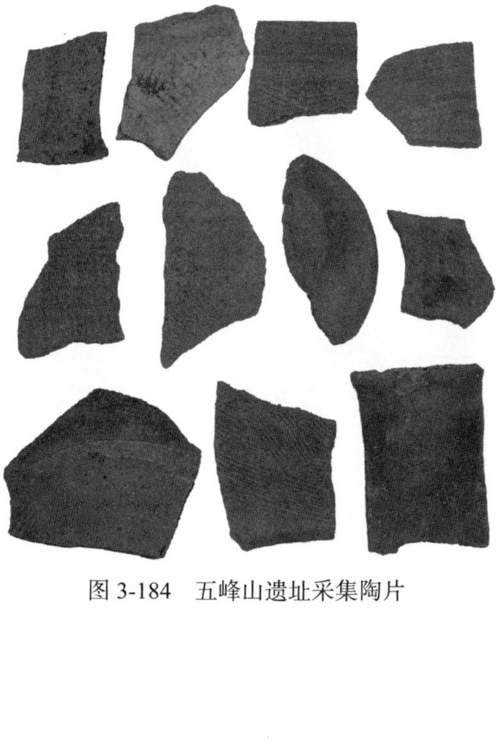

图3-184　五峰山遗址采集陶片

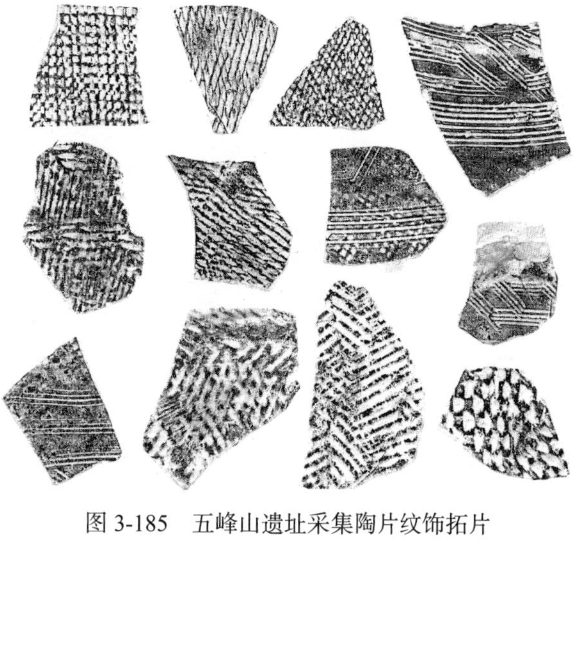

图3-185　五峰山遗址采集陶片纹饰拓片

（三）小箬乡

## 1. 马夹山遗址

位于闽侯县小箬乡小箬村东北面约400米，地理坐标为北纬26°16′44.752″，东经118°52′47.363″。海拔119.1米，相对高度80米。系一系列起伏丘陵之一。遗址东西长约150、南北宽约100米，总面积约1.5万平方米。山顶较平坦宽阔，东北与大山相连，东坡略陡，南坡与西坡较缓，植被较茂密，部分经开垦，种植橄榄、松树等（图3-186）。于山顶、东坡和南坡发现零星陶片，西坡发现较多陶片。共采集陶片115片。均为硬陶。其中灰硬陶111片（素面15片、方格纹62片、云雷纹13片、席纹6片、刻划纹11片、弦纹4片）、方格纹赭衣硬陶4片（图3-187、图3-188）。未发现地层堆积。青铜时代。

图3-186　马夹山遗址（东北—西南）

图3-187　马夹山遗址采集陶片

图 3-188　马夹山遗址采集陶片纹饰拓片

## 2. 象山遗址

位于闽侯县小箬乡小箬自然村东北面 50 米，地理坐标为北纬 26° 16′ 39.582″，东经 118° 53′ 41.632″。海拔 78 米，相对高度 10 米。系一系列起伏丘陵之一。山体呈长条形，东西长约 300、南北长约 150 米，总面积约 4.5 万平方米。山顶较平坦宽阔，东、西坡较缓，南、北坡较陡，大部分经开垦，种植橄榄、龙眼等果树。西面山脚下是铁道线，有闽江自北向南流过（图 3-189）。于山顶发现少量陶片，四周山坡发现零星陶片。共采集陶片 137 片。其中夹砂灰陶 2 片（素面 1 片、绳纹 1 片）、夹砂网格纹灰黄陶 1 片、夹砂灰褐陶 2 片（素面 1 片、方格纹 1 片）、泥质橙黄陶 11 片（素面 2 片、云雷纹 2 片、席纹 6 片、弦纹 1 片）、泥质刻划纹红褐陶 2 片、泥质灰陶 9 片（素面 3 片、云雷纹 1 片、网格纹 5 片）、泥质弦纹灰黄陶 1 片、灰硬陶 106 片（素面 20 片、云雷纹 13 片、方格纹 37 片、网格纹 8 片、席纹 15 片、弦纹 9 片、复线方格纹 1 片、刻划纹 3 片）、原始瓷 3 片（素面 1 片、刻划纹 2 片）（图 3-190、图 3-191）。在靠近山顶的水泥路一侧断坎上发现厚约 0.5 米的文化层堆积。新石器时代至青铜时代。

图 3-189　象山遗址（北—南）

图 3-190　象山遗址采集陶片

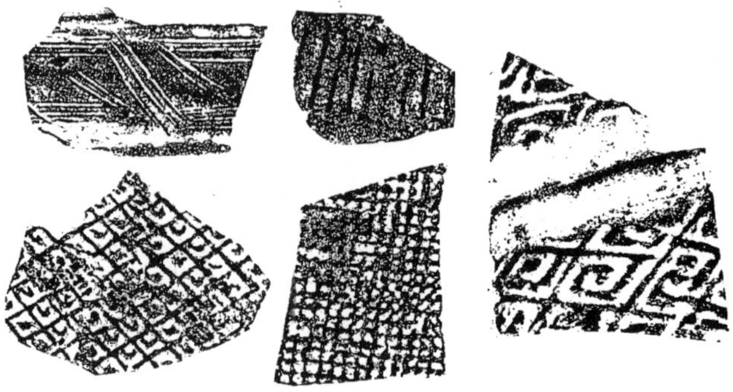

图 3-191　象山遗址采集陶片纹饰拓片

### 3. 牛栏墓遗址

位于闽侯县小箬乡大坂村新堡自然村东面，地理坐标为北纬 26° 16′ 28.822″，东经 118° 53′ 37.825″。海拔 77.85 米，相对高度 30 米。系大山向西北方向延伸出来的坡地。遗址长约 100、宽约 150 米，总面积约 1.5 万平方米。山顶平面宽阔但较略有倾斜，东南与大山相连，东、西、北坡均较低缓，大部分都经开垦，种植有橘子、橙子等果树。西北山脚下有小箬溪自东向西流过（图 3-192）。于东、西、北坡发现少量陶片和原始瓷片。共采集陶片 125 片。其中泥质灰黄陶 5 片（素面 4 片、席纹 1 片）、灰硬陶 113 片（素面 22 片、席纹 68 片、方格纹 13 片、弦纹 10 片）、原始瓷 7 片（素面 1 片、弦纹 2 片、篦划纹 4 片）（图 3-193～图 3-195）。未发现文化层堆积。青铜时代。

图 3-192　牛栏墓遗址（北—南）

图 3-193　牛栏墓遗址采集陶片

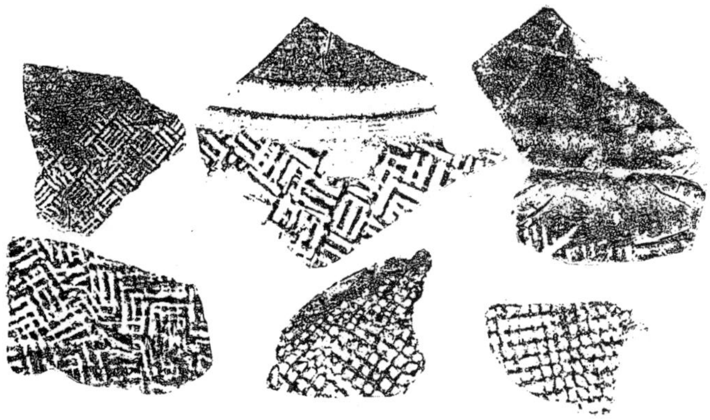

图 3-194　牛栏墓遗址采集陶片纹饰拓片

图 3-195　牛栏墓遗址采集原始瓷片

## （四）洋里乡

### 1. 格垄遗址

位于闽侯县洋里乡格垄自然村南面 100 米，地理坐标为北纬 26° 21′ 14″，东经 118° 56′ 53″。海拔 384.8 米，相对高度 3 米。为大山向东北延伸出来的台地。西部原与大山相接，因修建京台高速取土被严重破坏，残存部分为两个相对独立的小台地，呈东南—西北向排列，形状不规则。残存面积约 3000 平方米。顶部较平坦宽阔，四周山坡原较低缓，东、西、北坡经人工取土挖成断坎。植被较茂密，小部分经开垦种植地瓜。东南部正处洋里溪支流河曲部位的西部（图 3-196）。于山顶及四周山坡都发现零星陶片，其中西坡断坎上陶片较多。共采集陶片 78 片。其中素面夹砂黑陶 1 片；泥质灰陶 12 片（素面 11 片、席纹 1 片）；素面灰硬陶 14 片；黑衣陶 49 片（素面 9 片、篮纹 14 片、蕉叶纹 1 片、绳纹 19 片、栅篱纹 1 片、方格纹 1 片、凸弦纹 4 片）；原始瓷 2 片，素面（图 3-197、图 3-198）。值得注意的是在地表还采集到较多石料和石器的半成品，且沿挖掘面断坎上均有发现文化层堆积，但厚度仅有 30～40 厘米，且包含物陶片很少，多为石料及石器坯件（图 3-200、图 3-201）。新石器时代至青铜时代。

图 3-196　格垄遗址（南—北）

图 3-197　格垄遗址采集陶片

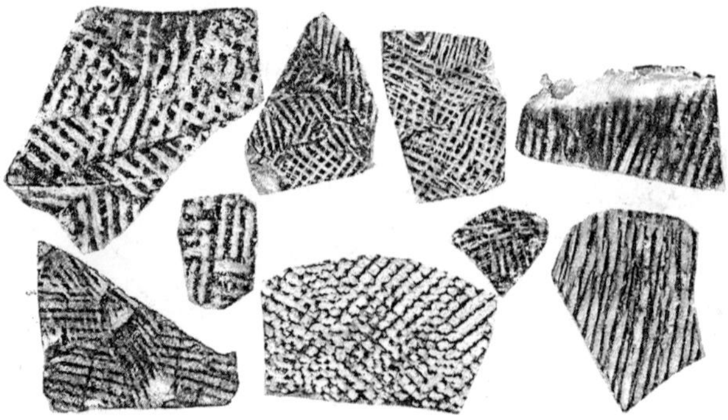

图 3-198　格垄遗址采集陶片纹饰拓片

1　　2　　3

图 3-199　格垄遗址采集石锛

1. 格垄：1　2. 格垄：2　3. 格垄：3

图 3-200　格垄遗址文化层堆积

图 3-201　格垄遗址采集石料及石器坯件

石锛　3件。格垄：1，浅灰色泥质岩。平面呈长方形，双面刃。磨制而成，横截面呈椭圆形，边缘局部崩损。打制而成，整体保存较好。残长7.4、宽4.7、厚1.6厘米（图3-199：1；图3-202：2）。格垄：2，浅灰色泥质岩。平面近似长方形，单面刃。通体磨光，横截面呈梯形，上端缺损。整体制作较精致。残长5.7、宽4.7、厚2.7厘米（图3-199：2；图3-202：4）。格垄：3，浅灰色泥质岩。平面

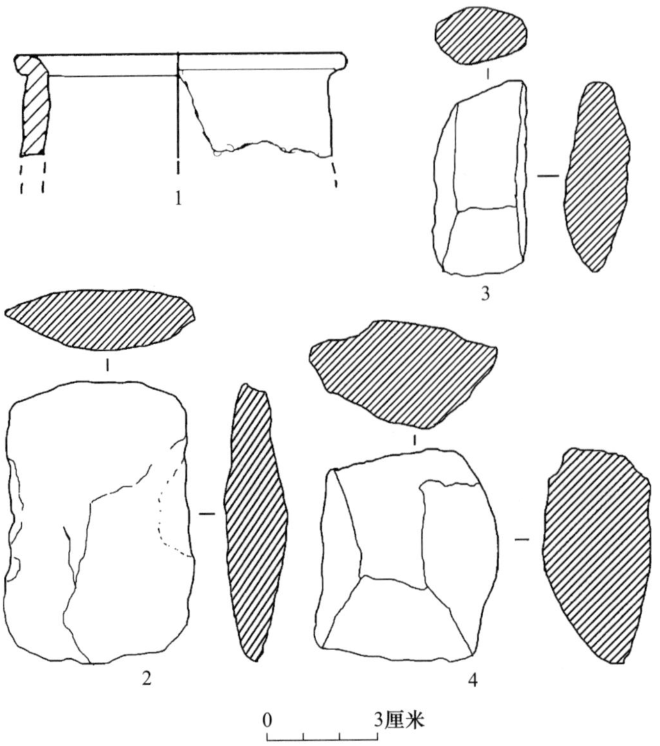


图 3-202　格垄遗址采集石器与陶器

1. 陶器口沿（格垄：4）　2～4. 石锛（格垄：1、格垄：3、格垄：2）

近似长方形，双面刃。磨制而成，横截面呈长方形，顶端局部崩损。整体保存稍好。残长 4.9、宽 2.3、厚 1.5 厘米（图 3-199：3；图 3-202：3）。

陶器口沿　1 件。格垄：4，灰硬陶。侈口，圆唇，斜直腹，内外施青釉，但脱落严重，仅口沿残留少许。直径 9、残高 2.8 厘米（图 3-202：1）。

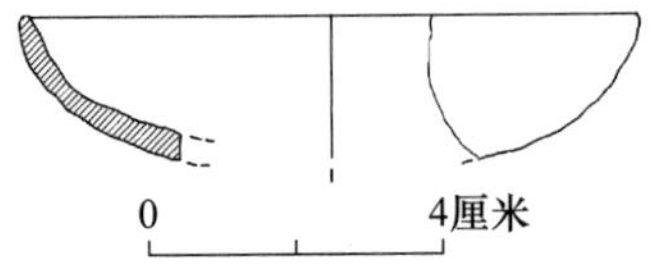


图 3-203　格垄遗址采集原始瓷豆（格垄：5）

原始瓷豆　1 件。格垄：5，灰硬陶。侈口，圆唇，斜直腹，内外均施青釉，但脱落严重。口径 9、残高 2.8 厘米（图 3-203）。

**2. 梧墘遗址**

位于闽侯县洋里乡洋里村梧墘自然村西南 20 米，地理坐标为北纬 26°21′19″，东经 118°56′55″。海拔 392.4 米，相对高度 7 米。系一近椭圆形相对独立的山冈。遗址东西长约 130、南北长约 70 米，总面积约 9000 平方米。山顶较平坦宽阔，四周山坡较陡，植被茂盛，少部分经开垦种植树苗。东面山脚下有洋里溪支流自北向南流过（图 3-204）。于山顶和南坡、北坡发现零星陶片。共采集陶片 19 片。其中素面泥质灰陶 2 片、素面泥质黄陶 2 片、灰硬陶 11 片（素面 9 片、绳纹 2 片）、泥质黑衣陶 3 片（梯格纹 1 片、绳纹 1 片、席纹 1 片）、曲折纹黑彩陶 1 片（图 3-205）。另采集若干石料（图 3-206）。未发现文化层堆积。新石器时代至青铜时代。

图 3-204　梧墘遗址（北—南）

图 3-205　梧墘遗址采集陶片

图 3-206　梧墘遗址采集石料

**3. 鲤鱼山遗址**

位于闽侯县洋里乡洋里村梧墘自然村西北约 50 米，地理坐标为北纬 26° 22′ 25″，东经 118° 53′ 04″。海拔 385 米，相对高度 27 米。系一相对独立的鱼形山冈，西北—东南走向。遗址长约 300、宽约 150

米，总面积约4.5万平方米。山顶宽阔且略凸起，四周山坡较陡，植被茂密。西南部分因修建京台高速公路护坡被挖去一部分。东面山脚下有洋里溪南支流自北向南流过（图3-207）。在山顶及东坡、南坡采集到零星陶片。共采集陶片20片。其中泥质素面橙黄陶1片；灰硬陶15片（素面8片、席纹5片、栅篱纹2片）；黑衣硬陶4片，均为栅篱纹（图3-208、图3-209）。另采集石球1件（图3-210）。未发现文化层堆积。新石器时代至青铜时代。

石球　1件。鲤鱼山：1，灰黄色砾石。外形近似圆形，直径5.5厘米。

图3-207　鲤鱼山遗址（西—东）

图3-208　鲤鱼山遗址采集陶片

图3-209　鲤鱼山遗址采集陶片纹饰拓片

图3-210　鲤鱼山遗址采集石球

**4. 利洋遗址**

位于闽侯县洋里乡洋里村利洋自然村西南约100米，地理坐标为北纬26°21′14.71″，东经

118°57′14.67″。海拔383米，相对高度15米。系大山向西北延伸出的不规则形山冈。遗址长约60、宽约100米，总面积约6000平方米。山顶略凸，较为宽阔，植被较茂密，多为杂木和茅草。北坡较缓，东西坡较陡。距西面山脚约100米为京台高速洋里入口，约200米有洋里溪自南向北流过（图3-211）。东坡因新近修建多座现代墓，故在地表有发现零星陶片分布。共采集陶片9片，均为灰硬陶（素面1片、刻划纹3片、方格纹5片）（图3-212、图3-213）。未发现文化层堆积。青铜时代。

图3-211　利洋遗址（北—南）

图3-212　利洋遗址采集陶片

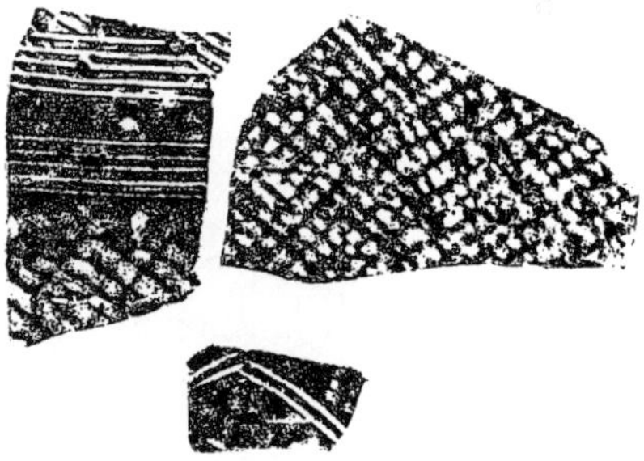

图3-213　利洋遗址采集陶片纹饰拓片

### 5. 大坪顶遗址

位于闽侯县洋里乡洋里村东南约200米，地理坐标为北纬26°21′22.33″，东经118°57′21″。海拔385米，相对高度30米。系大山向西北延伸出的近似“甲”字形山冈。遗址长约250、宽约60米，总面积约1.5万平方米。山顶平坦开阔，西、南、北坡较陡，东面山脚下是大片农田，南面与大山相连。北面山脚下有一狭长形台地向西北延伸至洋里溪畔，因一条东西向村道经过而将台地与山体切割分离（图3-214）。台地东侧断坎上有发现黄瓜山文化时期的文化层堆积（图3-215）。山顶因当地村民建有一储木场，遗址核心区已遭严重破坏。但仍在周围地表采集到少量陶片和石片，且在临近西坡的断坎上发现地层堆积，2016 年 3 月福建省昙石山遗址博物馆对遗址进行了考古勘探，详见本章第三节。新石器时代。

图 3-214　大坪顶遗址（西北—东南）

图 3-215　西北山脚台地的文化层剖面

**6. 转角山遗址**

位于闽侯县洋里乡洋里村东南约 600 米，地理坐标为北纬 26° 21′ 14.89″，东经 118° 57′ 35″。海拔 409 米，相对高度 50 米。系大山向西北延伸出的近似长条形山冈。遗址长约 150、宽约 100 米，总面积约 1.5 万平方米。山顶平坦开阔，西、南、北坡均较陡，植被茂密，多为油茶树。西北山脚下有一条村道经过，距村道约 200 米有洋里溪自东北向西南流经，溪流与村道之间是农田。东南面约 50 米是通往锡地村的公路（图 3-216）。在山顶发现零星陶片，均为灰硬陶。共采集陶片 8 片、其中素面 2 片、方格纹 6 片。另采集石料 2 件（图 3-217）。未发现文化层堆积。青铜时代。

图 3-216　转角山遗址（南—北）

图 3-217　转角山遗址采集陶片

**7. 洋里遗址**

位于闽侯县洋里乡洋里村南约 800 米，地理坐标为北纬 26°21′07.1″，东经 118°57′17″。海拔 450 米，相对高度 90 米。系大山东南侧一处坡地。遗址长约 100、宽约 50 米，总面积约 5000 平方米。坡地较陡，原为山林，现因被砍伐，地表裸露。山腰处有一条通往锡地村的水泥路自西北向东南经过。山脚下的谷地被开垦为农田（图 3-218）。在坡地上发现零星陶片，均为灰硬陶。

图 3-218　洋里遗址（南—北）

共采集陶片 18 片。其中素面 1 片、方格纹 10 片、网格纹 1 片、弦纹 3 片、刻划纹 2 片、条纹 1 片（图 3-219、图 3-220）。未发现文化层堆积。青铜时代。

图 3-219　洋里遗址采集陶片

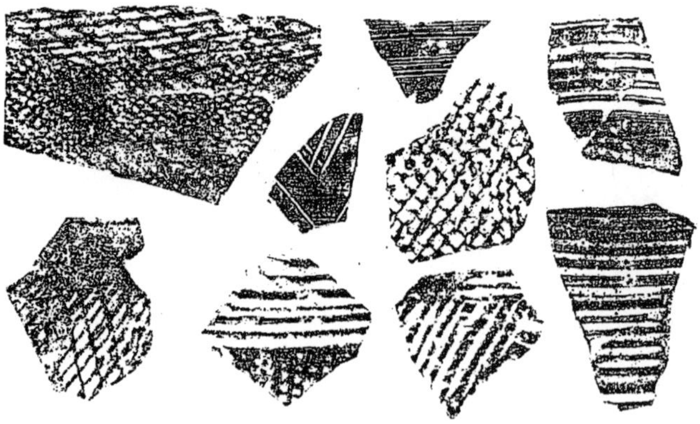

图 3-220　洋里遗址采集陶片纹饰拓片

（五）荆溪镇

**1. 屿山坡遗址**

位于闽侯县荆溪镇关口村屿山坡自然村西约 50 米，地理坐标为北纬 26° 12′ 31.167″，东经 119° 10′ 53.851″。海拔 65.69 米，相对高度 5 米。系一相对独立略呈圆形的山冈。遗址长约 100、宽约 80 米，面积约 8000 平方米。山顶较平坦宽阔，东、南、西坡都较低缓，北坡较陡。荆溪自北向南从遗址东面流过。地表散布苇竹、蔬菜等（图 3-221）。于四周山坡都发现少量陶片。共采集陶片 72 片。其中夹砂素面灰陶 2 片、夹砂素面红陶 4 片、泥质黄陶 31 片（素面 25 片、绳纹 1 片、篦纹 2 片、曲折纹 3 片）、泥质素面灰陶 1 片、黑衣陶 34 片（素面 15 片、绳纹 7 片、篦纹 3 片、方格纹 3 片、网格纹 1 片、席纹 2 片、云雷纹 1 片、凸棱纹 2 片）（图 3-222、图 3-223）。于东坡断坎上发现文化层堆积。陶片包含泥质陶、夹砂陶和硬陶，纹饰有小网格纹、细绳纹、素面等。新石器时代至青铜时代。

文化层大体可分为 4 层：

第 1 层：厚约 30 厘米，包含大量晚期砖瓦片和石块等，土质疏松。

第 2 层：红褐色土层。厚约 120 厘米，包含较多早期陶片，并夹杂有大量植物根系，土质稍密。

第 3 层：黄褐色土层。厚 60～80 厘米，土质较硬，有少量植物根系，含少量陶片。

第 4 层：黄色土（生土）。

图 3-221　屿山坡遗址（东—西）

图 3-222　屿山坡遗址采集陶片

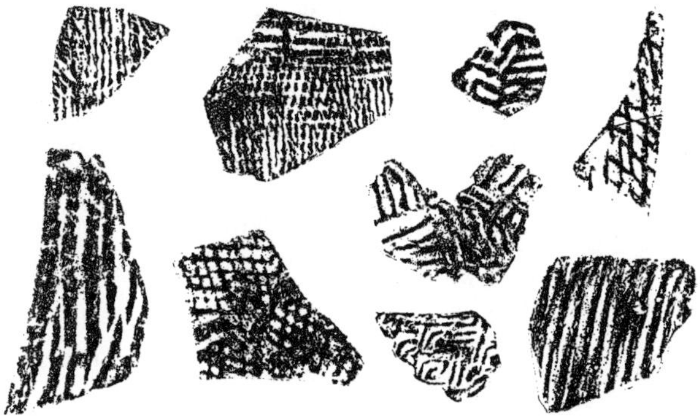

图 3-223　屿山坡遗址采集陶片纹饰拓片

### 2. 王大顶遗址

位于闽侯县荆溪镇关中村王坑自然村西北面 200 米，地理坐标为北纬 26° 12′ 21.802″，东经 119° 10′ 39.390″。海拔 77.96 米，相对高度 7 米。系一大山向东南延伸出的坡地。遗址长约 60、宽约 50 米，总面积约 3000 平方米。山顶较平坦开阔，呈斜坡状，地表以低矮草丛为主，有少量毛竹。东坡和南坡较缓，西坡较陡，北坡与大山相连。东面山脚下荆溪自北向南流过（图 3-224）。于南坡中下部发现零星陶片。共采集陶片 12 片。其中方格纹泥质灰陶 1 片、灰硬陶 11 片（素面 5 片、方格纹 1 片、席纹 1 片、弦纹 2 片、云雷纹 1 片、篮纹 1 片）（图 3-225、图 3-226）。未见文化层堆积。青铜时代。

图 3-224　王大顶遗址（西—东）

图 3-225　王大顶遗址采集陶片

图 3-226　王大顶遗址采集陶片纹饰拓片

陶器口沿　1 件。王大顶：1，夹砂灰硬陶，素面。敛口，斜沿，圆唇，束颈，溜肩，肩部有一道凸棱。残高 4.9 厘米（图 3-227：1）。

原始瓷豆　1 件。王大顶：2，仅余口沿，胎色灰黄，青黄釉且大部分脱落。敛口，平沿，浅腹。口径 16、残高 3 厘米（图 3-227：2）。

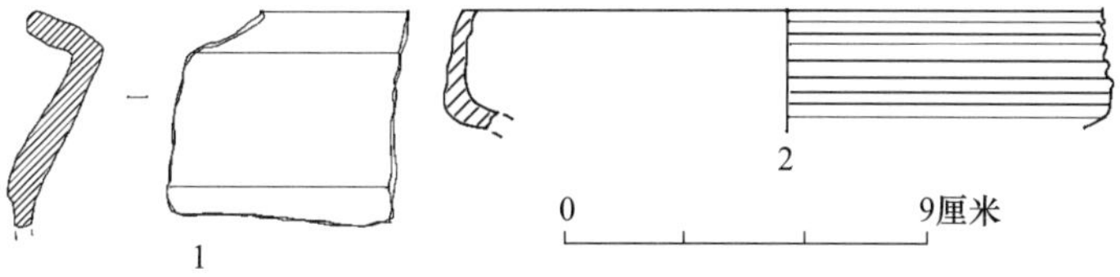


图 3-227　王大顶遗址采集陶器与原始瓷器

1. 陶器口沿（王大顶：1）2. 原始瓷豆（王大顶：2）

**3. 后门山遗址**

图 3-228　后门山遗址（北—南）

位于闽侯县荆溪镇关中村安邦自然村南面 180 米，地理坐标为北纬 26° 12′ 03.024″，东经 119° 10′ 36.065″。海拔 88.65 米，相对高度 28 米。系仁山北侧的一处坡地。遗址长约 120、宽 100 米，面积约 1.2 万平方米。山顶较平坦宽阔，西坡和南坡低缓，东、北坡稍陡。植被较茂密，东侧有荆溪自北向南流过（图 3-228）。于山顶西端北坡发现少量陶片。共采集陶片 80 片。其中夹砂素面黑陶 5 片、泥质灰陶 22 片（素面 2 片、云雷纹 8 片、方格纹 9 片、弦纹 3 片）、泥质黄陶 5 片（云雷纹 1 片、方格纹 4 片）、灰硬陶 45 片（素面 7 片、云雷纹 18 片、方格纹 3 片、网格纹 3 片、刻划纹 4 片、席纹 2 片、凸棱纹 8 片）、云雷纹黑衣陶 3 片（图 3-229、图 3-230）。另采集有石锛 1 件。未发现文化层堆积。青铜时代。

石锛　1 件。后门山：2，灰黄色细砂岩。平面略呈长方形，横断面呈扁平四边形，背面微外弧，单面刃。长 6.5、宽 4.7、厚 1.4 厘米（图 3-231；图 3-232：2）。

陶杯　1 件。后门山：1，泥质灰硬陶。侈口，口沿外撇，腹壁略内收且饰刻划三角曲折纹。口径 11、残高 3.8 厘米（图 3-232：1）。

图 3-229　后门山遗址采集陶片

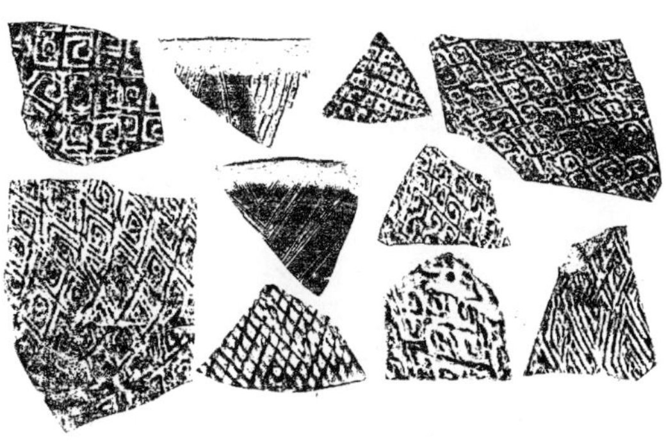

图 3-230　后门山遗址采集陶片纹饰拓片

图 3-231　后门山遗址采集石锛
（后门山：2）

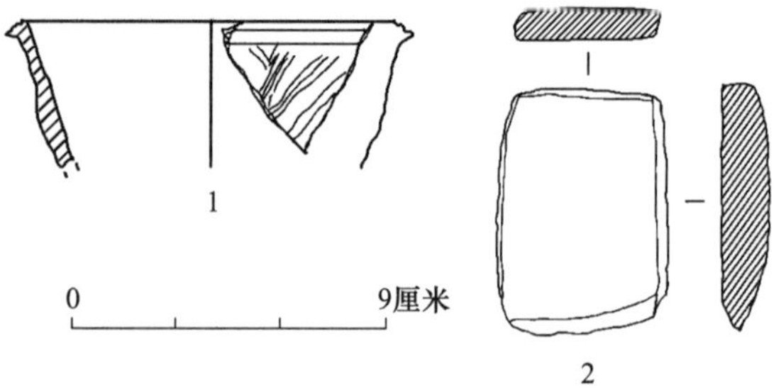


图 3-232　后门山遗址采集石器与陶器
1. 陶杯（后门山：1）2. 石锛（后门山：2）

**4. 祖殿山遗址**

位于闽侯县荆溪镇关中村王坑自然村西约 300 米，地理坐标为北纬 26° 11′ 59″，东经 119° 10′ 20″。海拔 75.3 米，相对高度 9 米。系大山向南延伸出的不规则形山冈。遗址长约 200、宽约 100 米，面积约 2 万平方米。山顶较凸起、狭窄。四周山坡低缓，植被较茂盛（图 3-233）。于南坡路旁的冲沟中发现少量陶片。共采集陶片 74 片，均为灰硬陶。其中素面 15 片、方格纹 50 片、弦纹 5 片、方格＋弦纹 3 片、刻划＋弦纹 1 片（图 3-234、图 3-235）。未发现文化层堆积。青铜时代。

图 3-233　祖殿山遗址（南—北）

图 3-234　祖殿山遗址采集陶片

图 3-235　祖殿山遗址采集陶片纹饰拓片

**5. 埔前山遗址**

位于闽侯县荆溪镇关口村埔前自然村北面10米，地理坐标为北纬26°11′51.177″，东经119°11′03.358″。海拔63.14米，相对高度6米。系一相对独立的不规则形山冈，西北—东南走向。遗址长约300、宽约100米，面积约3万平方米。山顶较平坦宽阔，新建有一座宗祠。四周山坡低缓，主要种植橄榄树，伴有低矮灌木丛，西北面有荆溪自北向南蜿蜒流过（图3-236）。于山顶和东坡发现零星陶片。共采集陶片8片。其中泥质素面灰陶1片、泥质橙黄陶4片（素面2片、绳纹1片、曲折纹1片）、泥质素面黑衣陶1片、席纹灰硬陶2片（图3-237）。未发现文化层堆积。新石器时代至青铜时代。

图3-236　埔前山遗址（南—北）

图3-237　埔前山遗址采集陶片

### 6. 蛇仑山遗址

位于闽侯县荆溪镇关口村埔前村东面 30 米，地理坐标为北纬 26° 11′ 48.371″，东经 119° 11′ 17.635″。海拔 75.16 米，相对高度 6 米。系一相对独立的狭长形台地，东北—西南走向。长约 150、宽约 30 米，面积约 4500 平方米。山顶较平坦开阔，四周山坡低缓，地表被开垦和挖土修路破坏，仅存少量低矮灌木丛。东南面有一荆溪支流自东北向西南流过（图 3-238）。于南、北坡亦发现少量陶片。共采集陶片 51 片。其中泥质黄陶 19 片（素面 2 片、弦纹 3 片、方格纹 6 片、绳纹 8 片）；泥质灰陶 2 片，弦纹；灰硬陶 30 片（素面 11 片、方格纹 12 片、网格纹 1 片、刻划纹 1 片、弦纹 5 片）（图 3-239、图 3-240）。青铜时代。在南坡断坎上发现文化层堆积，堆积情况为：

第 1 层：厚 170 厘米，呈黄褐色，结构紧密，包含大量石块、植物根系和晚期陶片。

第 2 层：厚 20 厘米，呈深黄褐色，黏质砂土，结构紧实，包含大量黑色炭屑及少量陶片。

第 3 层：厚 40 厘米，呈深黄褐色，黏质砂土，但已不见炭屑，结构紧密，包含大量陶片。

第 4 层：为生土层。呈棕黄色黏质砂土，结构紧密，包含部分风化壳及少量石块。

罐　3 件。蛇仑山：1，夹砂灰硬陶。侈口，宽斜沿，方唇，束颈，外斜腹，口沿部饰数道弦纹，腹部饰梯格纹。口径 38、残高 9 厘米（图 3-241：1）。蛇仑山：2，夹细砂灰黄陶。直口，双层沿，两层口沿表面均饰数道弦纹。口径 23、残高 3 厘米（图 3-241：2）。蛇仑山：3，夹细砂灰硬陶。敛口，宽平沿，外斜腹。沿面近口处有两道弦纹，腹部饰网格纹。口径 20、残高 5 厘米（图 3-241：3）。

图 3-238　蛇仑山遗址（东南—西北）

图 3-239　蛇仑山遗址采集陶片

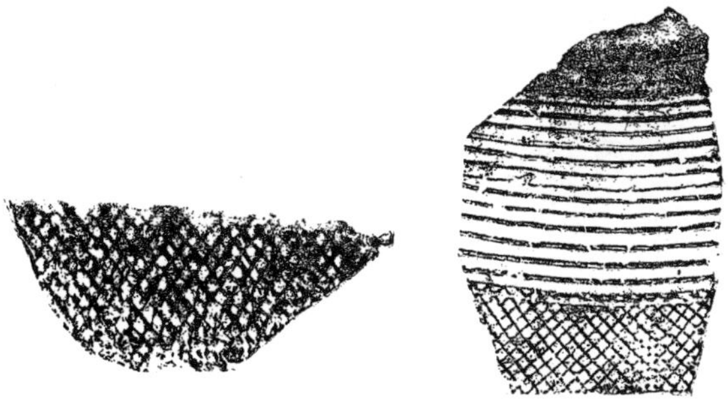

图 3-240　蛇仑山遗址采集陶片纹饰拓片

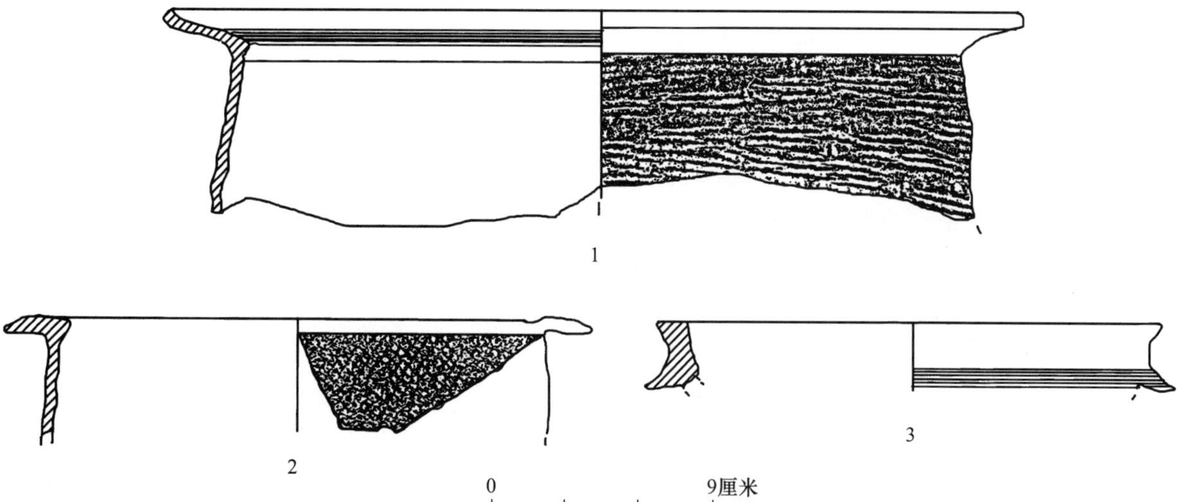


图 3-241　蛇仑山遗址采集陶罐

1. 蛇仑山：1　2. 蛇仑山：2　3. 蛇仑山：3

**7. 仁山遗址**

位于闽侯县荆溪镇关东村仁山自然村西面20米，地理坐标为北纬26°11′36.759″，东经119°10′48.513″。海拔62米，相对高度8米。位于仁山东南侧的台地上。遗址长约500、南北宽约200米，面积约10万平方米。山顶平坦宽阔，西部与大山相连，东坡和北坡较陡，南坡较缓，植被整体保存较好，局部被村民取土破坏。于东坡取土后的断坎及地表发现大量陶片，可辨器形有罐、壶、豆、盘、钵等。另采集到石锛、网坠、砺石、凹石等器物，并于山顶及二级台地上均发现文化层堆积。2011年7月我们对该遗址进行了小规模的抢救性发掘，详见本章第三节。新石器时代至青铜时代。

**8. 西塘山遗址**

位于闽侯县荆溪镇关东村溪垄自然村西面50米，地理坐标为北纬26°11′34.677″，东经119°09′37.870″。海拔105.61米，相对高度40米。系大山向东南延伸出的不规则形山冈。遗址东西长约60、南北宽约100米，面积约6000平方米。山顶较平坦宽阔，地表布满蕨类植物，并种植有橄榄树。东、西坡经开垦，种植有杉树、橄榄等；南坡低缓，有一条较宽阔的上山道路；北坡较陡，为一山坳，与大山相连（图3-242）。于南坡发现文化层堆积，并发现零星陶片。共采集陶片34片。其中夹砂红褐陶24片（戳点纹2片、素面22片）、素面夹砂黑陶9片、方格纹灰硬陶1片。陶片以夹砂黑陶和红褐陶为主，可辨器形有罐（图3-243）。新石器时代。文化层堆积情况为：

第1层：深黄色土，土质疏松，厚约20厘米，包含较多植物根系和砂石碎块。

第2层：红褐色土，土质较硬，厚约30厘米，包含较多早期夹粗砂陶片和少量炭屑、红烧土块等。

第3层：浅黄色生土。

釜　西塘山：1，夹砂红褐陶，素面。侈口，口沿微内敛，束颈。残高3.4厘米（图3-244）。

图3-242　西塘山遗址（东—西）

图 3-243　西塘山遗址采集陶片

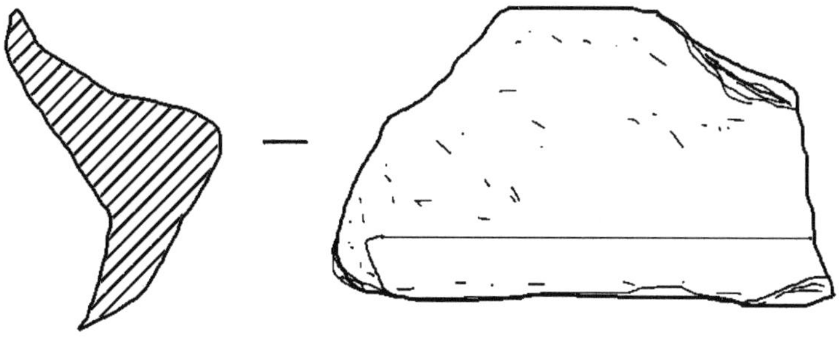


图 3-244　西塘山遗址采集陶釜口沿
（西塘山：1）

### 9. 牛豆山遗址

位于闽侯县荆溪镇关西村牛豆自然村东南面400米，地理坐标为北纬26°11′28.302″，东经119°10′08.765″。海拔83.8米，相对高度47米。系一相对独立的近椭圆形台地。遗址长约300、南北宽约100米，面积约3万平方米。山顶略凸起，较宽阔，东坡和西坡较平缓，南坡和北坡较陡。东侧山脚下有荆溪支流自北向南蜿蜒流过，西侧山脚下有一条通向院里村的公路（图3-245）。遗址局部遭挖山取土破坏，总体保存较好。于北坡发现零星陶片。共采集灰硬陶18片，均为灰硬陶（素面2片、方格纹13片、刻划纹3片）（图3-246、图3-247）。另采集残石锛1件。未发现文化层堆积。青铜时代。

石锛　1件。牛豆山：1，灰绿色泥质岩。平面呈梯形，双面刃。通体打制而成，横截面呈菱形。整体保存完好。长5.6、宽3.5、厚1.8厘米（图3-248）。

图 3-245　牛豆山遗址（北—南）

图 3-246　牛豆山遗址采集陶片

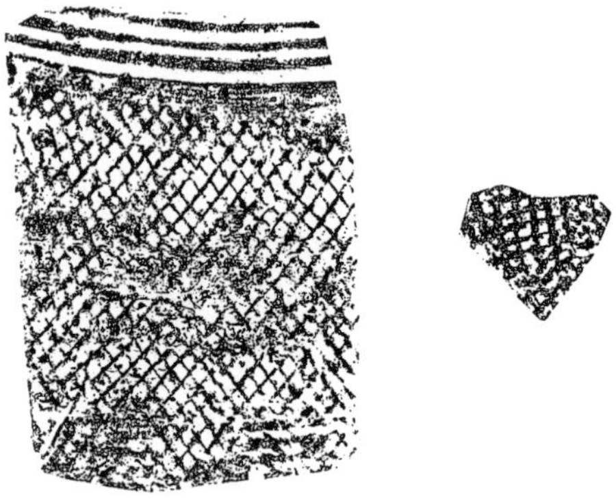

图 3-247　牛豆山遗址采集陶片纹饰拓片

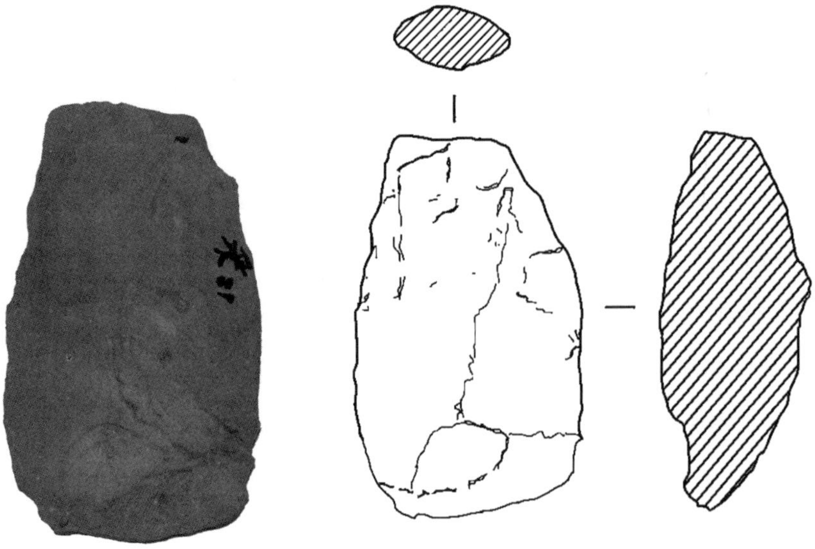


图 3-248　牛豆山遗址采集石锛

（牛豆山：1）

**10. 芝山遗址**

位于闽侯县荆溪镇关东村西约300米，地理坐标为北纬26° 10′ 52″，东经119° 10′ 21″。海拔61.6米，相对高度25米。系大山向东南延伸出来的山冈，略呈圆形。遗址长约150米，面积约1.8万平方米。荆溪的支流龙溪自北向南流至西北山脚下后转折，变自西向东流过遗址北面。山顶平坦宽阔，发现时已几乎被京台高速关东服务区建设工地破坏殆尽。东坡较陡，西、南、北坡较低缓，局部经开垦。于山顶边沿的堆土中发现大量陶片，并在南坡发现地层堆积。发现陶片有夹砂灰陶、泥质灰硬陶、原始瓷等。2015年6月我们对该遗址残存部分进行了小规模试掘，详见本章第三节。新石器时代至青铜时代。

**11. 狮公殿遗址**

位于闽侯县荆溪镇关东村东南约800米，地理坐标为北纬26° 10′ 14″，东经119° 10′ 48″。海拔53.05米，相对高度20米。系大山向东延伸出的近似三角形山冈。遗址长约120、宽约100米，面积

图3-249　狮公殿遗址（北—南）

图3-250　狮公殿遗址采集陶片

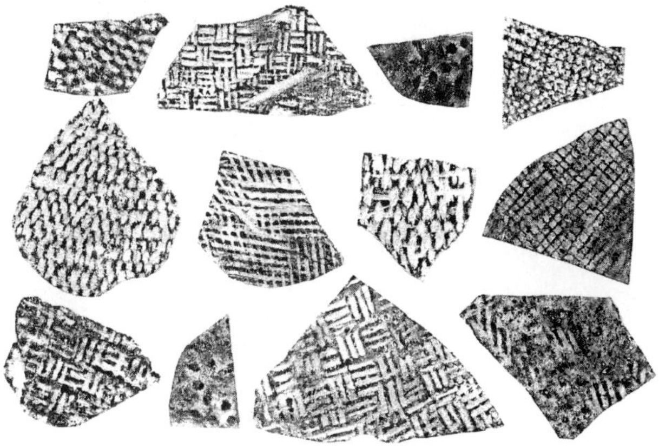

图3-251　狮公殿遗址采集陶片纹饰拓片

约 1.2 万平方米。山顶较平坦宽阔，四周山坡较陡，局部经开垦种植柑橘树。112 县道将遗址分为东西两部分，东面山脚下是狮公殿，狮公殿东面有荆溪自北向南流过（图 3-249）。于山顶南侧、东坡、南坡均发现零星陶片，共采集陶片 6 片。均为灰硬陶，其中方格纹 2 片、席纹 4 片（图 3-250、图 3-251）。未发现文化层堆积。青铜时代。

**12. 溪南山遗址**

位于闽侯县荆溪镇关口村铁岭工业区东面 20 米，地理坐标为北纬 26°09′16.665″，东经 119°10′38.336″。海拔 73.99 米，相对高度 25 米。系一相对独立的不规则形山冈，东北—西南走向。遗址长约 120、宽约 70 米，面积约 8400 平方米。山顶狭长，地表遍布低矮灌木丛，东、南坡都因铁岭工业园区建设开山取土严重破坏。西坡较缓，北坡较陡，植被茂盛（图 3-252）。于山顶东北部和东坡近山顶的断坎上部发现零星陶片。共采集陶片 13 片。其中素面夹砂黑陶 1 片、灰硬陶 12 片（素面 3 片、方格纹 9 片）（图 3-253、图 3-254）。未发现文化层堆积。青铜时代。

图 3-252　溪南山遗址（东北—西南）

图 3-253　溪南山遗址采集陶片

图 3-254　溪南山遗址采集陶片纹饰拓片

**13. 铁岭遗址**

位于闽侯县荆溪镇关口村铁岭工业区中部，地理坐标为北纬 26° 09′ 17.66″，东经 119° 9′ 45.39″。海拔 51 米，相对高度 30 米。系一相对独立的近似长条形山冈，东北—西南走向。遗址长约 150、宽约 50 米，面积约 7500 平方米。东面山脚下有荆溪自北向南流过（图 3-255）。因京台高速以及工业区建设等工程活动，山体破坏十分严重。仅采集到方格纹灰硬陶 1 片（图 3-256、图 3-257）。青铜时代。

图 3-255　铁岭遗址（东北—西南）

图 3-256　铁岭遗址采集陶片

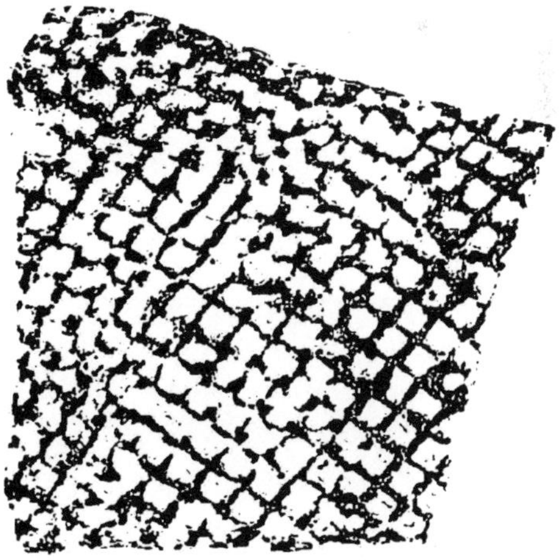

图 3-257　铁岭遗址采集陶片纹饰拓片

**14. 龟山遗址**

位于闽侯县荆溪镇关口村北面 100 米，地理坐标为北纬 26° 08′ 43.267″，东经 119° 10′ 20.302″。海拔 79.36 米，相对高度 40 米。系一南北走向的相对独立的近似椭圆形丘陵。遗址长约 100、宽约 70 米，面积约 7000 平方米。山顶平坦宽阔，东坡较缓，西、南、北坡因农田开垦和民房建设破坏，较陡。西面山脚下有荆溪自西北向东南流过（图 3-258）。

于山顶部南侧断坎上发现有文化层堆积，堆积情况为：

第 1 层：表土层（晚期堆积）。浅红色土，土质较疏松，厚约 120 厘米，包含大量晚期砖瓦片等。

第 2 层：黄褐色土层。土质较硬，厚 17～31 厘米，包含较多炭屑和红烧土及陶片，局部发现有贝壳堆积，初步推断为新石器时代晚期遗存。

第 3 层：生土层。浅黄色土，土质较密，夹杂少量石块，未发现其他明显遗物（图 3-259）。

共采集陶片 54 片。其中夹砂素面黄褐陶 5 片、夹砂素面灰陶 6 片、泥质黄陶 9 片（素面 7 片，方格纹 2 片）、泥质灰陶 10 片（素面 8 片、方格纹 2 片）、灰硬陶 23 片（素面 2 片、方格纹 10 片、绳纹 2 片、弦纹 5 片、刻划纹 3 片、菱格纹 1 片）、绳纹黑衣陶 1 片（图 3-260、图 3-261）。新石器时代至青铜时代。

图 3-258　龟山遗址（西南—东北）

图 3-259　龟山遗址贝壳堆积

图 3-260　龟山遗址采集陶片

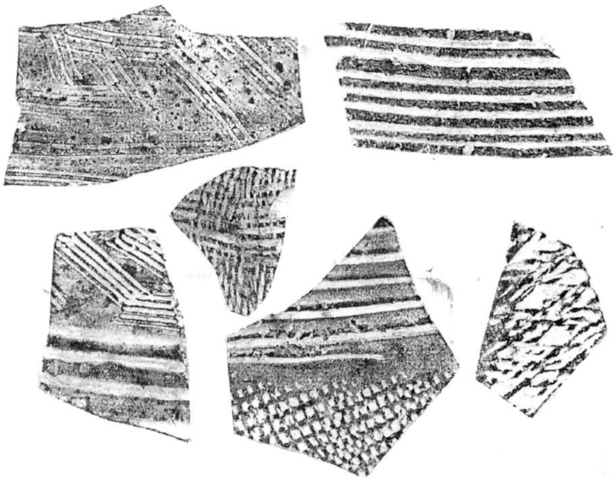

图 3-261　龟山遗址采集陶片纹饰拓片

**15. 湖里遗址**

位于闽侯县荆溪镇湖里自然村东约 200 米，地理坐标为北纬 25° 07′ 50.407″，东经 119° 12′ 19.200″。海拔 56.6 米，相对高度 30 米。系大山向南延伸出的近似葫芦形山冈。遗址东西长约 150、南北长约 100 米，面积约 1.5 万平方米。山顶较平坦宽阔，四周山坡低缓，地表植被茂密，部分经开垦种植橄榄树，南面约 150 米为塔前变电站（图 3-262）。于东坡和南坡发现零星陶片。共采集灰硬陶片 6 片。其中弦纹 2 片、云雷纹 4 片（图 3-263、图 3-264）。未发现文化层堆积。青铜时代。

图 3-262　湖里遗址（西南—东北）

图 3-263　湖里遗址采集陶片

图 3-264　湖里遗址采集陶片纹饰拓片

## 16. 塔前遗址

位于闽侯县荆溪镇中房村塔前自然村西北约 100 米，地理坐标为北纬 26°07′41.73″，东经 119°12′21.08″。海拔 28 米，相对高度 20 米。系一相对独立的近椭圆形山冈。遗址南北长约 100、东西宽约 80 米，总面积约 8000 平方米。山顶较平坦宽阔，东、北坡较缓，西、南坡较陡，南面山脚下有一条小溪自西向东流过。遗址发现时已被基建活动严重破坏（图 3-265）。于山顶发现较多陶片，东、西坡发现零星陶片。共采集陶片 104 片。其中夹砂灰陶 2 片（素面 1 片、绳纹 1 片）、泥质素面灰陶 1 片、灰硬陶 96 片（素面 7 片、方格纹 42 片、网格纹 22 片、刻划纹 12 片、弦纹 10 片、席纹 2 片、复线方格纹 1 片）、网格纹红硬陶 2 片、网格纹黑衣陶 3 片（图 3-266、图 3-267）。未发现文化层堆积。新石器时代至青铜时代。

图 3-265　塔前遗址（南—北）

图 3-266　塔前遗址采集陶片

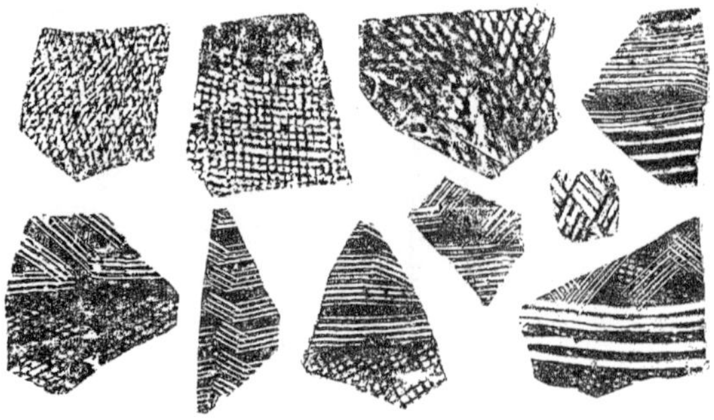

图 3-267　塔前遗址采集陶片纹饰拓片

口沿　1件。塔前：1，夹细砂灰硬陶。直口，平沿，广肩。肩部饰刻划回纹。残高2.5厘米（图3-268）。

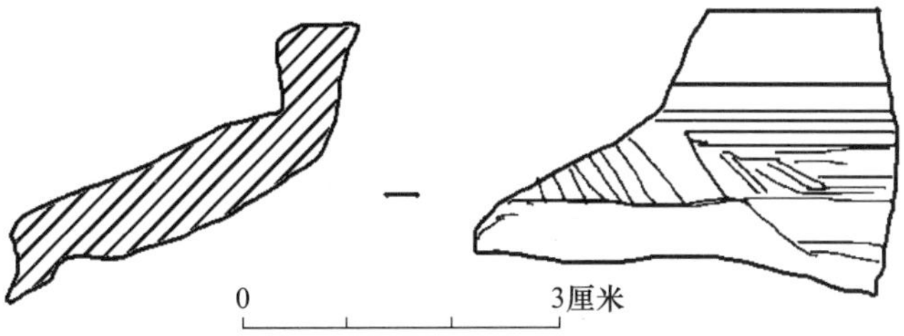


图3-268　塔前遗址采集陶器口沿
（塔前：1）

## （六）甘蔗镇

### 樟山遗址

位于闽侯县甘蔗镇山前自然村西北面100米，地理坐标为北纬26°09′12.276″，东经119°08′40.843″。海拔68.42米，相对高度25米。系一相对独立的橄榄形山冈，西南—东北走向。遗址东西长约150、南北宽约80米，总面积约1.2万平方米。山顶较平坦开阔，东、南、西坡较低缓，北坡较陡（图3-269）。山顶已建设为樟山公园，南坡局部开垦为菜地，发现零星陶片；在南面近山顶处路边断坎发现文化层堆积，厚约80厘米。内含较多陶片。共采集陶片86片。其中彩陶3片、黑衣陶4片（素面1片、篮纹3片）、灰硬陶79片（素面15片、绳纹1片、方格纹46片、菱形回纹2片、云雷纹1片、复线方格纹1片、凹弦纹10片、刻划纹3片）（图3-270、图3-272）。新石器时代至青铜时代。

口沿　1件。樟山：1，夹砂灰硬陶，素面。侈口，束颈，外斜腹。口径11，残高3.6厘米（图3-271）。

图3-269　樟山遗址（北—南）

图 3-270　樟山遗址采集陶片

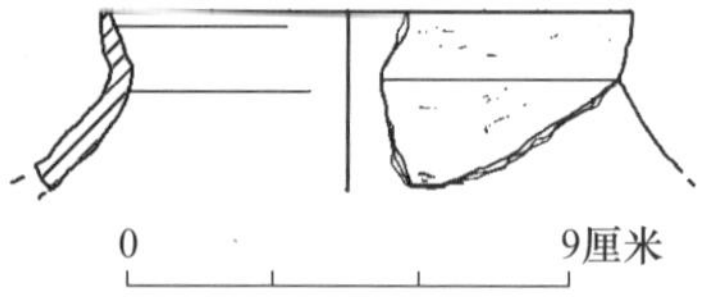


图 3-271　樟山遗址采集陶器
（樟山：1）

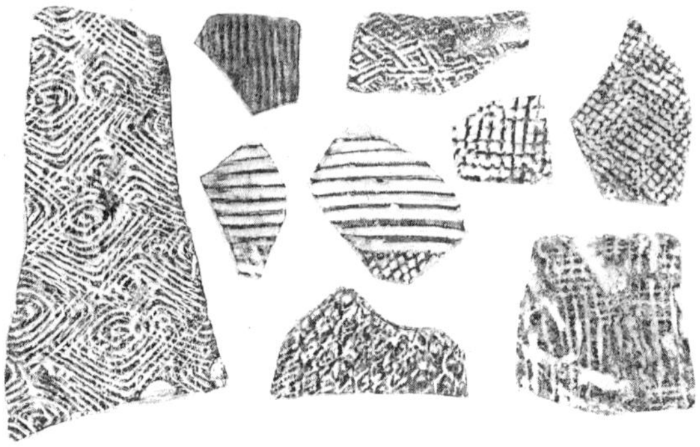

图 3-272　樟山遗址采集陶片纹饰拓片

## （七）竹岐乡

### 火炬山遗址

位于闽侯县竹岐乡火炬村东面约 60 米，地理坐标为北纬 26° 08′ 43.950″，东经 119° 03′ 25.94″。海拔 63.9 米，相对高度 8 米。系一近似椭圆形相对独立的丘陵，西南—东北走向。遗址宽约 100、长约 200 米，总面积约 2 万平方米。山顶较平坦宽阔，植被较茂密，种植有龙眼、橄榄等果树，并有一座鸡舍。东坡较陡，其他三面较低缓，经开垦种植龙眼、竹子、橄榄等。南面及东面有小目溪自西向东蜿蜒流过，遗址西南及东面各有一座连接小目溪两岸的桥梁（图 3-273）。于山顶、南坡、西坡均发现零星陶片，并发现贝壳堆积。共采集陶片 24 片。其中方格纹泥质灰褐陶 1 片、素面泥质灰陶 3 片、素面泥质橙黄陶 1 片、灰硬陶 19 片（素面 8 片、篮纹 10 片、方格纹 1 片）（图 3-274、图 3-275）。未发现文化层堆积。新石器时代至青铜时代。

图 3-273　火炬山遗址（西南—东北）

图 3-274　火炬山遗址采集陶片

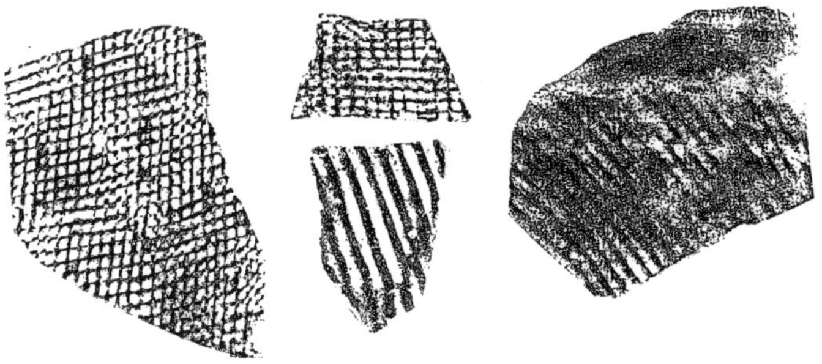

图 3-275　火炬山遗址采集陶片纹饰拓片

## （八）上街镇

### 1. 夕烟山遗址

位于闽侯县上街镇沙堤自然村西北 800 米夕烟山南麓，地理坐标为北纬 26°05′41.46″，东经 119°10′20.85″。海拔 15 米，相对高度 8 米。系夕烟山向东南延伸出的一块坡地。遗址东西长约 200、南北长约 150 米，总面积约 3 万平方米。山顶较平坦、宽阔，有一座小型烈士陵园，四周山坡低缓，植被茂密，赵氏宗祠和兴福寺相邻坐落在东南山脚（图 3-276）。遗物较少，仅在东南山坡上发现零星陶片。共采集陶片 4 片。其中泥质素面黄陶 2 片、席纹灰硬陶 1 片、原始瓷 1 片（图 3-277、图 3-278）。未见文化层堆积。青铜时代。

原始瓷钵　1 件。夕烟山：1，胎质略呈灰黄，内外施青黄釉且剥落严重。子母口，斜直腹。口径 22，残高 4.8 厘米（图 3-279）。

图 3-276　夕烟山遗址（东南—西北）

图 3-277　夕烟山遗址采集陶片及原始瓷片

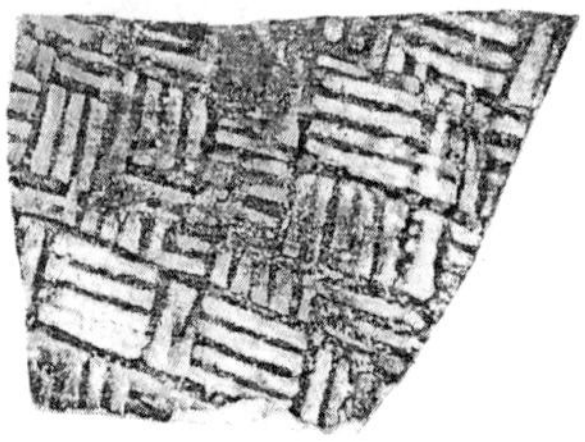

图 3-278　夕烟山遗址采集陶片纹饰拓片

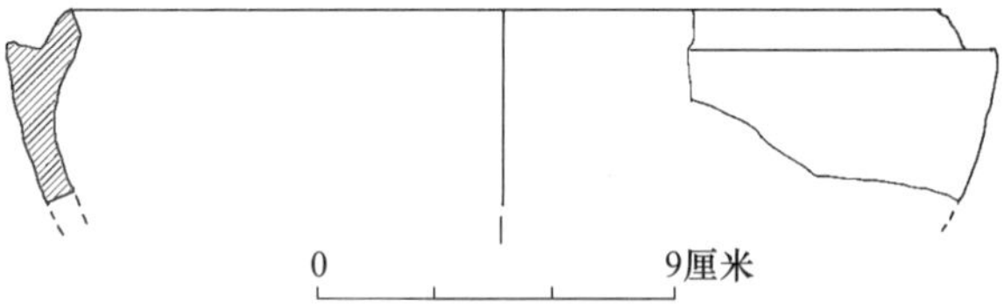


图 3-279　夕烟山遗址采集原始瓷钵
（夕烟山：1）

**2. 超山岭遗址**

位于闽侯县上街镇超山村西面约 300 米，地理坐标为北纬 26° 04′ 12.529″，东经 119° 09′ 13.805″。海拔 36.5 米，相对高度 8 米。系大山向东北延伸出来的不规则形山冈。遗址长约 300、宽约 100 米，面积约 3 万平方米。山顶较平坦宽阔，四周山坡较低缓，东坡有围墙阻隔，围墙外有一条新修水泥路，西侧山脚下有溪源溪自南向北流过（图 3-280）。于北坡采集陶片 13 片，均为灰硬陶，纹饰均为方格纹（图 3-281、图 3-282）。未发现文化层堆积。青铜时代。

图 3-280　超山岭遗址（东北—西南）

图 3-281　超山岭遗址采集陶片

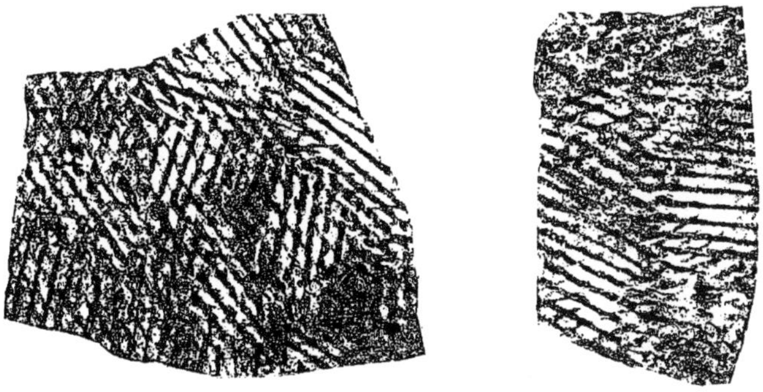

图 3-282　超山岭遗址采集陶片纹饰拓片

**3. 袁岐山遗址**

位于闽侯县上街镇中美自然村西面 20 米，地理坐标为北纬 26° 03′ 34.005″，东经 119° 11′ 00.230″。海拔 65.16 米，相对高度 30 米。系一座相对独立的长形山冈，南北走向。遗址长约 100、宽约 200 米，面积约 2 万平方米。山顶平坦开阔，东坡较缓，南、西、北坡较陡。植被较茂密，东南坡大部分开垦为农田，种植有棉花和少量橄榄树。西侧山脚下有溪源溪自北向南流过（图 3-283）。于山顶和南坡发现零星陶片。共采集灰硬陶片 6 片。其中方格纹 3 片、刻划纹 1 片、素面 2 片（图 3-284、图 3-285）。未见文化层堆积。青铜时代。

图 3-283　袁岐山遗址（西南—东北）

图 3-284　袁岐山遗址采集陶片

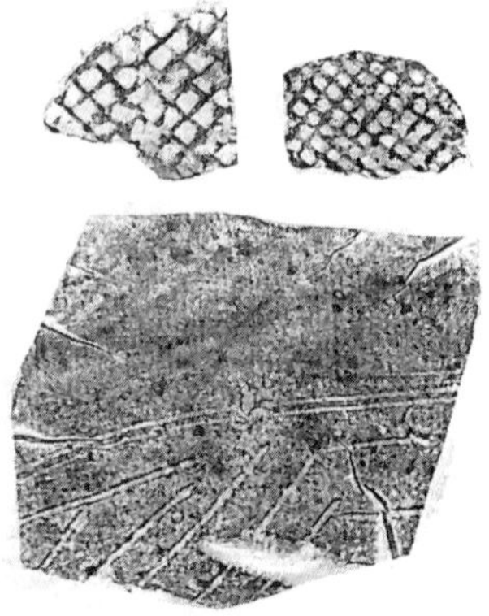

图 3-285　袁岐山遗址采集陶片纹饰拓片

**4. 岐头遗址**

位于闽侯县上街镇岐头村华南女子学院东北角，地理坐标为北纬 26° 1′ 41.98″，东经 119° 12′ 1.33″。海拔 23 米，相对高度 5 米。系一相对独立近似三角形的山冈。遗址长约 200、宽约 120 米，面积约 1.2 万平方米。山顶平坦开阔，四周山坡原应较低缓，但东坡被公路打断成陡坡，西、南、北坡皆被民房占据（图 3-286）。于山顶、东坡、南坡发现较多陶片，西、北坡发现少量陶片。东北侧有溪源溪自北向南流过。在东北侧靠近新修水泥路一侧断坎上发现大量陶片，文化层厚度约 1 米。共采集陶片 326 片，可分为夹砂陶、泥质陶、硬陶、黑衣陶、原始瓷五类。夹砂陶共 46 片，其中夹砂红陶 11 片（素面 8 片、绳纹 3 片）、夹砂灰陶 11 片（素面 10 片、绳纹 1 片）、夹砂黑陶素面 1 片、夹砂灰黄陶 13 片（素面 11 片、绳纹 2 片）；泥质陶 51 片，其中泥质素面灰陶 7 片、泥质灰黄陶 28 片（素面 14 片、方格纹 1 片、云雷纹 2 片、篮纹 8 片、弦纹 2 片、绳纹 1 片）、泥质黄陶 16 片（素面 9 片、

图 3-286　岐头遗址（东—西）

云雷纹 7 片）；硬陶 227 片，其中灰硬陶 168 片（素面 31 片、方格纹 12 片、云雷纹 69 片、席纹 27 片、刻划纹 12 片、篮纹 9 片、曲折纹 1 片、凸棱纹 7 片）、赭衣陶 32 片（素面 21 片、云雷纹 6 片、篮纹 5 片）；黑衣陶 27 片（素面 13 片、方格纹 2 片、梯格纹 1 片、篮纹 11 片）；原始瓷 2 片，素面（图 3-287～图 3-289）。另采集动物牙齿 1 枚（图 3-290）。新石器时代至青铜时代。

石戈　1 件。岐头：16，青黑色石质。磨制较粗，器身扁平，锋部残缺，外缘崩损。残长 5.9、宽 5.8 厘米（图 3-291；图 3-292：10）。

陶釜　1 件。岐头：1，夹细砂黄陶。侈口，斜沿，沿面内凹，束颈。口径 20、残高 4.6 厘米（图 3-292：2）。

图 3-287　岐头遗址采集陶片

图 3-288　岐头遗址采集施衣陶片

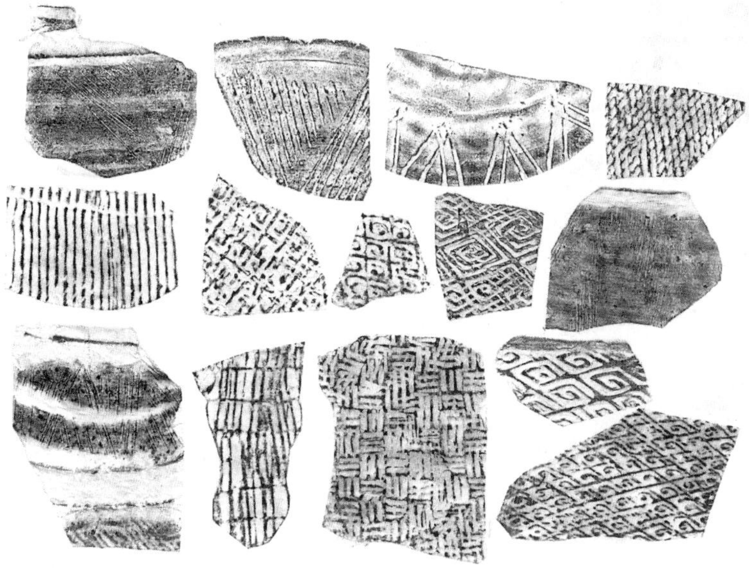
图 3-289　岐头遗址采集陶片纹饰拓片

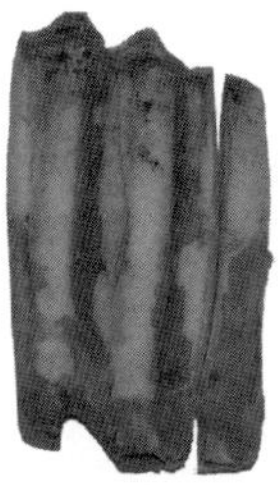
图 3-290　岐头遗址采集动物牙齿

图 3-291　岐头遗址采集残石戈
（岐头：16）

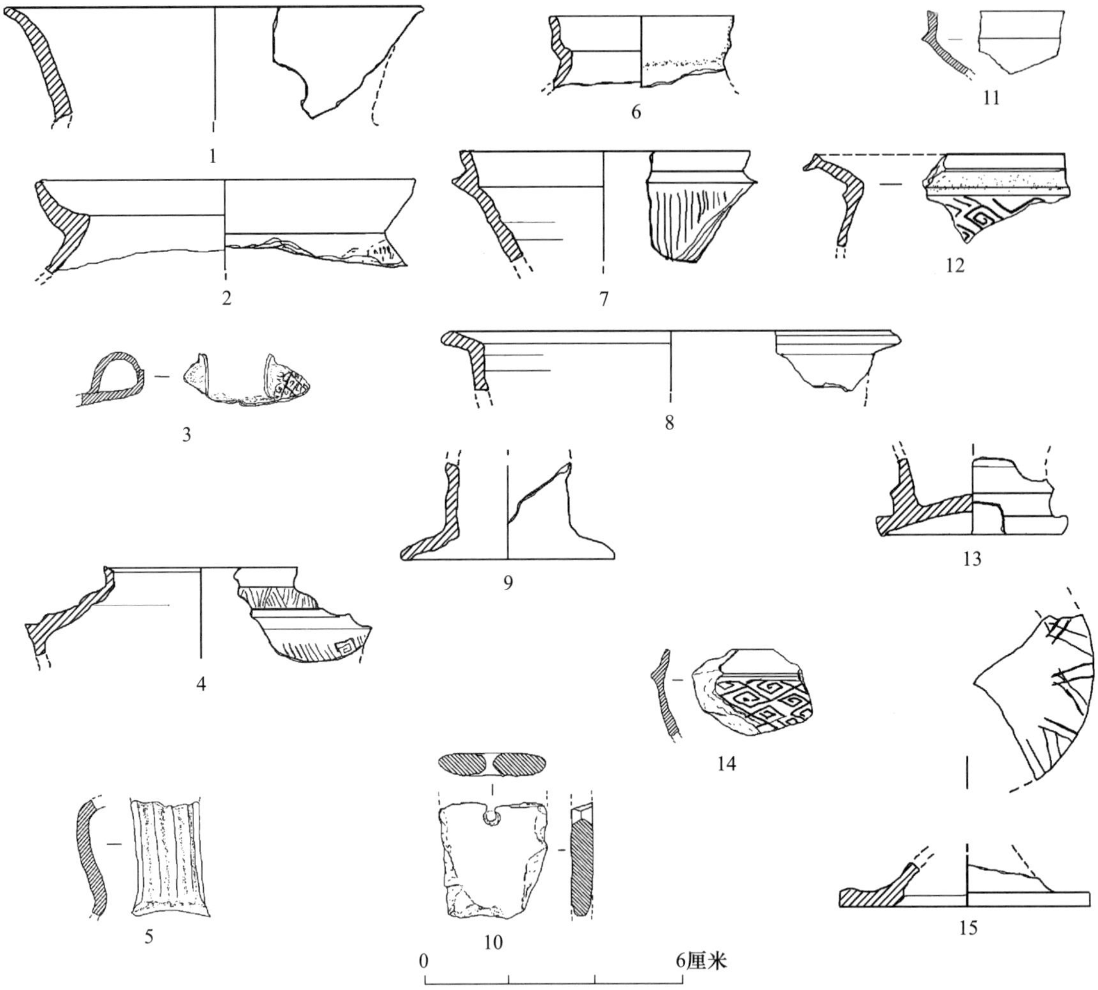


图 3-292　岐头遗址采集石器与陶器

1. 陶尊（岐头：5） 2. 釜（岐头：1） 3、4、6、12、14. 罐（岐头：13、岐头：6、岐头：8、岐头：3、岐头：4） 5. 器耳（岐头：15） 7、11. 豆（岐头：2、岐头：7） 8. 盆（岐头：12） 9、13、15. 器足（岐头：9、岐头：14、岐头：10） 10. 石戈（岐头：16）

陶豆　2 件。岐头：2，灰硬陶。侈口，斜直腹，口腹交接处有一道凸棱，器腹饰刻划三角形纹。口径 15、残高 5.6 厘米（图 3-292：7）。岐头：7，灰硬陶。侈口且内曲，斜直腹，口腹转折处有一道凸棱，器腹饰云雷纹。残高 3.2 厘米（图 3-292：11）。

陶罐　5 件。岐头：3，泥质黄陶。侈口，尖唇，唇缘外凸，束颈，颈部有一道凸棱，弧腹，器腹饰云雷纹。残高 4.4 厘米（图 3-292：12）。岐头：4，灰硬陶。直口，圆唇，弧腹，口腹交接处有一道凸棱，器腹饰云雷纹。残高 4.3 厘米（图 3-292：14）。岐头：6，泥质灰陶。侈口，斜沿，折肩，肩部饰一道凹弦纹，肩腹转折处有一道凸棱纹，颈部饰刻划三角形纹，器腹饰云雷纹。口径 10、残高 4.5 厘米（图 3-292：4）。岐头：8，夹细砂黄陶。口沿下凹且内曲，束颈。口径 9.4、残高 3.6 厘米（图 3-292：6）。岐头：13，灰硬陶，直口，折肩，双耳，肩部饰云雷纹。残高 2.7 厘米（图 3-292：3）。

陶尊　1件。岐头：5，泥质灰褐陶。内外皆施黑色陶衣，侈口，高领。口径22、残高5.6厘米（图3-292：1）。

陶盆　1件。岐头：12，泥质灰黄陶，素面。侈口，宽折斜沿，斜弧腹。口径24、残高3厘米（图3-292：8）。

陶器足　3件。岐头：9，灰硬陶。喇叭形高圈足。足径11、残高4.8厘米（图3-292：9）。岐头：10，灰硬陶。喇叭形圈足，足根外撇，饰刻划三角形纹。足径13、残高2.2厘米（图3-292：15）。岐头：14，红褐色硬陶。平底足，足底微内凹，器身饰凸棱。足径10，残高3.9厘米（图3-292：13）。

陶器耳　1件。岐头：15，灰硬陶，素面。宽带状。长6、宽3.6～4厘米（图3-292：5）。

## （九）南屿镇

### 高岐头遗址

位于闽侯县南屿镇高岐头自然村东南面，北距乌龙江大区约1500米，位于浦上大桥和湾边大桥之间。地理坐标为北纬26°00′22.705″，东经119°13′25.571″。海拔52米，相对高度8米。系一相对独立的不规则形山冈，南北走向。遗址长约100、宽约80米，面积约8000平方米。山顶较平坦宽阔，四周山坡较低缓，东坡和南坡因长期取土形成陡坎，地表种植有龙眼、橄榄等，局部开垦为地瓜地。北面有溪源溪自西向东蜿蜒流过，并在遗址东北约1.5千米处汇入闽江（图3-293）。于山顶发现零星陶片。共采集陶片10片。其中黑衣陶4片（条纹3片、方格+条纹1片）、灰硬陶6片（素面2片、云雷纹2片、米字纹1片、条纹1片）（图3-294、图3-295）。未发现文化层堆积。新石器时代至青铜时代。

图3-293　高岐头遗址（东南—西北）

图 3-294　高岐头遗址采集陶片

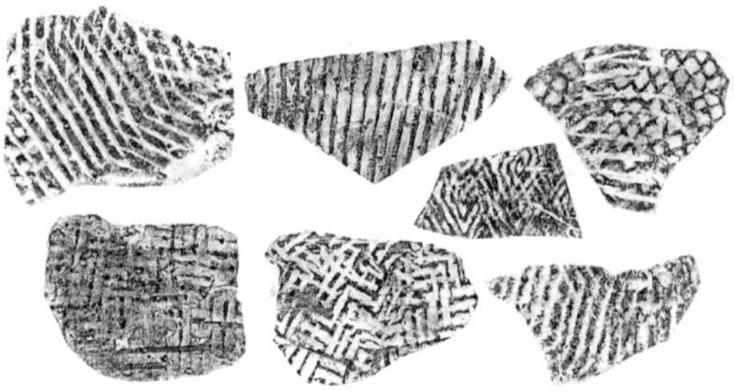

图 3-295　高岐头遗址采集陶片纹饰拓片

## （十）青口镇

### 1. 洛山遗址

位于闽侯县青口镇青甸村西北约 30 米，地理坐标为北纬 25° 52′ 53.60″，东经 119° 22′ 46.47″。海拔 20 米，相对高度 10 米。系一相对独立的不规则形山冈，西北—东南走向。长约 400、宽约 120 米，总面积约 4.8 万平方米。山顶平坦开阔，因长期开垦为菜地，故植被较为稀疏。山顶东南建有一座变电站。四面坡度较缓。西南面山脚下有尚干溪的一条支流自东南向西北经过（图 3-296）。在山顶西北地表发现零星陶片。共采集陶片 10 片，均为灰硬陶。其中素面 1 片、方格纹 6 片、云雷纹 1 片、弦纹 2 片（图 3-297、图 3-298）。未发现文化层堆积。青铜时代。

图 3-296　洛山遗址（西南—东北）

图 3-297　洛山遗址采集陶片

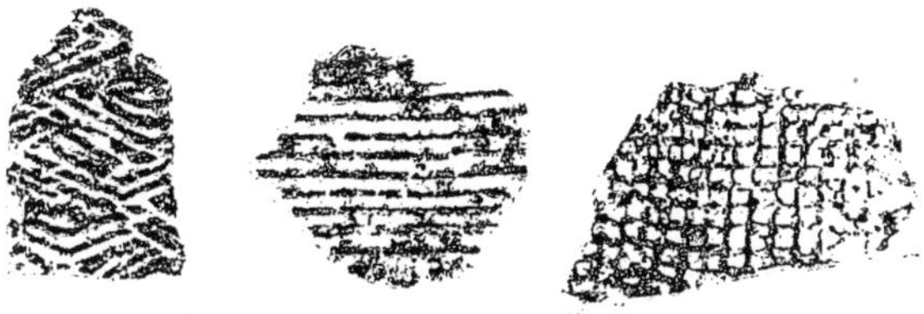

图 3-298　洛山遗址采集陶片纹饰拓片

## 2. 青圃里遗址

位于闽侯县青口镇青圃里村东南 300 米，地理坐标为北纬 25° 52′ 56.243″，东经 119° 23′ 08.166″。海拔 73 米，相对高度 10 米。系一大山向西北延伸出的近似长条形山冈。遗址长约 150、宽约 70 米，面积约 8000 平方米。山顶较平坦开阔，植被茂密。西坡较缓，北、南坡略陡。一条水泥村道自西北向东南从东面山腰通过。距西面山脚约 500 米有溪流自南向北流经（图 3-299）。在山顶发现零星陶片。

图 3-299　青圃里遗址（西—东）

共采集陶片23片。其中灰硬陶22片（素面4片、云雷纹1片、弦纹5片、方格纹12片），另有原始瓷1片（图3-300、图3-301）。未发现文化层堆积。青铜时代。

图3-300　青圃里遗址采集陶片

图3-301　青圃里遗址采集陶片纹饰拓片

## 二、闽　清　县

闽清县位于福建东部，居闽江中下游，介于东经118°30′～119°01′、北纬25°55′～26°33′，距福州市60千米。地形狭长，南北相距约为东西宽的2倍，总面积1503.83平方千米。境内溪流纵横，山地、丘陵占91.73%，平原占5.63%，是个典型的山区县。全县下辖11镇5乡。闽江横贯县境。

境内属中亚热带季风气候区，年平均气温19.7℃，降水量1400～1900毫米，气候温和，雨量充沛。除过境的闽江外，主要河流有梅溪、芝溪、金沙溪、安仁溪等[①]。

本次调查新发现史前遗址6处，分布在东桥镇和梅溪镇境内（图3-302）。

① 闽清县的地理环境资料参考闽清县地方志编纂委员会：《闽清县志》，群众出版社，1993年。

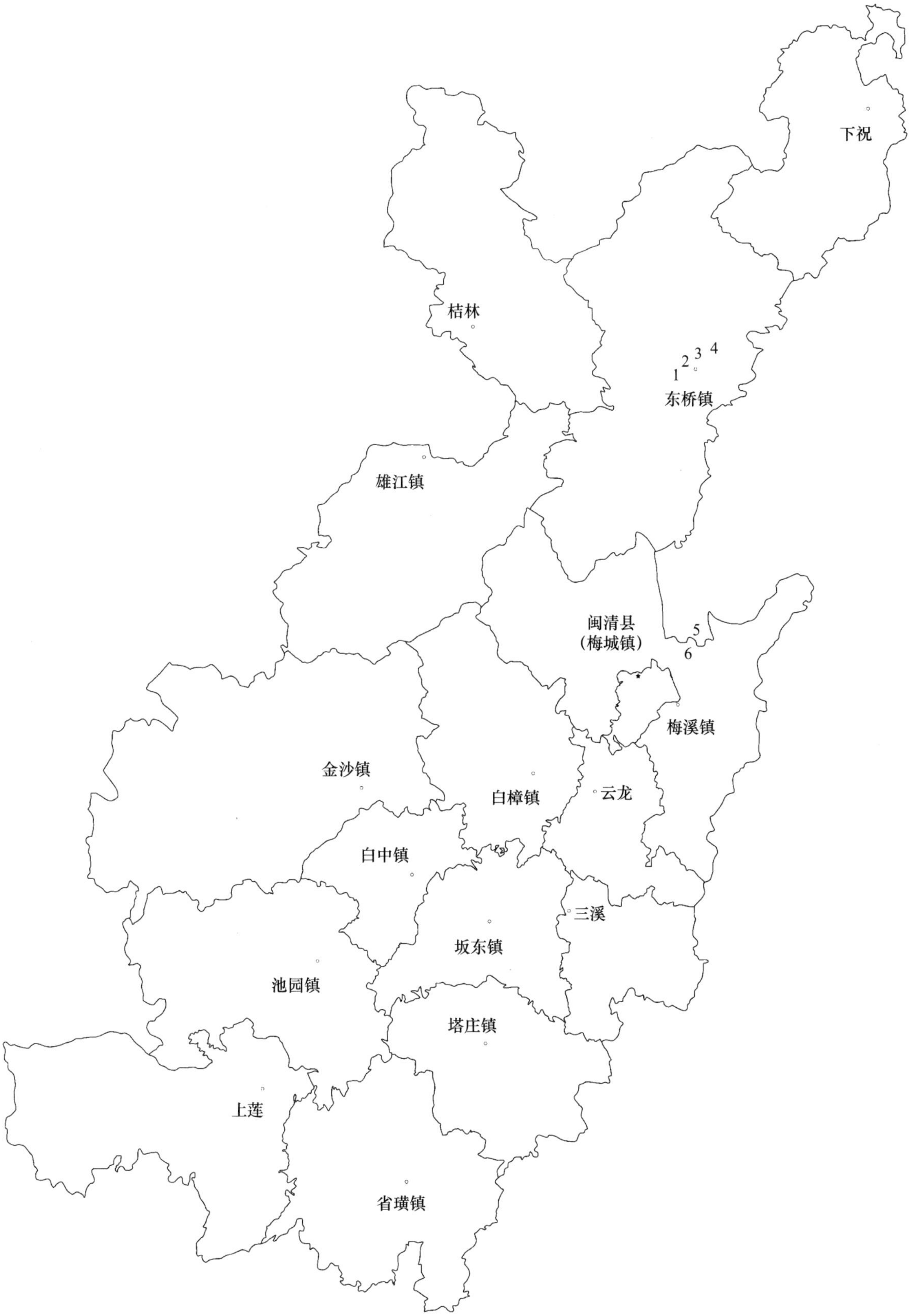


图 3-302　闽清县新发现遗址分布图

1. 宝盆山遗址　2. 鲤鱼山遗址　3. 牛头山遗址　4. 上坌遗址　5. 后门山遗址　6. 温后遗址

## （一）东桥镇

### 1. 宝盆山遗址

位于东桥镇湖洋村北面约 100 米，地理坐标为北纬 26° 22′ 32″，东经 118° 52′ 50″。海拔 159.3 米，相对高度 30 米。系一相对独立的不规则形山冈，西南—东北走向。遗址南北长约 200、东西长约 300 米，面积约 6 万平方米。山顶平坦开阔，地表植被茂密。东坡、南坡、西坡较低缓，有阶地状平台，北坡较陡。东北山脚下有一安仁溪支流自西北向东南流过，南面山脚下有安仁溪自东向西流过（图 3-303）。在山顶及各坡均发现少量陶片，西坡发现 1 件石凿。共采集陶片 53 片。其中泥质灰陶 9 片（素面 2 片、云雷纹 3 片、篮纹 3 片、曲折纹 1 片）、泥质黄陶 7 片（素面 4 片、叶脉纹 2 片、绳纹 1 片）、泥质云雷纹橙黄陶 1 片、灰硬陶 22 片（素面 9 片、方格纹 4 片、席纹 2 片、刻划纹 4 片、弦纹 3 片）、黑衣陶 14 片（条纹 1 片、方格纹 13 片）（图 3-304、图 3-305）。另还采集木骨泥坯 4 块

图 3-303　宝盆山遗址（西—东）

图 3-304　宝盆山遗址采集陶片

图 3-305　宝盆山遗址采集陶片纹饰拓片

（图 3-306）、石凿 1 件。未发现文化层堆积。新石器时代至青铜时代。

石凿　1 件。宝盆山：1，灰色泥质岩，通体磨制。平面呈长方形，横截面近正方形。长 4.2、宽 1、厚 1.1 厘米（图 3-307：1；图 3-308）。

陶钵　1 件。宝盆山：2，灰硬陶。直口，斜弧腹，器腹饰刻划双股斜线纹，每组斜线纹之间又刻划横直短线纹。口径 15、残高 4.3 厘米（图 3-307：2）。

图 3-306　宝盆山遗址采集木骨泥坯

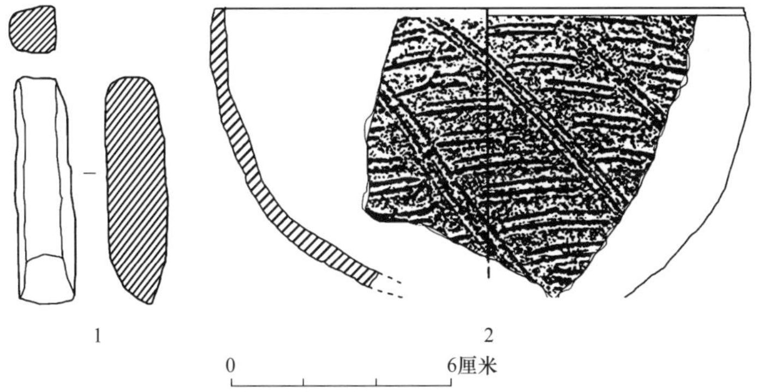


图 3-307　宝盆山遗址采集石器与陶器
1. 石凿（宝盆山：1）　2. 陶钵（宝盆山：2）

图 3-308　宝盆山遗址采集石凿（宝盆山：1）

**2. 鲤鱼山遗址**

位于东桥镇湖洋村东北约 200 米，地理坐标为北纬 26°22′34.38″，东经 118°53′04.12″。海拔 184 米，相对高度 35 米。系大山向南延伸出的不规则形山冈。遗址东西长约 100、南北长约 150 米，总面积约 1.5 万平方米。山顶平坦开阔，大部分已被开垦为农田，未经开垦处植被茂密。东西侧较陡，南侧较缓。东侧山脚下有安仁溪自北向南流过，西面与宝盆山遗址相望（图 3-309）。仅在山顶发现零星陶片。共采集陶片 15 片，部分施黑衣。其中素面 1 片、方格纹 5 片、席纹 2 片、云雷纹 2 片、刻划纹 3 片、条纹 1 片、篮纹 1 片（图 3-310、图 3-311）。未发现文化层堆积。新石器时代至青铜时代。

图 3-309　鲤鱼山遗址（西—东）

图 3-310　鲤鱼山遗址采集陶片

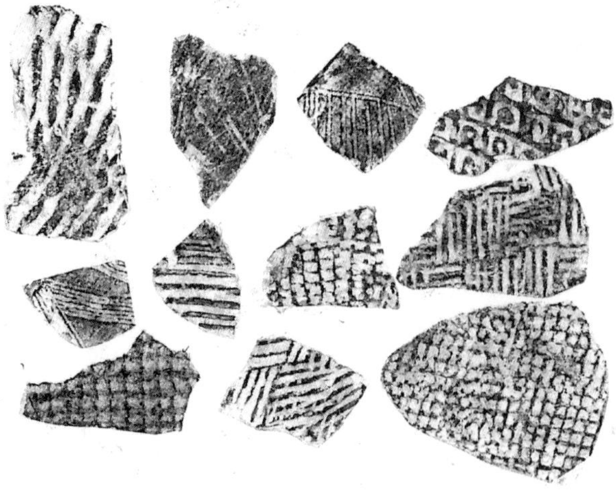

图 3-311　鲤鱼山遗址采集陶片纹饰拓片

**3. 牛头山遗址**

位于东桥镇村后村北面约 50 米，地理坐标为北纬 26° 22′ 38″，东经 118° 53′ 22″。海拔 174 米，相对高度 10 米。系大山向东南延伸出的形似牛头形的山冈。“牛头”的东面和南面均被现代民居占据，陶片主要分布在西北的牛角形山冈。遗址东西长约 150、南北长约 100 米，总面积约 1.5 万平方米。山顶凸起，平面较狭窄，植被茂密。东坡、南坡因修建京台高速匝道而被破坏；西坡、北坡较陡，植被茂密（图 3-312）。安仁溪在遗址东南面蜿蜒流过。在东南坡发现少量陶片，南坡因修建有一座近代墓，地表暴露大量陶片。共采集陶片 193 片。其中有泥质细绳纹黑衣陶 2 片、泥质素面红陶 7 片、泥质素面灰陶1片、泥质素面黄陶2片、灰硬陶181片（素面14片、刻划纹7片、弦纹30片、云雷纹60片、菱形回纹2片、方格纹67片、篮纹1片）（图3-313、图3-314）。未发现文化层堆积。青铜时代。

图3-312　牛头山遗址（南—北）

图3-313　牛头山遗址采集陶片

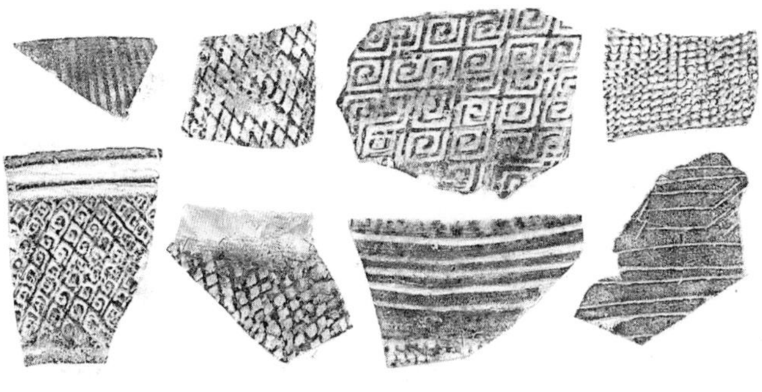
图3-314　牛头山遗址采集陶片纹饰拓片

石锛　1件。牛头山：4，灰黄色泥质岩。通体磨制，风化残损严重，仅余刃部，平面呈长方形，横截面近三角形。残长3.9、宽3.8、厚1.8厘米（图3-315；图3-317：5）。

陶杯　1件。牛头山：1，泥质灰褐陶。直口，斜直腹，腹部饰刻划三角斜线纹。残高4.5厘米（图3-317：6）。

陶罐　2件。牛头山：2，灰褐硬陶，素面。直口，宽折沿，沿口缘上折如盘口状。残高2厘米（图3-317：3）。牛头山：5，泥质灰陶。直口微内敛，斜折沿，鼓腹，上腹饰凹弦纹，下腹饰编织纹。口径15、残高4.7厘米（图3-317：1）。

陶支脚　1件。牛头山：6，夹砂红褐陶。圆柱形，底座微外撇，器表粗糙。底径6.5、残高8.7厘米（图3-316；图3-317：4）。

陶器耳　1件。牛头山：3，灰硬陶。宽带状耳，饰三道凸棱纹。长2.7、宽2.5厘米（图3-317：2）。

图3-315　牛头山遗址采集石锛
（牛头山：4）

图3-316　牛头山遗址采集陶支脚
（牛头山：6）

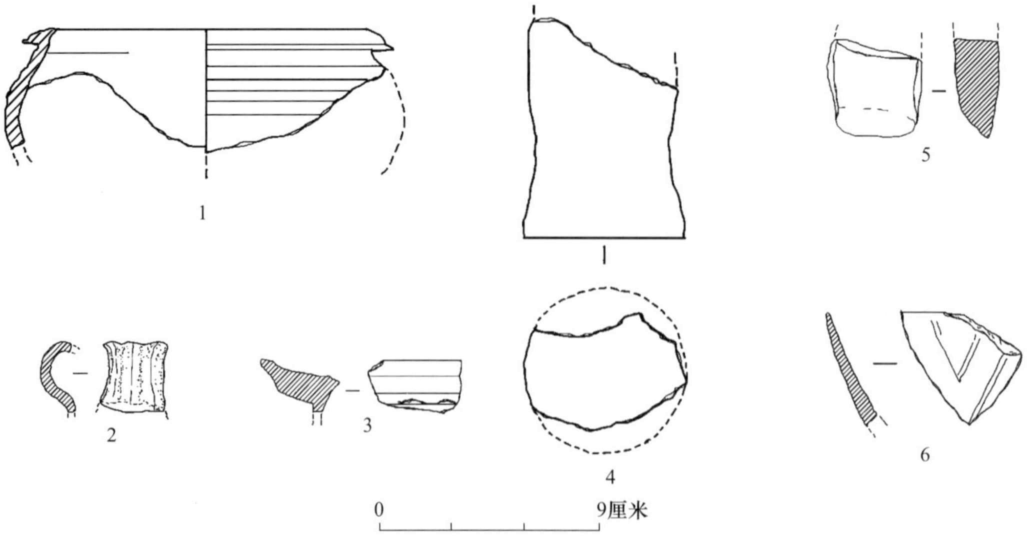


图3-317　牛头山遗址采集石器与陶器

1、3. 陶罐（牛头山：5、牛头山：2）2. 陶器耳（牛头山：3）4. 陶支脚（牛头山：6）5. 石锛（牛头山：4）6. 陶杯（牛头山：1）

**4. 上坌遗址**

位于东桥镇南坑村北面约 500 米，地理坐标为北纬 26°23′15″，东经 118°54′36″。海拔 204 米，相对高度 30 米。系大山向西南延伸出的近似长条形山冈。遗址长约 100、宽约 70 米，面积约 7000 平方米。顶面平坦，宽阔，东坡、西坡较低缓，南、北坡较陡。山体种植有毛竹、橙树等。在遗址的北面和西面山脚下有安仁溪由北向南蜿蜒流过（图 3-318）。因京台高速修建工程从遗址经过，使遗址遭到严重破坏。在山顶、南坡及北坡发现少量陶片。共采集陶片 98 片。其中夹砂素面黑陶 18 片、夹砂素面红陶 16 片、夹砂素面灰黄陶 13 片、泥质灰陶 45 片（素面 23 片、绳纹 3 片、网格纹 16 片、弦纹 1 片、方格纹 1 片、刻划纹 1 片）、泥质网格纹灰黄陶 6 片（图 3-319、图 3-320）。未发现文化层堆积。新石器时代。

图 3-318　上坌遗址（西—东）

图 3-319　上坌遗址采集陶片

图 3-320　上坌遗址采集陶片纹饰拓片

釜　1件。上坌：1，夹砂灰硬陶。侈口，圆唇，束颈，口沿面微内凹，器腹饰绳纹。口径14、残高4.4厘米（图3-321：1）。

豆　1件。上坌：2，泥质灰黑陶，器表风化严重，撇口，口沿外折，浅盘，矮圈足。口径30、残高5.3厘米（图3-321：2）。

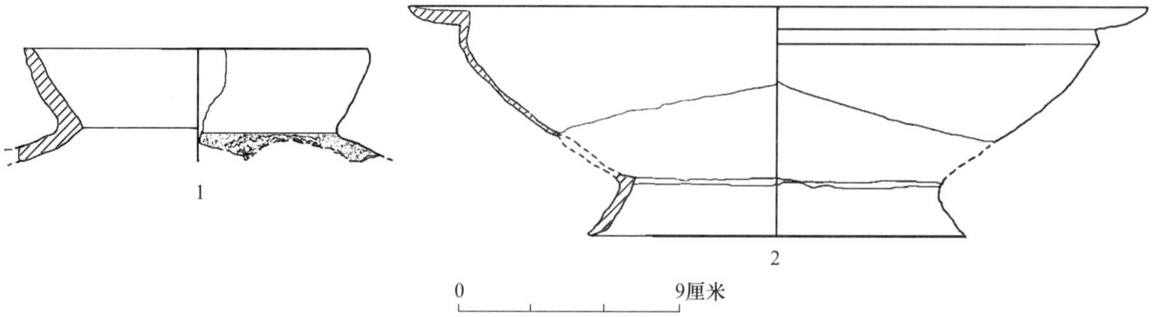


图3-321　上坌遗址采集陶器

1. 釜（上坌：1）　2. 豆（上坌：2）

## （二）梅溪镇

### 1. 后门山遗址

位于福建省闽清梅溪镇上埔村南面约50米，地理坐标为北纬26°12′9″，东经118°53′5″，海拔69.7米，相对高度30米。系一相对独立的椭圆形山冈。遗址东西长约200、南北长约100米，总面积约2万平方米。山顶较平坦开阔，种植有油茶树、橄榄树等作物。东坡较缓，东侧山腰有一座六公庙。西、南、北坡均较陡。北面山脚下闽江自西向东流过，南面山脚下是316国道，东面山脚下有一条小溪自南向北流过，且在此汇入闽江（图3-322）。陶片分布整个山体。共采集陶片132片。其中夹砂素面灰黄陶1片，赭衣硬陶20片（方格纹16片、刻划纹4片），灰硬陶108片（素面31片、方格纹63

图3-322　后门山遗址（西—东）

片、刻划纹 7 片、弦纹 6 片、复线方格纹 1 片），方格纹红硬陶 2 片，原始瓷 1 片，素面（图 3-323、图 3-324）。另采集到 1 件有段石锛。未发现文化层堆积。青铜时代。

图 3-323　后门山遗址采集陶片

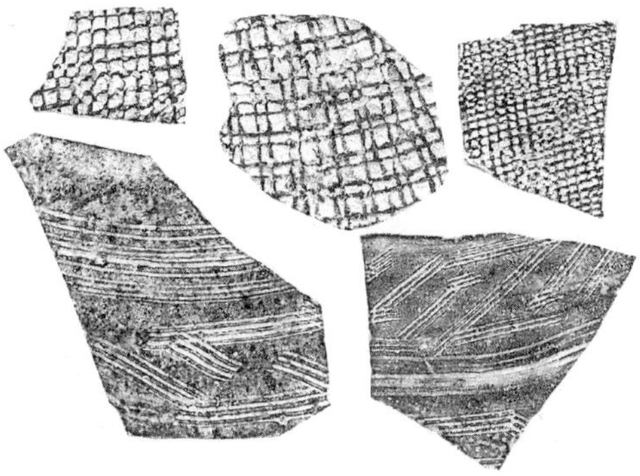
图 3-324　后门山遗址采集陶片纹饰拓片

有段石锛　1 件。后门山：3，青灰色凝灰岩。平面与横截面均呈长方形。通体磨制规整，单面刃，刃局部微残。背面距顶部约 1.3 厘米的部分被切割约 0.1 厘米厚度而形成段。通长 7.6、宽 3.1、厚 0.9 厘米（图 3-325）。

陶罐　2 件。后门山：1，灰硬陶。小侈口，微折腹，口沿处饰横向桥形耳，口腹间饰刻划曲折纹。残高 3.8 厘米（图 3-326：1）。后门山：2，灰硬陶。大侈口，沿面内凹，束颈，弧腹，器腹饰方格纹。口径 25、残高 2.1 厘米（图 3-326：2）。

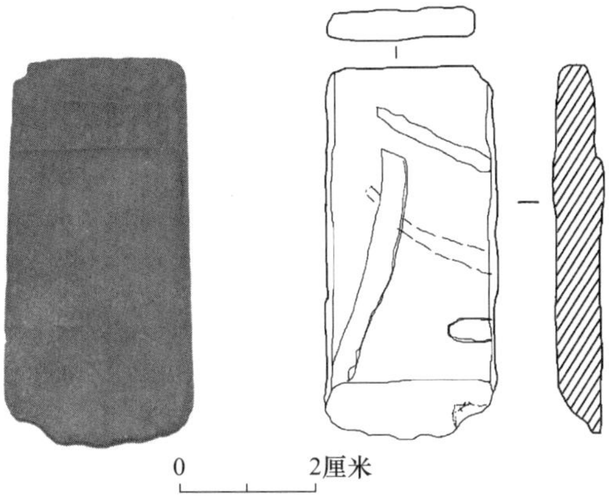

图 3-325　后门山遗址采集有段石锛
（后门山：3）

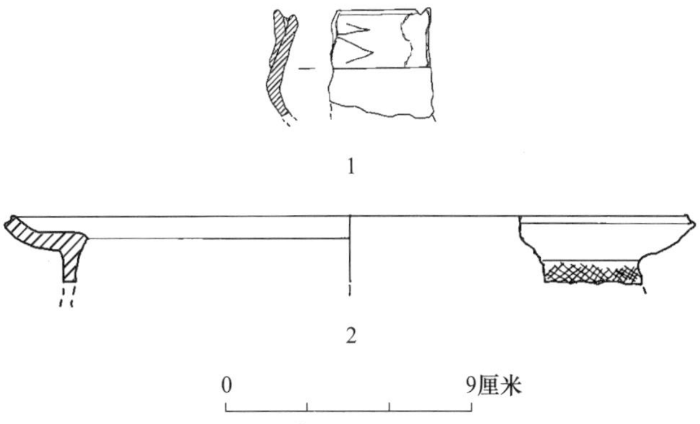

图 3-326　后门山遗址采集陶罐
1. 后门山：1　2. 后门山：2

**2. 温后遗址**

位于闽清县梅溪镇温后村东面约100米，地理坐标为北纬26°12′9″，东经118°52′54″。海拔62米，相对高度5米。原系一处相对独立的椭圆形山冈，长约160、宽约50米，面积约8000平方米。因京台高速梅溪入口匝道修建，山体大部分被破坏，仅残存一狭长部分。山顶平坦开阔，种植少量橄榄、龙眼等，地表散布大量建筑垃圾、野草；东坡和南坡均被G316国道削成断坎；西坡较缓，种植有少量龙眼、橄榄树等；北坡较陡，种植有橄榄树、龙眼等（图3-327）。仅在西坡发现1片方格纹灰硬陶片，另采集残石器1件（图3-328）。未发现文化层堆积。青铜时代。

图3-327　温后遗址（北—南）

图3-328　温后遗址采集陶片与残石器

## 三、永　泰　县

永泰县位于福建东部，介于东经118°23′～119°12′，北纬25°39′～26°05′之间，总面积为2241平方千米。东邻闽侯、福清，西界德化、尤溪，南连莆田、仙游，北接闽清。县城至省会福州市62千米。境内属亚热带季风气候区。全年平均气温为14.6～20.1℃。年降水量为1400～2000毫米。地貌呈两侧高，中间低，西北高，东南低的长廊形峡谷状态。境内群山林立，海拔1000米以上的山峰有77座。西南部的东湖尖，海拔为1681.9米。全县没有平原，仅有城关、嵩口、葛岭、大洋、白云等几处山间小盆地，是典型的山区县。

大樟溪是闽江下游流域的重要支流之一，也是县内最大河流，自西北向东南贯穿全境。其主要支流有梧桐溪、洑口溪、清凉溪等[①]。

本次调查新发现史前遗址20处，分布在葛岭、梧桐、嵩口、长庆以及大洋等5个乡镇境内（图3-329）。

① 永泰县的地理环境资料参考永泰县地方志编纂委员会：《永泰县志》，新华出版社，1992年。

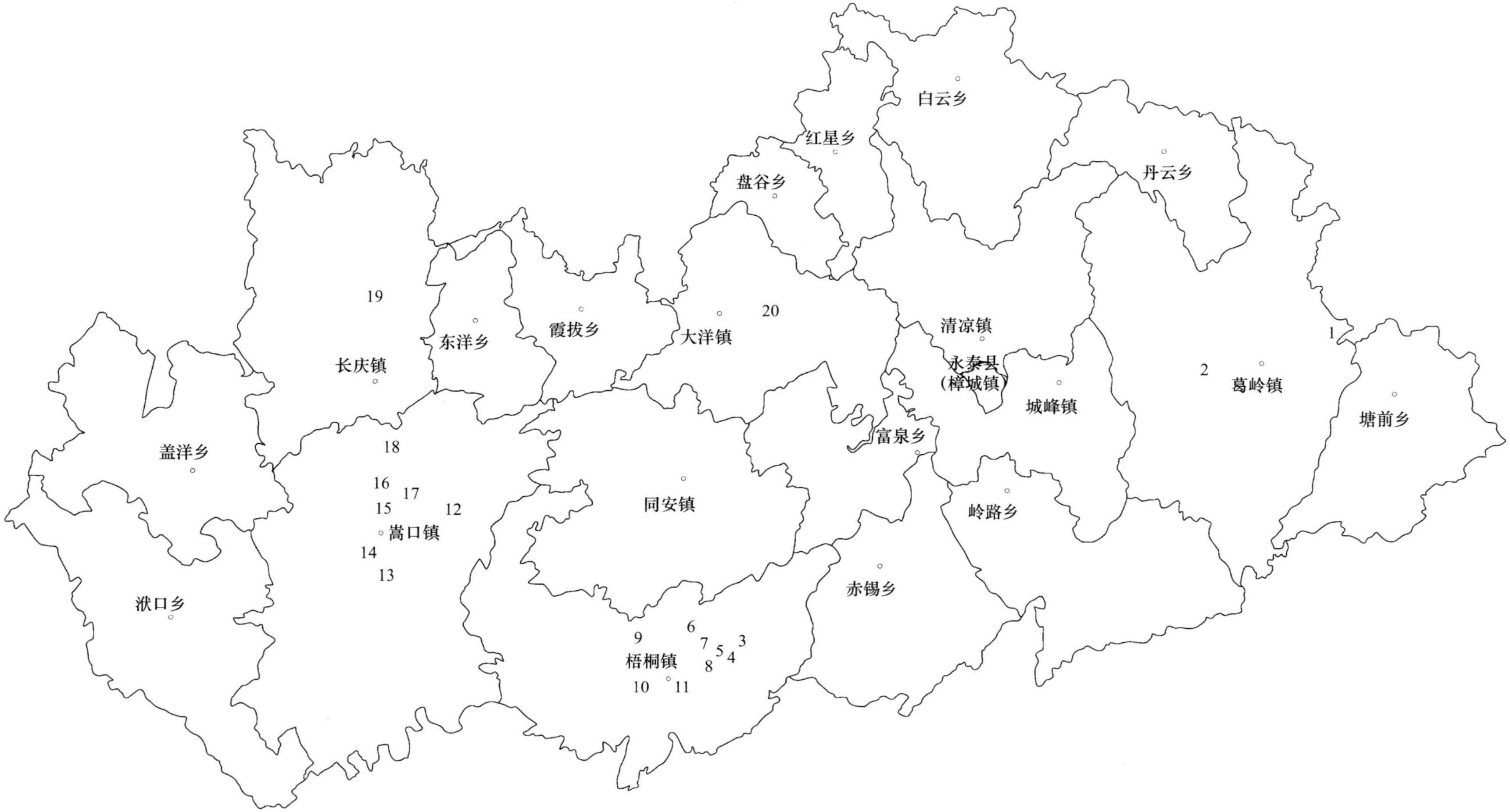


图 3-329　永泰县新发现遗址分布图

1. 后尾遗址　2. 白鹭山遗址　3. 马头山遗址　4. 格埕山遗址　5. 水牛山遗址　6. 茶油山遗址　7. 狮子山遗址　8. 羊格山遗址　9. 张限遗址　10. 坂中遗址　11. 德顺山遗址　12. 洋中厝遗址　13. 上下山遗址　14. 隔兜厝遗址　15. 芦洋遗址　16. 东坡遗址　17. 后山遗址　18. 葫芦岭遗址　19. 蛇山遗址　20. 后门山遗址

## （一）葛岭镇

### 1. 后尾遗址

位于葛岭镇后尾村西 800 米，地理坐标为北纬 25° 53′ 32.750″，东经 119° 10′ 28.375″。海拔 39 米，相对高度 10 米。系一大山向东延伸出的坡地。遗址长约 30、宽约 50 米，面积约 1500 平方米。山顶较平坦、宽阔，植被稀少。东坡和南坡都是福州一化的厂房，西坡和北坡与大山相连，东面毗邻大樟溪（图 3-330）。遗址本体基本被厂区破坏殆尽，仅于山顶采集陶片 9 片。其中泥质灰陶 1 片，菱形回纹；灰硬陶 8 片（素面 3 片、菱形回纹 5 片）（图 3-331、图 3-332）。未见文化层堆积。青铜时代。

图 3-330　后尾遗址（东南—西北）

图 3-331　后尾遗址采集陶片

图 3-332　后尾遗址采集陶片纹饰拓片

**2. 白鹭山遗址**

位于葛岭镇台口村内，地理坐标为北纬 25° 52′ 52.320″，东经 119° 00′ 32.075″。海拔 48 米，相对高度 3 米。系一相对独立的近似椭圆形山冈。遗址东西长约 100、南北宽约 80 米，面积约 8000 平方米。山顶较平坦、但相对狭窄，植被较少。东坡、南坡和西坡陡峭，坡下是民房；北坡较缓，坡下也是大量民房。大樟溪自西南向东北从遗址的东面、南面流过，西面山脚约 60 米有台口溪在此汇入大樟溪（图 3-333）。整个山体破坏严重，山上有废弃民房建筑。遗物较少，仅在山顶采集到残石斧 1 件。未见文化层堆积。青铜时代。

石斧　1 件。白鹭山：1，青灰色砾岩。通体磨制光滑，双面弧刃。长 13.2、宽 6.2、厚 2.55 厘米（图 3-334）。

图 3-333　白鹭山遗址（南—北）

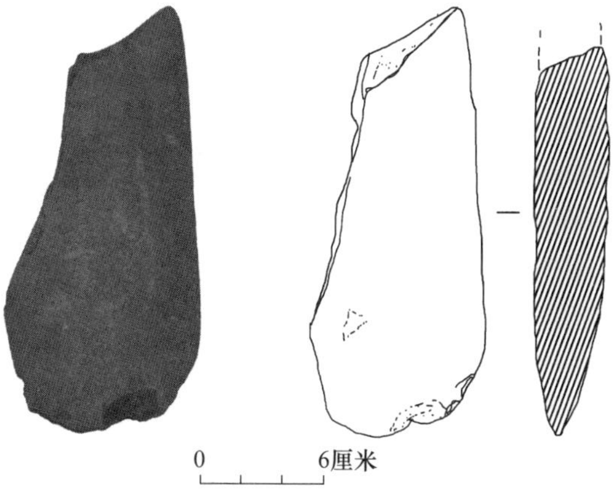


图 3-334　白鹭山遗址采集石斧
（白鹭山：1）

（二）梧桐镇

**1. 马头山遗址**

位于梧桐镇凤厝自然村东南面 500 米。地理坐标为北纬 25° 44′ 53.735″，东经 118° 47′ 36.668″。海拔 149.7 米，相对高度 30 米。系牛头山向西北延伸出的长条形山冈。遗址长约 100、宽约 70 米，面积约 7000 平方米。山顶平坦，但取土破坏非常严重，仅边缘种植少量山茶树。东坡因取土破坏成断坎；南坡平缓，与牛头山相连，种植柿子树、山茶树；西坡较低缓，呈开垦阶梯状，也种植大量山茶树、柿子树；北坡较平缓，与另一山冈相连，种植山茶树。遗址东面是牛头山；南面、西面是洪厝村；西面山脚下为省道，再往西约 200 米处是大樟溪；北面是上埕村（图 3-335）。遗址因村民取土破坏严重。陶片主要分布于山顶和北坡。共采集陶片 183 片。其中夹砂素面褐陶 3 片、泥质灰黄陶 12 片（方格纹 2 片、篮纹 10 片）、灰硬陶 153 片（素面 28 片、方格纹 92 片、云雷纹 20 片、刻划纹 4 片、弦纹 7 片、凸棱纹 2 片）、泥质黑衣陶 10 片（素面 7 片、方格纹 1 片、篮纹 2 片）、彩陶 3 片；原始瓷 2 片，均素面（图 3-336、图 3-337）。未见文化层堆积。新石器时代至青铜时代。

图 3-335　马头山遗址（西北—东南）

图 3-336　马头山遗址采集陶片

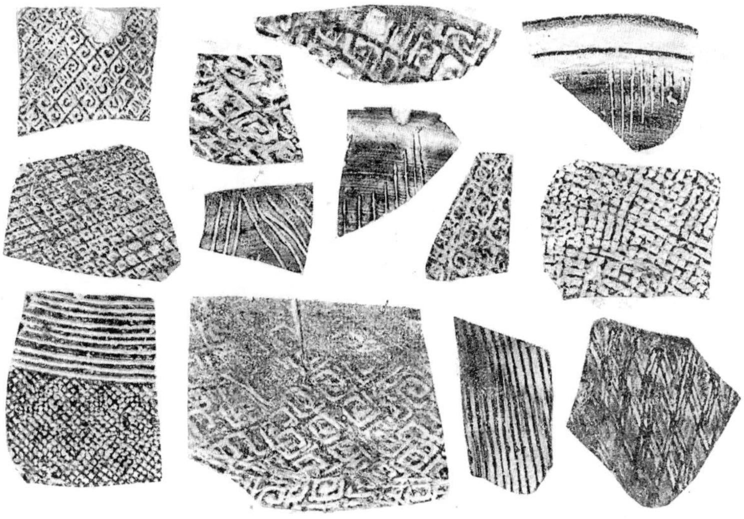

图 3-337　马头山遗址采集陶片纹饰拓片

**2. 格埕山遗址**

位于梧桐镇溪北自然村东、格埕西 200 米，地理坐标为北纬 25°44′39.814″，东经 118°46′41.731″。海拔 135 米，相对高度约 30 米。系一相对独立的长条形山冈，东西走向。遗址长约 300、宽约 100 米，面积约 3 万平方米。山顶平坦，为东北—西南走向的两座相连狭长山包，种植柿子树和马尾松等。东坡略平缓，种植部分柿子树和板栗树，开垦成阶梯状，小部分种植茶树，主要种植柿子树；南坡主要为马尾松和山茶树；西坡和北坡主要为马尾松、柿子树，其次为山茶树。遗址东、南面山脚均临大樟溪；西面是溪北村和玉井坊，可望见水牛山；北面山脚下为明灯村、水稻田及村村通水泥路（图 3-338）。陶片零星分布于山顶、东坡和南坡，其中在山顶采集到石锛 1 件。共采集陶片 29 片。其中灰硬陶 26 片（素面 7 片、方格纹 7 片、云雷纹 5 片、凸棱纹 3 片、弦纹 1 片、网格纹 3 片）、原始瓷 3 片（素面 2 片、凸棱纹 1 片）（图 3-339、图 3-340）。未见文化层堆积。新石器时代至青铜时代。

图 3-338　格埕山遗址（西南—东北）

图 3-339　格埕山遗址采集陶片

图 3-340　格埕山遗址采集陶片纹饰拓片

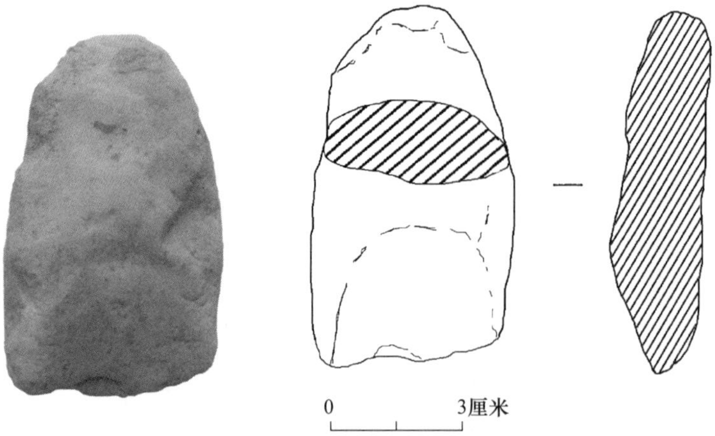


图 3-341　格埕山遗址采集石锛
（格埕山：1）

石锛　1 件。格埕山：1，灰色泥质岩。刃部残损，平面近梯形，横截面近椭圆形。长 8.3、宽 4.7、厚 2.1 厘米（图 3-341）。

### 3. 水牛山遗址

位于梧桐镇圳南行政村溪北自然村东南600米，地理坐标为北纬25°44′24.218″，东经118°46′18.363″。海拔113.8米，相对大樟溪高度约40米。系一相对独立的不规则形山冈，西南—东北走向。遗址长约200、宽约120米，面积约2.4万平方米。山顶较平坦宽阔，部分种植茶树、松树。东坡和南坡较缓，有大量松树林；西坡遍布松树和部分山茶树，坡度较缓，无建筑物台地；北坡较缓，种植大量板栗树、山茶树和部分马尾松。遗址东面山脚下为大樟溪，在山东南部转角，呈东北西南走向；南面山脚下为大樟溪，东西走向；西面山脚下为湖山宫、溪北村；北面距离玉井坊约500米（图3-342）。陶片零星分布于山顶、东坡和南坡。采集陶片25片。其中泥质素面灰陶1片、灰硬陶24片（素面6片、方格纹6片、云雷纹4片、刻划纹2片、绳纹1片、条纹1片、弦纹1片、网格纹2片、斜线圆圈纹1片）（图3-343、图3-344）。未见文化层堆积。新石器时代至青铜时代。

图3-342　水牛山遗址（西北—东南）

图3-343　水牛山遗址采集陶片

图 3-344　水牛山遗址采集陶片纹饰拓片

罐　1 件。水牛山：1，灰褐色硬陶。直口，口腹间起凸棱，斜弧腹。口径 17、残高 3 厘米（图 3-345：2）。

器足　1 件。水牛山：2，灰硬陶。喇叭形圈足，足根内敛。足径 14、残高 3.9 厘米（图 3-345：1）。

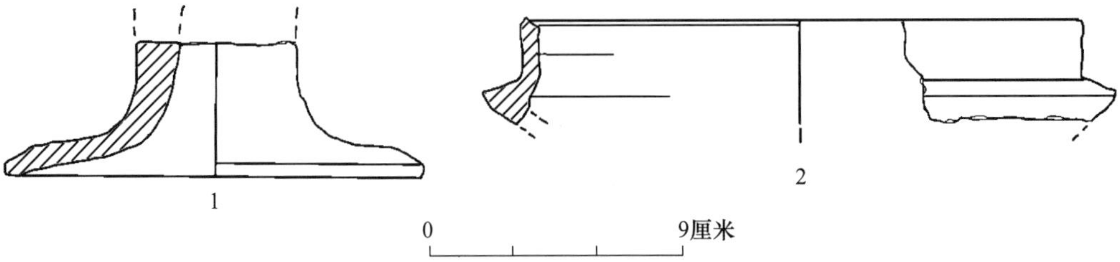


图 3-345　水牛山遗址采集陶器

1. 器足（水牛山：2） 2. 罐（水牛山：1）

**4. 茶油山遗址**

位于梧桐镇圳南自然村西北 100 米，地理坐标为北纬 25° 45′ 09.352″，东经 118° 45′ 26.41″。海拔 148.9 米，相对高度 20 米。系一相对独立的近似圆形山冈。遗址长约 110、宽约 100 米，面积约 1.1 万平方米。山顶较凸起、狭窄，植被较茂密，种植山茶、柿子树等。东坡较陡，无阶地状平台，种植山茶树；南坡较低缓，野竹、野草丛生；西坡较陡，种植山茶树和少量柿子树；北坡较缓，种植茶树。遗址东面是圳尾村；南面与老虎山相对，有山间盆地；西面和北面为山谷，与大山相对；东南为圳南村，有村道（图 3-346）。陶片零星分布于山顶和东坡。共采集陶片 22 片。其中夹砂素面红褐陶 1 片、泥质云雷纹灰黄陶 1 片、泥质方格纹灰褐陶 1 片、灰硬陶 18 片（素面 3 片、方格纹 7 片、云雷纹 5 片、篮纹 2 片、网格纹 1 片）、素面黑衣硬陶 1 片（图 3-347、图 3-348）。另采集石凿 1 件。未发现文化层堆积。新石器时代至青铜时代。

石凿　1 件。茶油山：1，青黄色细砂岩，器形较小。斜顶，正面平直，背面略外弧。平面呈不规则四边形，横断面近正方形，器身大部分经磨制。长 6、宽 1.5、厚 1.38 厘米（图 3-349）。

图 3-346　茶油山遗址（东—西）

图 3-347　茶油山遗址采集陶片

图 3-348　茶油山遗址采集陶片纹饰拓片

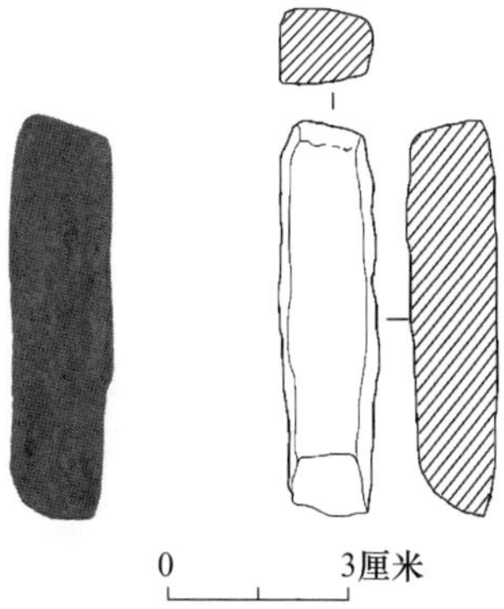


图 3-349　茶油山遗址采集石凿（茶油山：1）

**5. 狮子山遗址**

位于梧桐镇椿阳自然村东北面 6 千米，狮尾寨东南 1.5 千米，地理坐标为北纬 25° 44′ 27.148″，东经 118° 45′ 37.777″。海拔 148.88 米，相对高度 25 米。系狮子山南麓一东西走向的长条形山梁。遗址长约 100、宽约 60 米，面积约 6000 平方米。山顶较平坦、宽阔，植被较茂密，种植有山茶树，遍生杂草。东坡较平缓，无阶地状平台，种植有山茶树、杉树、马尾松等；南坡较陡，临大樟溪；西坡较平缓，无阶地状平台，开垦种植有山茶树，无建筑物，有石块铺就的道路；北坡与老虎山相连。遗址东面是山间盆地，有水稻田和村庄（南坂）；南面是大樟溪自西向东流；西面西南坡脚有清祥宫，有村庄为狭长形开阔地；北面与老虎山相连。陶片主要分布于山顶（图 3-350）。共采集陶片 28 片，全部为灰硬陶（素面 7 片、席纹 11 片、方格纹 2 片、云雷纹 4 片、凸棱纹 1 片、篮纹 2 片、竹编纹 1 片）（图 3-351、图 3-352）。未见文化层堆积。新石器时代至青铜时代。

图 3-350　狮子山遗址（南—北）

图 3-351　狮子山遗址采集陶片

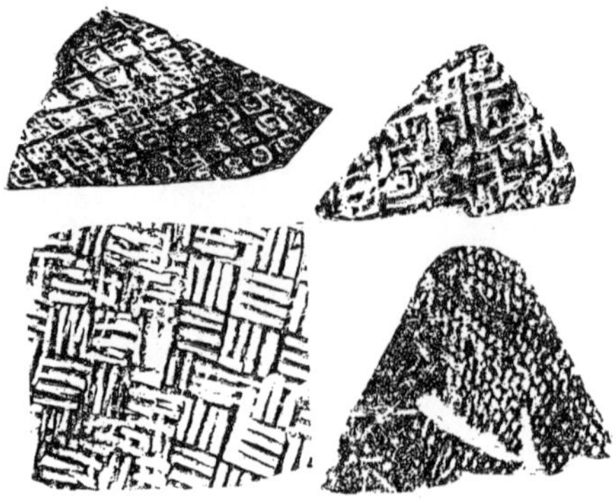

图 3-352　狮子山遗址采集陶片纹饰拓片

**6. 羊格山遗址**

位于梧桐镇春光村西南面 150 米，地理坐标为北纬 25° 44′ 13.71″，东经 118° 45′ 50.215″。海拔 132.6 米，相对山脚下村庄高度约 30 米。系一相对独立的近似椭圆形山冈，西南—东北走向。遗址长约 100、宽约 80 米，面积约 8000 平方米。山顶较平坦、宽阔，山顶种植大量山茶树，少量马尾松。四面坡度略低缓，开垦种植大量山茶树，少量松树。遗址东面和南面山脚下为春光村，西面和北面山脚下为大樟溪（图 3-353）。陶片零星分布于山顶、东坡和北坡。共采集陶片 9 片。其中灰硬陶 7 片（方格纹 2 片、云雷纹 2 片、网格纹 2 片、斜线方格纹 1 片）、云雷纹黑衣硬陶 1 片；原始瓷 1 片，素面（图 3-354、图 3-355）。未见文化层堆积。新石器时代至青铜时代。

图 3-353　羊格山遗址（东—西）

图 3-354　羊格山遗址采集陶片

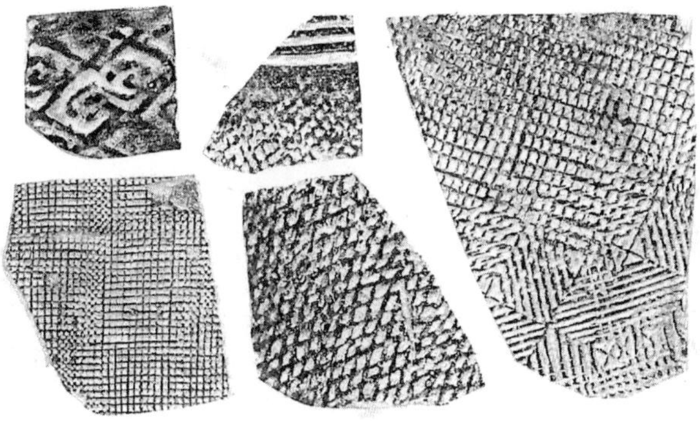

图 3-355　羊格山遗址采集陶片纹饰拓片

**7. 张限遗址**

位于梧桐镇张限自然村南面 400 米，地理坐标为北纬 25° 44′ 10.915″，东经 118° 44′ 31.322″。海拔 149.3 米，相对山脚下大樟溪水面高度约 20 米。系大山向西南延伸出的狭长形山冈。遗址长约 200、宽约 120 米，面积约 2.4 万平方米。山顶较平坦开阔，种植大量山茶树，少量马尾松，有一座通信塔。东坡略低缓，开垦种植大量山茶树，无阶梯；南坡略陡，开垦种植大量山茶树，有阶梯小台地；西坡和北坡略低缓，种植大量山茶树和少量松树。遗址东面山脚下为一条公路，南面山脚下为大樟溪，西面山脚下为一片漫滩，北面约 200 米是一座大山（图 3-356）。陶片零星分布于山顶和南坡。共采集陶片 11 片。其中泥质方格纹黑衣陶 1 片、灰硬陶 7 片（素面 5 片、云雷纹 2 片）、黑衣硬陶 3 片（素面 1 片、篮纹 2 片）（图 3-357、图 3-358）。另于山顶采集残石镞 1 件。未见文化层堆积。新石器时代至青铜时代。

图 3-356　张限遗址（南—北）

图 3-357　张限遗址采集陶片

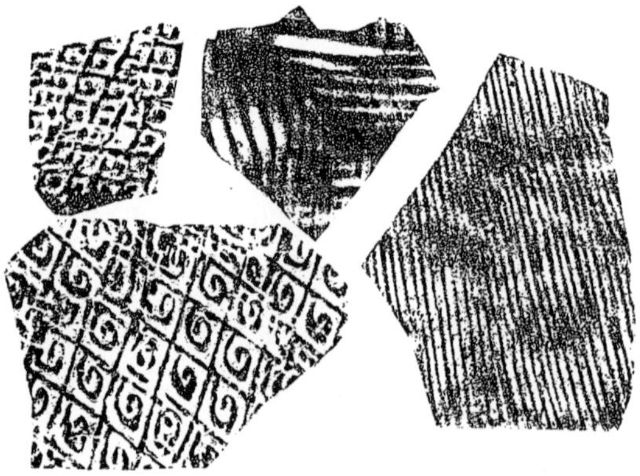

图 3-358　张限遗址采集陶片纹饰拓片

石镞　1 件。张限：1，青灰色凝灰岩。通体磨制，铤部残缺，平面呈柳叶形，横截面呈菱形。残长 3.3、宽 1.7、厚 0.8 厘米（图 3-359）。

原始瓷簋　1件。张限：2，敛口，球腹，平底，圈足，施青釉，大部分釉色脱落，露灰白胎，腹上部印有戳印纹与弦纹，下部印较浅篮纹，腹部近底处有凸棱纹一周。近口沿处镂有2个圆孔。口径8.5、腹径14.3、足径7.3、高12.6厘米（图3-360）。

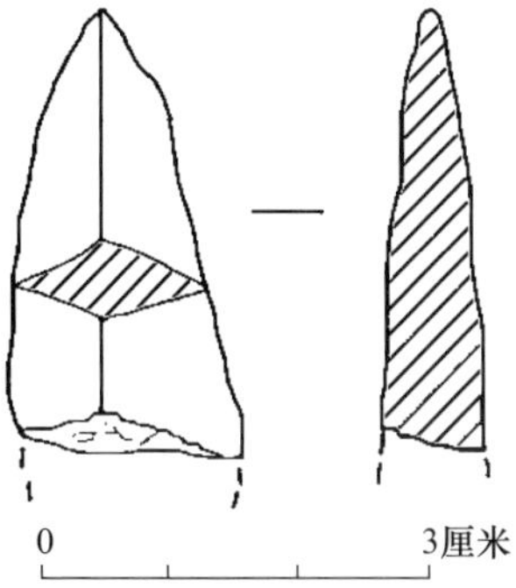


图3-359　张限遗址采集石镞
（张限：1）

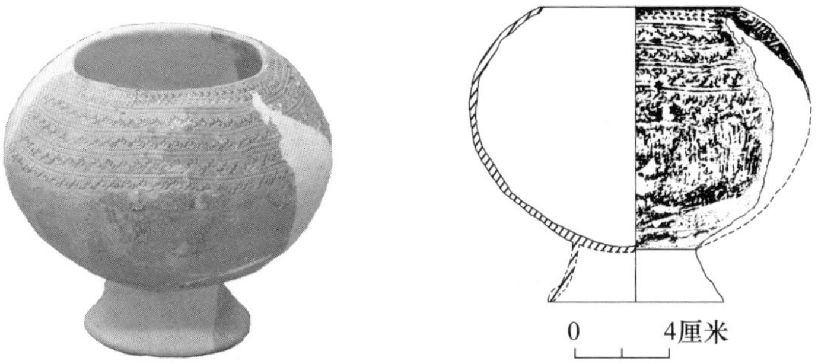


图3-360　张限遗址采集原始瓷簋
（张限：2）

**8. 坂中遗址**

位于梧桐镇坂中街西北，地理坐标为北纬25°44′03.312″，东经118°44′56.599″。海拔150.8米，相对高度40米。系一处相对独立略呈圆形山冈。遗址长约120、宽约100米，面积约1.2万平方米。山顶较平坦、但较狭窄，植被茂密，杂草丛生，种植有少量油茶树。东坡稍缓，无阶地状平台，种植有柿子树、梨树等；南坡、西坡和北坡较陡，遍生野草，且北坡上种植有少量茶树。遗址东面是坂中村、椿阳村；南面山脚有民居，大樟溪转角，溪上有樟溪大桥；西面紧邻大樟溪；北面山脚下有通往岭下水泥路，路外即为椿阳村；东南可见高架桥，坂中街在其东南（图3-361）。陶片零星分布于山顶和东坡。共采集陶片7片，均为灰硬陶（素面6片、云雷纹1片）（图3-362、图3-363）。未发现文化层堆积。青铜时代。

图3-361　坂中遗址（东南—西北）

图 3-362　坂中遗址采集陶片

图 3-363　坂中遗址采集陶片纹饰拓片

**9. 德顺山遗址**

位于梧桐镇镇区东 1000 米，地理坐标为北纬 25° 43′ 41.795″，东经 118° 45′ 01.988″。海拔 138.02 米，相对高度 30 米。系大山向东北延伸出的长条形山冈。遗址长约 80、宽约 50 米，面积约 4000 平方米。山顶平坦、较宽阔，植被较少。东坡较低缓，无阶地平台，种植少量油茶树；西坡较陡峭，无阶地状平台，种植有一些小叶榕，临大樟溪；北坡西北为大樟溪。遗址东面是田垄，南面是梧桐变电站，西面是梧桐镇政府，北面山脚下是大樟溪自西向东流过（图 3-364）。陶片零星分布于山顶和北坡。共采集陶片 12 片。其中灰硬陶 10 片（方格纹 3 片、云雷纹 4 片、篮纹 3 片）；原始瓷 2 片，均素面（图 3-365、图 3-366）。未发现文化层堆积。新石器时代至青铜时代。

图 3-364　德顺山遗址（西—东）

图 3-365　德顺山遗址采集陶片

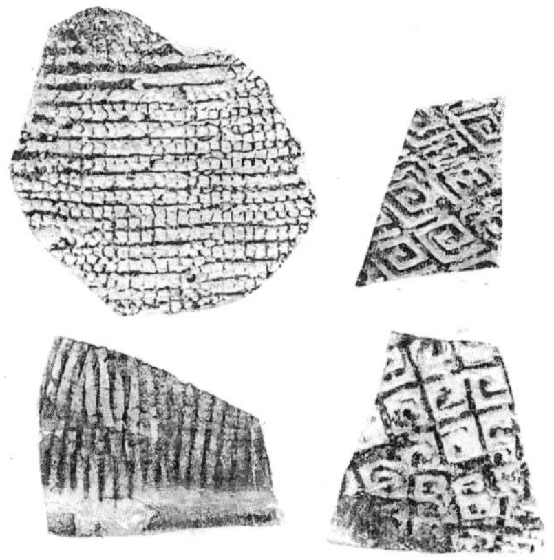

图 3-366　德顺山遗址采集陶片纹饰拓片

## （三）嵩口镇

### 1. 洋中厝遗址

位于嵩口镇洋中厝村南侧，地理坐标为北纬 25° 47′ 57.21″，东经 118° 37′ 51.27″。海拔 162 米，相对高度 35 米。系一相对独立的近圆形山冈。遗址长约 100、宽约 110 米，面积约 1 万平方米。山顶平坦、宽阔，种植有柿子树，马尾松、油茶树等。东坡较陡，南、北和西坡较缓，植被茂密，野草丛生，多种植有油茶树、马尾松等。遗址东面为大樟溪，远处为山谷；南面和北面为溪口村，距西南山脚约 300 米是大喜溪与大樟溪交汇口，有溪口桥架于交汇口上。陶片零星分布于北坡（图 3-367）。共采集陶片 8 片。其中泥质素面灰陶 1 片、灰硬陶 6 片（篮纹 4 片、素面 1 片、附加堆纹 1 片）、黑衣篮纹硬陶 1 片（图 3-368、图 3-369）。另采集石锛 1 件。未见文化层堆积。新石器时代至青铜时代。

图 3-367　洋中厝遗址（东南—西北）

石锛　1件。洋中厝：1，灰色砂岩。通体粗磨，刃部残损，平面呈长方形，横截面呈扁方形。长4.5、宽2、厚0.9厘米（图3-370）。

图3-368　洋中厝遗址采集石器与陶片

图3-369　洋中厝遗址采集陶片纹饰拓片

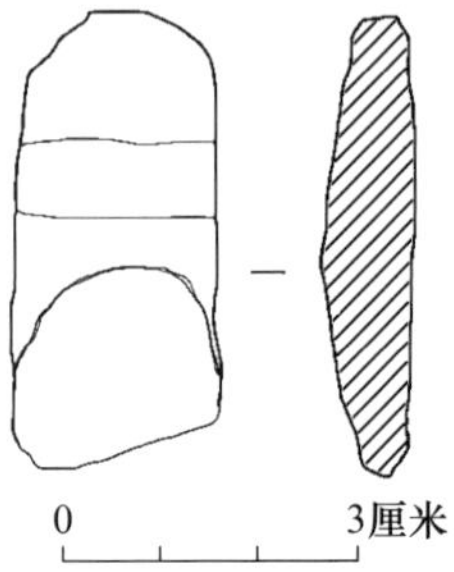


图3-370　洋中厝遗址采集石锛
（洋中厝：1）

**2. 上下山遗址**

位于嵩口镇玉湖自然村东面300米，地理坐标为北纬25° 47′ 11.579″，东经118° 35′ 03.828″。海拔192米，相对高度约35米。系一处相对独立的呈“E”形的山冈，南北走向。遗址东西长约30、南北长约10米，面积约300平方米。山顶平坦、宽阔，植被较茂密，种植有油茶树、竹子等。四面山坡均较陡，东坡无阶梯状平台，南坡种植有竹子、油茶树，西坡种植有油茶树，北坡种植有油桐树、竹子等，植被茂密（图3-371）。遗址东面为山谷，与大山相对；南面也是山谷；西面山脚下为梧桐通往嵩

图3-371　上下山遗址（西南—东北）

口下省道203，沿大樟溪，对岸为玉湖村；北面是一片开阔地。遗址山体西北部被村民取土挖成断坎，于此处发现少量陶片。共采集陶片48片。其中泥质弦纹赭衣陶1片；泥质刻划纹红陶1片；灰硬陶26片（方格纹18片、菱形回纹2片、刻划纹2片、凸棱纹1片、弦纹1片、篮纹2片）；黑衣硬陶19片（素面10片、方格纹8片、凸棱纹1片）；赭衣硬陶1片，刻划纹（图3-372、图3-373）。未见文化层堆积。新石器时代至青铜时代。

盆　1件。上下山：1，泥质赭衣陶，素面。敛口，宽折平沿，沿面微弧，直腹。口径28、残高2.4厘米（图3-374）。

图3-372　上下山遗址采集陶片

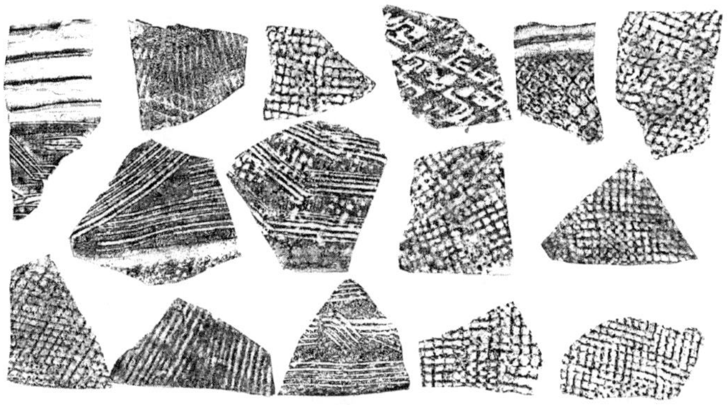

图3-373　上下山遗址采集陶片纹饰拓片

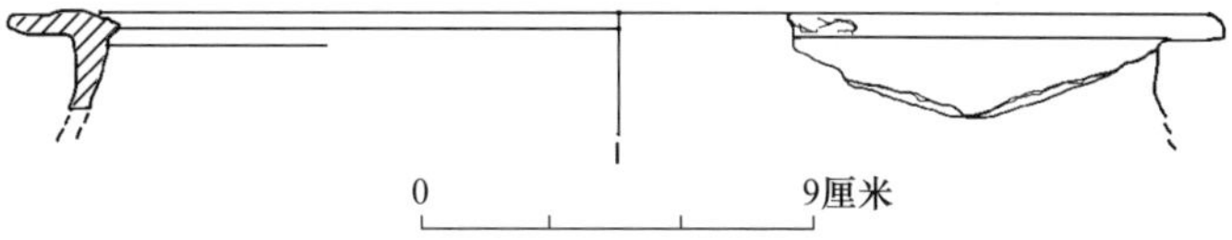


图3-374　上下山遗址采集陶盆
（上下山：1）

### 3. 隔兜厝遗址

位于嵩口镇溪湖村南面 600 米，地理坐标为北纬 25° 47′ 53.008″，东经 118° 34′ 32.51″。海拔 189.5 米，相对高度约 15 米。系一处相对独立的鱼形山冈。遗址长约 120、宽约 90 米，面积约 1 万平方米。山顶较平坦、开阔，植被茂密，遍生野草和矮灌木，中间经开垦种植有油菜，东部有竹林。四面坡度较低缓，东坡无阶地状平台，遍生野草和矮竹林，种植少量油茶树；南坡植被较密，种植少量油茶树和杉树；西坡植被茂密，种植少量油茶树；北坡经开垦，种植大量油茶树。遗址东面山脚下房屋有村村通道路，稍远为后尖仑遗址；南面为山间小片开阔地，开辟为菜地，与大山相对，山脚下有一所房屋；西面为山间开阔地，开辟为水稻田，与大山相对；北面有田地、村庄，可见一条水泥村道（图 3-375）。陶片零星分布于山顶。共采集陶片 5 片。其中灰硬陶 3 片（篮纹 2 片、素面 1 片）、黑衣硬陶 2 片（条纹 1 片、云雷纹 1 片）（图 3-376、图 3-377）。未见文化层堆积。新石器时代至青铜时代。

图 3-375　隔兜厝遗址（北—南）

图 3-376　隔兜厝遗址采集陶片

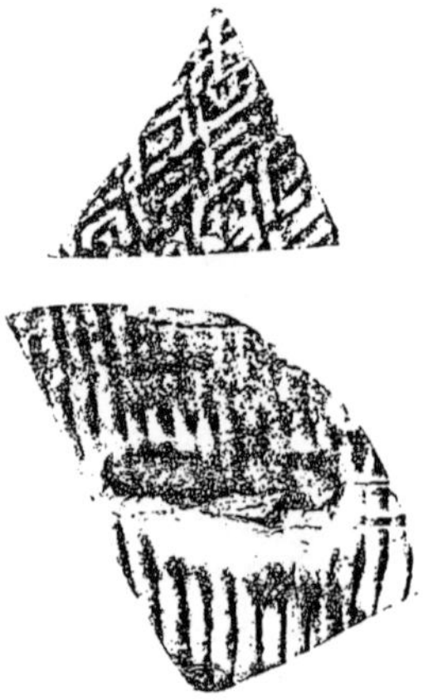

图 3-377　隔兜厝遗址采集陶片纹饰拓片

**4. 芦洋遗址**

位于嵩口镇芦洋村西北约 200 米，地理坐标为北纬 25°48′47.627″，东经 118°34′53.496″。海拔 200 米，相对高度 35 米。系一处相对独立的近似椭圆形的山冈。遗址长约 80、宽约 70 米，面积约 5600 平方米。山顶较平坦、开阔，经开垦，种植一些油茶树，尚未完全长大，较稀疏。东坡较陡，无阶地状平台；南坡较低缓，种有竹子和少量油茶树；西坡较陡，开垦成阶梯状，种植少量油茶树、李树等；北坡植被较茂密，有小片竹林，有少量杉树等；山脚有大片竹林，距山脚约 200 米有长庆溪自北向南流过。南面为山间平地，开辟为菜地，与芦厝寨相近；西面为山间田垄，开辟为菜地，与大山相对；北面为芦洋村，山脚下有房屋，省道 S202 往闽清通过（图 3-378）。陶片零星分布于南坡和西坡。采集陶片 12 片，其中泥质条纹灰陶 1 片、灰硬陶 10 片（交错绳纹 6 片、素面 4 片）、黑衣素面硬陶 1 片（图 3-379、图 3-380）。未见文化层堆积。新石器时代至青铜时代。

图 3-378　芦洋遗址（西—东）

图 3-379　芦洋遗址采集陶片

图 3-380　芦洋遗址采集陶片纹饰拓片

**5. 东坡遗址**

位于嵩口镇江墘面村北面 200 米，地理坐标为北纬 25° 50′ 10.332″，东经 118° 34′ 27.366″。海拔 162.5 米，相对山下小溪高度 32 米。系一相对独立的近似椭圆形的山冈，南北走向。遗址长约 200、宽约 100 米，面积约 2 万平方米。山顶平坦、宽阔，全部开垦种植山茶树。东坡未开垦，为松林、竹林及杂草；南坡半山上部种植山茶树，下部为竹林及杂草；西坡和北坡稍陡，西坡杂草丛生，北坡为竹林、松林及杂草。遗址东面山脚下为长庆溪，且近山边为省道 203；南面山下为江乾面村；西面是大山；北面山脚下为山谷，远处山丘（图 3-381）。陶片零星分布于整个山体。共采集陶片 52 片。其中泥质灰陶 8 片（素面 5 片、网格纹 2 片、弦纹 1 片）、灰硬陶 36 片（素面 9 片、方格纹 14 片、网格纹 1 片、云雷纹 1 片、篮纹 11 片）、黑衣素面硬陶 8 片（图 3-382、图 3-383）。未见文化层堆积。新石器时代至青铜时代。

图 3-381　东坡遗址（东南—西北）

图 3-382　东坡遗址采集陶片

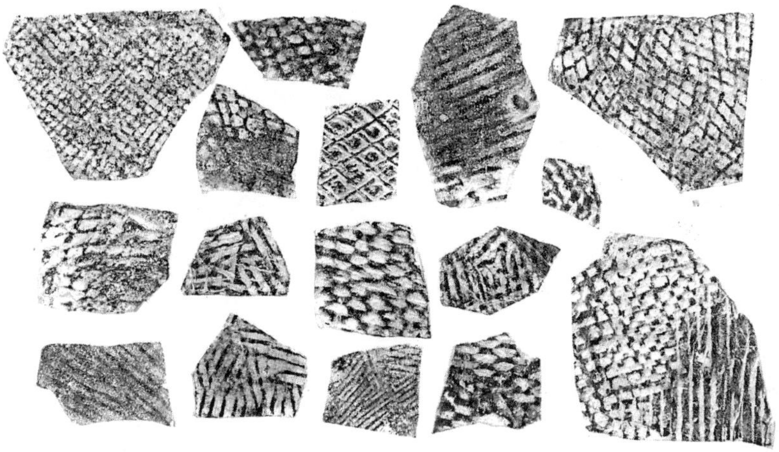

图 3-383　东坡遗址采集陶片纹饰拓片

**6. 后山遗址**

位于嵩口镇东坡村阔濑自然村溪墘厝南面 100 米，地理坐标为北纬 25°48′27.625″，东经 118°31′37.523″。海拔 169 米，相对高度 20 米。系大山向西南延伸出的坡地。遗址东西长约 100、南北宽约 70 米，面积约 7000 平方米。山顶平坦、开阔，全部开垦种植山茶园；东面与大山相连，种植大量山茶树；南坡低缓，阶状平台，也大量种植山茶树。东面是一座大山；南面是一片山谷开阔地，山脚下有两座房子；西面山脚下有长庆溪自北向南流过，距遗址西北约 150 米为东坂大桥。山顶各侧均有零星陶片分布（图 3-384）。共采集陶片 25 片。其中夹砂素面灰黄陶 1 片、泥质素面灰黄陶 3 片、灰硬陶 18 片（素面 4 片、菱形回纹 3 片、云雷纹 3 片、弦纹 2 片、方格纹 6 片）、篮纹黑衣硬陶 3 片（图 3-385、图 3-386）。未见文化层堆积。新石器时代至青铜时代。

图 3-384　后山遗址（西—东）

图 3-385　后山遗址采集陶片

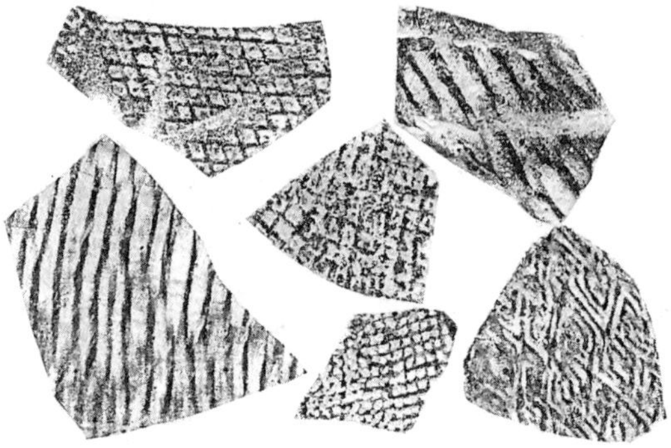

图 3-386　后山遗址采集陶片纹饰拓片

**7. 葫芦岭遗址**

位于嵩口镇三峰村东北部三峰小学后山，地理坐标为北纬 25° 51′ 04.971″，东经 118° 34′ 42.492″。海拔 178 米，相对高度 20 米。系一处相对独立的狭长椭圆形的山冈，南北走向。遗址长约 100、宽约 40 米，面积约 4000 平方米。山顶较平坦、狭长，山顶、山脚开垦种植山茶树。四面坡度较缓，东坡未经开垦，杂草丛生，其余三面均已开垦，种植山茶树。地形、环境理想。遗址东面山脚下为山谷，南面山脚下为三峰小学，西面山脚下为 203 省道、少量民房，北面紧邻一座山丘，西南紧邻三峰大桥（图 3-387）。陶片主要分布于山顶。采集陶片 28 片。其中泥质凸棱纹灰陶 1 片、灰硬陶 19 片（素面 4

图 3-387　葫芦岭遗址（南—北）

片、方格纹5片、云雷纹5片、复线方格纹1片、附加堆纹1片、刻划纹1片、菱形回纹2片)、黑衣硬陶8片(方格纹5片、交错条纹1片、云雷纹2片)(图3-388、图3-389)。未见文化层堆积。青铜时代。

图3-388　葫芦岭遗址采集陶片

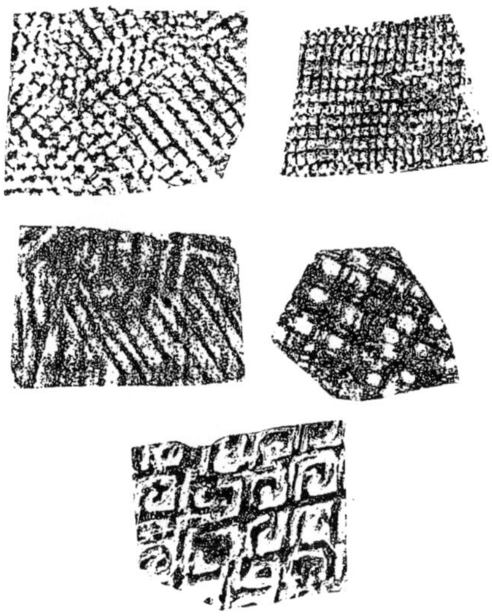
图3-389　葫芦岭遗址采集陶片纹饰拓片

（四）长庆镇

**蛇山遗址**

位于长庆镇岐峰村东北约50米，地理坐标为北纬25°55′53.645″，东经118°34′49.572″。海拔242米，相对高度5米。系大山向东南延伸出的长条形坡地。遗址长约80、宽约50米，面积约4000平方米。山顶平坦，相对开阔，植被较多，部分开垦种植果树。东、西坡较陡，山下是民房和农田；南、北坡较平缓。遗址南面约200米是县道，西面50米是石子路便道和民房，北面连接大山。地形、环境较好，但农田开发和民居建筑对遗址的破坏较为严重(图3-390)。陶片零星分布于山顶。共采集陶片

图3-390　蛇山遗址(南—北)

13 片。其中灰硬陶 11 片（方格纹 1 片、菱形回纹 2 片、素面 5 片、席纹 2 片、条纹 1 片）、黑衣硬陶 2 片（素面 1 片、方格纹 1 片）（图 3-391、图 3-392）。未见文化层堆积。青铜时代。

图 3-391　蛇山遗址采集陶片

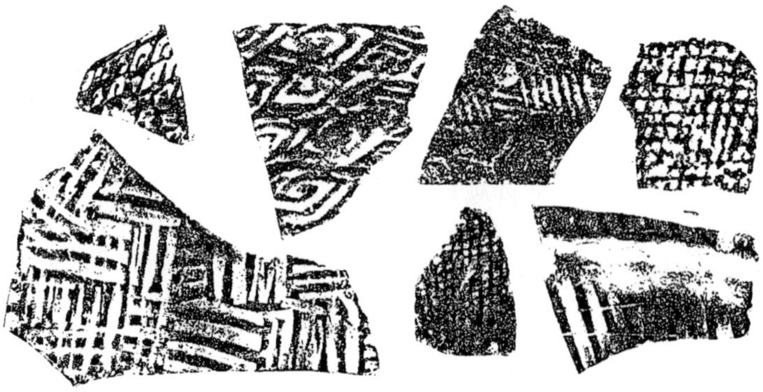

图 3-392　蛇山遗址采集陶片纹饰拓片

（五）大洋镇

**后门山遗址**

位于永泰县大洋镇下苏村南面约 20 米，地理坐标为北纬 25° 54′ 23.297″，东经 118° 48′ 08.706″。海拔 627 米，相对高度 5 米。系一处相对独立的近圆形山冈。遗址长约 80、宽约 90 米，面积约 7200 平方米。山顶平坦开阔，植被以低矮草丛为主，四面坡度较陡峭。其中南坡有阶地平台，部分被农田覆盖，民房较多。东面和北面靠近下苏村，一小溪从遗址南面约 50 米经过，且南面和西面紧邻一条村村通水泥路，遗址周围有大量民房建筑，对遗址破坏严重（图 3-393）。仅在山顶发现零星陶片。共采集陶片 10 片，均为硬陶。其中素面 3 片、方格纹 4 片，弦纹 2 片、云雷纹 1 片（图 3-394）。未发现文化层堆积。青铜时代。

图 3-393　后门山遗址（西南—东北）

图 3-394　后门山遗址采集陶片

## 四、福　清　市

福清位于福建省东南沿海，东与平潭县隔海相望，西南与莆田市毗邻，南临兴化湾，北部、东北、西北分别与闽侯、长乐、永泰县接壤。地处北纬 25° 18′ 25″ ～25° 51′ 45″，东经 119° 3′ 41″ ～119° 40′ 41″（图 3-395）。全境东西宽 46.5、南北长 53.5 千米，陆地总面积为 1518.24 平方千米，海域面积 911.52 平方千米。境内海岸线漫长，从东北的城头港西溪口至西南部新厝桥尾的萩芦溪口，全长 348 千米，占全省海岸线总长的 15%。全境分大陆、半岛和岛屿三个部分。沿海共有大小岛屿 141 个，其中 10 个岛屿有人居住。江阴岛面积最大，达 69.8 平方千米，1970 年筑堤与大陆相连后成为半岛。全市下辖 7 个街道 17 个镇。

图 3-395　福清市新发现遗址分布图

1. 菜岭遗址　2. 龟山遗址

境内地势西北高、东南低，地形以丘陵与低山为主，其面积占全境的五分之四；平原和河谷盆地小而零散，面积占全境五分之一。西部、北部多山，属戴云山向东蜿蜒的支脉，山峦重叠，海拔多超过 500 米。境内属中南亚热带季风性气候，夏长暖热，冬短温和，冰雪罕见，降水丰富。年降水量为 1000～2000 毫米之间，80% 以上降水量集中在 4～10 月份，年平均气温为 17～20℃。境内主要河流有龙江、迳江、渔溪、一都溪等，大都向东或向东南注入福清湾或兴化湾[①]。

本次调查新发现史前遗址 2 处，分别位于一都镇和渔溪镇（见图 3-395）。

① 福清市的地理环境资料参考福清市志编纂委员会：《福清市志》，厦门大学出版社，1994 年。

## （一）一都镇

### 菜岭遗址

位于福清市一都镇善山村南面约300米，地理坐标为北纬25°46′59.4″，东经119°11′25.1″。海拔176.45米，相对高度25米。系大山向西北延伸出的近似长条形的山冈。遗址长约160、宽约100米，总面积约1.6万平方米。山顶较平坦宽阔，四面坡度较缓。山体被开垦种植枇杷树，一条进山的水泥路绕北、西、南侧山脚经过，西面山脚下有一条一都溪的支流自西南向东北流过（图3-396）。陶片主要分布在山体的南坡、北坡、西坡，山顶陶片较少。共采集陶片29片。其中夹砂素面灰陶3片、云雷纹泥质灰陶1片、泥质黑衣陶3片（素面1片、网格纹2片）、泥质黄陶2片（素面1片、网格纹1片）、灰硬陶13片（素面3片、云雷纹2片、菱形回纹1片、方格纹4片、弦纹1片、条纹2片）、黑衣硬陶7片（素面1片、条纹5片、篮纹1片）（图3-397、图3-398）。未发现文化层堆积。新石器时代至青铜时代。

图3-396　菜岭遗址（东—西）

图3-397　菜岭遗址采集陶片

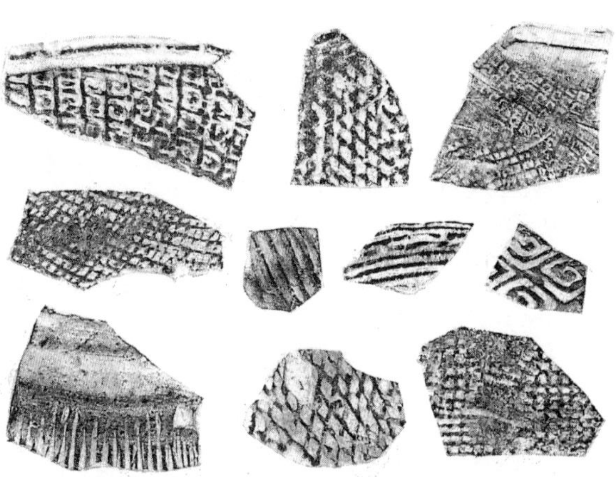

图3-398　菜岭遗址采集陶片纹饰拓片

（二）渔溪镇

**龟山遗址**

位于福建省福清市渔溪镇双墩村山腰自然村东北面 100 米处，地理坐标为北纬 25° 36′ 16.4″，东经 119° 16′ 21.7″。海拔 31 米，相对高度 8 米。系一相对独立的圆形山冈。遗址东西长约 200 米，面积约 3 万平方米。山顶平坦开阔，东面为梧岭村，南面为农田，西南面为大山，东北面为山墩村。山顶开垦种植龙眼树。中部有一条引水渠横贯通过（图 3-399）。陶片主要分布在西北坡。共采集陶片 10 片。其中夹砂绳纹灰黄陶 1 片、泥质素面灰黄陶 2 片、灰硬陶 7 片（网格纹 2 片、弦纹 2 片、菱形回纹 2 片、方格纹 1 片）（图 3-400、图 3-401）。未发现文化层堆积。青铜时代。

图 3-399　龟山遗址（西—东）

图 3-400　龟山遗址采集陶片

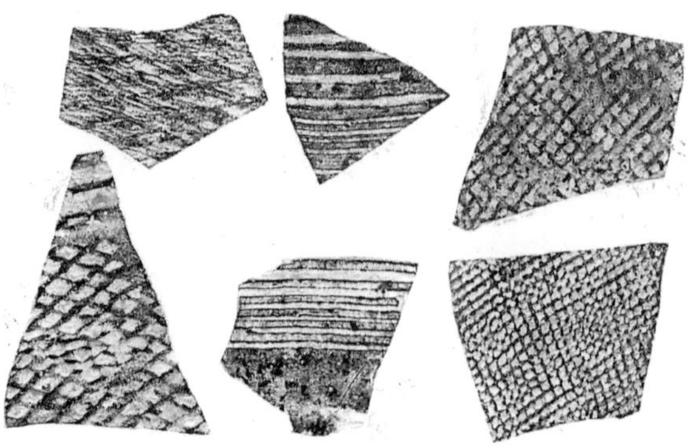

图 3-401　龟山遗址采集陶片纹饰拓片

# 五、平　潭　区

平潭区位于福建省东部沿海，由126个岛屿和702个礁石组成。岛屿及周围海域处于北纬25°15′～25°45′，东经119°32′～120°10′。全区下辖7镇8乡。平潭区东濒台湾海峡；西临海坛海峡，与长乐、福清、莆田三市隔海为邻；北接长乐海域，与白犬列岛相望；南连兴化水道，与南日群岛对峙。陆地面积371.91平方千米（含海涂面积62.92平方千米），海域面积2164平方千米。主岛海坛岛南北长29千米，东西宽19千米，面积267.13平方千米，为福建省第一大岛，全国第五大岛。平潭区地貌属木兰溪与龙江丘陵台地平原岛屿区，形成多岛屿、多岩礁、多港湾，丘陵与平原相间的地貌类型。主岛海坛岛陆地面积267.13平方千米，地势南北高、中部低。其北部呈现南北走向的三条丘陵带，并间以松散的堆积平原。全县最高峰——君山，海拔434.6米，并列有200米以上丘陵7座和芦洋埔、至凤洋等平原。芦洋埔为县内最大的沙积平原，面积30.23平方千米。海坛岛中部多海滨平原，由风海堆积物发育形成，有燕下埔、龙凤头埔、七里埔等。南部多低丘，海拔在100～250米的低丘有13座，为东北—西南走向和东西走向，间有远中洋埔和苍霞洋、东昆洋等海积平原。较高的山丘牛寨山海拔234.6米。由于地壳运动和泥沙淤积堵塞，在坛南湾内侧形成一个面积为190.52公顷的泻湖——三十六脚湖。除海坛岛外，尚有125个岛屿和702个礁石，分布在海坛岛四周，较大的岛屿有屿头、大练、小练、东庠、草屿和塘屿等。

平潭区气候属南亚热带湿润型，在大气环流和浩瀚大海的作用下，形成季风明显的海洋性气候，冬无严寒，夏无酷暑，霜雪罕见，日照充足。年平均气温19.5℃，年平均降水量1196.2毫米[①]。

本次调查新发现4处史前遗址点，分布在平原镇和岚城镇境内（图3-402）。

## （一）平原镇

### 1. 上攀遗址

位于平原镇上攀村东约50米，地理坐标为北纬25°37′52.756″，东经119°45′25.260″。海拔30.10米，相对高度2米。系一处不规则形台地。遗址东西长约100、南北长约70米，总面积约7000平方米。顶面平坦开阔，植被很少，基本为大面积农田。四面坡地都很低缓，一条水泥村道从山顶遗址核心区穿过；东面山脚下有一条溪流自北向南流过；南面紧邻上攀村；西面约80米就是县乡公路和上攀基督教堂；北面紧靠山丘，有大量现代墓。南坡民房较多；西坡也有大量民房和少量当代坟墓；北坡紧接山丘，植被较多（图3-403）。在村道南侧断坎上发现文化层堆积，厚度20～50厘米，土质松软，为深褐色土，内含大量陶片。共采集陶片353片。其中夹砂红褐陶12片（素面4片、绳纹8片）、夹砂灰黑陶48片（素面6片、绳纹39片、交错绳纹3片）、夹砂橘红陶13片（素面10片、绳纹3片）、夹

① 平潭区的地理环境资料参考平潭县地方志编纂委员会：《平潭县志》，方志出版社，2000年。

图 3-402　平潭区新发现遗址分布图

1. 上攀遗址　2. 榕山遗址　3. 朴秀遗址　4. 西楼山遗址

图 3-403　上攀遗址（西—东）

1　2

图 3-404　上攀遗址采集石锛

1. 上攀：1　2. 上攀：2

图 3-405　上攀遗址采集陶片

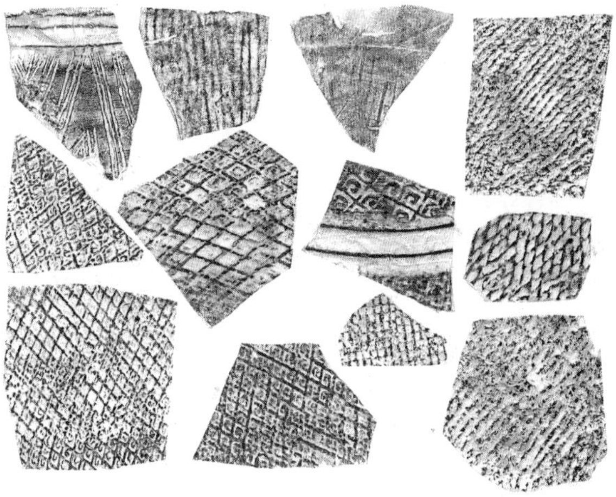

图 3-406　上攀遗址采集陶片纹饰拓片

砂红衣陶 9 片（素面 6 片、绳纹 3 片）、夹砂灰黄陶 144 片（素面 42 片、绳纹 102 片）、夹砂绳纹灰陶 48 片、夹砂红褐陶 2 片（素面 1 片、绳纹 1 片）、夹砂黑陶 10 片（素面 6 片、绳纹 4 片）、泥质赭衣陶 3 片（素面 2 片、篮纹 1 片）、泥质灰黄菱形回纹陶 1 片、黑衣硬陶 2 片（素面 1 片、篮纹 1 片）、灰硬陶 61 片（素面 6 片、菱形回纹 19 片、云雷纹 16 片、篮纹 5 片、网格纹 3 片、小方格纹 3 片、凸棱纹 6 片、刻划纹 2 片、席纹 1 片）（图 3-405、图 3-406）。另采集到残石锛 4 件。新石器时代至青铜时代。

石锛　2 件。上攀：1，灰黄色泥质岩。平面近长方形，横截面近椭圆形，背面平直，顶部崩损，刃部磨制较精细，余部为打制。长 6.2、宽 3.6、厚 2.1 厘米（图 3-404：1；图 3-407：1）。上攀：2，青灰色硅质岩。通体磨制，平面呈长方形，横截面呈扁方形。残长 4.4、宽 2.9、厚 1.3 厘米（图 3-404：2；图 3-407：2）。

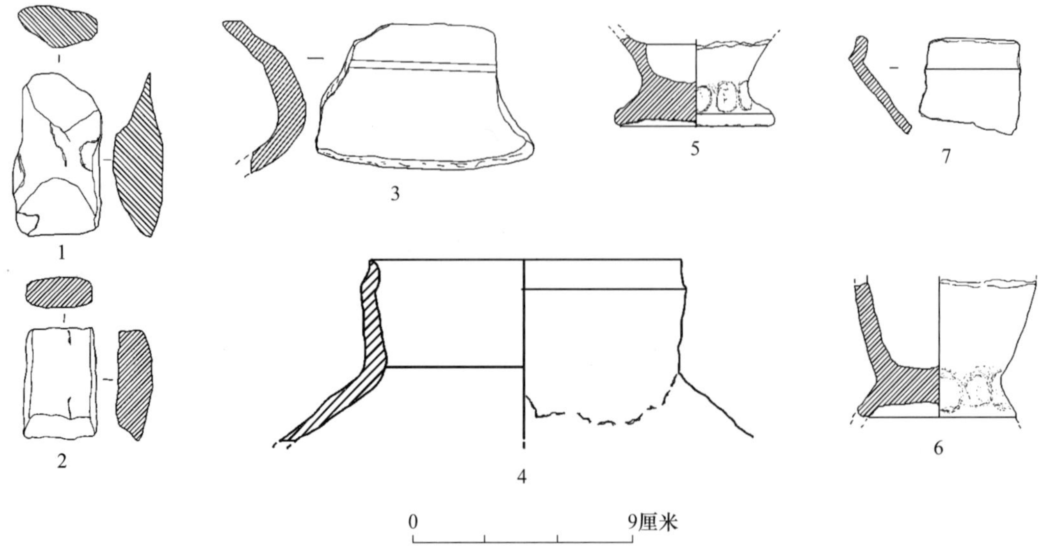


图 3-407　上攀遗址采集石器与陶器

1、2. 石锛（上攀：1、上攀：2） 3、7. 陶器口沿（上攀：3、上攀：7） 4. 陶罐（上攀：4） 5、6. 陶杯（上攀：6、上攀：8）

陶罐　1 件。上攀：4，泥质灰黄陶。直口，弧腹，器腹饰绳纹。口径 12.4、残高 6.3 厘米（图 3-407：4）。

陶杯　2 件。上攀：6，夹细砂灰黄陶，素面。矮圈足，腹底交接处有一圈按捺纹。底径 6.4、残高 3.4、厚 0.5～1 厘米（图 3-407：5）。上攀：8，夹细砂灰黄陶，素面。矮圈足，斜直腹，腹底交接处有一圈按捺纹。底径 6.2、残高 5.5、厚 0.6～0.8 厘米（图 3-407：6）。

陶器口沿　2 件。上攀：3，夹砂灰黄陶。侈口，圆唇，束颈，颈部饰两道凹弦纹。残长 8.7、宽 5.7、厚 1.1 厘米（图 3-407：3）。上攀：7，夹砂灰黄陶。侈口，圆唇，折腹，腹壁上饰云雷纹。残长 3.6、宽 4.5、厚 0.3~0.8 厘米（图 3-407：7）。

**2. 榕山遗址**

位于平原镇上攀村西南约 500 米，地理坐标为北纬 25° 37′ 31.655″，东经 119° 45′ 06.183″。海拔 35.8 米，相对高度 1 米。系一处东西向的山前台地。遗址东西长约 50、南北长约 100 米，总面积约 5000 平方米。整个山坡地势非常平缓，山顶为农田，周围植被茂密。东面山脚下是县道，南面约 700 米为村庄，西面连接大山，北面为连绵的丘陵（图 3-408）。共采集陶片 11 片，零星分布于山顶。其中夹砂素面黑陶 1 片、夹砂素面灰陶 1 片、灰硬陶 8 片（刻划纹 1 片、素面 5 片、网格＋凸棱纹 1 片、云雷纹 1 片）、素面黑衣硬陶 1 片（图 3-409、图 3-410）。未见文化层堆积。新石器时代至青铜时代。

圈足　1 件。榕山：1，泥质灰黄陶。柄足，足根外撇，足底面内凹。足径 8.8、残高 2.6 厘米（图 3-411：2）。

支脚　1 件。榕山：2，夹砂灰黄陶。圆柱形，底部微外撇。底径 5.5、残高 6.4 厘米（图 3-411：1）。

图 3-408　榕山遗址（西—东）

图 3-409　榕山遗址采集陶片

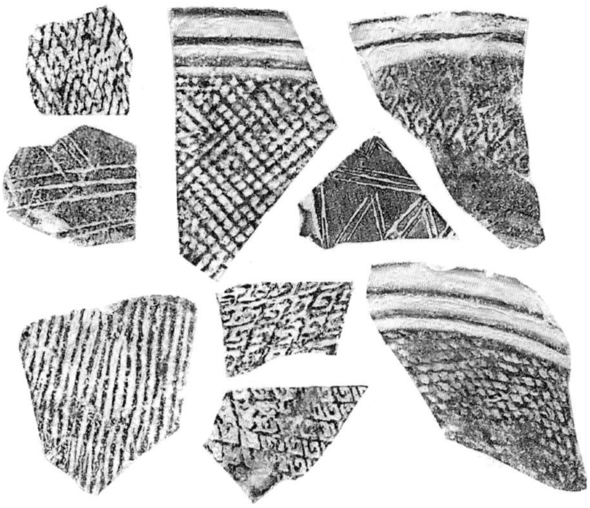

图 3-410　榕山遗址采集陶片纹饰拓片

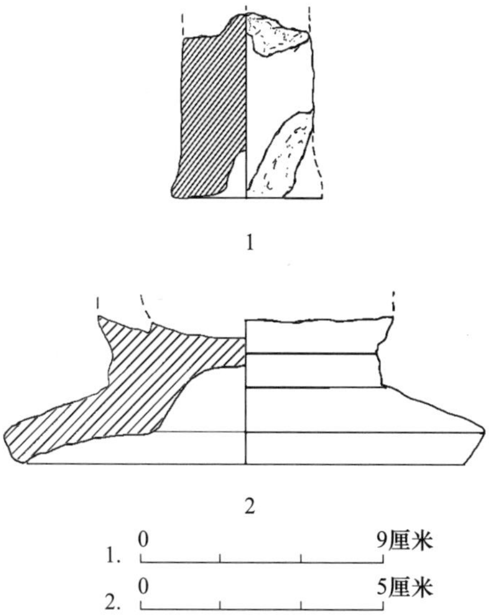


图 3-411　榕山遗址采集陶器

1. 支脚（榕山：2）2. 圈足（榕山：1）

**3. 朴秀遗址**

位于平原镇凤美村西南约 80 米，地理坐标为北纬 25° 36′ 49.672″，东经 119° 44′ 28.526″。海拔 63.08 米，相对高度 3 米。系大山向东南延伸出的坡地。遗址长约 100、宽约 200 米，面积约 2 万平方米。顶部略倾斜但视野开阔，外缘植被较少，越靠近里侧植被越茂密。东面紧邻县道公路，其下为三级台地和大片农田；南面是朴秀村，坡下有少量民房；西面连接大山；北面靠近凤美村。遗址整体保存状况较好，局部发现有地层堆积（图 3-412）。于山顶采集有残石料 2 件、残箭镞 1 件。共采集陶片 95 片。其中夹砂黄陶 42 片（绳纹 35 片、素面 7 片）、夹砂绳纹灰黑陶 13 片、夹砂素面红彩陶 1 片、灰硬陶 33 片（菱形回纹 2 片、网格纹 2 片、弦纹 2 片、云雷纹 18 片、方格纹 2 片、刻划纹 3 片、凸棱纹 3 片）、云雷纹红褐硬陶 1 片、灰黄夹砂陶 5 片（素面 3 片、绳纹 2 片）、灰黑绳纹陶 1 片（图 3-413、图 3-414）。青铜时代。

图 3-412　朴秀遗址（南—北）

图 3-413　朴秀遗址采集陶片

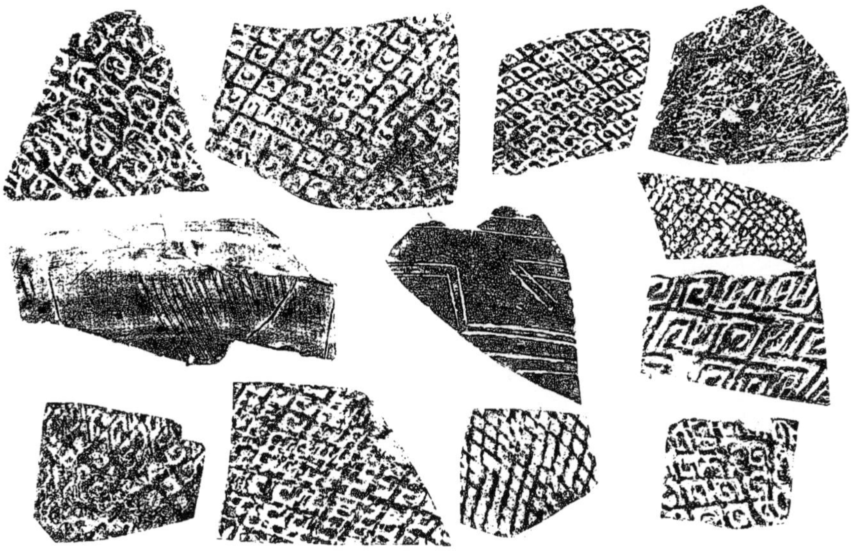

图 3-414　朴秀遗址采集陶片纹饰拓片

石锛　2件。朴秀：1，青灰色泥质岩。平面呈长方形，横截面近梯形，背面平直，通体粗磨制。长6.8、宽3.0、厚1.5厘米（图3-415：1；图3-416：2）。朴秀：2，青灰色泥质岩。平面呈长方形，横截面梯形，背面微弧，顶部一角微残，通体粗磨制。长4.9、宽3.0、厚1.3厘米（图3-415：2；图3-416：1）。

1　　2

图 3-415　朴秀遗址采集石锛

1. 朴秀：1　2. 朴秀：2

石镞　1件。朴秀：7，黑色硅质岩。平面近长菱形，横截面近扁菱形，通体磨制精细。长6.2、宽3.6、厚2.1厘米（图3-417）。

陶杯　1件。朴秀：5，夹细砂灰陶，素面。小圈足，斜直腹。足径4.8、残高6厘米（图3-416：3）。

陶罐　3件。朴秀：3，灰硬陶。直口，宽折沿成盘口状，唇缘外凸，沿面内弧，长颈，颈部饰刻划斜线纹。口径20、残高4厘米（图3-416：4）。朴秀：4，灰硬陶。平底微内凹，鼓腹。器腹饰云雷纹。底径9、残高5.6厘米（图3-417：6）。朴秀：6，夹细砂黄陶，素面。侈口，束颈。口径16、残高4.2厘米（图3-417：5）。

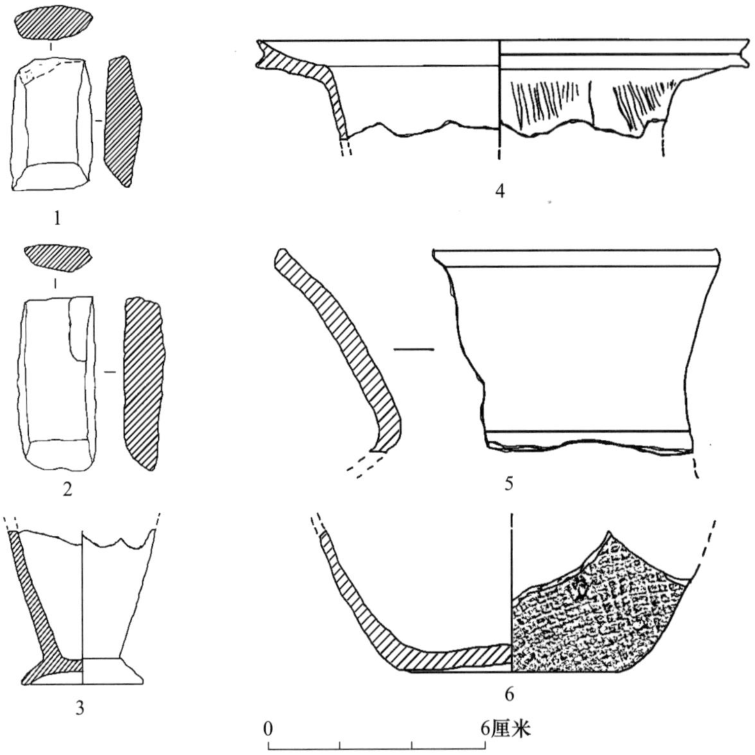


图3-416　朴秀遗址采集石器与陶器

1、2. 石锛（朴秀：2、朴秀：1）3. 陶杯（朴秀：5）

4～6. 陶罐（朴秀：3、朴秀：6、朴秀：4）

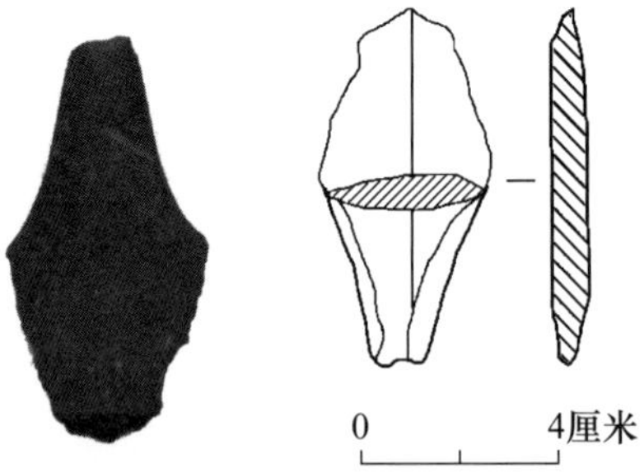


图3-417　朴秀遗址采集石镞

（朴秀：7）

## （二）岚城镇

### 西楼山遗址

位于岚城镇西楼村北约50米，地理坐标为北纬25°29′17.953″，东经119°45′26.531″。海拔52.8米，相对高度约3米。系西楼山向南延伸出来的一处台地。遗址东西长约200、南北长约100米，面积约2万平方米。顶部平坦开阔，基本都被农田覆盖，植被稀少。东坡、南坡平缓且紧邻西楼村，南面约500米处为三十六脚湖；西面和北面都连接西楼山（图3-418）。零星陶片分布遗址各处。共采集陶片36片。其中夹砂素面灰黄陶1片、夹砂素面灰陶1片、灰硬陶34片（菱形回纹＋凹弦纹1片、网格＋凹弦纹1片、刻划纹2片、凸棱纹6片、网格纹9片、方格纹8片、素面3片、凹弦纹4片）（图3-419、图3-420）。未发现文化层堆积。青铜时代。

图 3-418　西楼山遗址（北—南）

图 3-419　西楼山遗址采集陶片

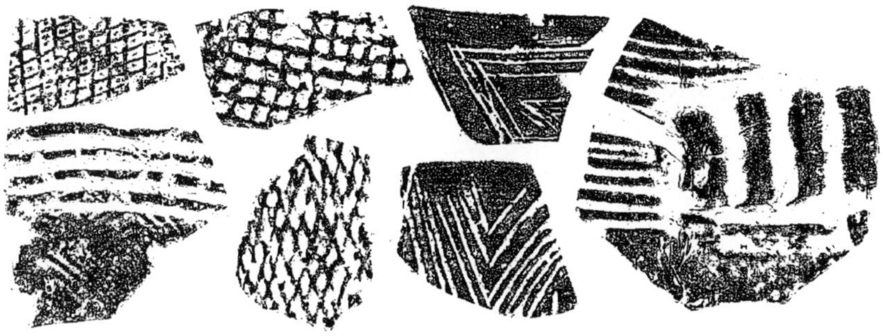

图 3-420　西楼山遗址采集陶片纹饰拓片

## 六、连　江　县

连江县位于福建东部沿海，地处北纬 26° 07′～26° 27′，东经 119° 17′～120° 31′。东濒东海，与台湾岛一衣带水，距马祖列岛与大陆最近点仅隔 9.25 千米；西傍福建省会福州，陆路相距 50 千米；南扼闽江出口；北控闽浙通衢。沿海有 122 个岛屿，海岸线曲折绵亘 209 千米。全县陆、海总面积 4280.15 平方千米（包括马祖列岛）。其中陆地面积 1168.13 平方千米，海域面积 3112.02 平方千米。全县下辖 16 镇 6 乡。

全县属中亚热带海洋性季风气候，雨量丰沛，日照充足，夏长冬短、四季分明。多年平均温度 16.7～19.4℃，年均降水量 1000～1740 毫米。地形西北向东南倾斜，直逼海滨。地貌类型多样，海拔 500 米以上山峰 108 座，最高缺鼻峰海拔 1028.5 米。山地、丘陵面积占陆地面积的 72.8%，平原谷地占 27.2%。由于岭谷切割较深，排列明显，水系亦较发育。境内最大河流敖江是福建省第六大河流，发源于古田县，干流 137 千米，自西而东流经县境 6 个乡镇 63 千米，流域面积 720 平方千米。闽江流经县境南部琯头镇汇入东海[①]。

本次调查新发现史前遗址 10 处，分布在丹阳、透堡、马鼻、官坂 4 个乡镇境内（图 3-421）。

（一）丹阳镇

### 1. 大坪顶遗址

位于连江县丹阳镇利畬村西北约 200 米，地理坐标为北纬 26° 18′ 46″，东经 119° 26′ 37″。海拔 88.1 米，相对高度 18 米。为一条东西向近长条形的山冈。遗址东西长约 200、南北长约 300 米，总面积约 6 万平方米。山顶平坦宽阔，东、西面坡度较缓，南、北面坡度较陡。山体杂草丛生，东坡有一条土路上山，南坡种植有少量樟树。西面山脚下均为水田，仅东部有一条村通小路（图 3-422）。陶片主要分布于山顶及两个山冈连接处。采集陶片 27 片，均为灰硬陶片，纹饰有凸菱格纹、网格纹、方格纹、刻划纹、席纹、云雷纹和素面（图 3-423、图 3-424）。另采集石锛 1 件。未发现文化层堆积。青铜时代。

石锛　1 件。大坪顶：1，青灰色硅质岩。平顶，背面较平直。平面呈长方形，横断面呈不规则四边形。通体磨制。长 4.29、宽 3.22、厚 1.53 厘米（图 3-425）。

---

① 连江县的地理环境资料参考连江县地方志编纂委员会：《连江县志》，方志出版社，2001 年。

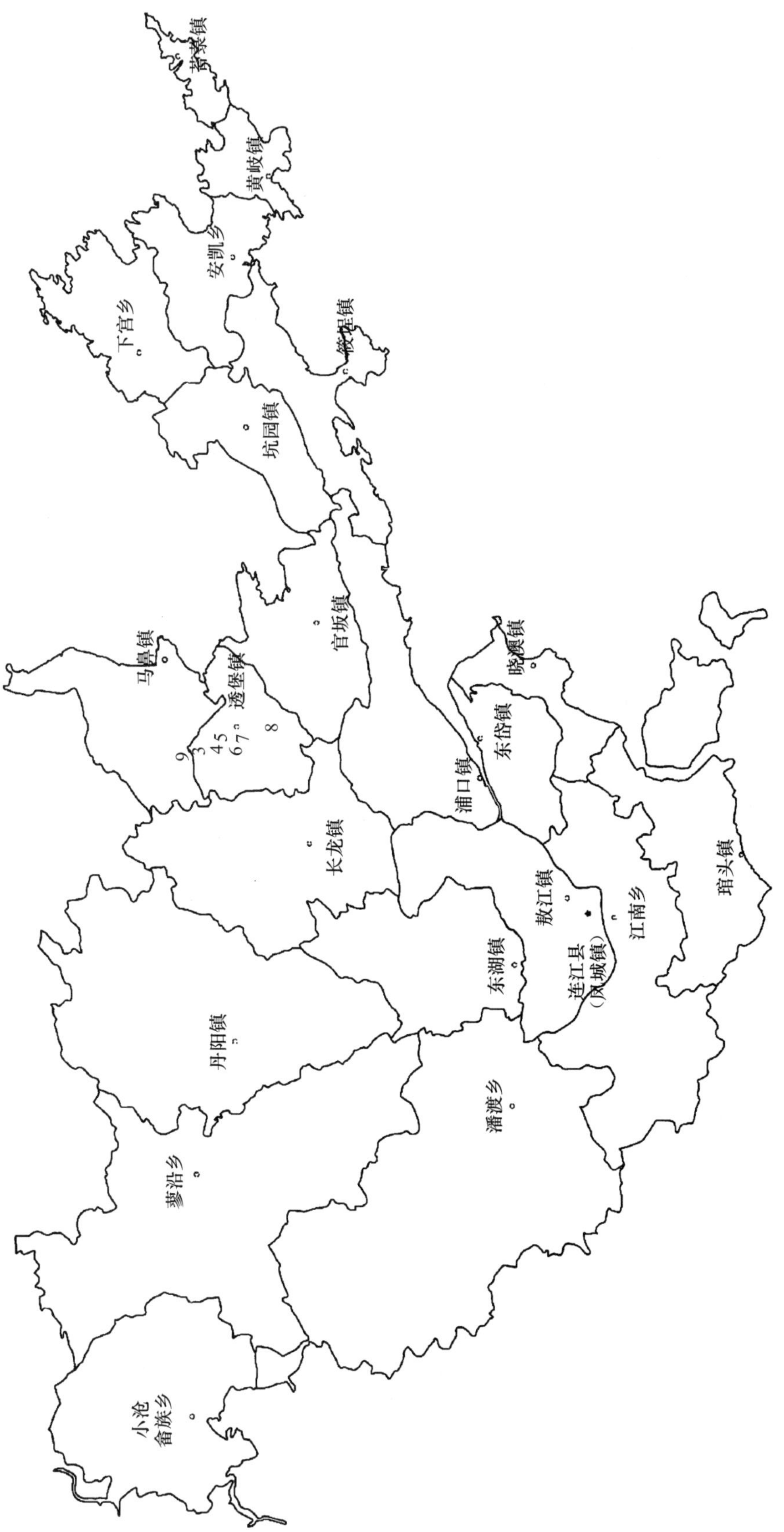


图 3-421　连江县新发现遗址分布图

1. 大坪顶遗址　2. 井垄里遗址　3. 虎头山遗址　4. 溪山遗址　5. 黄岐屿遗址
6. 黄土山遗址　7. 金鸡山遗址　8. 薯山遗址　9. 鲤溪遗址　10. 冈头山遗址

图 3-422　大坪顶遗址（北—南）

图 3-423　大坪顶遗址采集陶片

图 3-424　大坪顶遗址采集
陶片纹饰拓片

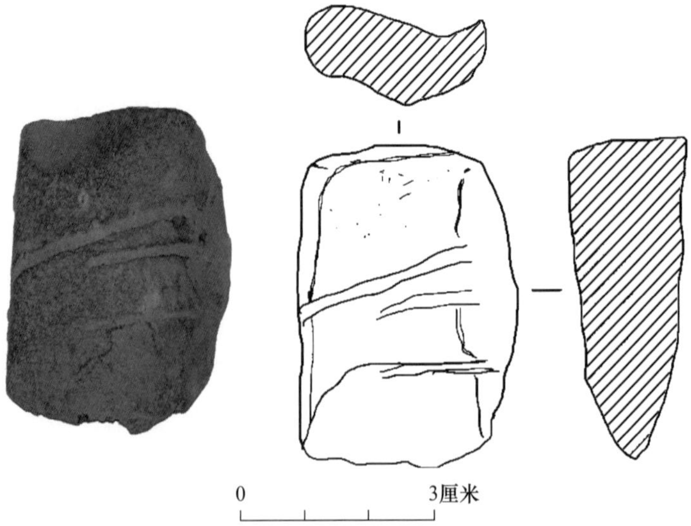


图 3-425　大坪顶遗址采集石锛
（大坪顶：1）

**2. 井垄里遗址**

位于连江县丹阳镇四定村井垄里自然村西南约100米，地理坐标为北纬26°18′45″，东经119°26′44″。海拔75米，相对高度5米。为一相对独立的不规则形台地。遗址东西长约100、南北长约150米，总面积约1.5万平方米。山顶较平坦宽阔，杂草较密。东坡和西坡低缓，村民开垦种植毛竹和梨树；南坡低缓，有一处民房；山脚下为利畲村水泥路，路南部有小溪由北向西南流过；北坡开垦成阶地状，种植地瓜（图3-426）。陶片零星分布于山顶通信塔周边及南坡，采集陶片均为印纹灰硬陶30片。纹饰有方格纹、云雷纹、刻划纹、凹弦纹、条纹等（图3-427、图3-428）。未发现文化层堆积。青铜时代。

图3-426　井垄里遗址（西—东）

图3-427　井垄里遗址采集陶片

图3-428　井垄里遗址采集陶片纹饰拓片

## （二）透堡镇

### 1. 虎头山遗址

位于连江县透保镇馆读村西北约 1000 米，地理坐标为北纬 26° 21′ 59″，东经 119° 36′ 48″。海拔 43 米，相对高度 33 米。系大山向东延伸出的长条形山冈。遗址长约 70、宽约 120 米，面积约 8400 平方米。山顶较平坦宽阔，植被较密。东坡低缓，种植甘蔗；南、北面坡度较陡，为苗圃和农田，不远处为溪山遗址；西坡与大山连接，不远处为鲤溪水库，温福铁路自北向南将山体一分为二，山体杂草丛生；东坡有一条部队开拓的土路；南坡种植有少量樟树（图 3-429）。陶片零星分布于东坡和南坡。共采集陶片 5 片，均为印纹灰硬陶（素面 2 片、网格纹 2 片、条纹 1 片）（图 3-430、图 3-431）。未发现文化层堆积。青铜时代。

图 3-429　虎头山遗址（南—北）

图 3-430　虎头山遗址采集陶片

图 3-431　虎头山遗址采集陶片纹饰拓片

### 2. 溪山遗址

位于连江县透保镇馆读村西北约 450 米，地理坐标为北纬 26° 21′ 49″，东经 119° 36′ 51″。海拔 27 米，相对高度 17 米。系大山向东延伸出的近似梯形坡地。遗址长约 500、宽约 50 米，总面积约 2.5

万平方米。山顶较平坦宽阔，植被较密。东坡低缓，开垦为农田；南、北坡较陡，山脚下炉溪自西向东流过；西面与大山的连接被温福铁路切断（图 3-432）。陶片零星分布于东坡，路边断坎处有发现牡蛎壳堆积，堆积厚度 10～30 厘米。共采集陶片 38 片。其中夹砂素面黑陶 19 片、夹砂素面红陶 3 片、夹砂灰黄陶 13 片（素面 11 片、压印纹 2 片）、灰硬陶 3 片（方格纹 2 片、弦纹 1 片）（图 3-433、图 3-434）。采集凹石 1 件。新石器时代至青铜时代。

凹石　1 件。溪山：1，砾岩。平面呈不规则六边形，横截面呈长方形。两面中心部分皆有打击形成的凹痕。长 10.9、宽 9.3、厚 1.8 厘米（图 3-435）。

图 3-432　溪山遗址（南—北）

图 3-433　溪山遗址采集陶片

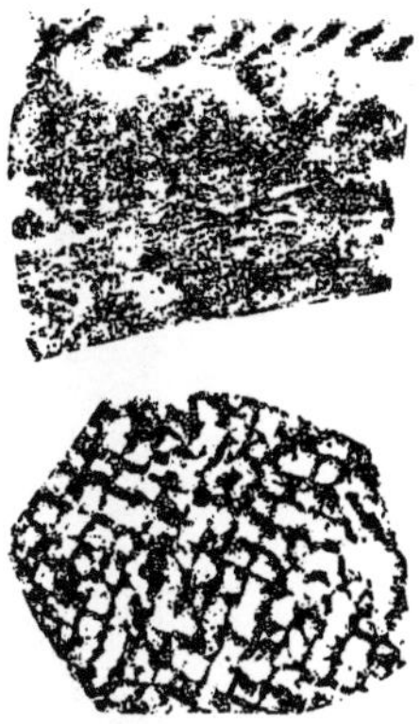

图 3-434　溪山遗址采集陶片纹饰拓片

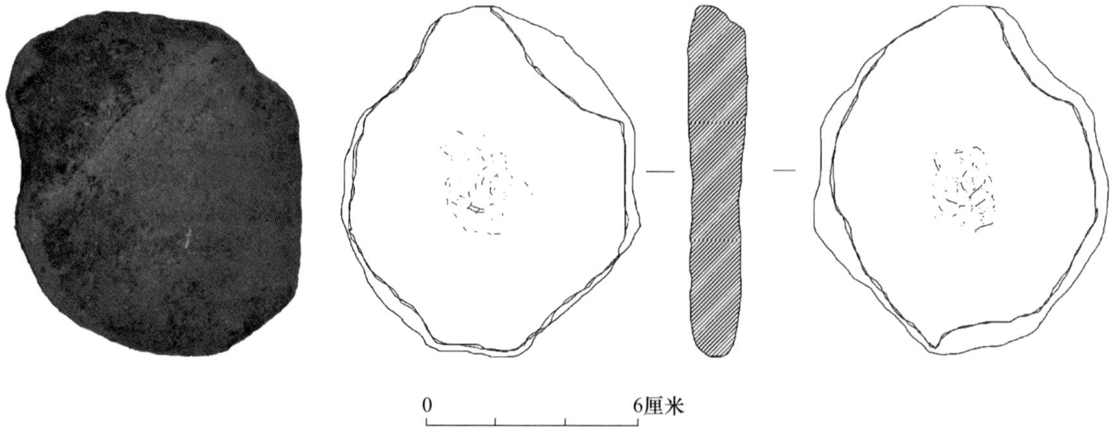


图 3-435　溪山遗址采集凹石
（溪山：1）

**3. 黄岐屿遗址**

位于连江县透保镇馆读村东南面 60 米，地理坐标为北纬 26° 21′ 27″，东经 119° 37′ 10.1″。海拔 43 米，相对高度约 3 米。为一座独立且近似椭圆形的山冈。遗址东西长约 100、南北长约 50 米，总面积约 5000 平方米。山顶较平坦宽阔，新修高铁从遗址中部穿过；东、南坡低缓，为农田；西坡紧临南北走向的村村通水泥路，坡下有现代墓；北坡约 60 米为馆读村。陶片集中发现于南坡，有大量陶片、一处最厚达 1.5 米的贝壳堆积、碎骨等遗迹；西坡分布零星。2015 年 1 月，福建省昙石山遗址博物馆会同福建博物院对该遗址进行了抢救性发掘。详见本章第三节。新石器时代昙石山文化时期。

**4. 黄土山遗址**

位于连江县透保镇馆读村西南面约 700 米，地理坐标为北纬 26° 21′ 19″，东经 119° 36′ 45″。海拔 73 米，相对高度 67 米。系大山向东延伸出的坡地。遗址长约 150、宽约 100 米，面积约 1.5 万平方米。山顶宽阔但略陡，植被较密。东坡略陡，坡下为农田，温福铁路自北向南将山体一分为二；南、北面坡度较陡；西坡与大山连接（图 3-436）。陶片零星见于山顶、东坡和南坡，共采集陶片 4 片，均

图 3-436　黄土山遗址（东北—西南）

为灰硬陶，素面、方格纹、弦纹、云雷纹各一（图3-437、图3-438）。另采集残石锛1件。未发现文化层堆积。新石器时代至青铜时代。

石锛　1件。黄土山：1，青灰色细砂岩，通体打制后粗磨。平面呈长方形，横截面近似菱形。残长5.8、宽2.8、厚1.7厘米（图3-439）。

图3-437　黄土山遗址采集陶片

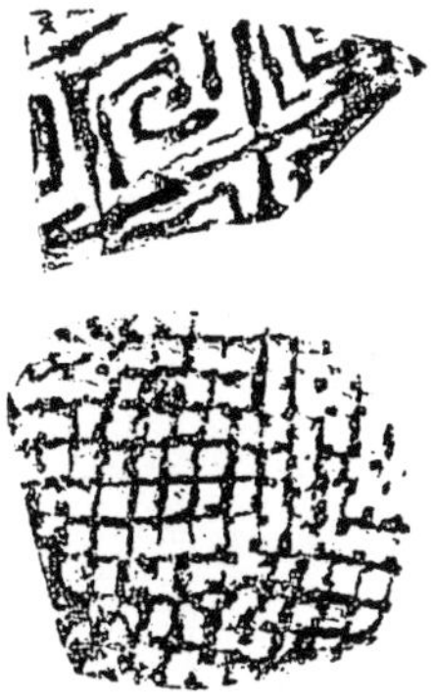

图3-438　黄土山遗址采集陶片纹饰拓片

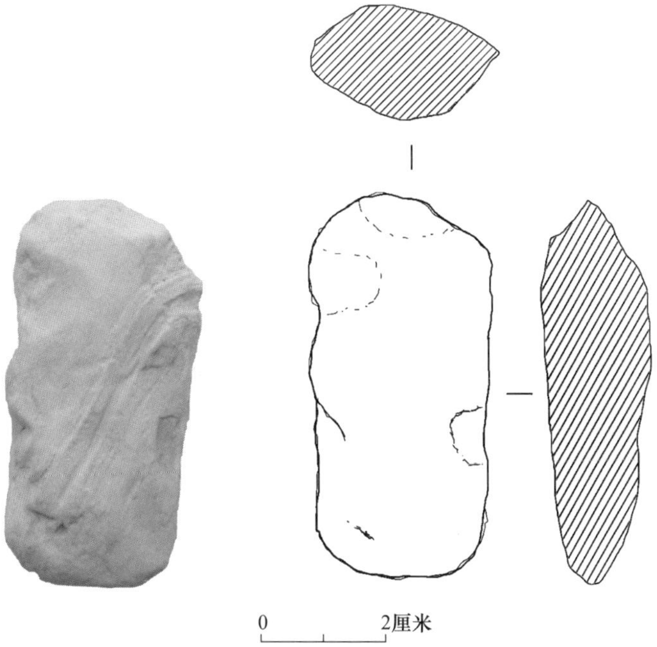


图3-439　黄土山遗址采集石锛
（黄土山：1）

**5. 金鸡山遗址**

位于连江县透堡镇西北方约1000米的炉山脚下，地理坐标为北纬26°21′13″，东经119°37′4″。海拔 29 米，相对高度 15 米。为炉山向东延伸出的坡地。遗址长约 100、宽约 80 米，面积约 8000 平方米。山顶较开阔，种植茶树、龙眼、橄榄树；东坡较低缓，开垦种植茶树并有密集的现代水泥墓，局部杂草丛生；南、北坡较低缓，已开垦成阶地状，种植茶树和少量橄榄树；西坡与大山连接（图 3-440）。陶片零星分布于东坡。共采集陶片 6 片。其中灰硬陶 5 片（席纹 4 片、弦纹 1 片）、篮纹灰黄硬陶 1 片（图 3-441、图 3-442）。另采集到石锛 1 件。未发现文化层堆积。新石器时代至青铜时代。

石锛　1 件。金鸡山：1，青灰色泥质岩，器形较小。平顶，背面略外弧。平面呈不规则四边形，横断面呈不规则四边形。大部分经磨制。长 3、宽 2.3、厚 1.23 厘米（图 3-443）。

图 3-440　金鸡山遗址（北—南）

图 3-441　金鸡山遗址采集陶片

图 3-442　金鸡山遗址采集陶片纹饰拓片

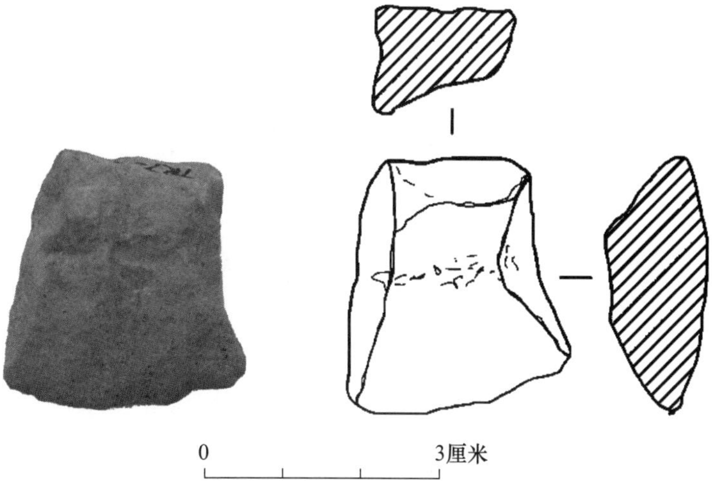


图 3-443　金鸡山遗址采集石锛
（金鸡山：1）

### 6. 薯山遗址

位于连江县透堡镇西门村西面约 100 米，地理坐标为北纬 26°20′30″，东经 119°37′33″。海拔 53.1 米，相对高度 20 米。为相对独立的近似椭圆形山冈，名薯山（或鱼山）。遗址东西长约 200、南北宽约 100 米，面积约 2 万平方米。山顶较平坦宽阔，大部分经开垦，种植茶树和地瓜等；东坡和南坡较低缓，大部分经开垦，种植地瓜、茶树、豌豆、荔枝和杉树等；西坡较陡，植被较茂密，分布有几块茶园和菜地，以及几座现代墓葬；北坡较陡，植被较茂密；西北坡山脚下有一座天主教堂（图 3-444）。陶片零星分布于东、南和西坡，并在西坡一处断坎上发现文化层堆积：

第 1 层：表土层。黑色，厚 20～25 厘米。

第 2 层：文化层。红褐色土，厚 30～65 厘米，内含少量灰硬陶（图 3-445）。

图 3-444　薯山遗址（东南—西北）

图 3-445　薯山遗址文化层剖面

图 3-446　薯山遗址采集陶片

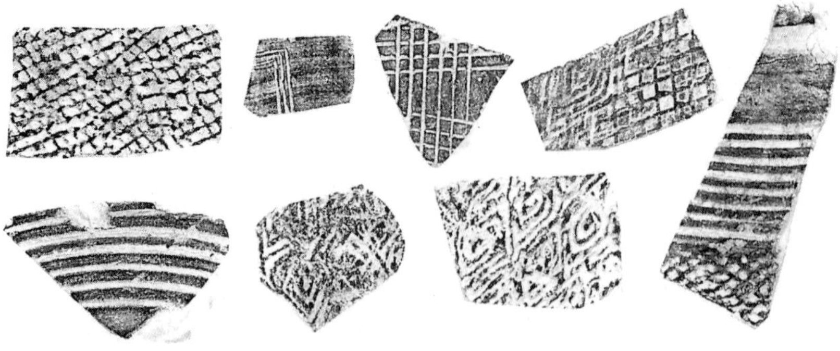

图 3-447　薯山遗址采集陶片纹饰拓片

共采集陶片 44 片。其中灰硬陶 43 片（素面 5 片、方格纹 17 片、弦纹 9 片、刻划纹 3 片、云雷纹 7 片、网格纹 2 片），泥质方格纹灰黄陶 1 片（图 3-446、图 3-447）。另发现残石锛和残石矛各 1 件。新石器时代至青铜时代。

石锛　1件。薯山：1，青灰色泥质岩，器形较小。平顶，背面略外弧。平面略呈梯形，横断面呈不规则四边形，单面刃。打制成坯，刃部经磨制。长4.67、宽2.37、厚0.74厘米（图3-448：1；图3-449）。

石矛　1件。薯山：2，青黑色硅质岩，通体磨制精细，锋尖及铤部残损。平面呈三角形，横截面呈菱形。残长5.5、最宽处3.4、厚1.4厘米（图3-448：2；图3-450）。

陶器口沿　1件。薯山：3，灰硬陶。直口宽折沿，沿口缘上折如盘口状，口沿面有两道凹弦纹，内口至颈肩交接处有三道凹弦纹。直径23、残高2.5厘米（图3-448：3）。

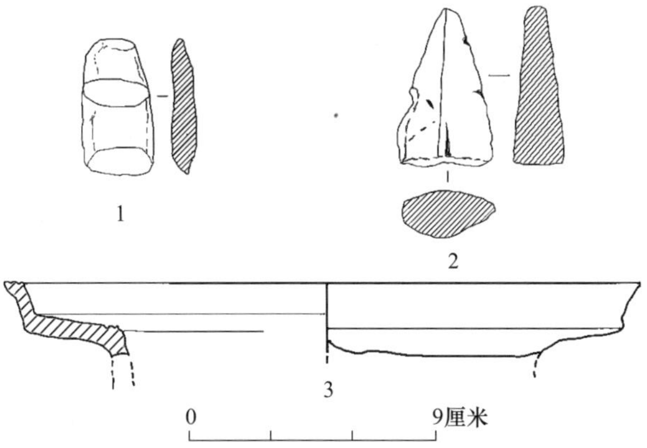


图3-448　薯山遗址采集石器与陶器

1. 石锛（薯山：1）2. 石矛（薯山：2）3. 陶器口沿（薯山：3）

图3-449　薯山遗址采集石锛（薯山：1）

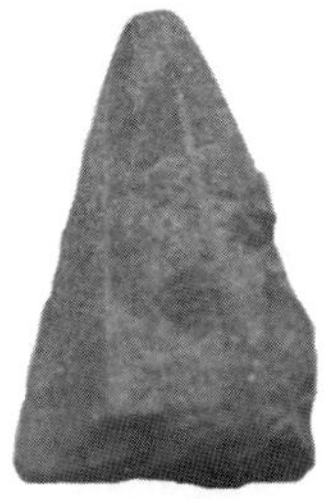

图3-450　薯山遗址采集石矛（薯山：2）

## （三）马鼻镇

### 鲤溪遗址

位于连江县马鼻镇鲤溪村西约500米，地理坐标为北纬26°22′15″，东经119°36′36″。海拔45米，相对高度30米。为一相对独立的近似椭圆形山冈。遗址东西长约150、南北宽约100米，面积约1.5万平方米。山顶较平坦宽阔，其上为鲤溪水厂，植被较稀少，种植有楝树、樟树等；东坡较缓，杂生相思树、樟树等，山腰有上山道路，山脚下为鲤溪；南坡低缓，植被较茂密，相思树、樟树等茂盛，山脚下鲤溪自西向东流经；西坡较低缓，有上山水泥路，山脚下有温福铁路和罗汉禅寺；北坡较陡，樟树、相思树等生长茂盛，山腰有上山水泥路，山脚下即为鲤溪水库，对面为大山（图3-451）。陶片零星分布于东坡及西坡水泥道旁断坎上。共采集陶片 11 片。其中方格纹灰硬陶 8 片、夹砂素面灰陶 1 片、夹砂方格纹灰黑陶 2 片（图 3-452、图 3-453）。未发现文化层堆积。青铜时代。

图 3-451　鲤溪遗址（东—西）

图 3-452　鲤溪遗址采集陶片

图 3-453　鲤溪遗址采集陶片纹饰拓片

（四）官坂镇

**岗头山遗址**

位于连江县官坂镇莺头村东南面约 50 米，地理坐标为北纬 26° 18′ 37″，东经 119° 41′ 56.3″。海拔 26.3 米，相对高度 1 米。为一相对独立的近似椭圆形山冈。遗址东西长约 80、南北宽约 60 米，面积约 5000 平方米。山顶较平坦宽阔，四面坡度较缓。东坡低缓，山下有村村通水泥路，山下为大片池塘；南、西坡为莺头村；北坡为大片农田（图 3-454）。在东坡下池塘内挖出的泥土中发现较多陶片。共采集陶片 104 片。其中夹砂灰黄陶 5 片（素面 4 片、方格纹 1 片）、夹砂灰黑陶 7 片（素面 6 片、绳纹 1 片）、夹砂素面灰褐陶 1 片、夹砂灰陶 24 片（素面 10 片、绳纹 13 片、云雷纹 1 片）、泥质灰黄陶 62 片（素面 10 片、条纹 37 片、栅篱纹 10 片、方格纹 4 片、绳纹 1 片）、泥质素面灰陶 1 片、灰硬陶 4 片（素面 1 片、篮纹 2 片、绳纹 1 片）（图 3-455、图 3-458）。另采集到残石锛 1 件、残陶支脚 2 个（图 3-456、图 3-457）。未发现文化层堆积。新石器时代。

图 3-454　岗头山遗址（东—西）

图 3-455　岗头山遗址采集陶片

图 3-456　岗头山遗址采集石锛
（岗头山：1）

图 3-457　岗头山遗址采集陶支脚残件

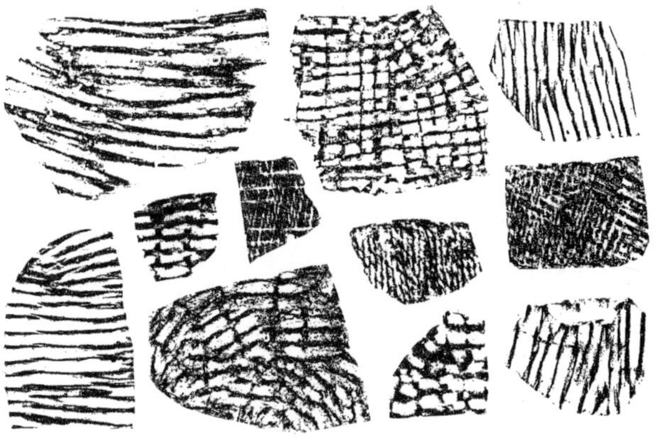

图 3-458　岗头山遗址采集陶片纹饰拓片

石锛　1件。岗头山：1，青灰色泥质岩。平顶，背面略外弧。平面呈长方形，横断面呈不规则四边形。通体磨制。长4.7、宽2.63、厚1.36厘米（图3-456；图3-459：1）。

陶器口沿　1件。岗头山：2，夹砂灰黄陶。侈口，沿面微内凹。残长4、宽6、厚0.6厘米（图3-459：2）。

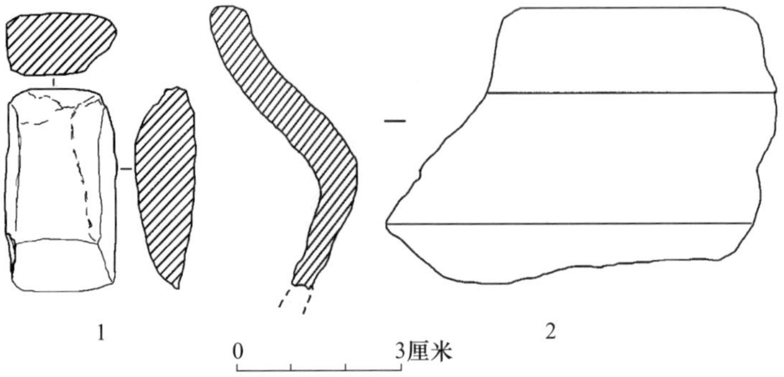


图3-459　岗头山遗址采集石器与陶器

1. 石锛（岗头山：1）　2. 陶器口沿（岗头山：2）

## 七、罗　源　县

罗源县位于福建东北沿海，地理坐标为北纬26°23′～26°39′，东经119°7′～119°54′。南邻连江县，西南与福州市、闽侯县接壤，西北连古田县，北和宁德市交界，东隔海与霞浦东冲半岛相望。总面积1187平方千米，其中陆地1031平方千米，海域、滩涂156平方千米。县境东面临海，有大小海湾9个，岛屿15个，海岸线长129.09千米。境内三面环山，山地面积占陆地面积42.9%，地形为东西长条状，鹫峰山脉东南支脉从西北方向延伸入境，形成众多山岭，地势自西而东，高低起伏。境内属中亚热带海洋性季风气候，四季分明，夏长无酷暑，冬短无严寒，雨量充沛，温暖湿润，年均气温16～19℃，降雨量1400～2000毫米。全县下辖6镇7乡。境内水系较为发达，主要河流有霍口溪、起步溪、中房溪等①。

本次调查新发现史前遗址5处，分布在飞竹镇和起步镇境内（图3-460）。

### （一）飞竹镇

#### 1. 茶山遗址

位于福建省罗源县飞竹镇里飞竹村西北约300米，地理坐标为北纬26°28′0″，东经119°20′06″。海拔390米，相对高度30米。系一相对独立的近似月牙形的山冈。遗址东西长约300、南北长约150米，总面积约4.5万平方米。山顶较平坦宽阔，阶地状开垦，种植茶树。东坡、南坡、西坡三面较缓，北坡与大山相连，地表开垦种植的茶树。飞竹溪自北向南绕经遗址的西面和南面蜿蜒流过（图3-461）。

① 罗源县的地理环境资料参考罗源县地方志编纂委员会：《罗源县志》，方志出版社，1998年。

图 3-460　罗源县新发现遗址分布图
1. 茶山遗址　2. 炮台山遗址　3. 马洋遗址　4. 后门山遗址　5. 白岩遗址

在遗址山顶、南坡和北坡采集到零星陶片。陶片采集有 9 片。其中泥质素面灰陶 1 片、泥质弦纹橙黄陶 1 片、灰硬陶 7 片（素面 2 片、方格纹 5 片）（图 3-462、图 3-463）。未发现文化层堆积。新石器时代至青铜时代。

图 3-461　茶山遗址（南—北）

图 3-462　茶山遗址采集陶片

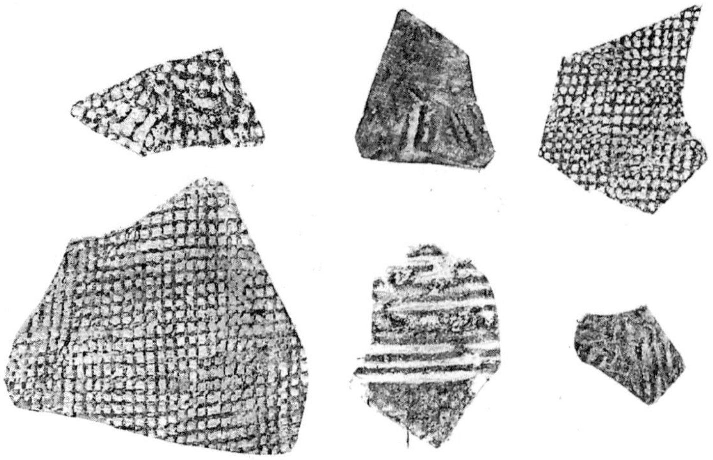

图 3-463　茶山遗址采集陶片纹饰拓片

**2. 炮台山遗址**

位于福建省罗源县飞竹镇刘洋村南面 50 米，地理坐标为北纬 26°28′56″，东经 119°18′58″。海拔 509.3 米，相对高度 30 米。系大山向西延伸出的近似圆形的山冈。遗址长约 300、宽约 120 米，总面积约 3.6 万平方米。山顶较平坦，四周山坡低缓，整个山体种植有大片毛竹。刘洋溪自南向北从西面山脚下蜿蜒流过（图 3-464）。仅在山顶发现 1 片凸棱纹灰硬陶片（图 3-465），未发现文化层堆积。青铜时代。

图 3-464　炮台山遗址（西南—东北）

图 3-465　炮台山遗址采集陶片

**3. 马洋遗址**

位于罗源县飞竹镇马洋村西约 200 米，地理坐标为北纬 26°29′22″，东经 119°20′0″。海拔 503 米，相对高度 10 米。系山间盆地内一不规则形山冈。遗址东西长约 100、南北长约 70 米，总面积约 7000 平方米。山顶较平坦，平面较窄，植被茂密。东、西、南三面坡较缓，北坡较陡。有溪流自北向南绕经东北和东南面山脚蜿蜒流过（图 3-466）。于遗址东坡发现零星陶片。共采集灰硬陶 4 片（素面 1 片、绳纹 3 片）（图 3-467）。未发现文化层堆积。青铜时代。

图 3-466　马洋遗址（南—北）

图 3-467　马洋遗址采集陶片

## （二）起步镇

### 1. 后门山遗址

位于福建省罗源县起步镇兰田村东约 50 米，地理坐标为北纬 26° 30′ 50″，东经 119° 33′ 36″。海拔 35 米，相对高度 20 米。系一相对独立的近似椭圆形山冈。遗址东西长约 200、南北长约 150 米，总面积约 3 万平方米。山顶平坦宽阔，四周山坡低缓，地表植被茂密，种植少量橄榄树和地瓜。起步溪的支流护国溪在遗址西南山脚自西北向东南流过（图 3-468）。在遗址西坡近山顶部位采集到较多陶片，东坡、北坡采集到零星陶片。共采集陶片 23 片。其中灰硬陶 22 片（方格纹 12 片、弦纹 2 片、网格纹 5 片、刻划纹 3 片）、黑衣方格纹硬陶 1 片（图 3-469、图 3-470）。未发现文化层堆积。青铜时代。

图 3-468　后门山遗址（南—北）

图 3-469　后门山遗址采集陶片

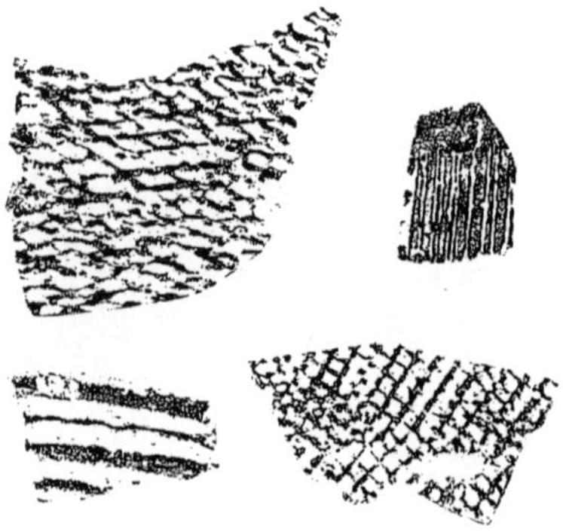

图 3-470　后门山遗址采集陶片纹饰拓片

## 2. 白岩遗址

位于福建省罗源县起步镇洋北村白岩自然村北面300米，地理坐标为北纬26°30′58″，东经119°29′22″。海拔56.4米，相对高度25米。为大山向东北延伸出来的近似椭圆形山冈。遗址长约100、宽约150米，总面积约1.5万平方米。山顶较平坦宽阔，植被茂密。东坡经破坏为断坎，南坡、北坡低缓，西坡较陡，北面山脚下有起步溪自西向东流过（图3-471）。在遗址东南面断坎上发现零星陶片。共采集陶片10片，其中方格纹灰硬陶7片，黑衣硬陶3片（素面2片，方格纹1片）（图3-472、图3-473）。另采集凹石1件。未发现文化层堆积。新石器时代至青铜时代。

图3-471　白岩遗址（西—东）

图3-472　白岩遗址采集陶片

凹石　1 件。白岩：1，灰黄色砾岩。整体呈上小下大的三棱柱状，除顶面外，各面均有击打形成的凹坑。高 7.5、宽 7～9 厘米（图 3-474）。

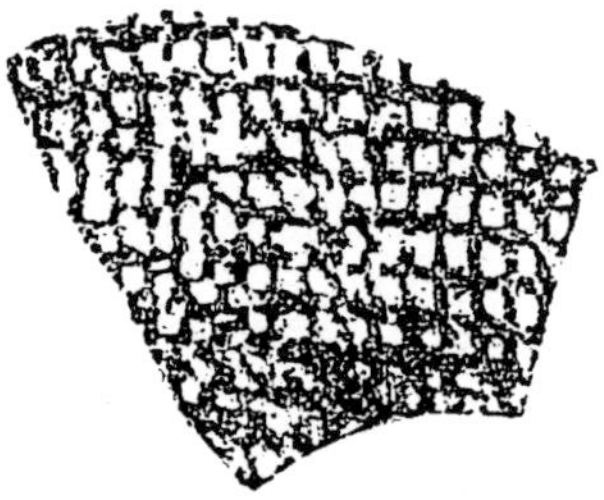

图 3-473　白岩遗址采集陶片纹饰拓片

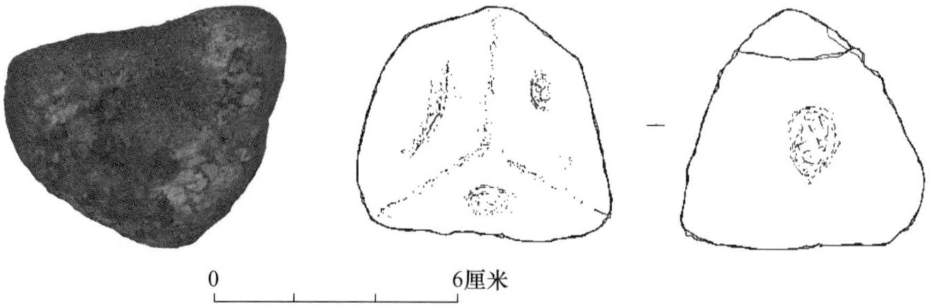


图 3-474　白岩遗址采集凹石（白岩：1）

## 八、古　田　县

古田县位于福建省东北部，古田溪中下游，地理坐标为北纬 26° 16′ ～20° 53′，东经 118° 32′ ～119° 24′ 。境内山地丘陵占土地总面积 84%。地势分别由西北向东南、东北向西南倾斜，呈两高两低马鞍状。其间重山叠嶂，溪谷遍布。气候属中亚热带型，夏长冬短，春秋对峙，海洋性、大陆性气候兼之。年均气温 16～21℃，年降水量 1400～2100 毫米，全县下辖 2 街道 8 镇 4 乡[①]。

本次调查对象为古田县境内的闽江干流及古田溪和武步溪等支流，其中又因古田溪流域面积最广而作为调查的重点区域，古田溪的主要支流有吉兆溪、达才溪、桃溪、大桥溪、西溪等。新发现史前遗址 46 处，分布在平湖镇、凤埔乡、城东街道、凤都镇、城西街道、吉巷乡、大桥镇、泮洋乡 8 个街道或乡、镇境内（图 3-475）。

### （一）平湖镇

#### 1. 下洋遗址

位于古田县平湖镇下洋村北约 50 米，地理坐标为北纬 26° 47′ 13.707″，东经 118° 46′ 04.212″。海拔 487 米，相对高度 45 米。系大山向东南延伸出的不规则状山梁。遗址长约 150、宽约 100 米，面积约 1.5 万平方米。山顶平坦开阔，东、南、北面坡较陡；西南山脚下有通往后岩村的村道经过；南面山脚下有溪流自西向东蜿蜒流过；在东面山脚下与自北向南流过的中院溪交汇，东面山脚下为通往院坪村的村道，村道东侧有中院溪流过。地表基本被开垦成梯田（图 3-476）。仅在南坡和西坡发现零星陶片。共采集陶片 4 片。其中夹砂素面灰陶 1 片、黑衣素面硬陶 1 片、篮纹灰硬陶 2 片（图 3-477、图 3-478）。未发现文化层堆积。青铜时代。

---

① 古田县的地理环境资料参考古田县地方志编纂委员会：《古田县志》，中华书局，1997 年。

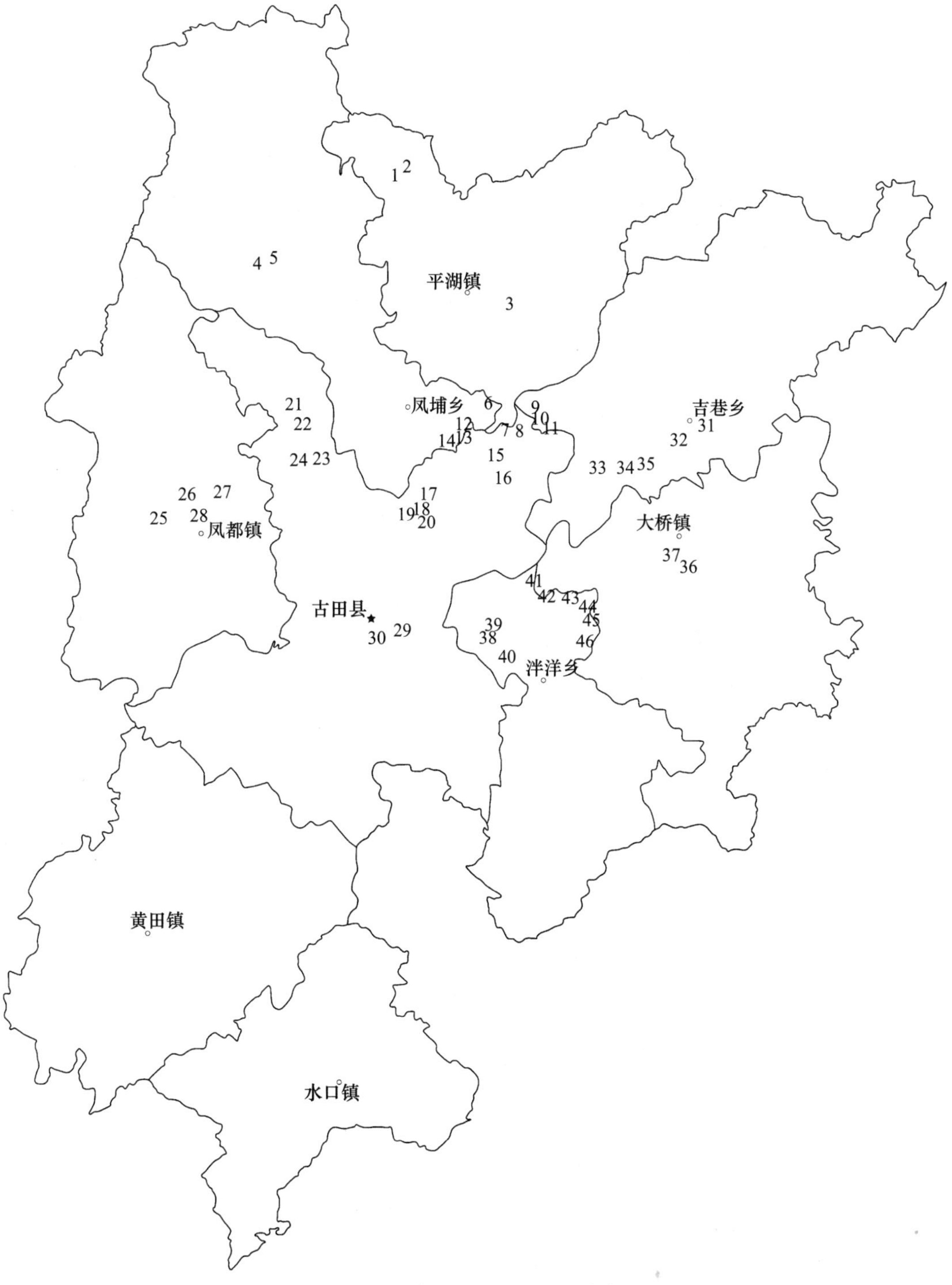


图 3-475　古田县新发现遗址分布图

1. 下洋遗址　2. 溪垅遗址　3. 后洋遗址　4. 横洋岗遗址　5. 五碇岗遗址　6. 桃州遗址　7. 翠屏湖 D 地点　8. 大埔山遗址　9. 华岩寨遗址　10. 茶场码头遗址　11. 常坝遗址　12. 瓦厂岗遗址　13. 门前岗遗址　14. 牛栏前遗址　15. 天宫岭遗址　16. 发竹湾遗址　17. 极乐遗址　18. 湖滨遗址　19. 洋坑里遗址　20. 利洋里遗址　21. 行莱坑遗址　22. 砚台顶遗址　23. 黄土岗遗址　24. 东厝隘遗址　25. 山墩仔遗址　26. 下珠遗址　27. 西洋岗遗址　28. 台头墩遗址　29. 吉兆遗址　30. 官江遗址　31. 官园里遗址　32. 洋中坂遗址　33. 官洋遗址　34. 回回山遗址　35. 狮山遗址　36. 西洋遗址　37. 扫把丘遗址　38. 翠屏湖 A 地点　39. 翠屏湖 B 地点　40. 龟山遗址　41. 新义山遗址　42. 翠屏湖 C 地点　43. 里井遗址　44. 新建遗址　45. 后门仑遗址　46. 塔光山遗址

图 3-476　下洋遗址（北—南）

图 3-477　下洋遗址采集陶片

图 3-478　下洋遗址采集陶片纹饰拓片

**2. 溪垅遗址**

位于古田县平湖镇溪垅村北约 150 米，地理坐标为北纬 26° 47′ 30.288″，东经 118° 46′ 10.828″。海拔 479 米，相对高度 50 米。系大山向东南延伸出的山冈。遗址长约 150、宽约 50 米，面积约 7500 平

图 3-479　溪垅遗址（西南—东北）

方米。山顶略为凸起但开阔，东、南、北三面坡较陡，西南山腰处有一条土路从山下直通山顶，距东南山脚约 150 米有中院溪自西北向东南流过，中院溪西岸为通往院坪村的村道，山顶地表为果园，西南坡为大片稻田（图 3-479）。在南坡和西坡发现零星陶片。共采集陶片 28 片。其中素面夹砂红褐陶 1 片，灰硬陶 27 片（素面 15 片、方格纹 8 片、刻划纹 1 片、席纹 2 片、云雷纹 1 片）（图 3-480、图 3-481）。另采集到 2 件陶支脚残件。未发现文化层堆积。青铜时代。

图 3-480　溪垅遗址采集陶片

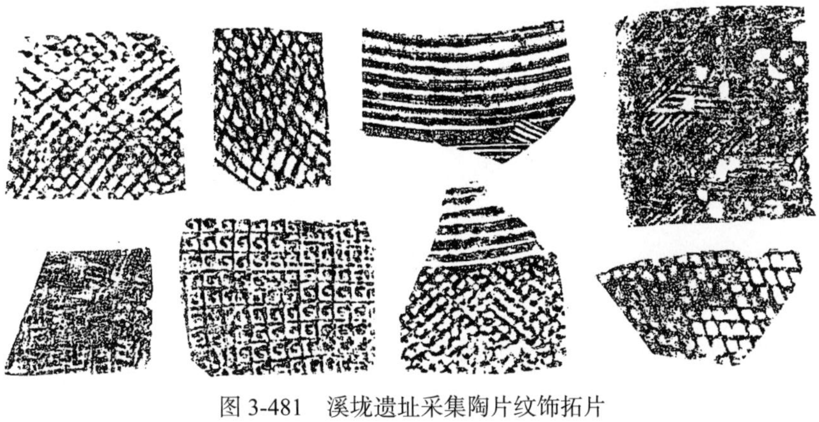

图 3-481　溪垅遗址采集陶片纹饰拓片

**3. 后洋遗址**

位于平湖镇后洋村东约 100 米，地理坐标为北纬 26° 43′ 59.430″，东经 118° 47′ 55.608″。海拔

423 米，相对高度 20 米。系相对独立的不规则状丘陵。遗址长约 150、宽约 100 米，面积约 1.5 万平方米。山顶平坦开阔，四面坡度较陡。东面山脚下有通往屏南方向的公路自南向北经过，距西面约 400 米有古田溪自北向南流过，北、西、南面均为村庄（图 3-482）。地表为茂密的灌木和马尾松等植被。山体中部因取土破坏较严重，仅在南坡采集到 1 片条纹灰硬陶和 1 片彩陶（图 3-483、图 3-484）。未发现文化层堆积。青铜时代。

图 3-482　后洋遗址（西南—东北）

图 3-483　后洋遗址采集陶片

图 3-484　后洋遗址采集陶片纹饰拓片

（二）凤埔乡

**1. 横洋岗遗址**

位于古田县凤埔乡西溪村南约 500 米，地理坐标为北纬 26° 44′ 57.584″，东经 118° 42′ 20.072″。海拔 738 米，相对高度 70 米。系相对独立的葫芦状山冈。遗址长约 300、宽约 200 米，面积约 6 万平方米。山顶平坦开阔，四周坡度略陡，山顶有 2 座平房。东坡上有食用菌种植棚，北面西溪自西向东流过，一条通往刘垱村的村道绕经南面和东面山脚（图 3-485）。地表为果园，在山顶及东坡发现零星陶片。共采集陶片 16 片。其中夹砂黑陶 3 片（素面 2 片、竹编纹 1 片）、灰硬陶 13 片（素面 5 片、竹编纹 4 片、网格纹 4 片）（图 3-486、图 3-487）。未发现文化层堆积堆积。青铜时代。

图 3-485　横洋岗遗址（东—西）

图 3-486　横洋岗遗址采集陶片

图 3-487　横洋岗遗址采集陶片纹饰拓片

**2. 五碇岗遗址**

位于古田县凤埔乡西溪村东南约 400 米，地理坐标为北纬 26° 45′ 03.343″，东经 118° 42′ 26.267″。海拔 725 米，相对高度 30 米。系相对独立的略呈椭圆形丘陵，与横洋岗遗址东西相望。遗址长约 300、宽约 150 米，面积约 4.5 万平方米。山顶平坦开阔，四周较陡，一条通往刘垱村的村道绕经北面和西面山脚，东面山脚有古田通往建瓯的县道经过，西溪绕经遗址的北面和东面。山体西半部地表为果园，东半部为灌木和杉木林（图 3-488）。在西坡发现零星陶片。共采集陶片 10 片，其中灰硬陶 9 片（竹编纹 8 片、附加堆纹 1 片）、方格纹赭衣硬陶 1 片（图 3-489、图 3-490）。未发现文化层堆积。青铜时代。

图 3-488　五碇岗遗址（西南—东北）

图 3-489　五碇岗遗址采集陶片

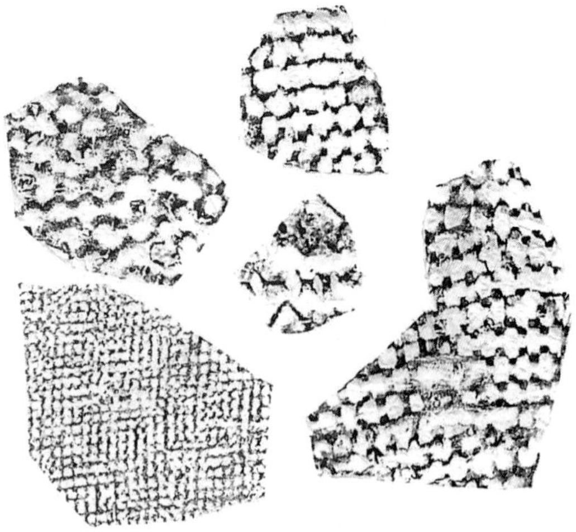

图 3-490　五碇岗遗址采集陶片纹饰拓片

**3. 桃州遗址**

位于古田县凤埔乡桃州村北 150 米，地理坐标为北纬 26° 41′ 12.290″，东经 118° 46′ 49.566″。海拔 413 米，相对高度 20 米。系大山向东延伸出的不规则状台地。遗址长约 150、宽约 100 米，面积约 1.5 万平方米。发现时遗址已遭取土活动严重破坏，其原貌已难了解。残留顶部平坦开阔，北坡已不可见，东、南坡低缓。遗址东临翠屏湖，东南面湖边有一小型船舶修理场。地表为稻田和菜地（图 3-491）。仅在东坡断坎上发现零星陶片。共采集陶片 5 片。其中灰硬陶 2 片（素面 1 片、席纹 1 片）、原始瓷 3 片（素面 1 片、席纹 2 片）（图 3-492）。另采集到泥质黑陶罐 1 件。未发现文化层堆积。青铜时代至西汉。

罐　1件。桃州：1，泥质灰黑陶。微敛口，微鼓腹平底，素面，口沿穿二孔。口径2.9、最大径4.3、底径3.4、高3.7厘米（图3-493）。

图3-491　桃州遗址（东—西）

图3-492　桃州遗址采集陶片

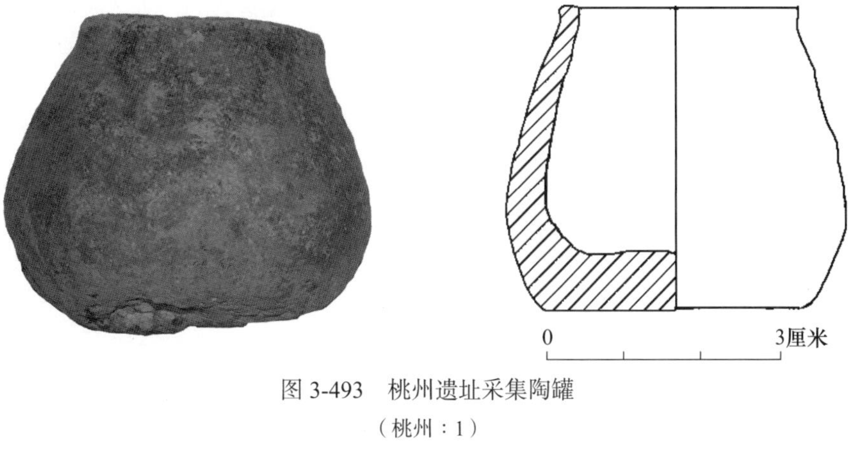


图3-493　桃州遗址采集陶罐

（桃州：1）

### （三）城东街道

#### 1. 翠屏湖 D 地点

古田县城东街道苏墩村弥勒寺东南约 3 千米，地理坐标为北纬 26°39′41.934″，东经 118°48′00.983″。海拔 402.48 米，相对高度 9 米。系大山向西南延伸的丘陵地带中的一座近似圆角三角形丘陵。遗址长约 280、宽约 120 米，面积约 3 万平方米。山顶略凸且开阔，四周山坡低缓，地表为果园（图 3-494）。在遗址东坡沿水塘道路的路基下发现零星陶片。共采集陶片 16 片。其中灰硬陶 13 片（素面 1 片、方格纹 12 片）；方格纹赭衣硬陶 2 片；原始瓷 1 片，素面（图 3-495、图 3-496）。未发现文化层堆积。青铜时代。

图 3-494　翠屏湖 D 地点（东—西）

图 3-495　翠屏湖 D 地点采集陶片

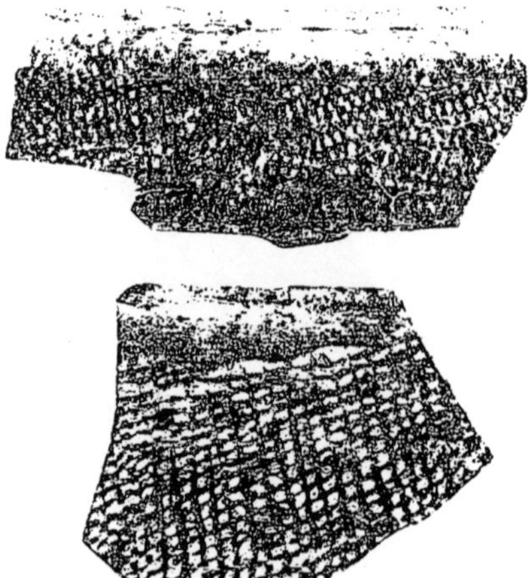

图 3-496　翠屏湖 D 地点采集陶片纹饰拓片

### 2. 大埔山遗址

位于古田县城东街道常坝村西 1.5 千米，地理坐标为北纬 26° 39′ 24.188″，东经 118° 48′ 08.204″。海拔 391.19 米，相对高度 3 米。系大埔山向南延伸入翠屏湖的不规则状山冈。遗址长约 120、宽约 100 米，面积约 1.2 万平方米。山顶平坦宽阔，地表为果园和杂草覆盖。东、西、南皆为缓坡且濒临湖水，枯水期可见遗址东面山脚下有古田溪自北向南流过，西面山脚亦有一条小溪自西北向东南蜿蜒流过，并在距遗址南面 1 千米处汇入古田溪（图 3-497）。在遗址南坡和西坡发现零星陶片。采集到陶片 21 片。其中泥质素面灰陶 2 片；灰硬陶 18 片（素面 2 片、席纹 1 片、方格纹 4 片、绳纹 1 片、竹编纹 10 片）；素面褐衣硬陶 1 片；原始瓷 1 片，素面（图 3-498～图 3-500）。未发现文化层堆积。新石器时代至青铜时代。

原始瓷钵　1 件。大埔山：1，胎质灰白，内外施青黄釉，胎釉结合紧密。小侈口，折肩，深弧腹。口径 10、残高 3.5 厘米（图 3-498）。

图 3-497　大埔山遗址（东南—西北）

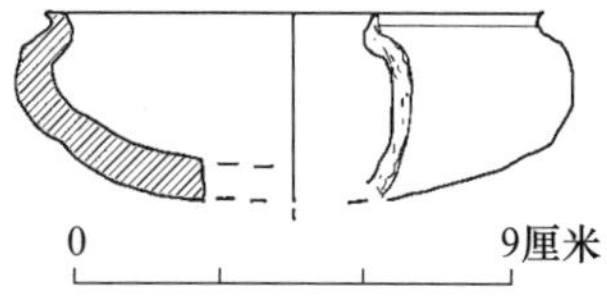


图 3-498　大埔山遗址采集原始瓷钵（大埔山：1）

图 3-499　大埔山遗址采集陶片及原始瓷片

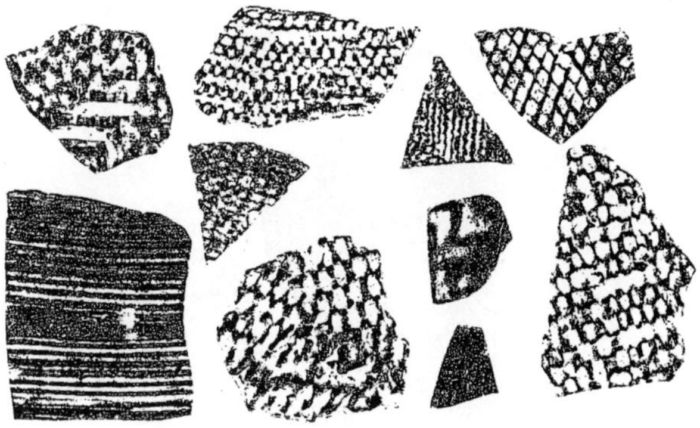

图 3-500　大埔山遗址采集陶片纹饰拓片

### 3. 华岩寨遗址

位于古田县城东街道常坝村西北约 1000 米，地理坐标为北纬 26° 39′ 56.555″，东经 118° 48′ 35.873″。海拔 431 米，相对高度 30 米。系大山向西南延伸出的长条状山冈。遗址长约 200、宽约 150 米，面积约 3 万平方米。山顶呈缓坡且开阔，东西两侧略陡，南侧较缓。遗址东、西、南三面临翠屏湖，东北与大山相连处有一条通往凤冲村的县道，枯水期可见古田溪自西北向东南流经（图 3-501）。地表为果园及灌木，因收获需要，村民开辟了一条土路从县道一直延伸到南面山脚。在土路沿线及受湖水冲刷的南侧岸边发现较多陶片。共采集残陶罐 1 件及陶片 81 片。其中夹砂弦纹黄陶 1 片、夹砂素面灰陶 1 片、泥质素面黄陶 1 片、灰硬陶 77 片（素面 42 片、方格纹 28 片、刻划纹 4 片、弦纹 1 片、云雷纹 2 片）（图 3-502、图 3-503）。在山腰处发现暴露于地表的灰坑 1 座，编号 H1。灰坑开口已不可寻，平面为长方形，方向 105°，长 168、宽 46、深 7 厘米，坑内填土为含有少量炭屑的红土（图 3-504）。出土陶壶、陶杯各 1 件。未发现文化层堆积。青铜时代。

图 3-501　华岩寨遗址（西南—东北）

图 3-502　华岩寨遗址采集陶片

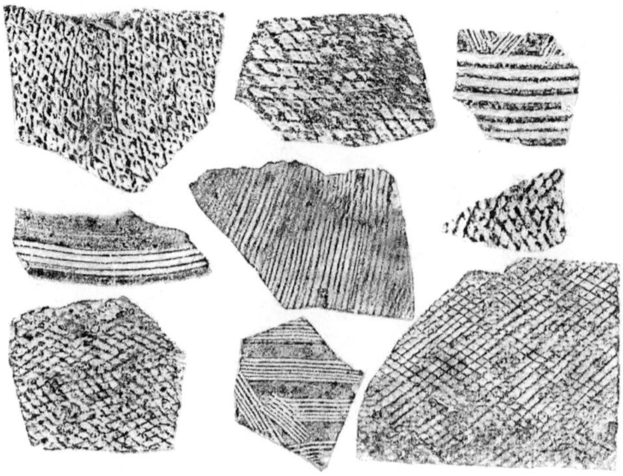

图 3-503　华岩寨遗址采集陶片纹饰拓片

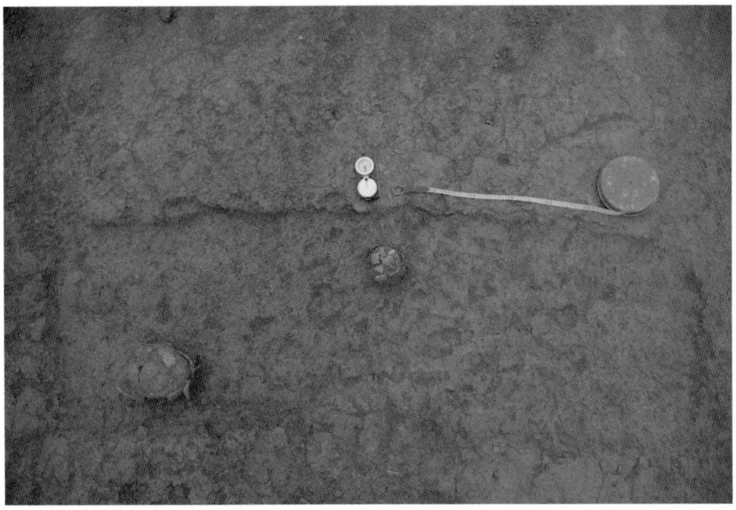

图 3-504　华岩寨遗址 H1

图 3-505　华岩寨遗址出土陶壶（H1：1）

图 3-506　华岩寨遗址出土陶杯（H1：2）

罐　2 件。华岩寨：5，夹砂灰黄陶，素面。侈口，圆唇，束颈，斜沿。口径 28、残高 3.7 厘米（图 3-507：3）。华岩寨：6，夹砂灰褐硬陶。仅余底部，斜弧腹，圜凹底。器腹饰方格纹。底径 10、残高 11.8 厘米（图 3-507：7）。

圆陶片　2 件。华岩寨：3，夹砂橙黄陶，素面。平面近似圆形，截面呈椭圆形，无穿孔。直径约 3.1、厚 0.6 厘米（图 3-507：6）。华岩寨：4，泥质灰硬陶，素面。平面近似圆形，截面呈长条形，无穿孔。直径约 2.8，厚 0.7 厘米（图 3-507：5）。

壶　1 件。H1：1，泥质灰硬陶。敛口，窄平沿内折，深腹，平底，小圈足。紧贴口部有 2 个桥形耳。上腹部有散乱的刻划纹，下腹部饰拍印交错绳纹。口径 7.5～8.5、底径 8.5、高 16.8 厘米（图 3-505；图 3-507：2）。

杯　1 件。H1：2，泥质灰硬陶。敛口折肩，斜弧腹内收，平底，素面。通高 4.6、口径 7.2、最大径 7.8、底径 5.2、厚 0.15 厘米（图 3-506；图 3-507：1）。

口沿　1 件。华岩寨：36，灰硬陶，口微侈，沿面内凹，折肩起凸棱，肩部饰四道凹弦纹。残高 4 厘米（图 3-507：4）。

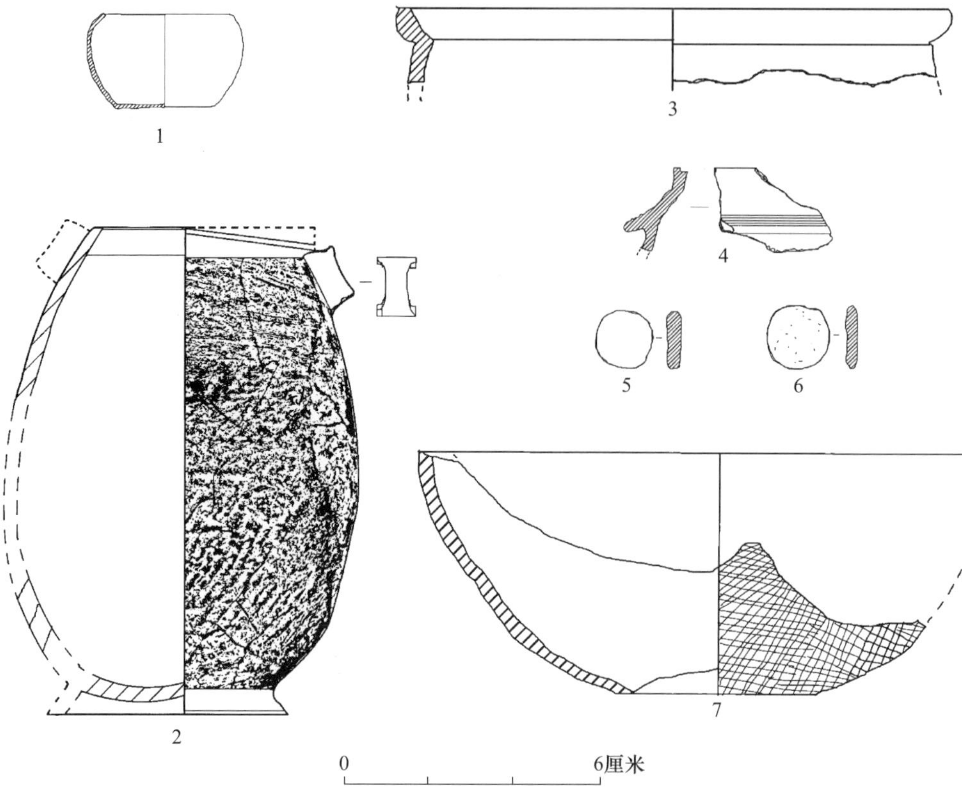


图 3-507　华岩寨遗址采集陶器

1. 杯（H1：2）2. 壶（H1：1）3、7. 罐（华岩寨：5、华岩寨：6）4. 口沿（华岩寨：36）5、6. 圆形陶片（华岩寨：4、华岩寨：3）

**4. 茶场码头遗址**

位于古田县城东街道常坝村旧茶场码头，地理坐标为北纬 26° 39′ 40.783″，东经 118° 48′ 30.569″。海拔 394.01 米，相对高度 3 米。系大山向西延伸入翠屏湖的长条状山冈。遗址长约 300、宽约 90 米，面积约 2.7 万平方米。山顶较开阔呈缓坡状，地表为果园及民居。东、西、南皆为缓坡，枯水期可见西面山脚下有古田溪自北向南流过（图 3-508）。在山顶及东、西坡均有少量陶片分布，西坡较多。共

图 3-508　茶场码头遗址（北—南）

采集陶片45片。其中泥质灰黄陶6片（素面3片、方格纹1片、席纹2片）、灰硬陶36片（素面13片、方格纹9片、席纹12片、云雷纹2片）、方格纹黑衣硬陶1片、素面赭衣硬陶1片、云雷纹原始瓷1片（图3-509、图3-510）。另采集陶纺轮1件。未发现文化层堆积。青铜时代。

纺轮　1件。茶场码头：4，泥质灰黄陶。平面呈圆形，横断面呈算珠形。外径2、孔径0.4、高1.1厘米（图3-511；图3-512：3）。

图3-509　茶场码头遗址采集陶片

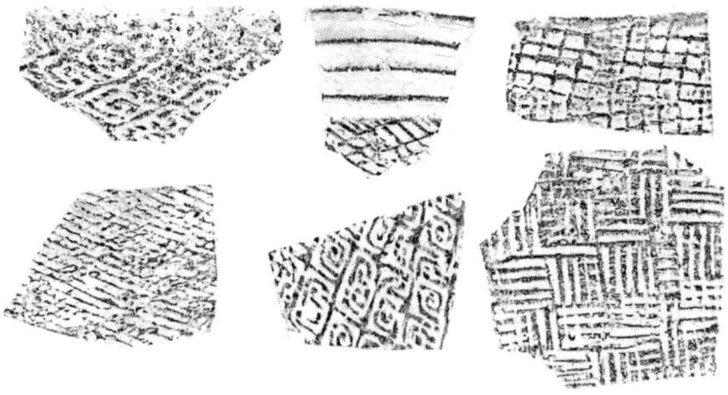

图3-510　茶场码头遗址采集陶片纹饰拓片

图3-511　茶场码头遗址采集陶纺轮（茶场码头：4）

罐　4件。茶场码头：1，夹粗砂灰陶，素面。侈口，窄斜沿，束颈，微鼓腹，腹部有数道凹痕。口径18、残高6.5厘米（图3-512：5）。茶场码头：2，夹粗砂灰黄陶，素面。侈口，斜沿，圆唇，束颈，外斜腹。口径24、残高4.5厘米（图3-512：2）。茶场码头：3，灰黄色硬陶，素面。侈口，斜沿，圆唇、束颈，外斜腹。口径20、残高6厘米（图3-512：4）。茶场码头：6，夹细砂灰硬陶。侈口，窄斜沿，方唇，束颈，鼓腹，器表饰席纹，口沿及唇部饰数道凹弦纹。口径11、残高3厘米（图3-512：1）。

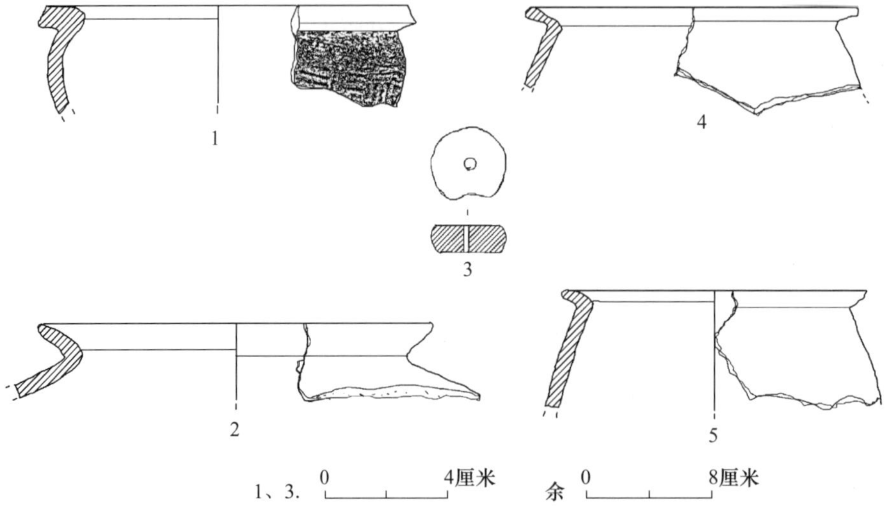


图 3-512　茶场码头遗址采集陶器

1、2、4、5. 罐（茶场码头：6、茶场码头：2、茶场码头：3、茶场码头：1） 3. 纺轮（茶场码头：4）

**5. 常坝遗址**

位于古田县城东街道常坝村西南约 1000 米，地理坐标为北纬 26° 39′ 17.376″，东经 118° 48′ 36.519″。海拔 384 米，相对高度 5 米。系大山向西南延伸出的“凸”字形山冈。遗址长约 100、宽约 80 米，面积约 8000 平方米。山顶平坦开阔，地表为果园和菜地。北、西、南三面有翠屏湖环绕，四周坡度较低缓，丰水期仅有近圆形山顶露出水面，枯水期可见距西面约 300 米处有古田溪自北向南流过（图 3-513）。在除北坡外的遗址各部分均发现少量陶片，可辨器形部位有罐口沿、豆盘口沿、器耳等。共采集陶片 51 片。其中刻划纹泥质红褐陶 5 片、泥质黄陶 3 片（云雷纹 2 片、方格纹 1 片）、泥质灰陶 3 片（素面 2 片、云雷纹 1 片）、灰硬陶 33 片（素面 15 片、云雷纹 6 片、弦纹 2 片、刻划纹 1 片、方格纹 8 片、曲折纹 1 片）、黑衣硬陶 7 片（素面 4 片、篮纹 3 片）（图 3-514、图 3-515）。另采集石锛 1 件。在西侧一处断坎发现有文化层堆积：

图 3-513　常坝遗址（东—西）

图 3-514　常坝遗址采集陶片

图 3-515　常坝遗址采集陶片纹饰拓片

第 1 层：表土层。厚度约为 40 厘米，土色淡黄，含有较多的腐殖质。

第 2 层：砖红壤而偏黄。厚度约为 20 厘米，内含硬陶片。青铜时代。

石锛　1 件。常坝：4，青灰色泥质岩，通体磨制。平面略呈长方形，背面起脊，呈弓背状。长 4.5、宽 2.5、厚 1 厘米（图 3-516；图 3-517：4）。

陶罐　2 件。常坝：1，灰硬陶。仅余口沿局部，敛口，束颈，折肩，斜弧腹。口沿部有一对宽带状耳。残高 7.4 厘米（图 3-517：2）。常坝：5，夹细砂灰硬陶，素面。侈口，束颈，斜肩。口径 8、残高 2.9 厘米（图 3-517：1）。

陶器足　1 件。常坝：2，灰硬陶。圜底矮圈足，足根外撇。残高 3.8、底径 7 厘米（图 3-517：3）。

图 3-516　常坝遗址采集石锛（常坝：4）

陶豆盘　1 件。常坝：3，灰硬陶。敛口，折肩，斜弧腹。器身拍印云雷纹。残高 4.8、口径 12 厘米（图 3-517：5）。

**6. 瓦厂岗遗址**

位于古田县城东街道利洋村北约 1000 米，地理坐标为北纬 26° 39′ 28.160″，东经 118° 47′ 23.320″。海拔 442.2 米，相对高度 45 米。系大山向东延伸入翠屏湖的长条状山冈。遗址长约 300、宽约 120 米，面积约 3.6 万平方米。山顶平坦开阔，地表为果园。东、南、北坡均较陡，南面山脚下有一道长约 300 米的围堰连接到门前岗遗址东坡山脚下，枯水期可见北面及东南面山脚各有一条小溪流过，并在距东面山脚约 400 米处交汇（图 3-518）。在山顶及东、南、北坡发现较多陶片。共采集陶片 100 片。其中夹砂素面灰黑陶 3 片、夹砂素面灰陶 1 片、夹砂素面灰褐陶 1 片、泥质灰黄陶 8 片（素面 3 片、方格纹 5 片）、曲折纹泥质灰陶 2 片、泥质黑衣陶 12 片（素面 5 片、绳纹 3 片、篮纹 4 片）、灰硬陶 72 片（素面 27 片、竹编纹 13 片、绳纹 12 片、方格纹 3 片、曲折纹 2 片、梯

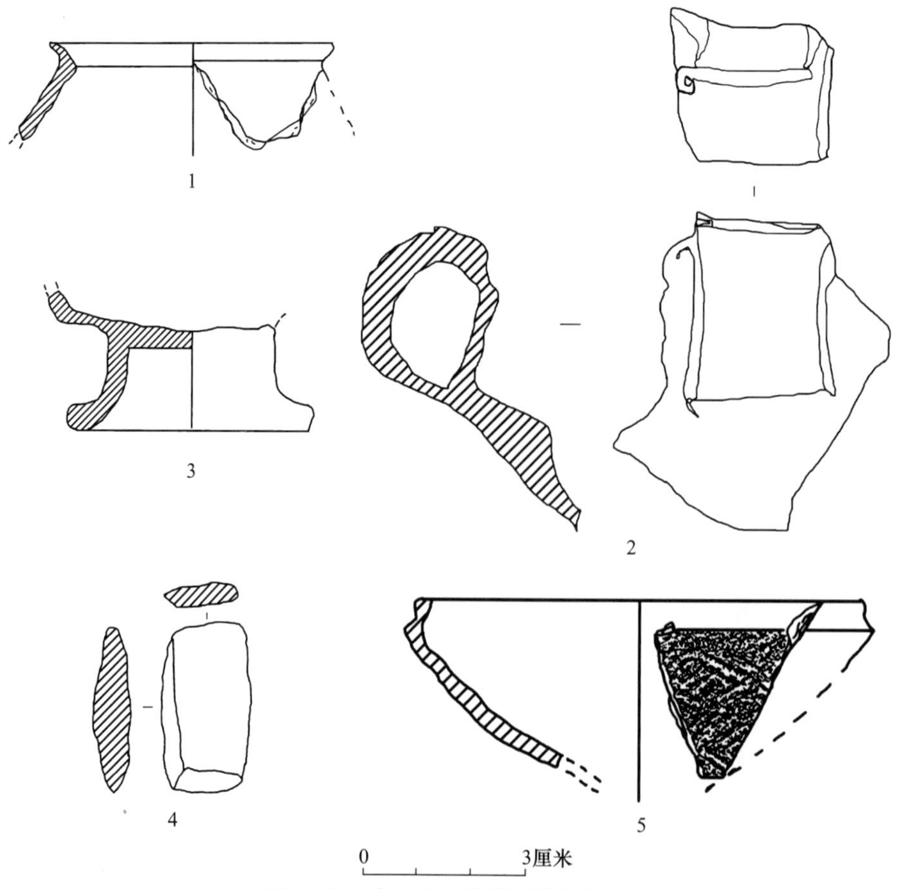


图 3-517　常坝遗址采集石器与陶器

1、2. 陶罐（常坝：5、常坝：1）3. 陶器足（常坝：2）4. 石锛（常坝：4）5. 陶豆盘（常坝：3）

图 3-518　瓦厂岗遗址（南—北）

格纹 6 片、刻划纹 1 片、云雷纹 2 片、篮纹 6 片）、素面赭衣硬陶 1 片（图 3-519、图 3-520）。另采集到石锛、石戈、石镞各 1 件，均为残件。在遗址南坡靠近山顶的断坎发现文化层，并进行了解剖。

第 1 层：21.6～38.0 厘米的灰黑土层，土质疏松，夹杂着较多的炭屑及红烧土颗粒，包含有较多的陶片，陶片以硬陶为主，少量夹砂陶片。

第 2 层：淡黄色土层，厚度为 27.3～38.6 厘米，包含有零星的炭粒及零星夹砂陶片（图 3-521）。新石器时代至青铜时代。

石镞　1 件。瓦厂岗：1，青黑色硅质岩。通体磨制精细，平面呈长菱形，截面呈扁菱形。铤部及锋部残缺，两翼略残。残长 2.8、宽 2.1、厚 0.6 厘米（图 3-522；图 3-523：2）。

陶罐　1 件。瓦厂岗：2，夹细砂灰硬陶，素面。侈口，圆唇，斜沿，束颈，直腹，腹壁有两道凹痕。口径 21、残高 11 厘米（图 3-523：1）。

图 3-519　瓦厂岗遗址采集陶片

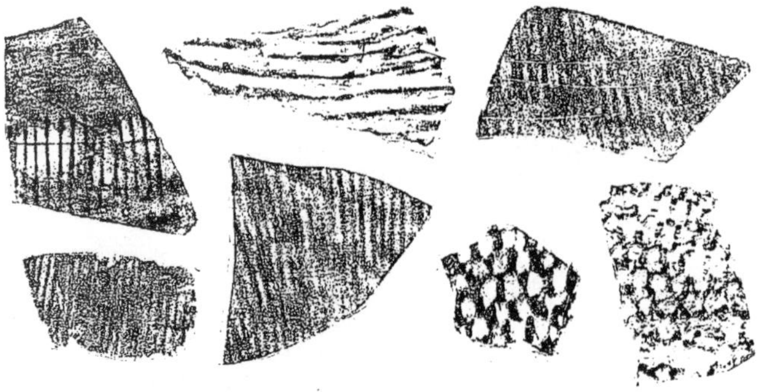

图 3-520　瓦厂岗遗址采集陶片纹饰拓片

图 3-521　瓦厂岗遗址东坡地层剖面

图 3-522　瓦厂岗遗址采集石镞
（瓦厂岗：1）

陶釜　2 件。瓦厂岗：3，夹砂灰黄陶。宽斜沿，沿面内凹，圆唇，束颈，器表饰粗绳纹。口径 19、残高 4 厘米（图 3-523：3）。瓦厂岗：4，夹砂灰黄陶。宽折沿，沿面内凹，束颈，器表饰曲折纹。口径 18、残高 5.3 厘米（图 3-523：4）。

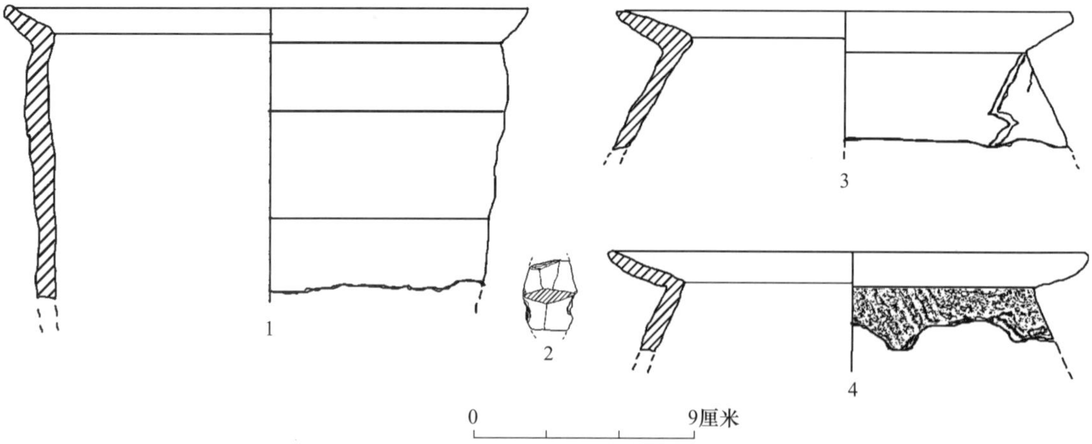


图 3-523　瓦厂岗遗址采集石器与陶器
1. 陶罐（瓦厂岗：2）2. 石镞（瓦厂岗：1）3、4. 陶釜（瓦厂岗：3、瓦厂岗：4）

### 7. 门前岗遗址

位于古田县城东街道利洋村北约700米，地理坐标为北纬26°39′12.309″，东经118°47′12.309″。海拔431米，相对高度25米。系大山向东延伸出的不规则状山冈。遗址长约200、宽约100米，面积约2万平方米。山顶平坦开阔，地表为果园。东、南、北坡均较陡且东坡临湖，枯水期可见东面山脚有利洋溪自西南向东北流过（图3-524）。在山顶发现零星陶片。采集到陶片12片。其中灰硬陶7片（素面2片、竹编纹3片、曲折纹1片、方格纹1片）、方格纹赭衣硬陶1片、素面黑衣硬陶1片（图3-525、图3-526）。未发现文化层堆积。青铜时代。

图3-524　门前岗遗址（东北—西南）

图3-525　门前岗遗址采集陶片

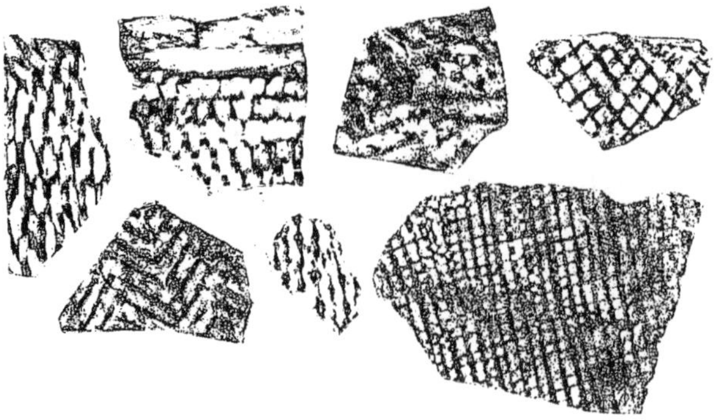

图 3-526　门前岗遗址采集陶片纹饰拓片

**8. 牛栏前遗址**

位于古田县城东街道利洋村东北约 300 米，地理坐标为北纬 26° 38′ 58.667″，东经 118° 47′ 14.747″。海拔 419.4 米，相对高度 37 米。系大山向东北延伸的不规则状山冈。遗址长约 200、宽约 150 米，面积约 3 万平方米。山顶平坦开阔，东、南、北坡均较陡，东坡山脚下有利洋溪自南向北流过，地表为果园（图 3-527）。在山顶及南坡发现零星陶片。共采集陶片 8 片。其中泥质素面黄褐陶 2 片、灰硬陶 6 片（篮纹 2 片、方格纹 1 片、网格纹 1 片、云雷纹 1 片、凸棱纹 1 片）（图 3-528、图 3-529）。未发现文化层堆积。青铜时代。

图 3-527　牛栏前遗址（东北—西南）

图 3-528　牛栏前遗址采集陶片

图 3-529　牛栏前遗址采集陶片纹饰拓片

**9. 天宫岭遗址**

位于古田县城东街道利洋村天宫岭自然村东约250米，地理坐标为北纬26°38′17″，东经118°48′35.580″。海拔386.5米，相对高度4米。系相对独立的近似椭圆形丘陵。遗址长约150、宽约70米，面积约1万平方米。山顶平坦宽阔，四面为缓坡且临湖水，距南面约200米是古田通往屏南的201省道。地表为杂草、灌木及马尾松林（图3-530）。在山顶和南坡发现较多陶片。共采集陶片121片。其中夹砂素面灰黄陶1片、灰硬陶117片（素面56片、刻划纹2片、弦纹2片、方格纹57片）、方格纹赭衣硬陶2片、素面黑衣硬陶1片（图3-531、图3-532）。在南坡发现三处陶窑遗迹。

图3-530　天宫岭遗址（南—北）

图3-531　天宫岭遗址采集陶片

图3-532　天宫岭遗址采集陶片纹饰拓片

（1）Y1　位于山地南坡的断坎上，距地表约 160 厘米。其剖面形状为椭圆形，宽 180、高 80、底宽 150 厘米，当为窑室遗迹。内部填土分为 2 层：第 1 层为灰黑土层，土质疏松，厚度 30～45 厘米，土层中夹杂着炭粒及红烧土颗粒及零星陶片，纹饰为方格纹（图 3-534）。第 2 层为黄褐色土层，土质疏松，厚度 13～20 厘米，未见陶片等遗物。窑壁有一层厚约 6 厘米的烧结层，底部外缘的生土因高温炙烤而呈白色。

（2）Y2　位于山地南坡，所在位置坡度约为 40°，位于 Y1 东南面约 12.8 米，由于受雨水冲刷，遗迹开口裸露于地表，开口平面呈椭圆形（不规则），窑的结构可以分为三部分，由前往后依次为火膛、窑室、出烟道。窑内填土黄褐色，土质疏松，包含有较多的红烧土颗粒。清理表面杂草，有零星陶片出土。陶片为硬陶，可辨器形为盆，纹饰有方格纹等（图 3-535）。遗迹开口尺寸为长 225、宽 180、窑头窑尾高差 90 厘米（图 3-533：2）。

（3）Y3　位于山地南坡，所在位置坡度约为 45°，位于 Y2 东面约 0.5 米，由于受雨水冲刷，遗迹开口裸露于地表，开口平面呈垂胆形（不规则），窑的结构可以分为三部分，由前往后依次为火膛、窑室、出烟道。窑内填土土色黄褐色，土质疏松，包含有较多的红烧土颗粒。未发现人工遗物。遗迹开口尺寸为长 230、宽 165、窑头窑尾高差 133 厘米（图 3-533：3）。

2　3

图 3-533　天宫岭遗址陶窑遗迹

1. Y1　2. Y2　3. Y3

图 3-534　天宫岭遗址 Y1 采集陶片

图 3-535　天宫岭遗址 Y2 采集陶片

限于当时的条件，我们未对这三处陶窑作进一步解剖。仅从上述遗迹现象判断，这三座陶窑应属升焰窑，均以掏挖地穴的方式建造。青铜时代至西汉。

罐　12 件。天宫岭：1，灰硬陶，素面。微敞口，折平沿，长颈，溜肩，腹部变形严重。口径 20、残高 8.5 厘米（图 3-536：9）。天宫岭：2，灰硬陶。直口微敛，折沿且沿口微内凹，微弧腹。器身饰凹弦纹和斜直线刻划纹。口径 18、残高 8 厘米（图 3-536：5）。天宫岭：3，灰硬陶，素面。敛口，宽折沿，折弧腹。口径 23、残高 5.3 厘米（图 3-536：12）。天宫岭：4，灰硬陶，素面。直口，宽折平沿，直腹。口径 27、残高 5.8 厘米（图 3-536：3）。天宫岭：5，灰硬陶，素面。微敛口，宽折平沿，直腹。口径 26、残高 5 厘米（图 3-536：6）。天宫岭：6，灰硬陶。侈口，斜折沿，沿面内凹，弧腹，器身饰细方格纹。残高 7.1 厘米（图 3-536：7）。天宫岭：7，灰硬陶。直口，尖唇，折腹，腹部饰小方格纹。残高 6.3 厘米（图 3-536：1）。天宫岭：8，灰硬陶，素面。敞口，宽折平沿，斜直腹。口径 18、残高 4.6 厘米（图 3-536：8）。天宫岭：9，灰硬陶，素面。敛口，小折沿，沿面凸起，腹壁外撇。残高 3.4 厘米（图 3-536：11）。天宫岭：10，灰硬陶，素面。微敛口，宽折平沿，折肩。口径 21、残高 5 厘米（图 3-536：10）。天宫岭：11，灰硬陶，素面。敛口，折平沿，斜直腹。口径 17、残高 4.2 厘米（图 3-536：4）。Y2：1，灰硬陶，素面。直口，宽折平沿，斜直腹。口径 27、残高 6.2 厘米（图 3-536：2）。

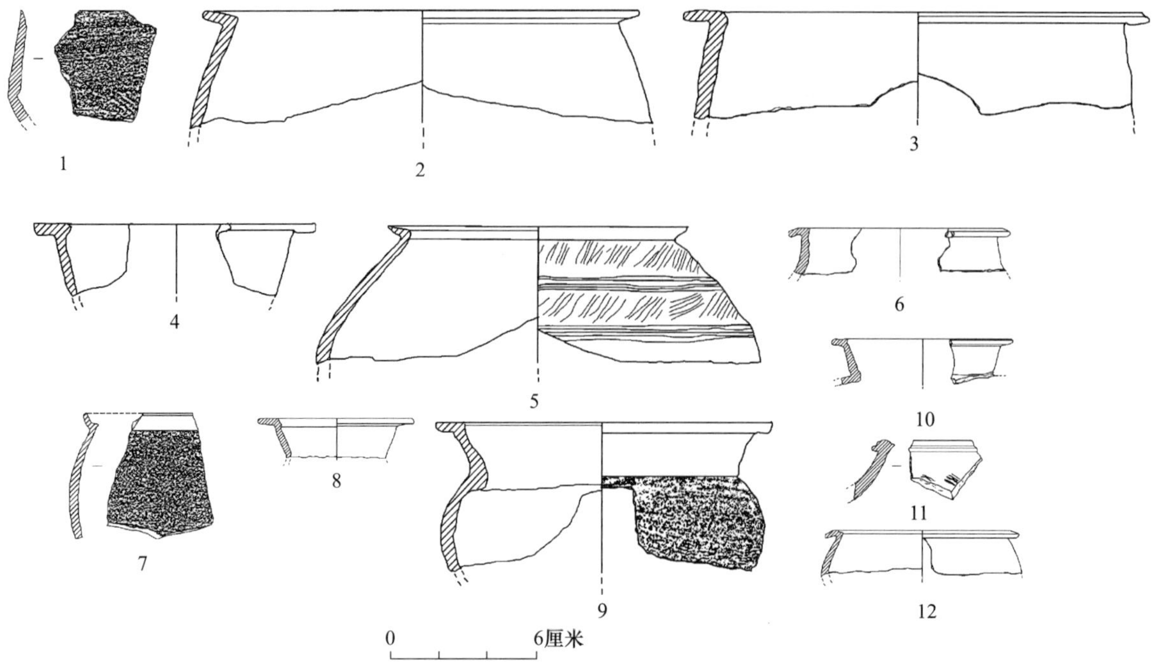


图 3-536　天宫岭遗址采集陶罐

1. 天宫岭：7　2. Y2：1　3. 天宫岭：4　4. 天宫岭：11　5. 天宫岭：2　6. 天宫岭：5　7. 天宫岭：6　8. 天宫岭：8　9. 天宫岭：1　10. 天宫岭：10　11. 天宫岭：9　12. 天宫岭：3

**10. 发竹湾遗址**

位于古田县城东街道发竹湾村西南约 150 米，地理坐标为北纬 26° 36′ 50.654″，东经 118° 48′ 43.635″。海拔 382.94 米，相对高度 10 米。系大山向南延伸入翠屏湖的长条状山冈。遗址长约 60、宽约 40 米，面积约 2400 平方米。山顶凸起且较窄，东、西、南皆为缓坡，地表为杂草与灌木丛（图 3-537）。仅在遗址西南坡采集到 2 片灰硬陶片，纹饰分别为素面和方格纹（图 3-538、图 3-539）。未发现文化层堆积。青铜时代。

图 3-537　发竹湾遗址（东—西）

图 3-538　发竹湾遗址采集陶片

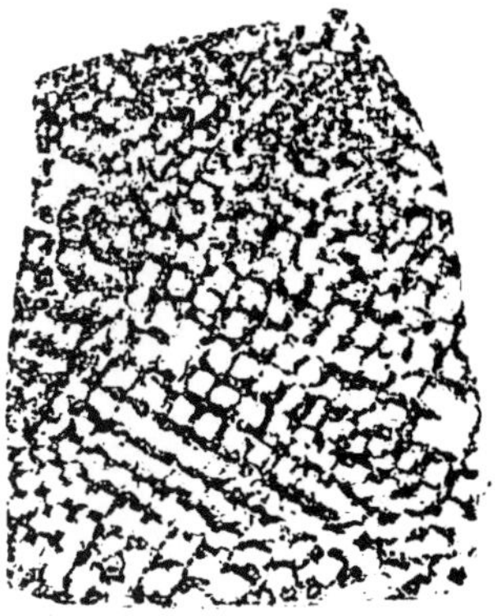

图 3-539　发竹湾遗址采集陶片纹饰拓片

**11. 极乐遗址**

位于古田县城东街道极乐村东南约 300 米，地理坐标为北纬 26° 36′ 23.724″，东经 118° 47′ 33.976″。海拔 393.82 米，相对高度 4 米。系大山向东南延伸入翠屏湖的长条状山冈。遗址长约 150、宽约 60 米，面积约 9000 平方米。山顶平坦但较窄，东、西、南皆为缓坡，地表为杂草与灌木丛（图 3-540）。共采集陶片 53 片。其中泥质方格纹灰褐陶 2 片、泥质灰陶 4 片（素面 3 片、附加堆纹 1 片）、灰硬陶 43 片（素面 12 片、方格纹 5 片、云雷纹 3 片、篮纹 1 片、梯格纹 1 片、麻点纹 1 片、刻划纹 1 片、竹编纹 10 片、席纹 1 片、绳纹 6 片、复线方格纹 2 片）、素面赭衣硬陶 2 片、席纹灰黄硬陶 2 片（图 3-541、图 3-542）。未发现文化层堆积。新石器时代至青铜时代。

图 3-540　极乐遗址（西南—东北）

图 3-541　极乐遗址采集陶片

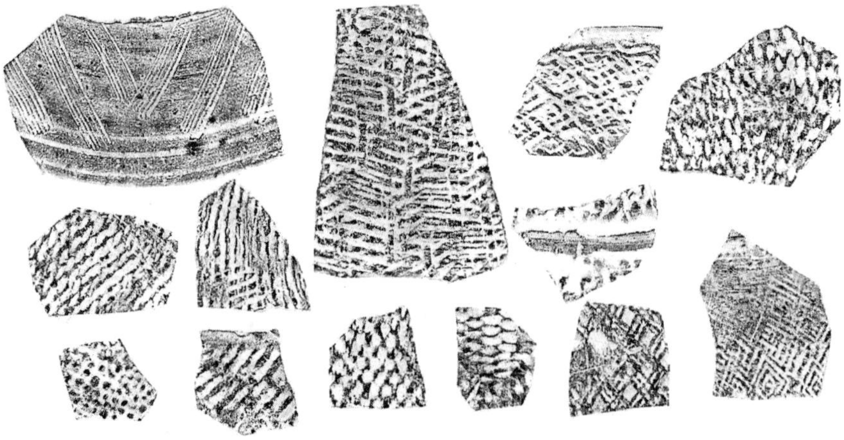

图 3-542　极乐遗址采集陶片纹饰拓片

**12. 湖滨遗址**

位于古田县城东街道湖滨村上歧岭东南约 300 米，地理坐标为北纬 26°35′57.933″，东经 118°46′59.788″。海拔 391.25 米，相对高度约 20 米。系大山向西南延伸入翠屏湖的长条状山冈。遗址长约 60、宽约 25 米，面积约 1500 平方米。山顶呈缓坡且较窄，东西两侧较陡。地表为果园，一条南北走向水泥路一直延伸到南坡的湖边（图 3-543）。在遗址南坡发现零星陶片。共采集灰硬陶 3 片（席纹 2 片、方格纹 1 片）（图 3-544、图 3-545）。另采集到 1 件残石锛。未发现文化层堆积。青铜时代。

石锛　1 件。湖滨：1，青灰色细砂岩，通体磨制，顶部残缺。平面近长方形，横截面近似三角形。残长 6.8、宽 4.6、厚 2.3 厘米（图 3-546）。

图 3-543　湖滨遗址（东北—西南）

图 3-544　湖滨遗址采集陶片

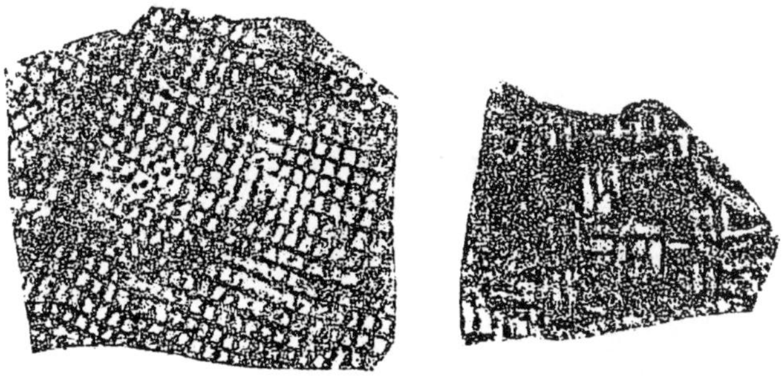

图 3-545　湖滨遗址采集陶片纹饰拓片

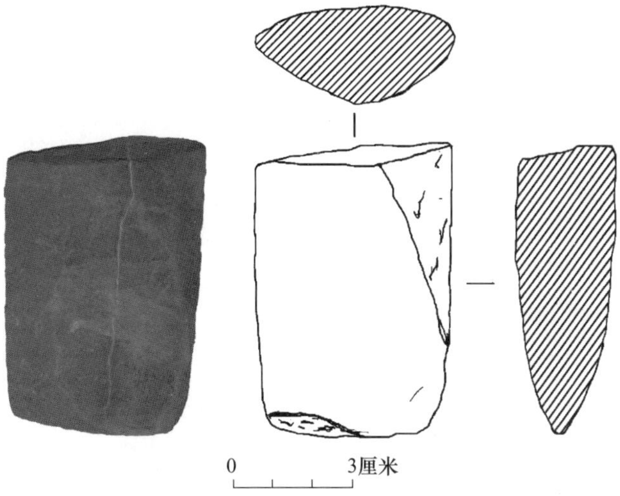


图 3-546　湖滨遗址采集石锛
（湖滨：1）

### 13. 洋坑里遗址

位于古田县城东街道湖滨村东南 200 米，地理坐标为北纬 26° 35′ 52.82″，东经 118° 46′ 41.832″。海拔 401 米，相对高度 25 米。系大山向西北延伸入翠屏湖的长条状山冈。遗址长约 300、宽约 150 米，面积约 4.5 万平方米。山顶凸起且狭窄，东西两侧较缓，地表为果园及灌木丛（图 3-547）。在南坡发现零星陶片。共采集陶片 5 片。其中灰硬陶 4 片（素面 1 片、云雷纹 1 片、席纹 1 片、篮纹 1 片）、素面赭衣硬陶 1 片（图 3-548、图 3-549）。未发现文化层堆积。青铜时代。

图 3-547　洋坑里遗址（东北—西南）

图 3-548　洋坑里遗址采集陶片

图 3-549　洋坑里遗址采集陶片纹饰拓片

### 14. 利洋里遗址

位于古田县城东街道湖滨村东南约 1000 米，地理坐标为北纬 26° 35′ 24.55″，东经 118° 46′ 43.83″。海拔 388 米，相对高度 15 米。系大山向东北延伸出的不规则形山冈。遗址长约 50、宽约 100 米，面积约 5000 平方米。山顶开阔且略凸，东、西、北面均濒临翠屏湖且坡度略陡。整个山体已开辟为果园（图 3-550）。仅在山顶采集到 2 片竹编纹灰硬陶片（图 3-551）。未发现文化层堆积。青铜时代。

图 3-550　利洋里遗址（南—北）

图 3-551　利洋里遗址采集陶片

### 15. 行菜坑遗址

位于古田县城东街道桃溪村西北约 300 米，地理坐标为北纬 26° 39′ 40.709″，东经 118° 42′ 18.826″。海拔 442 米，相对高度 30 米。系河流冲积形成的不规则状台地，呈北—南走向。遗址长约 300、宽约 200 米，面积约 6 万平方米。台地顶部平坦开阔，地表为稻田和葡萄园。东、西、南面坡度低缓，呈阶梯状下降。桃溪的两条支流分别自西向东和自北向南从遗址南面和东面流过，并在遗址东南角汇合后南流（图 3-552）。在顶部及东、南坡发现零星陶片。共采集陶片 24 片。其中夹砂素面灰陶 2 片、泥质方格纹灰陶 1 片、灰硬陶 20 片（素面 7 片、竹编纹 2 片、绳纹 9 片、云雷纹 2 片）、素面灰褐硬陶 1 片（图 3-553、图 3-554）。此外还采集到 1 件残石锛。未发现文化层堆积。青铜时代。

图 3-552　行菜坑遗址（西南—东北）

图 3-553　行菜坑遗址采集陶片

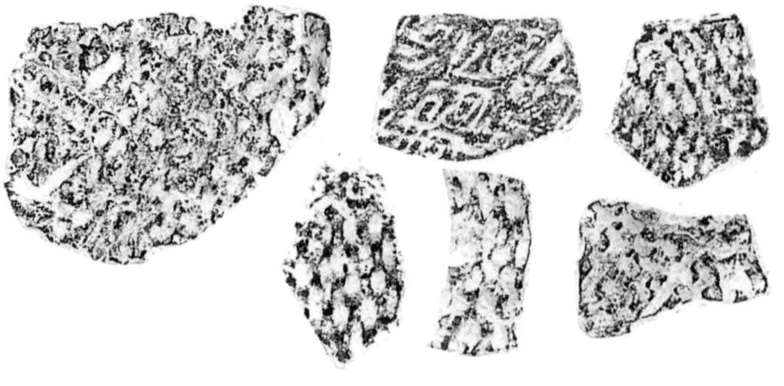

图 3-554　行菜坑遗址采集陶片纹饰拓片

石锛　1件。行菜坑：1，浅灰色泥质岩。平面呈长方形，通体磨光，横截面呈长方形，刃部残失。残长7.8、宽4.8、厚1.7厘米（图3-555）。

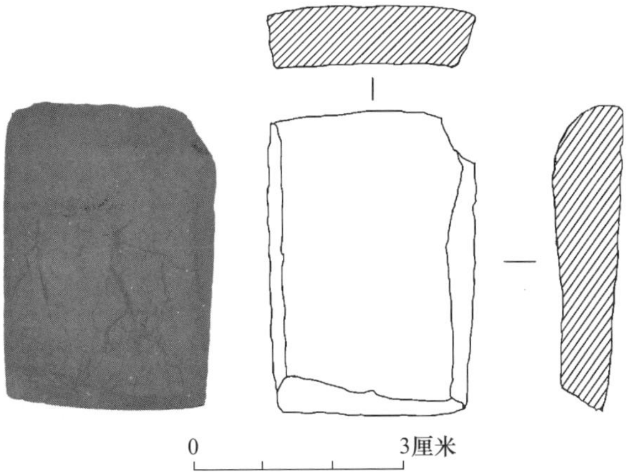


图3-555　行菜坑遗址采集石锛
（行菜坑：1）

**16. 砚台顶遗址**

位于古田县城东街道坑里村西约100米，地理坐标为北纬26°39′06.952″，东经118°42′41.241″。海拔425米，相对高度10米。系大山向东延伸出的长条状台地。遗址长约120、宽约100米，面积约1.2万平方米。台地顶部平坦开阔，东、北、南坡较缓，呈阶梯状下降。北面与大山连接处有一荒废的清末民居，东面桃溪自北向南流过，地表为稻田和菜地（图3-556）。在顶部发现零星陶片。采集到陶片25片。其中素面泥质灰陶3片、灰硬陶15片（方格纹3片、绳纹1片、刻划纹1片、竹编纹8片、篮纹2片）、黑衣硬陶7片（素面5片、篮纹2片）（图3-557、图3-558）。此外还采集得残石镞1件。未发现文化层堆积。青铜时代。

图3-556　砚台顶遗址（东—西）

图 3-557　砚台顶遗址采集陶片

石镞　1 件。砚台顶：1，青黄色泥质岩。平面近长菱形，截面呈扁菱形，扁平短铤，通体磨制光滑，器形规整，锋部残断。残长 3.6、翼宽 1.8、厚 0.5 厘米（图 3-559）。

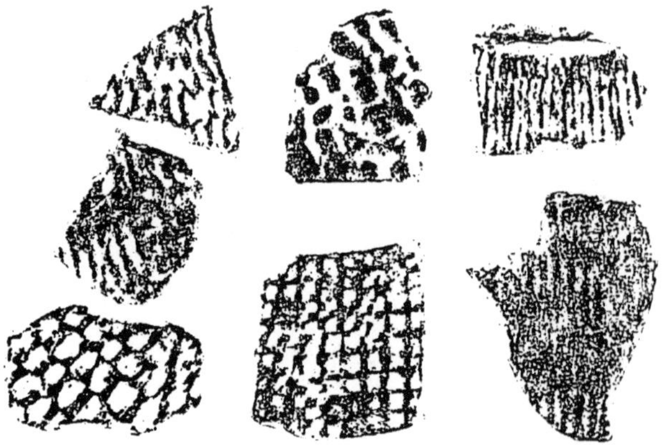

图 3-558　砚台顶遗址采集陶片纹饰拓片

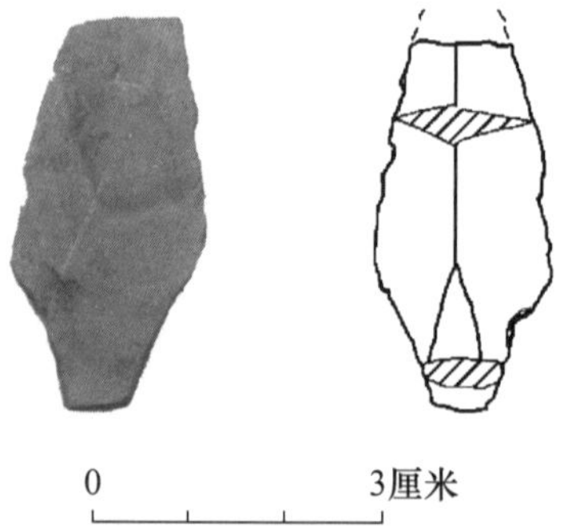


图 3-559　砚台顶遗址采集石镞
（砚台顶：1）

### 17. 黄土岗遗址

位于古田县城东街道东厝隘村北约 50 米，地理坐标为北纬 26° 37′ 50.123″，东经 118° 43′ 16.687″。海拔 435 米，相对高度 20 米。系大山向西南延伸出的长条状山冈。遗址长约 200、宽约 150 米，面积约 3 万平方米。山顶呈缓坡且较开阔，北、南、西面坡度较缓。山顶有一处果农居住的平房，西面山脚下是古田往南平方向的县道，县道西侧桃溪自北向南流过，地表为果园和瓜地（图 3-560）。与西北面的甲山遗址，西南面的东厝隘遗址成鼎足之势。仅在西坡采集 2 片灰硬陶（云雷纹 1 片、绳纹 1 片）（图 3-562、图 3-563）。另采集到残石戈 1 件。未发现文化层堆积。青铜时代。

石戈　1 件。黄土岗：1，浅灰色页岩。平面近长菱形，截面呈扁椭圆形，双面均经打制后粗磨。残长 7.1、宽 3、厚 0.4 厘米（图 3-561）。

图 3-560　黄土岗遗址（西北—东南）

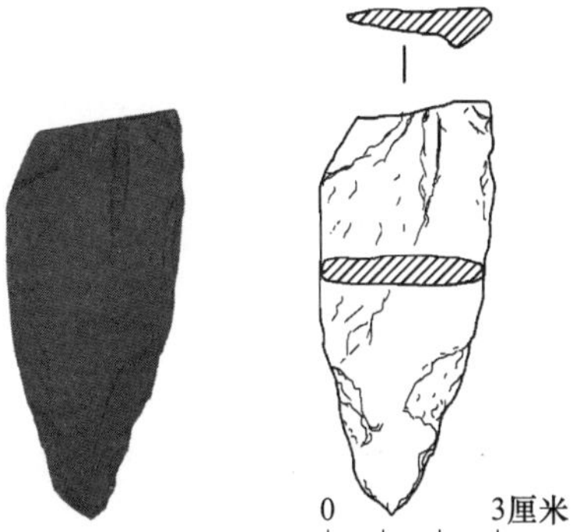


图 3-561　黄土岗遗址采集残石戈
（黄土岗：1）

图 3-562　黄土岗遗址采集陶片

图 3-563　黄土岗遗址采集陶片纹饰拓片

**18. 东厝隘遗址**

位于古田县城东街道罗坑村东厝隘自然村西约 250 米，地理坐标为北纬 26° 37′ 45.628″。东经 118° 43′ 01.703″。海拔 435 米，相对高度 30 米。系大山向东北延伸出的“甲”字形山冈。遗址长约 250、宽约 100 米，面积约 2.5 万平方米。山顶平坦开阔，东坡较缓，西、北坡较陡，地表为果园。山顶有果农居住的平房 1 座，东北面为甲山遗址，古田溪支流桃溪在两个遗址间自北向南蜿蜒流过遗址的北、东、南三侧（图 3-564）。在山顶和南坡均发现少量陶片。共采集陶片 36 片。其中泥质篮纹黄陶 1 片、泥质素面红褐陶 3 片、灰硬陶 29 片（素面 5 片、绳纹 9 片、旋涡纹 2 片、竹编纹 7 片、刻划纹 1 片、方格纹 4 片、弦纹 1 片）、赭衣硬陶 3 片（素面 2 片、方格纹 1 片）（图 3-565、图 3-566）。未发现文化层堆积。青铜时代。

图 3-564　东厝隘遗址（南—北）

图 3-565　东厝隘遗址采集陶片

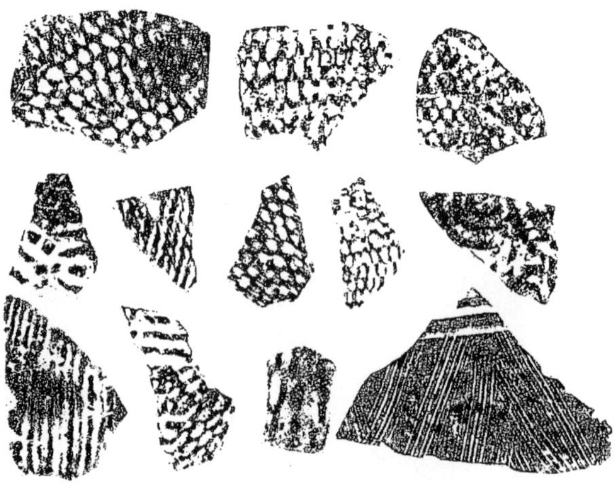

图 3-566　东厝隘遗址采集陶片纹饰拓片

## （四）凤都镇

### 1. 山墩仔遗址

位于古田县凤都镇溪头村山墩仔自然村西北约 150 米，地理坐标为北纬 26° 37′ 13.763″，东经 118° 37′ 55.954″。海拔 508 米，相对高度 35 米。系大山向东南延伸出的不规则状山冈。遗址长约 200、宽约 100 米，面积约 2 万平方米。山顶平坦开阔，四周坡度略陡，地表除南侧为竹林外，大部分开垦为稻田和菜地。南侧山脚下有溪流自西向东流过，溪南岸为古田往南平方向的县道（图 3-567）。在遗址西侧接近山顶处发现零星灰硬陶片，共采集到 12 片。其中方格纹 10 片、弦纹 2 片（图 3-568、图 3-569）。未发现文化层堆积。青铜时代。

图 3-567　山墩仔遗址（东南—西北）

图 3-568　山墩仔遗址采集陶片

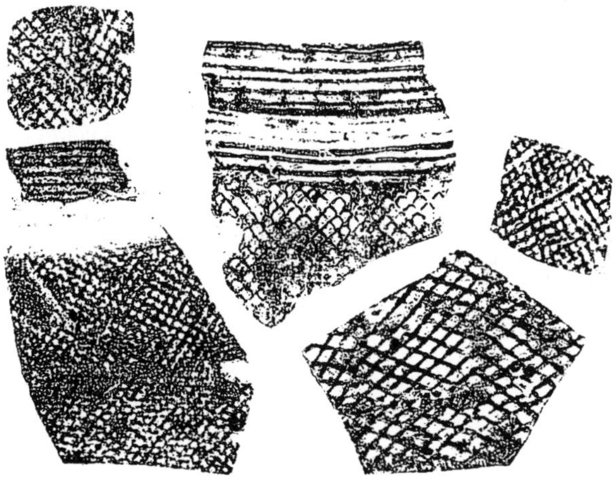

图 3-569　山墩仔遗址采集陶片纹饰拓片

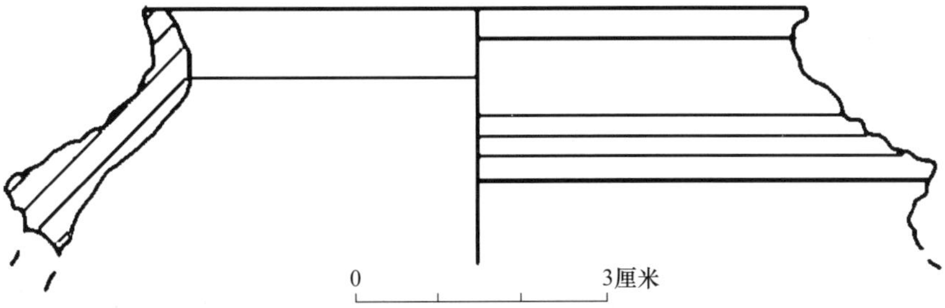


图 3-570　山墩仔遗址采集陶罐
（山墩仔：1）

罐　1件。山墩仔：1，灰硬陶。小侈口，束颈，广肩，肩部饰数道凹弦纹，原有1个器耳，已脱落。口径8、残高3.1厘米（图 3-570）。

**2. 下珠遗址**

位于古田县凤都镇下珠村西 50 米，地理坐标为北纬 26° 37′ 35.613″，东经 118° 38′ 41.640″。海拔 523.8 米，相对高度 30 米。系大山向南延伸出的长条状山冈。遗址长约 300、宽约 100 米，面积约 3 万平方米。山顶平坦开阔，东、西、南面较陡，地表为稻田、菜地和果园（图 3-571）。在山顶及东、西、南坡均发现少量陶片。共采集陶片 38 片。其中泥质席纹灰陶 1 片、泥质戳点纹灰黄陶 1 片、灰硬陶 34 片（素面 16 片、席纹 13 片、云雷纹 4 片、戳点纹 1 片）、素面釉陶 2 片（图 3-572、图 3-573）。另在东侧一处断坎上采集到 1 件席纹灰硬陶罐（残）。未发现文化层堆积。青铜时代。

图 3-571　下珠遗址（西—东）

图 3-572　下珠遗址采集陶片

图 3-573　下珠遗址采集陶片纹饰拓片

石锛　1件。下珠：2，灰色泥质岩，通体粗磨。平面近梯形，横截面为扁梯形，顶部残缺，刃部有崩损。残长6、宽5、厚1.5厘米（图3-575：2）。

陶罐　1件。下珠：1，灰硬陶。口沿缺失，斜直腹，圜凹底，器身饰席纹。底径10、残高30厘米（图3-574；图3-575：1）。

图3-574　下珠遗址采集陶罐
（下珠：1）

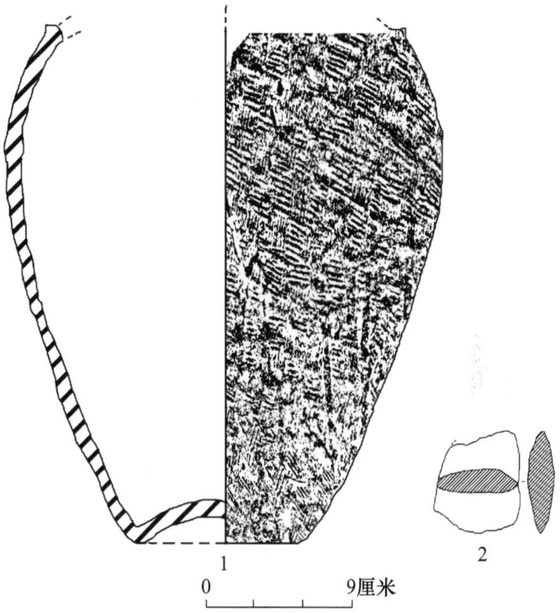


图3-575　下珠遗址采集石器与陶器
1. 陶罐（下珠：1）2. 石锛（下珠：2）

### 3. 西洋岗遗址

位于古田县凤都镇桃源村西北100米，地理坐标为北纬26°37′37.524″，东经118°39′50.164″。海拔529米，相对高度30米。系大山向西南延伸出的不规则状山冈。遗址长约350、宽约150米，面积约5.2万平方米。山顶平坦开阔，东、南两侧较，西侧较陡，地表为稻田、菜地和果园。山顶有一处民宅，遗址西南山脚有一条土路直通山顶（图3-576）。在山顶发现较多陶片以及零星原始瓷片。

图3-576　西洋岗遗址（南—北）

共采集陶片 78 片。其中泥质席纹灰黄陶 1 片、泥质席纹灰陶 1 片、灰硬陶 69 片（素面 10 片、方格纹 17 片、竹编纹 3 片、弦纹 9 片、席纹 29 片、云雷纹 1 片）、素面黑衣硬陶 1 片、原始瓷 6 片（素面 2 片、弦纹 3 片、刻划纹 1 片）（图 3-577～图 3-579）。未发现文化层堆积。青铜时代。

图 3-577　西洋岗遗址采集陶片

图 3-578　西洋岗遗址采集陶片纹饰拓片

图 3-579　西洋岗遗址采集原始瓷片

罐　2件。西洋岗：1，灰硬陶。侈口，圆唇，束颈，口沿内有一道凹弦纹，颈部饰一道弦纹，器身外表饰方格纹，内壁有些许黑色斑点。口径8、残高6.2厘米（图3-580：2）。西洋岗：2，夹砂灰硬陶，素面。小侈口，束颈，广肩。口径27、残高3.5厘米（图3-580：1）。

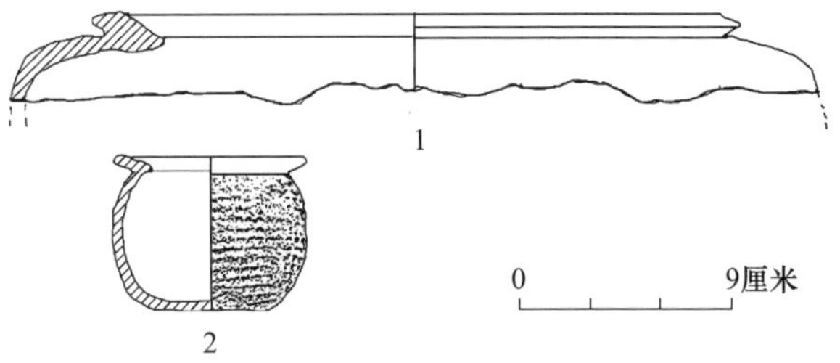


图3-580　西洋岗遗址采集陶罐

1. 西洋岗：2　2. 西洋岗：1

#### 4. 台头墩遗址

位于古田县凤都镇台头村西侧，地理坐标为北纬26°37′09.342″，东经118°38′50.840″。海拔493米，相对高度5米。系大山向西北延伸出的长条状台地。遗址长约80、宽约50米，面积约4000平方米。山顶平坦开阔，四面较陡，地表为稻田、菜地，山顶为毛竹林。遗址北面有溪流自西向东流过，南面为京台高速公路，遗址东南及四周被民宅和菇房包围（图3-581）。在台地顶部和西侧发现零星陶片。共采集陶片8片。其中灰硬陶7片（素面4片、席纹1片、云雷纹1片、旋涡纹1片）、篮纹黑衣硬陶1片（图3-582、图3-583）。未发现文化层堆积。青铜时代。

图3-581　台头墩遗址（西—东）

图3-582　台头墩遗址采集陶片

图3-583　台头墩遗址采集陶片纹饰拓片

（五）城西街道

**1. 吉兆遗址**

位于古田县城西街道吉兆村东约100米，地理坐标为北纬26°34′03.763″，东经118°44′32.724″。海拔377.85米，相对高度40米。系相对独立的圆形丘陵。遗址半径150米，面积约7万平方米。山顶平坦开阔，四周较陡，地表为果园。东面和南面山脚下各有一条溪流经过，均为古田溪支流。由于京台高速匝道修建将遗址割裂成东、西两部分（图3-584）。在东部山体的山顶北侧发现较多陶片。共采集陶片122片。其中夹砂素面灰黑陶15片、夹砂素面红褐陶1片、泥质方格纹黄褐陶1片、泥质灰黄陶3片（方格纹1片、条纹2片）、泥质灰陶19片（素面1片、条纹18片）、泥质黑衣陶4片（素面1片、篮纹3片）、灰硬陶76片（素面35片、方格纹12片、绳纹7片、竹编纹16片、旋涡纹4片、曲折纹2片）、素面赭衣硬陶3片（图3-585～图3-587）。未发现文化层堆积。新石器时代至青铜时代。

图3-584　吉兆遗址（西北—东南）

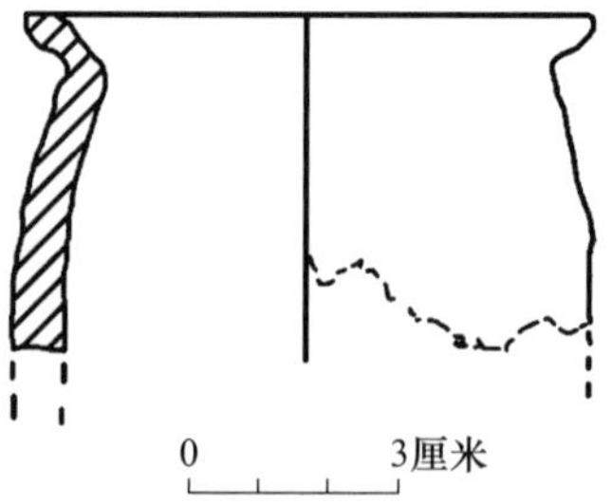


图3-585　吉兆遗址采集陶罐（吉兆：1）

罐　1件。吉兆：1，灰硬陶，素面。侈口，圆唇，束颈，斜弧腹。口径8、残高4.6厘米（图3-585）。

**2. 官江遗址**

位于古田县城西街道苏洋厝村南约300米，地理坐标为北纬26°33′49.885″，东经118°43′21.647″。海拔441米，相对高度30米。系大山向北延伸出的不规则状山冈。遗址长约150、宽约250米，面积约3.7万平方米。山顶平坦开阔，东、西、北侧较陡，地表为果园，山顶东侧有一微波站。因京台高速从遗址中部通过将遗址切为南北两部分（图3-588）。在山顶及北坡发现少量陶片。采集到陶片20片。

图 3-586　吉兆遗址采集陶片

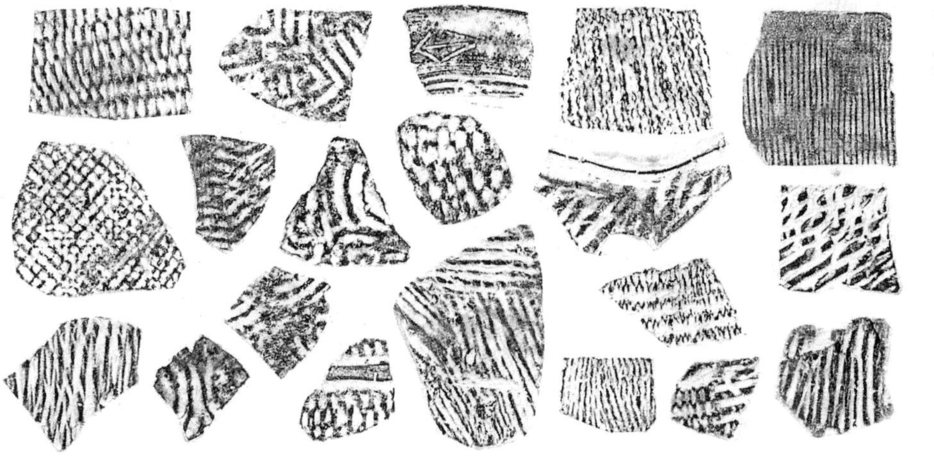

图 3-587　吉兆遗址采集陶片纹饰拓片

其中泥质素面灰陶 2 片、泥质素面灰褐陶 2 片、灰硬陶 9 片（素面 3 片、方格纹 3 片、弦纹 3 片）、方格纹黑衣硬陶 3 片、赭衣硬陶 4 片（素面 3 片、弦纹 1 片）（图 3-590、图 3-591）。未发现文化层堆积堆积。青铜时代。

罐　1 件。官江：1，夹砂灰褐色硬陶。侈口，高领，领部及口沿饰数道凹弦纹，肩部饰一道凸棱纹，腹部饰网格纹。口径 18、残高 6.2 厘米（图 3-589）。

图 3-588　官江遗址（西北—东南）

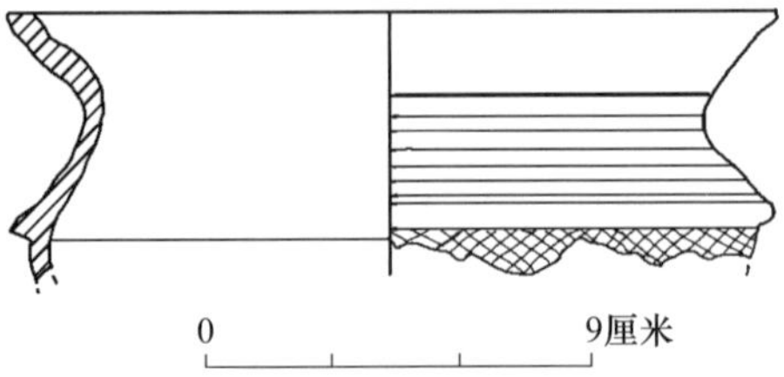


图 3-589　官江遗址采集陶罐
（官江：1）

图 3-590　官江遗址采集陶片

图 3-591　官江遗址采集陶片纹饰拓片

（六）吉巷乡

**1. 官园里遗址**

位于古田县吉巷乡官园里村南约 200 米，地理坐标为北纬 26° 39′ 46.658″，东经 118° 54′ 46.465″。海拔 431 米，相对高度 5 米。系三角形山前台地。遗址长约 200、宽约 100 米，面积约 2 万平方米。台地顶部平坦开阔，自北向南呈阶梯状下降。遗址东、西、南三面濒临官园溪，地表为稻田和菜地，西南端有一香菇棚，官园溪在南面转向北流，水流变缓，河滩较为开阔（图 3-592）。该遗址陶片极少，仅在山顶采集到 1 片泥质素面赭衣陶。但在二级台地采集到石锛 1 件，另在南面河滩上采集到石锛 1 件以及石器半成品若干。未发现文化层堆积。青铜时代。

石锛　1 件。官园里：1，青灰色细砂岩。长方形，单面刃。通体磨光，表面风化严重。横截面呈长方形。器形较大，刃部稍崩损，器形保存基本完整。长 6.4、宽 2.2、厚 1.7 厘米（图 3-593）。

图 3-592　官园里遗址（西南—东北）

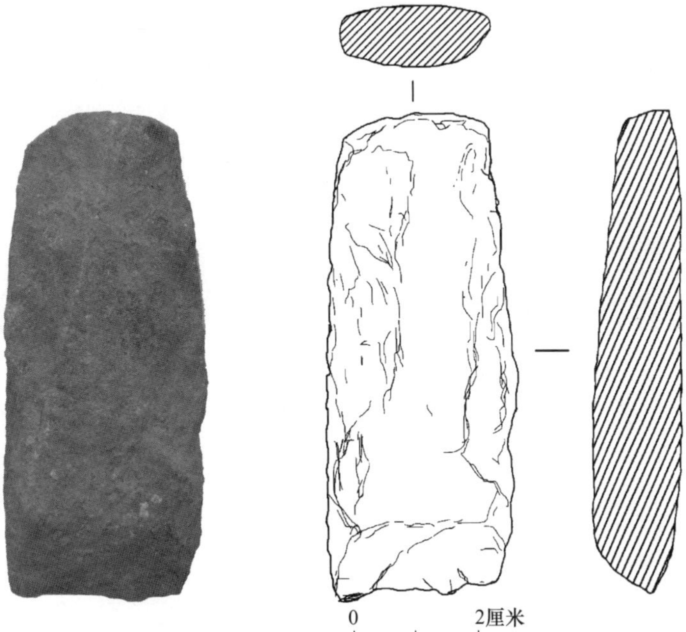


图 3-593　官园里遗址采集石锛
（官园里：1）

**2. 洋中坂遗址**

位于古田县吉巷乡永安村洋中坂自然村西约 50 米，地理坐标为北纬 26°38′43.504″，东经 118°52′16.613″。海拔 426 米，相对高度 10 米。系大山向西南延伸出的不规则状山冈。遗址长约 100、宽约 80 米，面积约 8000 平方米。山顶平坦开阔，地表有果园和灌木丛；南、北、西三面坡略陡，西面有溪流自西北向东南流过，在遗址东南约 800 米处汇入吉巷溪；东面山脚是通往平湖镇的县道，往东 150 米是永安中学；南面是大片稻田和菜地（图 3-594）。在南坡取土形成的断坎处发现零星陶片。

共采集灰硬陶片 9 片（素面 5 片、竹编纹 2 片、方格纹 1 片、绳纹 1 片）（图 3-595、图 3-596）。未发现文化层堆积。青铜时代。

陶器口沿　1 件。洋中坂：1，灰硬陶。侈口，长颈，折肩，肩部饰刻划纹。残高 6 厘米（图 3-597）。

图 3-594　洋中坂遗址（北—南）

图 3-595　洋中坂遗址采集陶片

图 3-596　洋中坂遗址采集陶片纹饰拓片

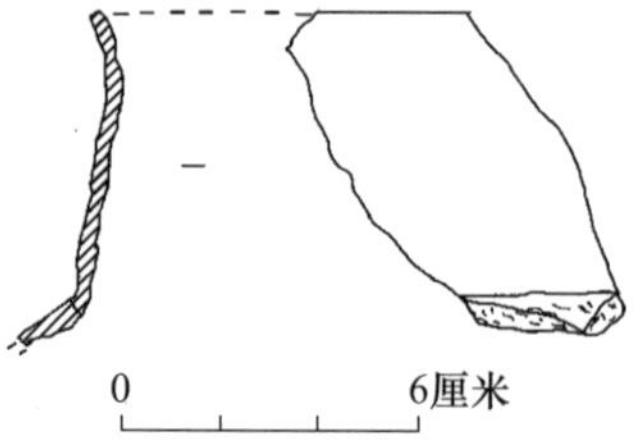


图 3-597　洋中坂遗址采集陶器
（洋中坂：1）

### 3. 官洋遗址

位于古田县吉巷乡官洋村东南约600米，地理坐标为北纬26°37′34.706″，东经118°50′31.201″。海拔400米，相对高度10米。系大山向东南延伸入翠屏湖的近似长条状山冈。遗址长约150、宽约50米，面积约7500平方米。山顶略凸但开阔，东、西、南面较陡且濒临湖水，枯水期可见东南面山脚下有吉巷溪自东北向西南流过；北面有一排民房；西面有一条官洋村通往遗址的土路，地表为果园（图3-598）。仅在遗址西南坡发现14片灰硬陶片（素面、篮纹、云雷纹和方格纹各1片、网格纹6片、绳纹4片）（图3-599、图3-600）。另采集到2件残石锛及石料若干。未见文化层堆积。青铜时代。

图3-598　官洋遗址（东—西）

图3-599　官洋遗址采集陶片

图3-600　官洋遗址采集陶片纹饰拓片

石锛　2件。官洋：1，浅灰色泥质岩。顶部残缺，平面与横截面均呈长方形，单面刃，通体磨光。残长3.8、宽4、厚1.9厘米（图3-602：1）。官洋：2，浅灰色泥质岩。平面呈梯形，双面刃。通体磨光，横截面呈长方形。上端一侧崩损，整体器形保存稍好。长7.2、宽5.8、厚1.7厘米（图3-601；图3-602：2）。

图3-601　官洋遗址采集石锛
（官洋：2）

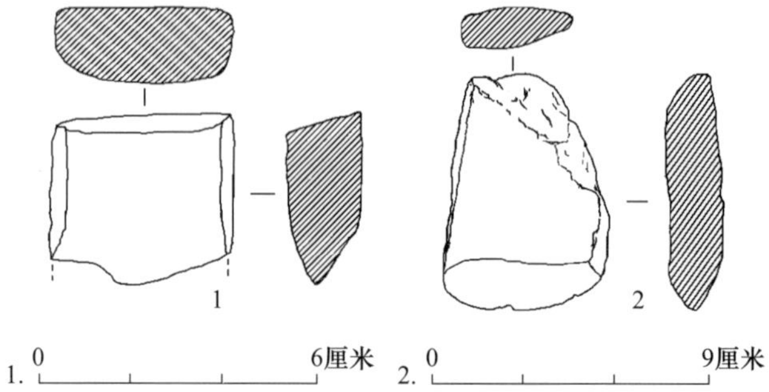

图3-602　官洋遗址采集石锛
1. 官洋：1　2. 官洋：2

**4. 回回山遗址**

位于古田县吉巷乡坂中村东南约1200千米，地理坐标为北纬26°37′34.930″，东经118°51′22.667″。海拔438米，相对高度30米。系大山向南延伸出的近椭圆状山冈。遗址长约200、宽约100米，面积约2万平方米（图3-603）。山顶平坦开阔，东面山脚有一水塘，西面山冈是一处名为“回回苑”的现代陵园，南面山脚是翠屏湖，枯水期可见东南山脚下有一条小溪自东北向西南流过并汇入吉巷溪。由于遗址及周边山冈均被一民营猕猴桃种植基地承包，故地表均为果园，且有水泥路环绕遗址并与周边相连（见图3-603）。在东坡和南坡发现零星陶片。采集到陶片18片，均为灰硬陶（素面6片、席纹12片）（图3-604、图3-605）。未发现文化层堆积。青铜时代。

图3-603　回回山遗址（东北—西南）

图 3-604　回回山遗址采集陶片

图 3-605　回回山遗址采集陶片纹饰拓片

**5. 狮山遗址**

位于古田县吉巷乡高坑村南约 700 米，地理坐标为北纬 26° 37′ 31.765″，东经 118° 51′ 37.799″。海拔 416 米，相对高度 30 米。系狮山东南端伸出的长条状山冈。遗址长约 200、宽约 100 米，面积约 2 万平方米。山顶开阔，呈缓坡向东南下降，北、南面坡度较陡。北、东、南均濒临翠屏湖，东南山脚下有一水陂，一条土路自水陂沿遗址东面和北面通往高坑村，枯水期可见南面山脚下有一条小溪自东向西南蜿蜒流过。东坡地表为油茶园，西、北、南坡均为马尾松林（图 3-606）。在山顶及东坡和南坡发现石器及较多陶片。共采集陶片 97 片。其中夹砂素面灰黄陶 3 片、泥质灰黄陶 11 片（素面 4 片、方格纹 1 片、条纹 4 片、梯格纹 1 片、绳纹 1 片）、泥质梯格纹灰陶 5 片、泥质篮纹黑衣陶 5 片、灰硬陶 73 片（素面 22 片、方格纹 13 片、刻划纹 4 片、条纹 14 片、叶脉纹 3 片、梯格纹 1 片、绳纹 16 片）（图 3-607～图 3-609）。另采集到泥质灰陶杯 1 件（残），以及石锛、石镞、砺石等残石器 13 件。未发现文化层堆积。新石器时代至青铜时代。

石锛　3 件。狮山：1，青灰色砂岩。平面近长方形，横断面呈不规则四边形，背面较平直，单面

图 3-606　狮山遗址（东北—西南）

图 3-607　狮山遗址采集陶片

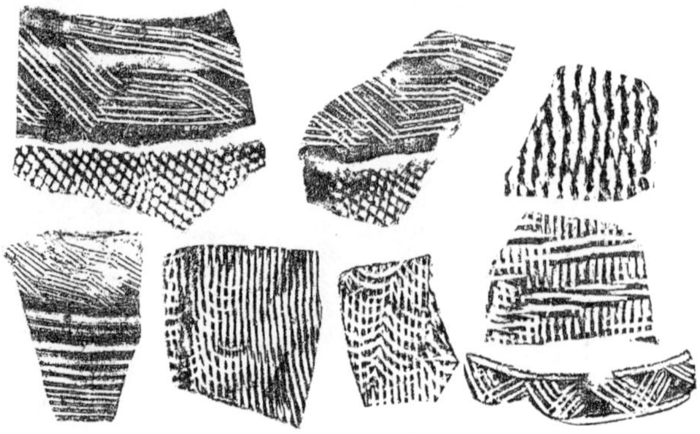

图 3-608　狮山遗址采集陶片纹饰拓片（一）

刃。体稍厚，中部石脉凸起。通体粗磨。长 10、宽 4、厚 2.3 厘米（图 3-610：1；图 3-611：7）。狮山：2，灰色泥质岩。平面呈圆角长方形，单面刃。通体磨光，横截面呈长方形。整体保存较完好。长 6.5、宽 2.8、厚 1.7 厘米（图 3-610：2；图 3-611：5）。狮山：4，浅紫色页岩。平面呈长方形，双面刃。打制而成，制作较粗糙。横截面呈椭圆形。通体表面稍有崩损，但整体器形保存稍好。残长 5.8、宽 2.3、厚 1.2 厘米（图 3-610：3；图 3-611：4）。

图 3-609　狮山遗址采集陶片纹饰拓片（二）

图 3-610　狮山遗址采集石锛

1. 狮山：1　2. 狮山：2　3. 狮山：4

刮削器　1 件。狮山：3，灰色泥质岩。平面近似长方形，通体粗磨，但刃部磨制较锋利。通长 2.2、宽 2.7、厚 0.5 厘米（图 3-611：3）。

砺石　2 件。狮山：5，黑色硅质岩。平面呈长条形，通体粗磨，两面均有砥磨形成的凹槽。通长 11.1、宽 4.8、厚 1.8 厘米（图 3-611：1）。狮山：6，灰黄色扁平砾石。平面呈梯形，一面有砥磨留下的凹痕。通长 11.8、宽 9.4、厚 1.7 厘米（图 3-611：6）。

陶杯　1 件。狮山：7，泥质灰黑陶。口沿已残缺，素面。平底，斜直腹。残高 6、底径 2.8、厚 0.3 厘米（图 3-611：2）。

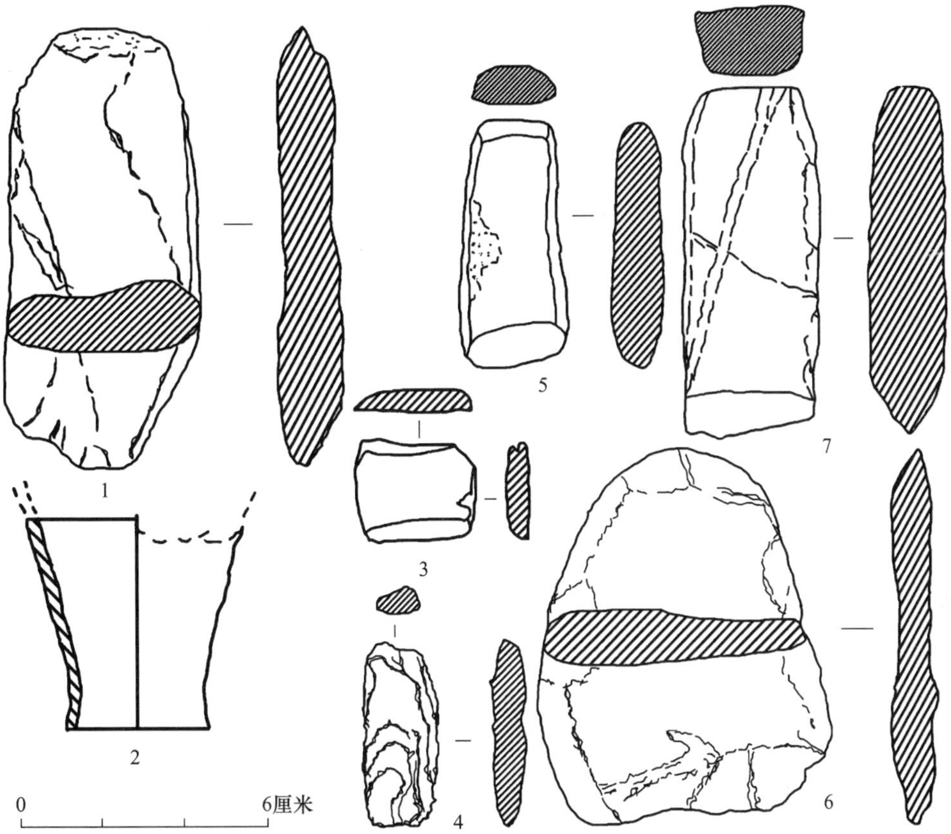


图 3-611　狮山遗址采集石器与陶器

1、6. 砺石（狮山：5、狮山：6） 2. 陶杯（狮山：7） 3. 刮削器（狮山：3） 4、5、7. 石锛（狮山：4、狮山：2、狮山：1）

## （七）大桥镇

### 1. 西洋遗址

位于古田县大桥镇横洋村西北约 200 米，地理坐标为北纬 26° 34′ 27″，东经 118° 55′ 28″。海拔 497 米，相对高度 10 米。系河流冲积形成的扇形台地，遗址呈西南—东北走向。长约 150、宽约 200 米，

图 3-612　西洋遗址（北—南）

图 3-613　西洋遗址采集陶片

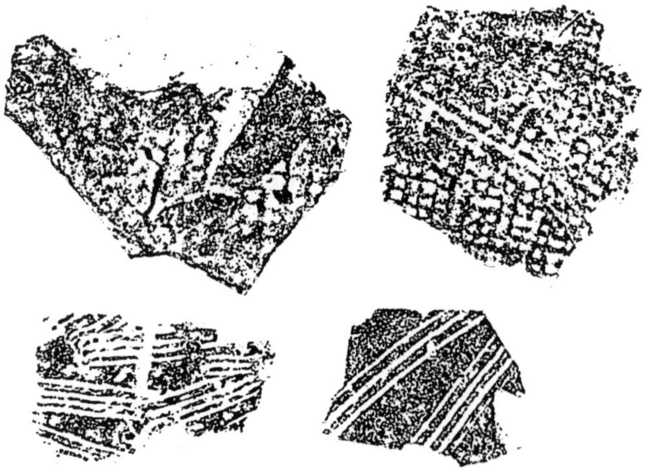

图 3-614　西洋遗址采集陶片纹饰拓片

面积约 3 万平方米。顶部平坦开阔，坡度低缓，地表被开垦呈阶梯状的稻田，西南面是大山，东北面有溪流经过（图 3-612）。在台地西坡发现零星陶片。共采集灰硬陶片 6 片（素面 2 片、方格纹 2 片、刻划纹 2 片）（图 3-613、图 3-614）。未发现文化层堆积。青铜时代。

**2. 扫把丘遗址**

位于古田县大桥镇宅里村东南约 200 米，地理坐标为北纬 26° 35′ 39.920″，东经 118° 54′ 44.110″。海拔 480 米，相对高度 10 米。系河流冲积形成的不规则状台地，遗址呈南北走向。长约 250、宽约 100 米，面积约 2.5 万平方米。顶部平坦开阔，四周较平缓，地表为农田和葡萄园；北面和东面有溪流经过，系古田溪支流（图 3-615）。仅在台地顶部采集到 3 片陶片。其中素面黑衣硬陶 2 片，彩陶 1 片（图 3-616）。另采集到 2 件残石锛及若干石片。未发现文化层堆积。青铜时代。

图 3-615　扫把丘遗址（北—南）

图 3-616　扫把丘遗址采集陶片

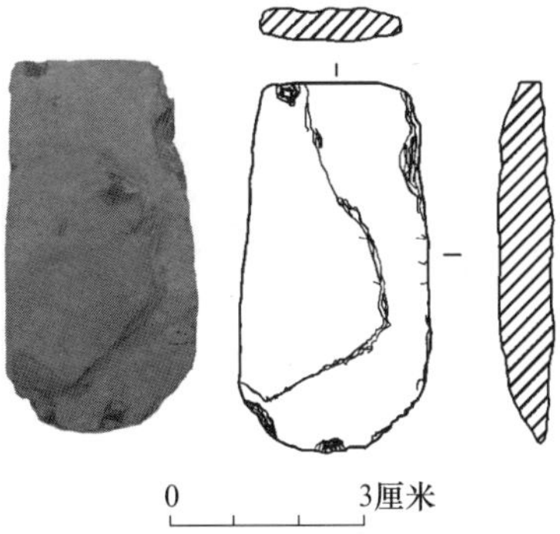


图 3-617　扫把丘遗址采集石锛（扫把丘：1）

石锛　1 件。扫把丘：1，灰色泥质岩。平面呈长方形，双面刃。通体磨光，横截面呈长方形。器形较小，一侧边缘崩损，整体保存较好。残长 5.3、宽 2.7、厚 0.9 厘米（图 3-617）。

（八）泮洋乡

**1. 翠屏湖 A 地点**

位于古田县泮洋乡凤梅亭村东北约 500 米，地理坐标为北纬 26° 35′ 00.340″，东经 118° 46′ 58.893″。海拔 401 米，相对高度 10 米。系大山向西延伸入翠屏湖的不规则状山冈。遗址长约 80、宽约 70 米，面积约 5600 平方米。山顶平坦开阔，北、西、南三面临湖，地表为果园和灌木丛，植被茂密（图 3-618）。仅在西坡湖水冲刷的地表发现零星陶片。共采集灰硬陶片 7 片（竹编纹 5 片、刻划纹 1 片、云雷纹 1 片）（图 3-619、图 3-620）。未发现文化层堆积。青铜时代。

图 3-618　翠屏湖 A 地点（西—东）

图 3-619　翠屏湖 A 地点采集陶片

图 3-620　翠屏湖 A 地点采集陶片纹饰拓片

**2. 翠屏湖 B 地点**

位于古田县泮洋乡凤梅亭村东北约 1 千米，地理坐标为北纬 26° 35′ 05.950″，东经 118° 47′ 08.802″。海拔 382 米，相对高度 10 米。系近似三角形山前台地。遗址长约 100、宽约 50 米，面积约 5000 平方米。台地顶部平坦开阔，北、西、南三面临湖，东面 200 米的山腰处有古田县通往古田水库坝区的 304 省道经过，地表为菜地和杂草（图 3-621）。在南坡和西坡发现零星陶片。共采集陶片 7 片。其中泥质灰陶 2 片（素面 1 片、绳纹 1 片）、灰硬陶 5 片（素面 1 片、竹编纹 4 片）（图 3-622、图 3-623）。未发现文化层堆积。青铜时代。

图 3-621　翠屏湖 B 地点（西—东）

图 3-622　翠屏湖 B 地点采集陶片及原始瓷片

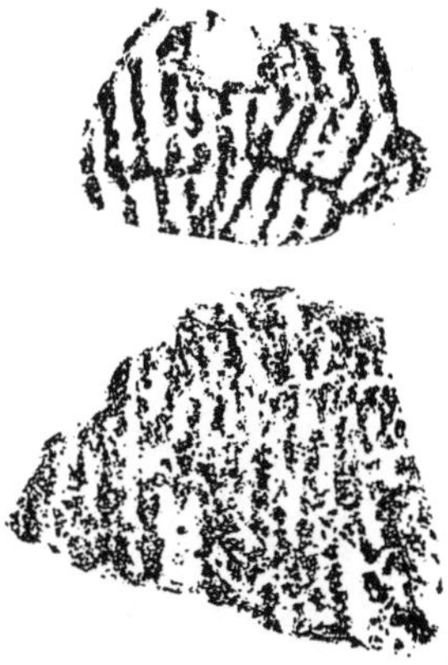

图 3-623　翠屏湖 B 地点采集陶片纹饰拓片

### 3. 龟山遗址

位于古田县泮洋乡新华村西北约 1 千米，地理坐标为北纬 26° 34′ 37.460″，东经 118° 47′ 42.370″，海拔 436 米，相对高度 40 米，系大山向东延伸入翠屏湖的龟形山冈。山冈西面较高部分似龟背，东面较低部分则为龟首，枯水期东西两部分相连，丰水期则分开。遗址东西长约 300、南北长约 200 米，面积约 6 万平方米。东、西两部分山顶均平坦开阔，东面坡度低缓，南、北较陡，西面有一排民宅，西南面有一驾校，古田至泮洋乡的 304 省道从驾校门口经过；南面山脚是龟山鱼场所属的平房，西面较高部分地表是果园，东面较低部分地表是杂草（图 3-624、图 3-625）。在遗址西部采集到零星陶片，但在作为龟首的东部山冈因长期遭受湖水冲蚀，暴露出的文化层环绕整个山体，地表散落大量陶片和石器。共采集陶片 323 片。其中夹砂灰陶 24 片（素面 17 片、绳纹 7 片），夹砂素面灰黑陶 3 片、夹砂素面黄褐陶 20 片，夹砂素面红褐陶 2 片，泥质灰陶 25 片（素面 5 片、方格纹 1 片、云雷纹 1 片、条纹 2 片、绳纹 15 片、曲折纹 1 片），泥质素面灰褐陶 6 片，泥质素面灰褐陶 6 片，泥质黑衣陶 2 片（云雷纹 1 片、条纹 1 片），灰硬陶 209 片（素面 129 片、方格纹 38 片、云雷纹 3 片、条纹 2 片、刻划纹 7 片、绳纹 15 片、曲折纹 2 片、竹编纹 9 片、梯格纹 2 片、席纹 2 片），素面赭衣硬陶 16 片，原始瓷 8 片（素面 5 片、弦纹 3 片）。陶器可辨器形有釜、豆、罐、鼎等；另采集石斧、石锛、石戈、砺石等石器或残件 31 件（图 3-626～图 3-629）。新石器时代至青铜时代。

图 3-624　龟山遗址（南—北）

图 3-625　龟山遗址（东—西）

图 3-626　龟山遗址采集石器

1. 石斧（龟山：12） 2. 砺石（龟山：21） 3. 穿孔石器（龟山：14）

图 3-627　龟山遗址采集陶器口沿

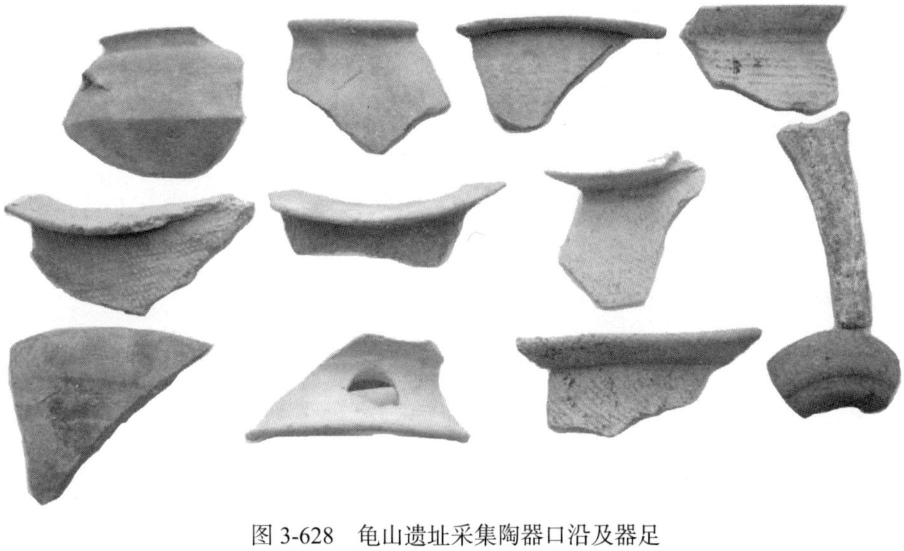

图 3-628　龟山遗址采集陶器口沿及器足

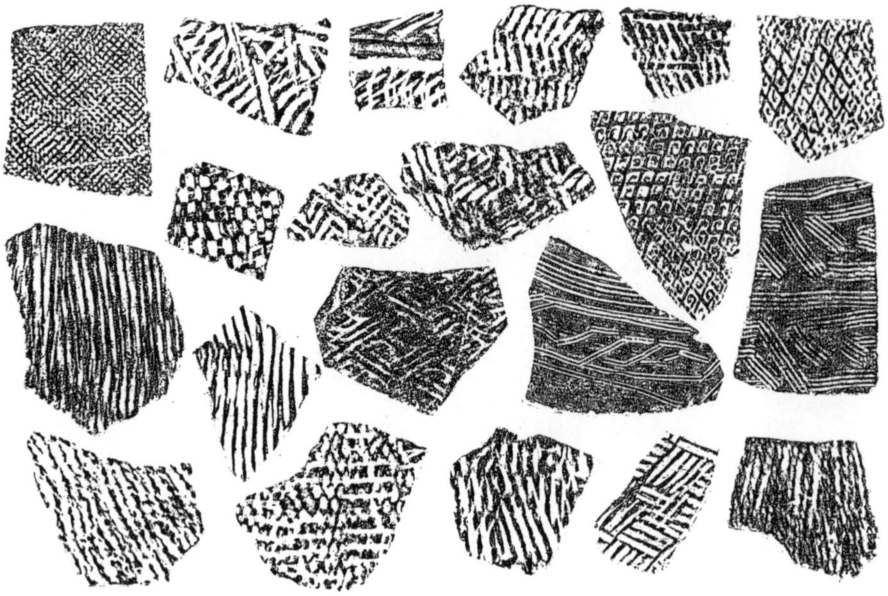

图 3-629　龟山遗址采集陶片纹饰拓片

1）石器

石锛　9 件。龟山：1，灰色沉积岩，平面近长方形，横截面近梯形，背部、刃部及一侧粗磨制。长 11.1、宽 4.5、厚 2.2 厘米（图 3-630, 1；图 3-631, 1）。龟山：2，青绿色细砂岩，平面近长方形，横截面为扁方形，刃部崩损，通体粗磨。残长 6.7、宽 2.8、厚 1.8 厘米（图 3-631, 2）。龟山：3，灰色泥岩，平面近方形，横截面为扁方形，一侧呈凹凸状崩损，余部磨制较细。长 7.5、宽 5.7、厚 2.6 厘米（图 3-630, 2；图 3-631, 3）。龟山：4，灰色泥岩，平面近条形，横截面近扁方形，通体粗磨制。长 8.9、宽 3.3、厚 1.8 厘米（图 3-630, 3；图 3-631, 11）。龟山：9，灰色沉积岩，平面近方形，横截面为长方形，顶部一角有崩缺，刃部上方有一内凹坑，通体粗磨制。长 7.5、宽 5.7、厚 2.6 厘米（图 3-630, 5；图 3-631, 4）。龟山：10，灰色沉积岩，平面近长方形，刃部略残，横截面呈半圆形，通体粗磨制。长 9.5、宽 6.2、厚 3 厘米（图 3-630, 7；图 3-631, 10）。龟山：11，灰色砾石，平面近梯形，刃部磨损较大，横截面呈半圆形，打制。长 10.7、宽 6.3、厚 1.7 厘米（图 3-630, 8；图 3-631, 8）。龟山：13，灰色沉积岩，平面长方形，横截面呈三角形，粗磨制。长 9.6、宽 6、厚 2.3 厘米（图 3-630, 6）。龟山：24，灰色页岩，平面长方形，截面扁长方形，正面及两侧粗磨制。刃部为打制。长 8.5、宽 4.9、厚 3.4 厘米（图 3-630, 4；图 3-631, 9）。

石斧　1 件。龟山：12，灰色沉积岩，平面近梯形，刃部磨损较大，横截面呈不规则椭圆形，打制。长 14.5、宽 6.7、厚 3.5 厘米（图 3-626, 1；图 3-631, 5）。

穿孔石器　1 件。龟山：14，灰色沉积岩，器形不明。方形残段，中部有一圆形穿孔，通体磨制精细。长 6.8、宽 6.3、厚 1.1 厘米（图 3-626, 3；图 3-631, 6）。

图 3-630　龟山遗址采集石锛

1. 龟山：1　2. 龟山：3　3. 龟山：4　4. 龟山：24　5. 龟山：9　6. 龟山：13　7. 龟山：10　8. 龟山：11

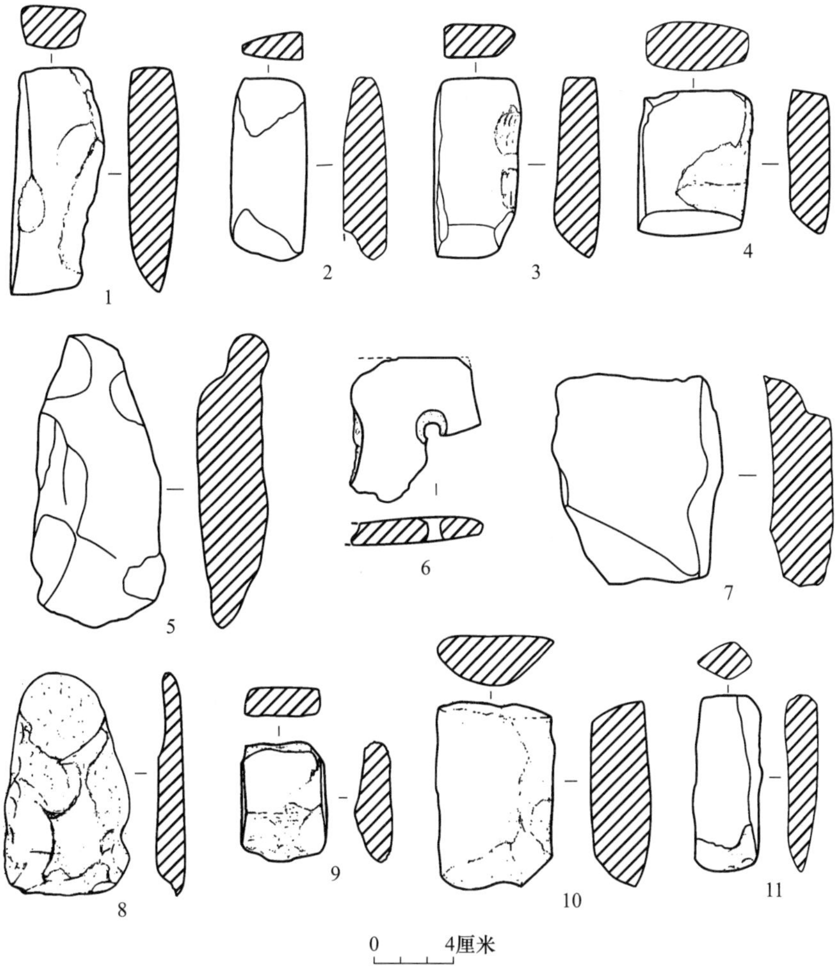

图 3-631　龟山遗址采集石器

1～4、8～11. 石锛（龟山：1、龟山：2、龟山：3、龟山：9、龟山：11、龟山：24、龟山：10、龟山：4）

5. 石斧（龟山：12）　6. 穿孔石器（龟山：14）　7. 砺石（龟山：21）

砺石　1件。龟山：21，灰色细砂岩，平面近长方形，横截面为扁长方形，正、背面有磨制，并成内凹形。长10.2、宽8、厚3.2厘米（图3-626, 2；图3-631, 7）。

2）陶器

盆　2件。龟山：46，灰褐陶，素面，平折沿，斜直腹。口径20、残高5.1厘米（图3-632, 19）。龟山：53，灰硬陶，素面。侈口，圆唇，宽折斜沿，弧腹。口径26、残高5.3厘米（图3-632, 23）。

罐　19件。龟山：32，夹粗砂灰白陶，侈口，短颈，肩较平。肩部饰绳纹。口径24、残高4厘米（图3-633, 1）。龟山：33，泥质灰陶，侈口，卷唇，短颈，平肩，肩部饰细绳纹。口径12、残高4.2厘米（图3-633, 2）。龟山：34，夹细砂灰陶，侈口，卷唇，短颈，肩略平，肩部饰绳纹。口径12、残高4.2厘米（图3-633, 3）。龟山：44，夹细砂灰褐陶，敛口，平沿，圆唇，束颈，折肩，肩腹相接处有一道凸棱。口径12、残高7厘米（图3-633, 12）。龟山：45，夹细砂灰褐硬陶，小侈口，束颈，折鼓腹，肩部有一对桥形贯耳。口径10、残高8厘米（图3-633, 15）。龟山：47，灰硬陶，平折沿，微弧腹，器表饰方格纹。口径24、残高7.7厘米（图3-632, 20）。龟山：48，灰褐色硬陶，素面。侈口，折沿，口腹之间有一道凸棱，斜弧腹。口径21、残高5.4厘米（图3-632, 21）。龟山：49，灰褐色硬陶，素面。微侈口，圆唇，束颈。口径11.4、高5.6厘米（图3-632, 27）。龟山：50，灰褐色硬陶，素面。敛口，宽沿，弧腹。口径18、残高5.8厘米（图3-632, 22）。龟山：51，灰褐色硬陶，直口，斜沿内凹，圆弧腹，口腹之间有一道凸棱，并饰刻划回纹。口径13、残高5厘米（图3-632, 24）。龟山：52，灰硬陶，素面。侈口，圆唇，弧腹。口径15、残高7.5厘米（图3-633, 11）。龟山：54，灰硬陶，直口微侈，折腹，折腹处堆贴一对双卷云纹形纽，器腹饰细小方格纹。口径13、残高6厘米（图3-633, 14）。龟山：56，灰硬陶，素面。小侈口，尖唇，束颈，折腹且折腹处有一道竖直划痕。口径12、残高5.8厘米（图3-632, 6）。龟山：57，灰硬陶，素面。侈口，圆唇，沿面微凹，束颈，鼓腹。口径26、残高9.3厘米（图3-632, 25）。龟山：59，灰硬陶，素面。双层口，平折沿，弧腹。口径24、残高5厘米（图3-632, 3）。龟山：62，泥质黄褐陶，小侈口，尖唇，微折腹。残高5.2厘米（图3-632, 1）。龟山：63，灰硬陶，仅余底部，素面。鼓腹，矮圈足。足径8、残高6厘米（图3-632, 12）。龟山：68，灰硬陶，微斜直口，宽折平沿，上腹部饰一道凸棱。口径18、残高5.9厘米（图3-632, 15）。龟山：69，灰硬陶，素面。宽平沿，圆唇，束颈，斜直腹。残高9厘米（图3-632, 18）。

瓮　1件。龟山：55，泥质灰黄陶，直口，圆唇，溜肩，圆弧腹，肩部饰附加堆纹，器表饰交错绳纹。口径16、残高7厘米（图3-632, 26）。

釜　9件。龟山：36，夹砂灰陶，侈口，斜肩，圆唇，束颈，外斜腹，沿面有数道凹弦纹，腹部饰绳纹（图3-633, 5）。龟山：37，夹砂灰黄陶，侈口，斜沿，沿面微内凹，束颈，外斜腹，沿面有数

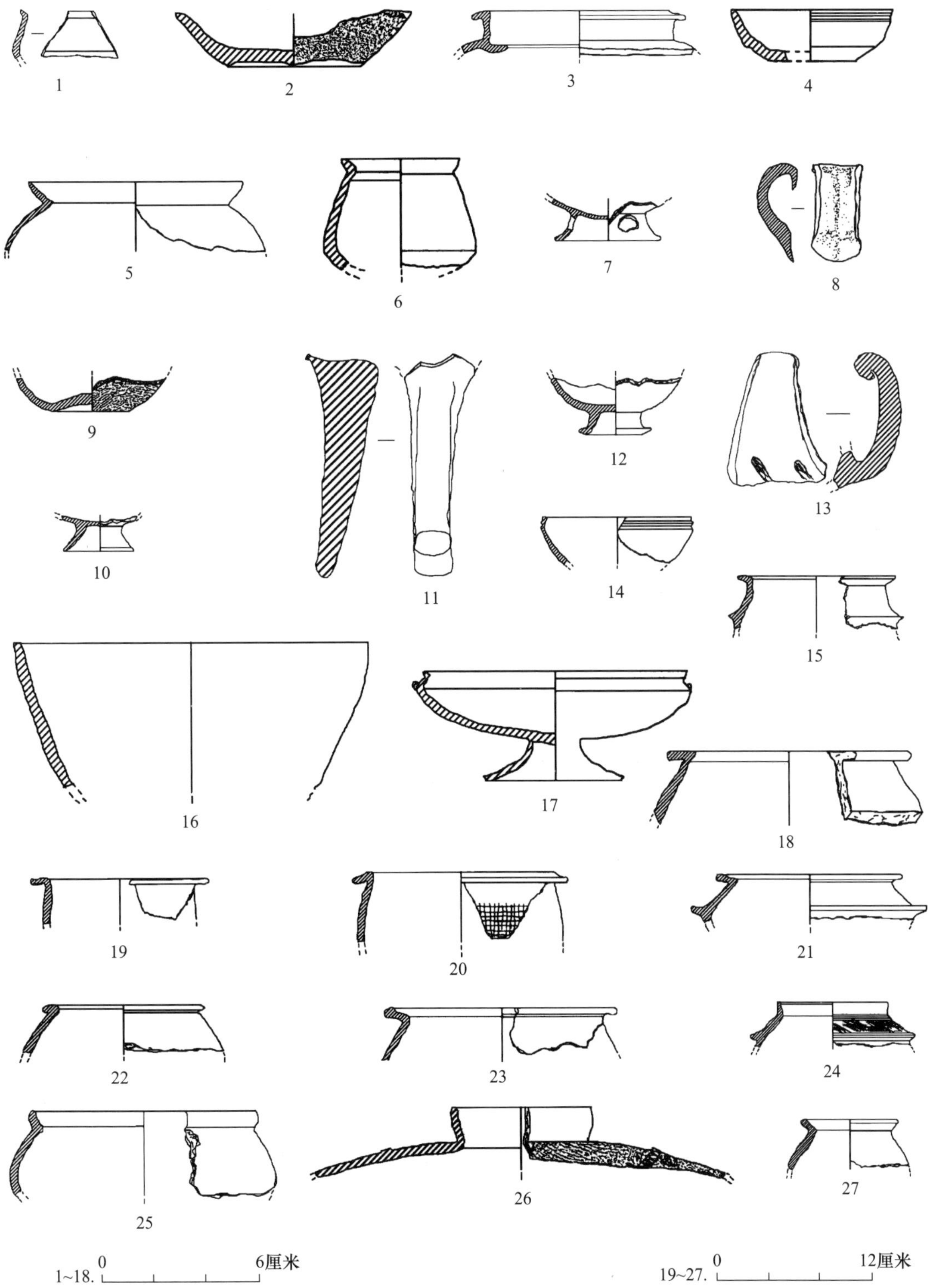


图 3-632　龟山遗址采集陶器及原始瓷器

1、3、6、12、15、18、20～22、24、25、27. 陶罐（龟山：62、龟山：59、龟山：56、龟山：63、龟山：68、龟山：69、龟山：47、龟山：48、龟山：50、龟山：51、龟山：57、龟山：49） 2、9. 陶器底（龟山：66、龟山：64） 4. 陶盅（龟山：60） 5. 陶釜（龟山：58） 7、11. 陶器足（龟山：65、龟山：67） 8. 陶器耳（龟山：73） 10. 原始瓷器足（龟山：70） 13. 陶鋬（龟山：72） 14. 原始瓷簋（龟山：71） 16. 陶钵（龟山：61） 17. 原始瓷豆（龟山：74） 19、23. 陶盆（龟山：46、龟山：53） 26. 陶瓮（龟山：55）

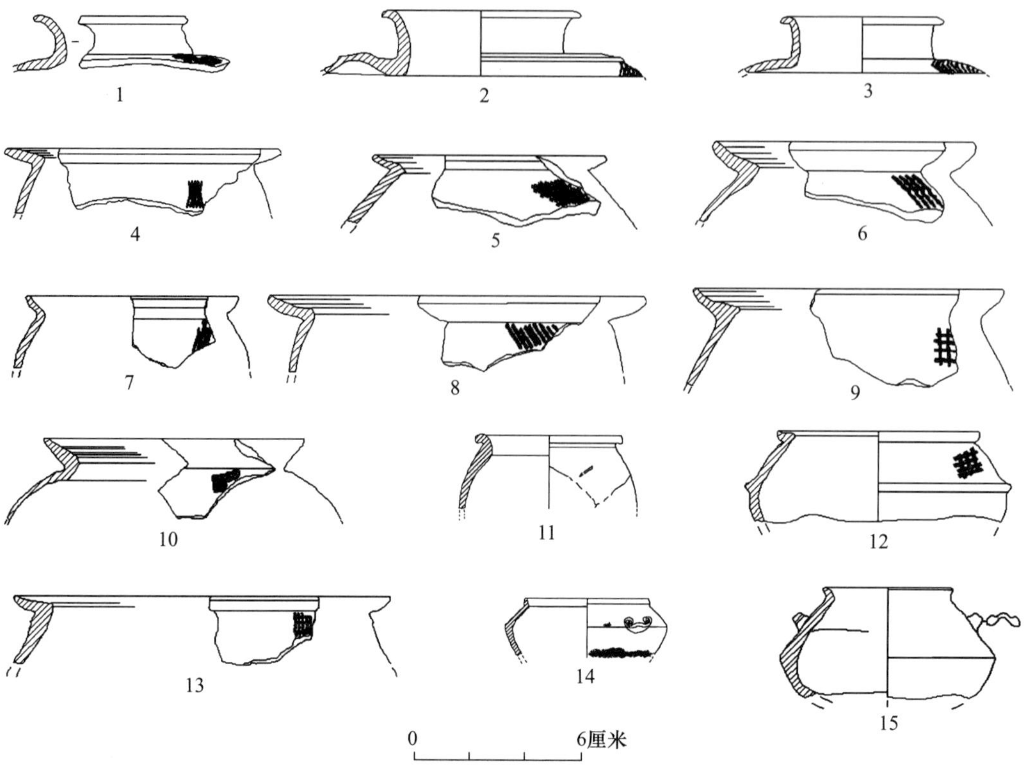


图 3-633　龟山遗址采集陶器

1～3、11、12、14、15. 罐（龟山：32、龟山：33、龟山：34、龟山：52、龟山：44、龟山：54、龟山：45）
4～10、13. 釜（龟山：40、龟山：36、龟山：38、龟山：41、龟山：39、龟山：37、龟山：43、龟山：42）

道凹弦纹，器腹饰大方格纹。口径 23、残高 5.8 厘米（图 3-633, 9）。龟山：38，夹粗砂灰黄陶，侈口，斜沿，沿面有数道凹弦纹，器腹饰绳纹。口径 19、残高 5 厘米（图 3-633, 6）。龟山：39，夹砂灰陶，侈口，斜沿，束颈，外斜腹，沿面微内凹，且有数道凹弦纹，器腹饰绳纹。口径 25、残高 4.9 厘米（图 3-633, 8）。龟山：40，夹砂灰黄陶，侈口，斜沿，束颈，外斜腹，沿面微内凹，且有数道凹弦纹，器腹饰绳纹。口径 19、残高 4 厘米（图 3-633, 4）。龟山：41，夹砂灰陶，侈口，窄斜沿，束颈，外斜腹，沿面微内凹，器腹饰绳纹。口径 16、残高 6 厘米（图 3-633, 7）。龟山：42，夹砂灰黄陶，侈口，斜沿，沿面微内凹，圆唇，束颈，外斜腹，器腹饰竖篮纹。口径 28、残高 5 厘米（图 3-633, 13）。龟山：43，泥质灰陶，侈口，斜沿，束颈，外斜腹，沿面有数道凹弦纹，器腹饰绳纹。口径 21、残高 6.4 厘米（图 3-633, 10）。龟山：58，夹砂灰黄陶，侈口，圆唇，束颈，鼓腹，口沿面有数道弦纹，器身饰绳纹。口径 22、残高 7.7 厘米（图 3-632, 5）。

盅　1 件。龟山：60，灰硬陶，素面。敛口，弧腹，平底。口径 9、残高 3.6 厘米（图 3-632, 4）。

钵　1 件。龟山：61，灰褐色硬陶，素面。敛口，斜直腹，平底。口径 10、高 8.2 厘米（图 3-632, 16）。

鋬　1 件。龟山：72，夹砂灰硬陶，与器身相连部分较宽，末端较窄且向内卷曲。残高 7.1、厚 1.3 厘米（图 3-632, 13）。

图 3-634　龟山遗址采集原始瓷豆
（龟山：74）

器耳　1 件。龟山：73，夹砂灰褐陶，宽带鋬耳状，素面。高 5.2、宽 2.5、厚 0.73 厘米（图 3-632, 8）。

器足　2 件。龟山：65，泥质灰陶，矮圈足且有 1 个不规则镂孔。足径 12、残高 4.7 厘米（图 3-632, 7）。龟山：67，夹细砂灰陶，足尖呈扁方形，足根近圆形。残高 12、宽 3.9-2.1、厚 0.8-3.6 厘米（图 3-632, 11）。

器底　2 件。龟山：64，灰硬陶，凹底，鼓腹，器身饰方格纹。底径 8、残高 3.5 厘米（图 3-632, 9）。龟山：66，灰硬陶，素面。鼓腹，平底微内凹。底径 7.8、残高 2.7 厘米（图 3-632, 2）。

3）原始瓷

簋　1 件。龟山：71，胎质灰白坚硬，釉色青黄且脱落严重。敛口平沿圆唇，斜弧腹。口沿部有两道凹弦纹。口径 19、残高 5.4、厚 0.5 厘米（图 3-632, 14）。

豆　1 件。龟山：74，胎质灰白坚硬，青釉，胎釉结合较好，侈口，窄沿、尖唇，浅弧腹，圆底，喇叭形小圈足。口径 15、底径 8、高 5.8 厘米（图 3-634；图 3-632, 17）。

器足　1 件。龟山：70，胎质灰白坚硬，青釉且胎釉结合较好，圆底，喇叭形高圈足。残高 4、厚约 0.5 厘米（图 3-632, 10）。

**4. 新义山遗址**

位于古田县泮洋乡里井村西北约 1500 米，地理坐标为北纬 26°35′52.454″，东经 118°48′29.057″。海拔 395 米，相对高度 5 米。系大山向东南延伸入翠屏湖的长条状山冈。遗址长约 150、宽约 100 米，面积约 1.5 万平方米。山顶平坦开阔，南、北、西面坡度较缓，地表为果园和杂草（图 3-635）。在山顶和南坡发现零星陶片。采集陶片 5 片。其中灰硬陶 4 片（素面 2 片、方格纹 2 片）、素面釉陶 1 片（图 3-636、图 3-637）。未发现文化层堆积。青铜时代。

图 3-635　新义山遗址（东南—西北）

图 3-636　新义山遗址采集陶片

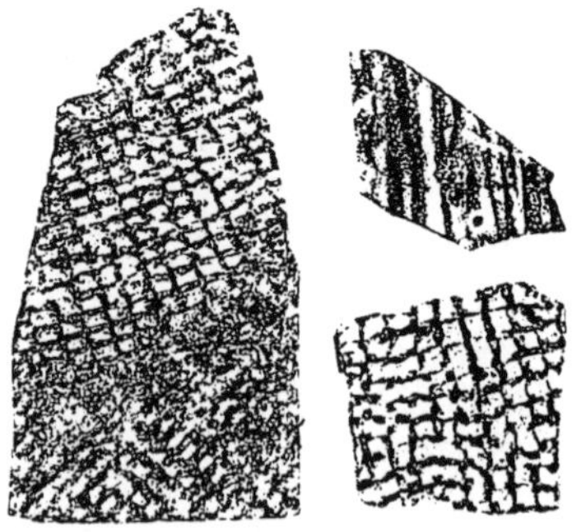

图 3-637　新义山遗址采集陶片纹饰拓片

**5. 翠屏湖 C 地点**

位于古田县泮洋乡里井村西北约 1200 米，地理坐标为北纬 26° 35′ 38.629″，东经 118° 48′ 36.373″。海拔 391 米，相对高度 5 米。系大山向西南延伸入翠屏湖的不规则状山冈。遗址长约 200、宽约 80 米，面积约 1.6 万平方米。遗址四面被湖水包围，丰水期仅露出西南端一细长条状部分，枯水期大部分露出，且东面与大山连接处也露出水面。地表为马尾松林和灌木丛（图 3-638）。在东、西、南三面采集到零星陶片和石料。共采集陶片 21 片。其中灰硬陶 17 片（素面 3 片、方格纹 10 片、刻划纹 1 片、席纹 3 片）；原始瓷 4 片，均素面（图 3-639、图 3-640）。未发现文化层堆积。青铜时代。

原始瓷簋　1 件。翠屏湖 C 地点：1，胎质灰白，内外施青黄釉但脱釉严重。侈口，折腹，折腹上部有三道凹弦纹。口径 13，残高 4.2 厘米（图 3-641）。

图 3-638　翠屏湖 C 地点（东北—西南）

图 3-639　翠屏湖 C 地点采集陶片及原始瓷片

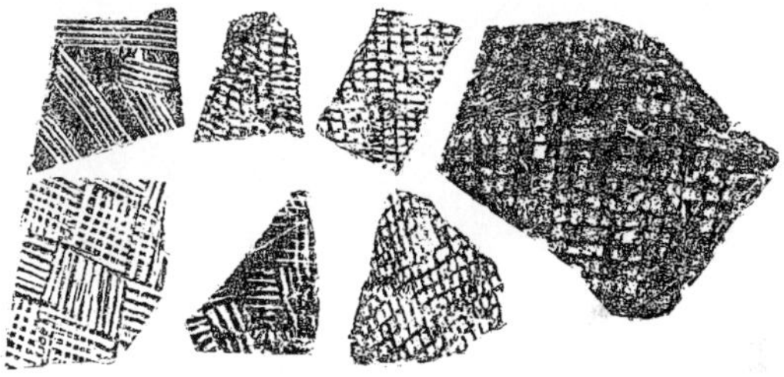

图 3-640　翠屏湖 C 地点采集陶片纹饰拓片

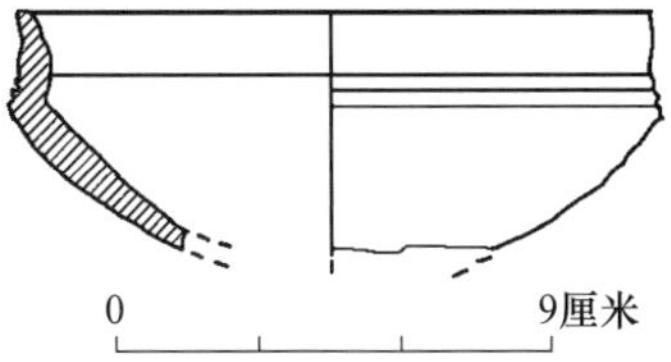


图 3-641　翠屏湖 C 地点采集原始瓷簋
（翠屏湖 C 地点：1）

## 6. 里井遗址

位于古田县泮洋乡里井村西北约 1000 米，地理坐标为北纬 26°35′31.647″，东经 118°48′47.887″。海拔 394 米，相对高度 5 米。系大山向西南延伸入翠屏湖的长方形山冈。遗址长约 150、宽约 100 米，面积约 1.5 万平方米。山顶平坦开阔，南、北、西面坡度较缓且濒临湖水，地表大部分因湖水冲刷露出红色生土，仅山顶有灌木和马尾松等植被（图 3-642）。在西坡和北坡采集到 2 片灰硬陶片（篮纹 1 片、竹编纹 1 片）（图 3-643、图 3-644）。未发现文化层堆积。青铜时代。

图 3-642　里井遗址（西南—东北）

图 3-643　里井遗址采集陶片

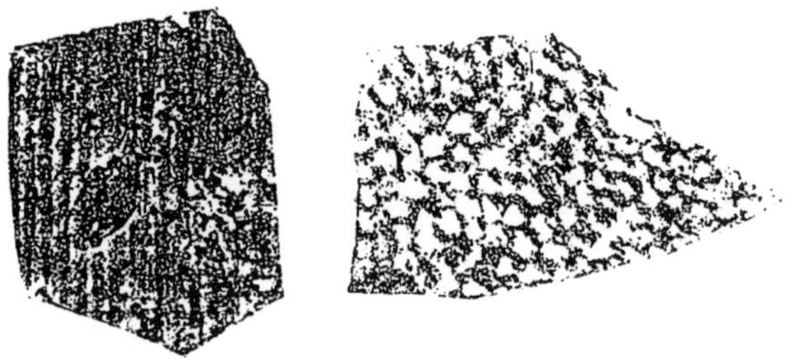

图 3-644　里井遗址采集陶片纹饰拓片

**7. 新建遗址**

位于古田县泮洋乡新建村西约 50 米，地理坐标为北纬 26° 34′ 59.628″，东经 118° 48′ 40.402″。海拔 388 米，相对高度 10 米。系大山向西延伸入翠屏湖的三角形台地。遗址长约 100、宽约 50 米，面积约 2500 平方米。台地顶部平坦开阔，南、北、西三面坡度低缓且濒临湖水，但枯水期可见南面有一条小溪自东南向西北流过，且注入湖中；东面有 304 省道从新建村穿过。地表多为杂草，间有菜地和果园（图 3-645）。在北坡发现零星陶片。共采集陶片 27 片。其中泥质方格纹灰黄陶 1 片、泥质素面灰褐陶 1 片、灰硬陶 25 片（素面 5 片、绳纹 3 片、方格纹 3 片、篮纹 2 片、竹编纹 12 片）（图 3-646、图 3-647）。另采集到残石锛 8 件。未发现文化层堆积。青铜时代。

石锛　6 件。新建：1，灰色细砂岩。平面呈长方形，双面刃。通体磨光，横截面呈椭圆形。刃部两边崩损。长 5.6、宽 4.8、厚 1.1 厘米（图 3-648：1、图 3-649：4）。新建：2，灰黄色泥岩，通体磨制光滑。平面略呈长方形，横断面为扁平四边形，背面较平直。长 4.8、宽 2.9、厚 1.2 厘米（图 3-648：2、图 3-649：2）。新建：3，青灰色页岩。平面略呈长方形，通体磨制精细，顶部及一侧刃角略有残损，横断面呈扁平四边形，背面较平直。长 5.4、宽 3.0、厚 1.1 厘米（图 3-648：3、图 3-649：5）。

图 3-645　新建遗址（东—西）

图 3-646　新建遗址采集陶片

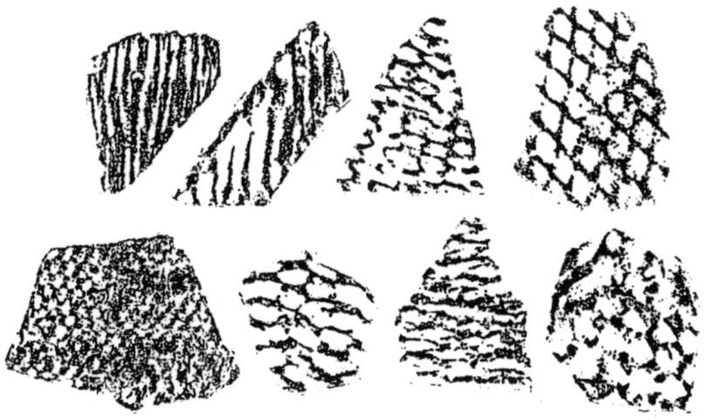

图 3-647　新建遗址采集陶片纹饰拓片

图 3-648　新建遗址采集石锛（一）

1. 新建：1　2. 新建：2　3. 新建：3　4. 新建：4
5. 新建：5　6. 新建：6

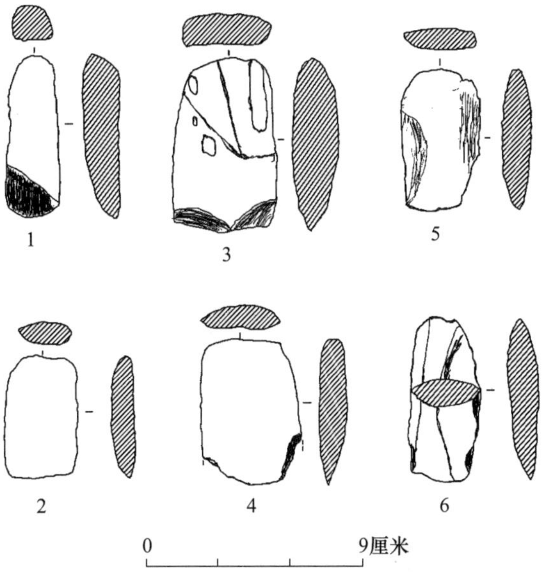


图 3-649　新建遗址采集石锛（二）

1. 新建：6　2. 新建：2　3. 新建：5、4. 新建：1
5. 新建：3　6. 新建：4

新建：4，灰色细砂岩。平面略呈梯形，横断面呈扁平四边形，背面较平面，通体磨制。长 6.4、宽 2.8、厚 1.2 厘米（图 3-648：4、图 3-649：6）。新建：5，青灰色细砂岩。平面呈梯形，双面刃。通体磨光，横截面呈长方形。刃部崩损，整体保存稍好。长 6.4、宽 1.8～2.2、厚 1.7 厘米（图 3-648：5、图 3-649：3）。新建：6，灰色细砂岩。平面呈长方形，单面刃。通体磨光，横截面呈长方形。器形较小，一侧边缘崩损，长 6.4、宽 2.2、厚 1.7 厘米（图 3-648：6、图 3-649：1）。

**8. 后门仑遗址**

位于古田县泮洋乡新建村西约 200 米，地理坐标为北纬 26° 34′ 57.332″，东经 118° 48′ 35.640″。海拔 396 米，相对高度 10 米。系大山向北延伸入翠屏湖的近半圆形台地。遗址长约 100、宽约 60 米，面积约 6000 平方米。台地顶部平坦开阔，地表为杂草和灌木。北、西、东三面临湖，南面为古田通往大桥镇的 304 省道，枯水期可见东面山脚下有一条小溪自东南向西北流入翠屏湖（图 3-650）。仅在北、西、东坡采集到灰硬陶 5 片（素面 2 片、绳纹 1 片、篮纹 1 片、网格纹 1 片）（图 3-651、图 3-652）。但采集到较多石器及半成品，包括石锛、石戈、石凿等，此外在地表分布较多的石器制作残片。未发现文化层堆积。青铜时代。

图 3-650　后门仑遗址（东—西）

图 3-651　后门仑遗址采集陶片

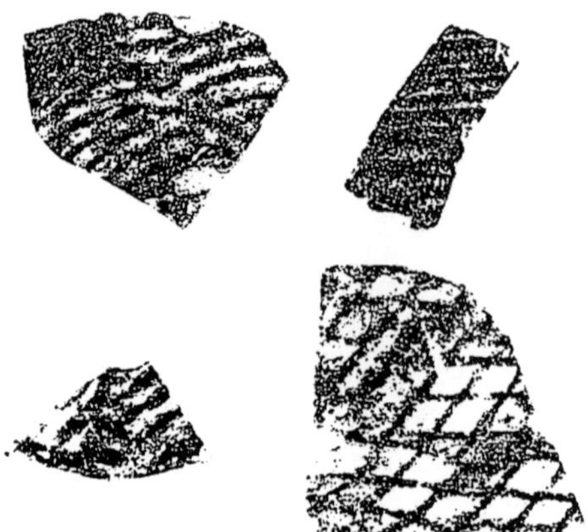

图 3-652　后门仑遗址采集陶片纹饰拓片

石锛　8件。后门仑：1，灰黄色页岩。基本完整，刃部有崩损，平面为长方形，横截面近梯形，粗磨制。长6.1、宽2.7、厚2.3厘米（图3-653：1、图3-654：9）。后门仑：2，灰色泥质岩。平面略呈长梯形，横截面近椭圆形，通体粗磨制。长7.7、宽4.3、厚1.8厘米（图3-653：2、图3-654：7）。后门仑：3，青灰色泥质岩。平面呈圆角长方形，单面刃。通体磨光，横截面呈椭圆形。整体保存完好。长7.1、宽3.7、厚1.8厘米（图3-653：3、图3-654：2）。后门仑：4，灰色砂岩。平面呈长方形，

图3-653　后门仑遗址采集石锛

1. 后门仑：1　2. 后门仑：2　3. 后门仑：3　4. 后门仑：4　5. 后门仑：5

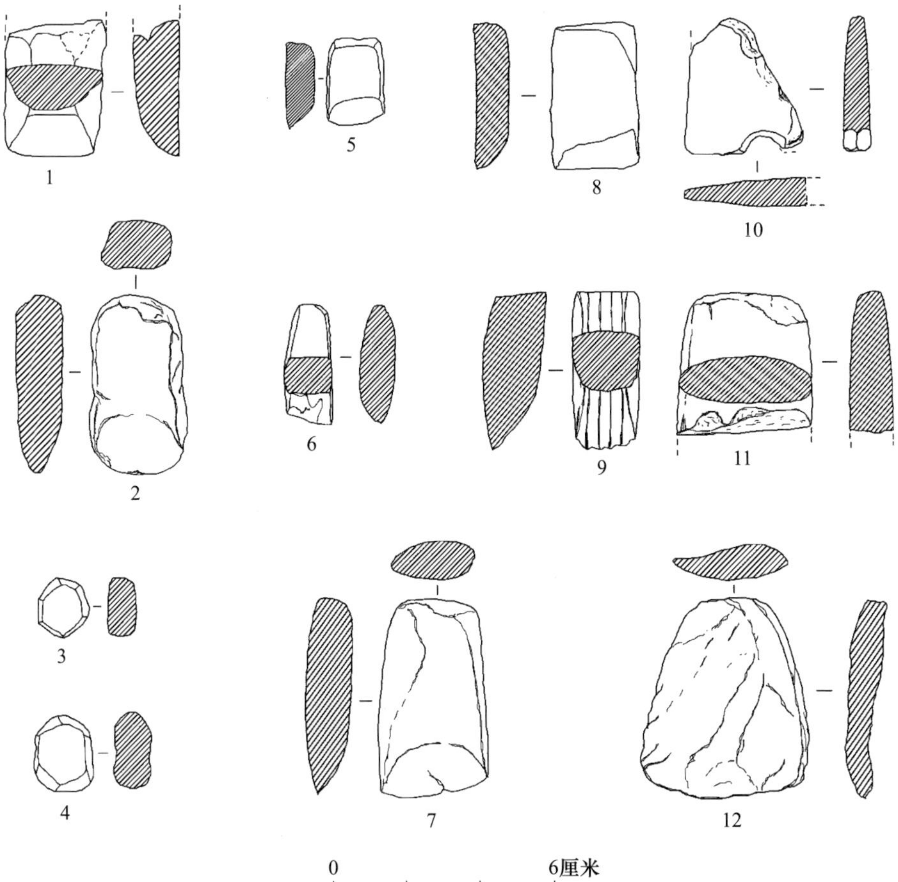


图3-654　后门仑遗址采集石器

1、2、5～9、11、12. 石锛（后门仑：8、后门仑：3、后门仑：5、后门仑：9、后门仑：2、后门仑：4、后门仑：1、后门仑：12、后门仑：10）　3、4. 石英制品（后门仑：11、后门仑：6）　10. 石戈（后门仑：7）

单面刃。通体磨光，表面风化严重。横截面呈长方形。整体保存完好。长 5.7、宽 3.6、厚 1.2 厘米（图 3-653：4、图 3-654：8）。后门仑：5，灰色泥质岩。平面呈长梯形，截面为扁长方形，通体粗磨制。通长 3.4、宽 2.2、厚 1.1 厘米（图 3-653：5、图 3-654：5）。后门仑：8，青灰色细砂岩。平面呈长方形，截面呈梯形，顶部残缺，通体粗磨。通长 5.3、宽 4、厚 1.9 厘米（图 3-654：1）。后门仑：9，灰黑色页岩。平面呈长梯形，横截面呈扁方形，器表粗糙，未经磨制。刃部磨损严重。通长 4.8、宽 1.9、厚 1.4 厘米（图 3-654：6）。后门仑：10，青灰色细砂岩。平面呈梯形，横截面呈扁菱形，器表粗糙，未经磨制。通长 7.7、宽 6.5、厚 1.3 厘米（图 3-654：12）。后门仑：12，灰色泥质岩，平面呈长梯形，横截面近似椭圆形，通体粗磨。残长 3.7、宽 3.6、厚 1.7 厘米（图 3-654：11）。

石英制品　2 件。后门仑：6，石英晶体。平面呈不规则六边形，正、背面较模糊粗糙，并呈内凹，外缘较通透，边角有磨圆。直径 3.0、宽 2.3、厚 1.5 厘米（图 3-655：1、图 3-654：4）。后门仑：11，石英晶体。平面呈不规则六边形，部分边角有磨圆，正背面较模糊，外缘较通透。直径 2.3、宽 2.1、厚 1.2 厘米（图 3-655：2、图 3-654：3）。

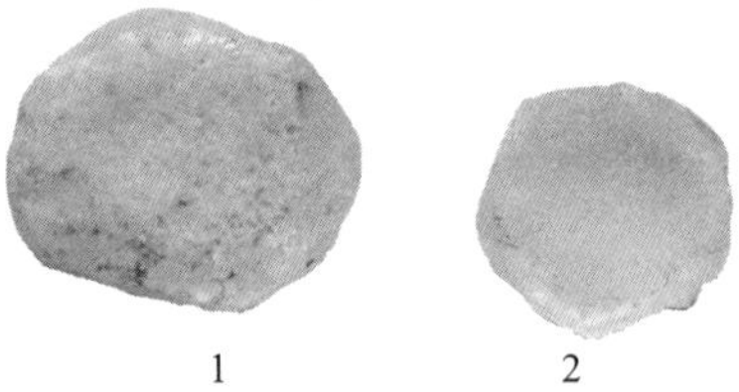

图 3-655　后门仑遗址采集石英制品

1. 后门仑：6　2. 后门仑：11

石戈　1 件。后门仑：7，灰色泥质岩。平面为长菱形，截面为扁菱形，通体粗磨制。残长 5.3、残宽 4.9、厚 1.1 厘米（图 3-654：10）。

**9. 塔光山遗址**

位于古田县泮洋乡新华村北约 300 米，地理坐标为北纬 26°34′41.284″，东经 118°48′21.153″。海拔 446 米，相对高度 50 米。系大山向西北延伸入翠屏湖的近似长方形山冈。遗址长约 300、宽约 200 米，面积约 6 万平方米。山顶平坦开阔，四面坡度略陡，北、西、南三面濒临湖水，东面山脚下为民房，有 304 省道经过，地表为果园，四面山脚为灌木丛（图 3-656）。在山顶发现零星陶片。采集到陶片 15 片。其中泥质灰陶 2 片（素面、篮纹各 1 片）。泥质素面红陶 1 片、泥质素面灰褐陶 1 片、灰硬陶 5 片（素面 1 片、方格纹 4 片）、赭衣硬陶 6 片（素面 3 片、方格纹 3 片）（图 3-657、图 3-658）。未发现文化层堆积。青铜时代。

罐　1 件。塔光山：1，仅余口沿残片。夹砂灰硬陶，素面。侈口，立领，圆弧肩。口沿与肩部之间有一宽带状器耳。残高 4.8 厘米（图 3-659：2）。

图 3-656　塔光山遗址（西北—东南）

口沿　1件。塔光山：2，夹细砂灰硬陶，素面。子母口，内口残损，外口沿外侈，腹壁较直。口径20、残高5.3厘米（图3-659：1）。

图3-657　塔光山遗址采集陶片

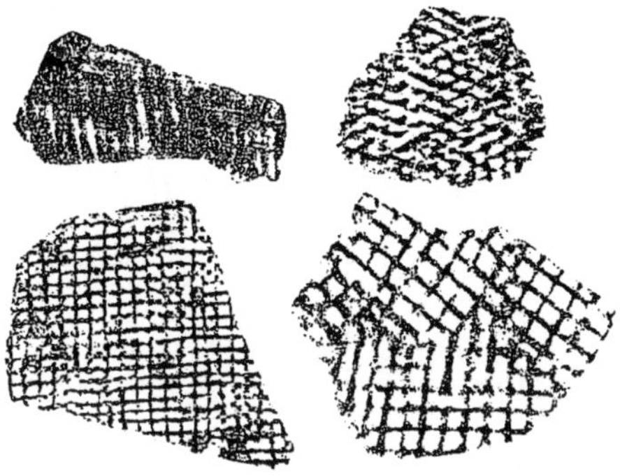

图3-658　塔光山遗址采集陶片纹饰拓片

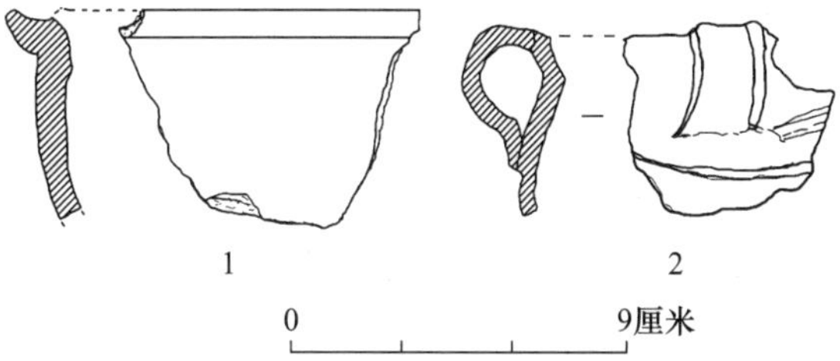


图3-659　塔光山遗址采集陶器
1. 口沿（塔光山：2）2. 罐（塔光山：1）

# 第三节　遗址勘探与发掘

## 一、仁山遗址

### （一）遗址概况

仁山遗址位于福建省闽侯县荆溪镇关东村仁山自然村西约20米处，南距荆溪镇约5200米。遗址地处闽江支流荆溪西岸的一级台地上，遗址中心地理坐标为北纬26°11′36.759″，东经119°10′48.513″。海拔约62米（图3-660；图版1：1）。2011年5～6月，在对荆溪沿岸调查时发现该处遗址，由于当地村民取土兴建住宅，已对遗址造成严重破坏。故于7月对其进行了考古钻探和抢救性发掘。

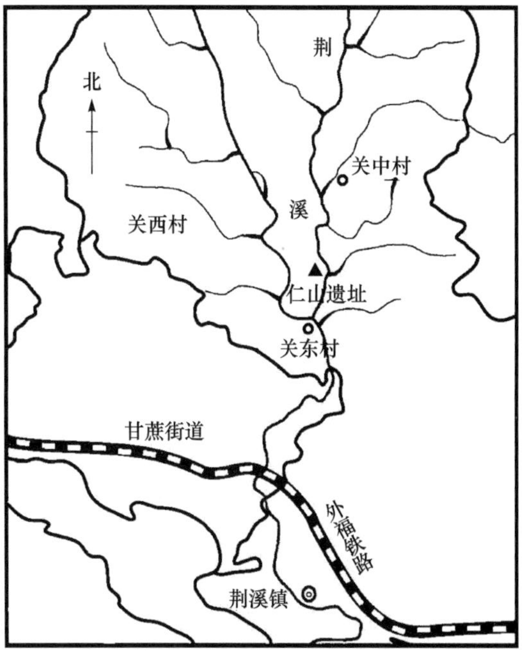


图3-660　仁山遗址地理位置示意图

此次试掘区域仅限于村民取土范围内，即遗址东部边缘。布方时，以遗址东南部教堂的西北墙角为总基点，采取坐标法，共布 5 米 ×5 米探方（T0315、T0415、T0515、T0615）4 个，发掘面积约 64 平方米。现将发掘情况简报如下（图 3-661）。

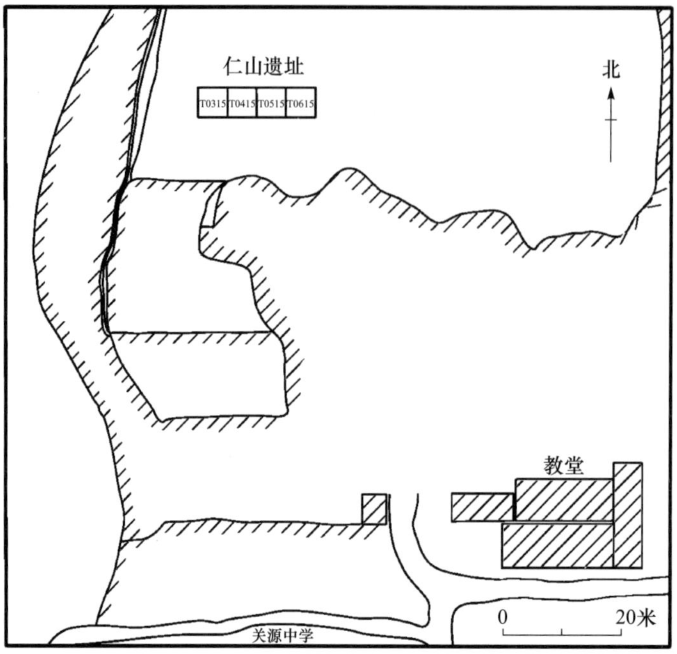


图 3-661　仁山遗址探方分布图

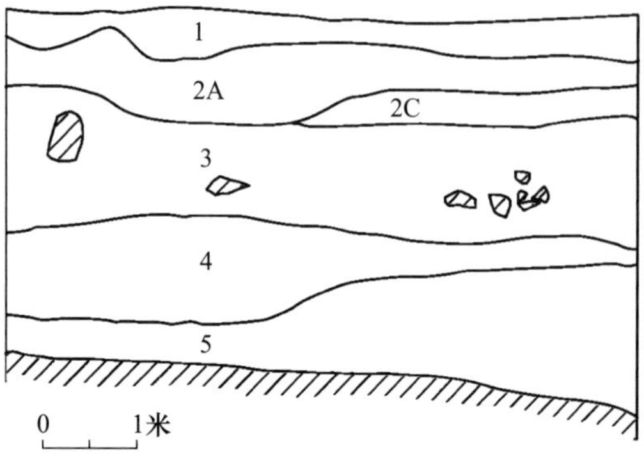


图 3-662　仁山遗址 T0315 东壁地层堆积剖面图

## （二）地层堆积

该遗址的地层堆积共可分为 5 层，现以 T0315 东壁剖面的地层堆积为例说明（图 3-662）。

第 1 层：黄褐色砂质黏土，结构疏松，含沙量少，厚度不均。内夹杂大量植物根系，少量夹砂灰硬陶片、夹砂红陶片零星青花瓷片。

第 2 层可分为 2A、2B、2C 小层。

2A 层：灰黄色砂质黏土，结构较为疏松。夹杂大量植物根系，陶片明显增多，以夹砂灰陶为主，夹砂黄陶次之，少量夹砂红陶、泥质黄陶，零星夹砂黑陶和青花、白瓷片。

2B 层：红色黏土，结构极为紧实，仅分布于 T0515 的南部和 T0615 的北部，其余探方该层缺失。未见任何包含物。

2C 层：暗红褐色砂质黏土，结构较坚硬致密。出土较多陶片，以灰色硬陶为主，有少量夹砂陶和原始瓷片。

第 3 层：灰褐色砂质黏土，结构较为紧实，呈东薄西厚之坡状，含砂较少，底部黏性明显大于上部，且颜色亦渐浅。包含物中植物根系明显减少，较多炭屑，少量石块，大量夹砂陶片和硬陶片。

第 4 层：黄褐色砂质黏土，黏性较大，结构较紧实，含砂较少。出土少量砂灰陶片和泥质黄陶片。

第 5 层：灰褐色黏土，黏性较大，结构极为紧实。出土较多陶片，以泥质陶为主，夹砂陶、硬陶次之，多数施黑衣，少量施赭衣，但脱落严重。

第 5 层以下为生土，局部为红褐色砂岩，风化严重。

根据地层堆积及出土遗物分析，可将遗址分为两期考古学文化：一期应属黄瓜山文化时期，地层堆积为 5 层；二期应属黄土仓文化时期，地层堆积为第 3、4 层。

### （三）文化遗物

黄瓜山文化时期出土遗物较为丰富，有石器、陶器等。

#### 1. 黄瓜山文化时期出土石器

发现较少，仅发现少量砺石和石锛，多为磨制，残件较多。

石锛　2 件。平面为不规则梯形和四边形，根据横断面特征可分为二型。

A 型　1 件。T0315⑤：3，灰黄色，泥质砂岩。平面略呈梯形，双面均经磨制，有明显的使用痕迹，刃部残存一半。长 7.44、宽 4.46、厚 2.21 厘米（图 3-663：3；图版 1：3）。

B 型　1 件。T0315⑤：4，青灰色，泥质砂岩。已残，平面略呈四边形，三面经磨制，刃部已残。长 5.77、宽 2.98、厚 1.73 厘米（图 3-663：2）。

砺石　1 件。T0315⑤：56，青灰色，砂岩。平面呈不规整的长方形，三面经磨制，常用的一面略内凹。长 7.53、宽 4.74、厚 2.23 厘米（图 3-663：1）。

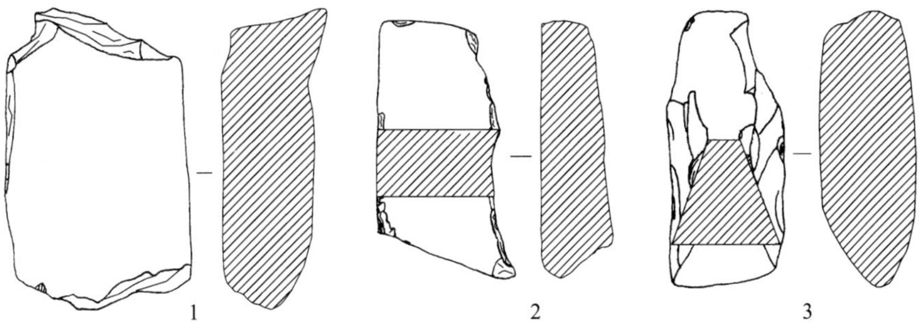


图 3-663　仁山遗址第 5 层出土石器

1. 砺石（T0315⑤：56）　2、3. 石锛（T0315⑤：4、T0315⑤：3）

#### 2. 黄瓜山文化时期出土陶器

陶器多为残片，可复原者较少。陶质以泥质陶为主，夹砂陶、硬陶次之。其中泥质陶以橙黄陶为主，灰陶次之，大部分施黑衣，但脱衣现象严重。器表多为素面，所饰纹饰以篮纹为主，凸弦纹、席纹、曲折纹、叶脉纹、云雷纹、绳纹、戳点纹、栅篱纹等次之，少量圆圈纹、菱格纹等。另见部分纹饰组合均以两种或两种以上的纹饰组合而成。夹砂陶以橙黄陶为主，红褐陶、黑陶、褐陶次之。质地较为疏松，手制痕迹明显。器表多为素面，所饰纹饰有少量绳纹、篮纹、凸弦纹和间断绳纹等。硬陶以灰硬陶为主，大部分施黑衣，少量施赭衣。烧制火候较高，质地较为坚硬，经敲击有似金属之清脆响声。器表多为素面，所饰纹饰以篮纹为主，云雷纹、席纹、凸弦纹和刻划纹等次之。依器物口沿及底部残片可辨器形均为生活用器，其中可经修复的有釜、罐、甗、钵、杯、支座、器把等。

罐　2件。均为口沿、腹部、底部的残件。根据口沿形态可分A、B二型。

A型　T0315⑤：16，泥质橙黄陶。侈口，束颈，斜肩，肩腹部饰拍印曲折纹。口径约9、残高4.08、厚约0.85厘米（图3-664：2）。

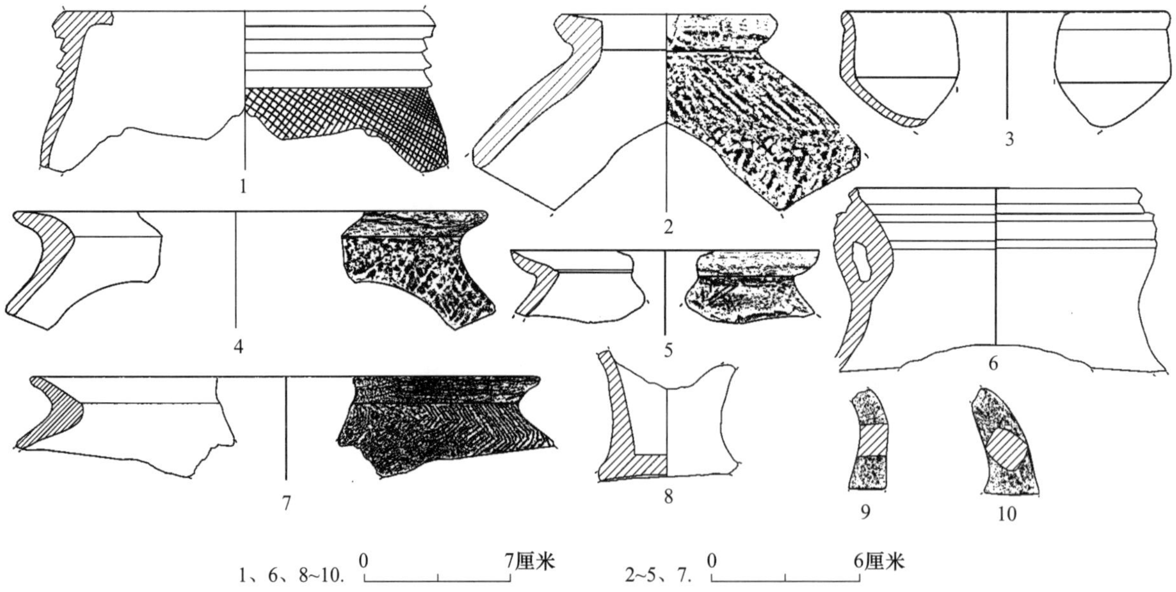


图3-664　仁山遗址第5层出土陶器

1. 甗（T0315⑤：7）　2、6. 罐（T0315⑤：16、T0315⑤：29）　3. 钵（T0315⑤：19）　4、5、7. 釜（T0315⑤：12、T0315⑤：13、T0315⑤：36）　8. 杯（T0315⑤：38）　9、10. 器把（T0315⑤：55、T0315⑤：33）

B型　T0315⑤：29，泥质灰陶。直子母口，方唇，高领，斜肩，颈上半部施两道凹弦纹，器身素面。残高8.2、口径11.4厘米（图3-664：6）。

釜　3件。均为口沿、腹部、底部的残件。基本形态为侈口，宽斜沿，束颈，多于颈部以下施纹饰。T0315⑤：12，泥质灰陶。施黑衣，黑衣剥落严重，肩部施网格纹，口径约19.5、残高3.35、壁厚约0.72厘米（图3-664：4）。T0315⑤：13，泥质红陶。施黑衣，肩部有隐约可见的曲折纹，口径约12.6、残高2.9、壁厚约0.61厘米（图3-664：5）。T0315⑤：36，泥质橙黄陶。敞口，广肩，肩部有隐约曲折纹，口径约21、残高5.78、壁厚约0.9厘米（图3-664：7）。

钵　6件。T0315⑤：19，泥质灰陶。微侈口，圆唇，直颈，折腹，素面。口径约13.5、残高5.01、厚0.53厘米（图3-664：3）。

支座　2件。均已残。根据其形态异同可分为A、B二型。

A型　T0315⑤：9，已残，夹砂黄陶。实心圆柱体，器身微鼓。残高5.6、底径4.8厘米。

B型　T0315⑤：21，已残，夹砂红陶。倾斜状实心圆柱体，下小上大。残高3、底径7厘米。

器把　2件。均已残。根据其横截面异同可分为A、B二型。

A型　T0315⑤：33，夹砂灰陶。横截面呈圆柱状，把端呈圆饼状。最大径2.25、长5.2厘米（图3-664：10）。

B型　T0315⑤：55，夹砂橙黄陶。横截面呈方柱状，微弯曲，把端较粗，呈圆角方形。残长4.25、宽1.28～1.78厘米（图3-664：9）。

甗　2件。T0315⑤：7，泥质红陶，已残。仅存中部连接处与上部甑的下部，甑腹部饰小方格纹，近底部施三道凸弦纹。残高7.3厘米，直径不详（图3-664：1）。

杯　8件。T0315⑤：38，已残，夹砂灰陶。胎壁较厚，斜直腹，圆饼足。残高5.3、残底径5.6厘米（图3-664：8）。

黄土仑文化时期出土遗物较黄瓜山文化时期更为丰富，有石器、陶器和原始瓷器等。

**3. 黄土仑文化时期出土石器**

以磨制石器为主，零星打制粗糙者。石料多为泥质砂岩，少量细砂岩。石料较细致坚硬。颜色以灰色为主，还有灰黑色、浅灰色、灰白色或灰黄色。器形以石锛为主，还有镞、凹石、砺石等。

石锛　10件，为石器中数量最多者。除部分已残损外，完整者平面形态多为长方形、梯形等。根据横截面形态的异同，可分为A、B、C三型。

A型　横截面呈长方形，灰色，泥质砂岩，形制规整，平面略呈长方形或梯形，单面刃。根据背面形态异同可分为二式。

Ⅰ式：3件。背面平直或微外弧，单面刃磨制精细，但略有崩损。T0415③：5，通体磨制精细。器身上半部崩损严重，顶部已残损，两侧亦略有崩损。残长5.4、宽2.5～3.2、厚1.2厘米（图3-665：2；图版1：10）。T0415③：4，仅刃部磨制，略有崩损。长2.9、宽2.1、厚0.5厘米（图3-665：7；图版1：7）。采：2，青灰色砂岩，平面略呈长方形，横断面呈梯形，弓背，单面刃。长4.5、宽2.6、厚2.0厘米（图版1：5）。

Ⅱ式：3件。通体磨制，背面拱起呈弓背，单面刃，刃部磨制精细，顶部略有崩损。T0615③：1，长2.8、宽1.2～1.6、厚0.9厘米（图3-665：5；图版1：8）。T0615③：4，长2.8、宽1.9～2.3、厚0.6厘米（图3-665：6；图版1：9）。T0515②：1，青灰色砂岩。器型较小，通体磨制精细。平面呈梯形，横截面呈扁平梯形，背面较平直。长3.5、宽2.3、厚0.7厘米（图版1：6）。

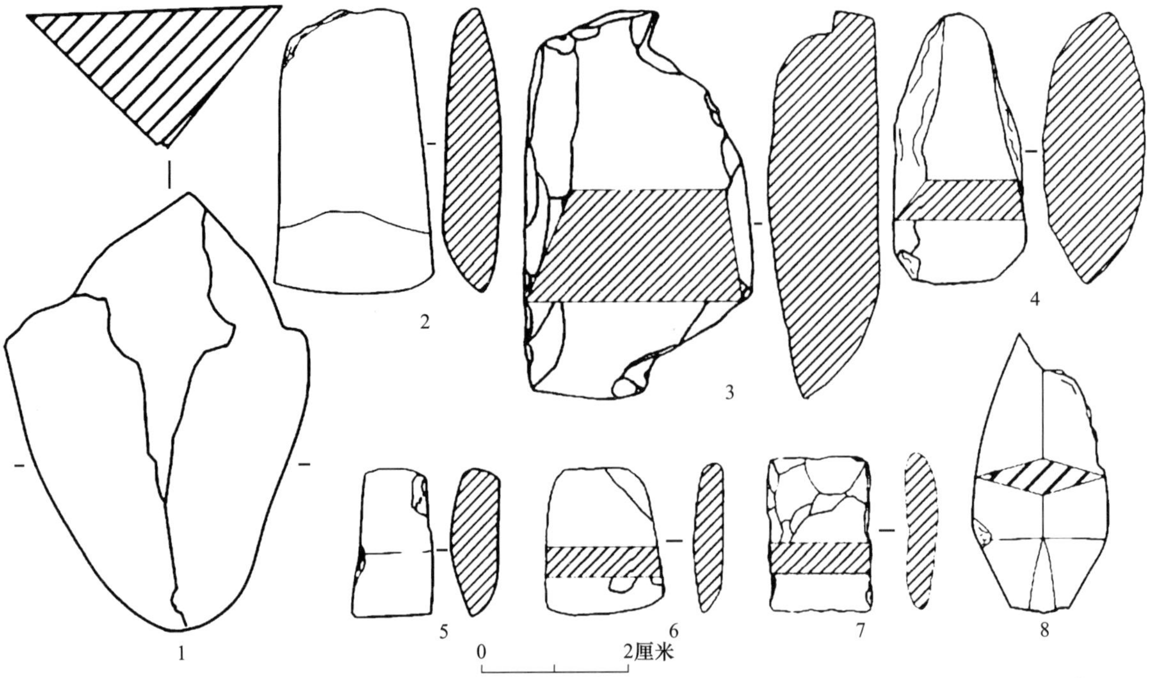


图 3-665　仁山遗址第 3 层出土石器

1. 砺石（T0315 ③：2）2～7. 石锛（T0415 ③：5、T0415 ③：9、T0615 ③：2、T0615 ③：1、T0615 ③：4、T0415 ③：4）8. 石镞（T0515 ③：1）

B 型　横截面呈梯形，平面略呈长方形，刃部磨制较精细，单面刃，根据背面形态异同可分为二式。

Ⅰ式：1 件。背面外弧。T0415 ③：9，灰色，泥质砂岩。形制较不规整，刃部磨制较精细，但崩损严重，背面为打制且未经磨，另一面经磨制，顶部崩损严重。残长 6.8、宽 3.1、厚 2.7 厘米（图 3-665：3；图版 1：2）。

Ⅱ式：2 件。背面拱起成脊。T0615 ③：2，青灰色，砂岩。部分经粗磨，刃部磨制较精细，顶部及两侧打制痕迹明显。长 4.6、宽 2.7、厚 2 厘米（图 3-665：4；图版 1：4）。

C 型　1 件。横截面呈扁椭圆形，单面刃。T0415 ③：10，灰黄色，细砂岩。形制较不规整，平面呈不规则梯形，刃部为琢击而成，并微经磨制，器身一面为原砾石面，一面为打制而成，未见磨制痕迹，顶部崩损严重。残长 6.5、宽 2.8～3.8、厚 1.6 厘米。

石镞　1 件。T0515 ③：1，灰黑色，泥质砂岩。通体磨制精细，平面近长菱形，横截面呈扁菱形，双面，扁平短铤，双翼不突出，刃部均有部分崩损，双脊中部亦微有崩损，锋部已残损，铤部分崩损。残长 5、宽 2.5、厚 0.7 厘米（图 3-665：8；图版 1：11）。

砺石　1 件。T0315 ③：2，灰褐色，砂岩。横断面呈三棱形，一头略尖，一头较钝，似箭镞的铤部。三面均经磨制。长 7.8、宽 5.9、两头分别高 3.8、2.1 厘米（图 3-665：1）。

#### 4. 黄土仑文化时期出土陶器

陶器除少量完整器外，多为残片，可复原者较少。陶质以泥质陶为主，夹砂陶、硬陶次之。其中，泥质陶以橙黄陶为主，灰陶次之，大部分施黑衣，零星施红衣，脱衣现象严重。器表多为素面，所饰纹饰以篮纹为主，凸弦纹、席纹、绳纹、小方格纹、栅篱纹、曲折纹和叶脉纹等次之。夹砂陶以红褐陶为主，灰褐陶、黑陶、灰陶次之。烧制火候较低，质地较疏松，手制痕迹明显。器表多为素面，所施纹饰有部分绳纹，零星篮纹。硬陶均为灰硬陶，近半施黑衣。烧制火候较高，质地坚硬，经敲击有似金属之清脆响声。所饰纹饰以云雷纹为主，素面次之，少量凸弦纹、席纹、小方格纹、绳纹和刻划纹等，零星戳点纹与刻划纹等纹饰组合。陶器的制作以轮制为主，少量器物的个别部位手制痕迹明显。可辨器形可分为生活用具和生产工具两大类。其中生活用具有罐、盂、罍形器、盘、杯等；生产用具有纺轮、网坠等。

（1）生活用具　发掘所得此期器物的类型和组合与黄土仑遗址[①] 所出者极为相似。

单耳圆腹罐　1件。T0315④：3，泥质灰硬陶。敞口，平沿，尖唇，束颈，小鼓腹，圜底内凹。口沿及颈部有轮旋痕迹，肩部有一道凸棱，一侧有一个錾耳连接肩部和腹部，耳横断面呈带状，平面呈竹节状。腹部及底部均饰拍印有云雷纹。口径7.31、腹径8.36、高6.79厘米（图3-666：8；图版2：2）。

扁腹罐　1件。T0315③：3，泥质橙黄陶。敞口，圆唇，束颈，圆鼓腹，底部残缺。口沿部、颈部有轮旋痕迹，腹部拍印席纹。口径9.5、腹径12.25、残高8.54厘米（图3-666：7）。

图3-666　仁山遗址第3层出土陶器

1～3. 觚形杯（T0315③：40、T0515③：7、T0315③：41） 4. 罍形器（T0515③：8） 5. 纺轮（T0315③：1） 6. 网坠（T0415③：3） 7. 扁腹罐（T0315③：3） 8. 单耳圆腹罐（T0315④：3） 9. 盘（T0415③：6） 10. 盂（T0315③：4）

① 福建省博物馆：《福建闽侯黄土仑遗址发掘简报》，《文物》1984年4期。

罍形器　1件。T0515③：8，泥质灰硬陶。器形规整，敛口侈沿，方唇，短颈，折肩，深弧腹，腹身底部与底座之间接以空心短棱状柄，平底。口沿与肩部附宽带状双耳，耳面施三道竖向平行凹槽，肩部饰成三角形组的斜线刻划纹，肩下部施一道凸弦纹，肩与腹部转折处有明显的轮制痕迹，腹部饰菱形云雷纹。通高12.3、口径10.3、底径10.5厘米（图3-666：4；图版2：1）。

盂　1件。T0315③：4，泥质灰陶，素面。侈口，圆唇，微鼓腹，平底微内凹，最大腹径处有一个残缺的纽。口径4.5、腹径约4.7、底径约4.6、高4.3厘米（图3-666：10）。

盘　1件。T0415③：6，泥质灰陶。残存部分口沿及圈足，敛口，圆唇，浅弧腹，微圜底，矮圈足。腹部施两道凹弦纹，圈足底部施两道凹弦纹。通高2.3、直径12厘米（图3-666：9）。

觚形杯　3件。均为敞口、斜直腹、小平底、喇叭形圈足。根据圈足构造异同可分为A、B二型。

A型　空心圈足，泥质灰硬陶。T0315③：40，腹底交界处施凸棱一道。口径7.5、足径5、通高7.4厘米（图3-666：1；图版2：5）。T0315③：41，通体素面。腹底连接处施两道凸棱纹。口径7.92、足径5.67、通高9.5厘米（图3-666：3；图版2：3）。

B型　实心圈足，夹砂灰硬陶。T0515③：7，陶器形制较不规整。敞口，薄壁，斜直腹，杯身底部起凸棱一周，其上再饰一道凸弦纹，杯身与底座之间接以实心细短柄，底径大于口径，且中心微内凹。杯身外壁饰成三角形组的斜线刻划纹。通高8.8、口径8.3、底径9.2厘米（图3-666：2；图版2：4）。

陶杯　T0315⑤：4，泥质灰硬陶，斜直腹，平底微内凹，腹内壁饰凹弦纹，腹外壁饰刻划曲折纹，腹底交界处有一道凸棱。口径7.6、底径6.3、高6厘米（图版2：6）。

（2）生产工具　主要为纺轮及网坠。

纺轮　2件。T0615②：1，泥质灰黑硬陶，素面，平面呈圆形，截面呈扁梯形。中间穿一圆孔。底径3.3、厚0.9厘米（图版1：13左）。T0315③：1，泥质灰陶。完整，平面呈圆形，横截面呈六边形，中间穿一圆孔。外径3.07、孔径0.73、高1.83厘米（图3-666：5；图版1：13右）。

网坠　3件。T0415③：3，泥质红陶。呈圆柱状，横截面呈椭圆形，两端均有下凹沟槽，并微残损。长2.7、直径0.8～1厘米（图3-666：6；图版1：12右）。采：3，夹砂灰陶。器身整体呈圆柱体，上下两端，左右两侧各刻有一道凹槽。长3.7、直径1.6厘米（图版1：12左）。采：1，夹砂灰陶，器身呈圆柱体，上下两端左右两侧各刻有一道凹槽。长2.7、直径2.0厘米（图版1：12中）。

**5. 黄土仑文化时期出土原始瓷器**

原始瓷均为残片，器形难辨。瓷片以青釉瓷为主，酱釉瓷次之，普遍脱釉严重。器表多为素面，纹饰以凸弦纹为主，小方格纹、云雷纹次之。

（四）结语

仁山遗址所处的闽江支流荆溪流经此处水面渐宽，流速减慢，两岸有发育较为宽阔的台地，为人类在此生存繁衍提供了良好条件。仁山遗址属闽江下游地区青铜时代的典型遗址，包含了黄瓜山文化和黄土仑文化两种遗存，是继闽侯昙石山遗址[①]后第二次明确发现两者之间在地层上存在上下直接叠压关系的遗址，对于闽江下游流域史前文化的发展演变关系研究具有重要意义。仁山遗址文化内涵较单纯，土著特征明显，延续时间较长。

仁山遗址的发掘不仅为我们进一步认识这一地区的文化性质与闽江下游地区新石器时代晚期文化遗存的关系提供了新的实物资料，同时也为研究福建地区新石器时代末期向青铜时代过渡时期的文化面貌提供新的佐证和重要线索。

## 二、坪峰山遗址

（一）遗址概况

坪峰山遗址位于福建省闽侯县鸿尾乡官路村东南约 200 米，为一相对独立的不规则形山冈，东北面有闽江支流源里溪，西面有一条源里溪的小支流流经。遗址中心地理坐标为北纬 26° 09′ 38.67″，东经 118° 59′ 24.42″，海拔约 43 米。坪峰山遗址于 1984 年第二次全国文物普查时发现，遗址面积约 1.8 万平方米，相对高度 13 米，遗址中心区域位于山之东南坡地（图 3-667；图版 3：1）。

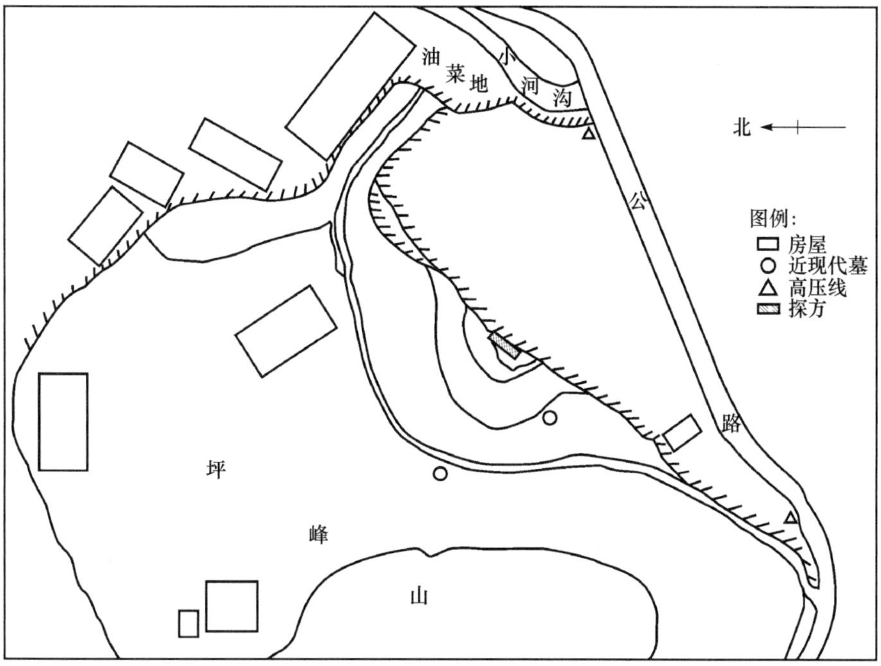


图 3-667　坪峰山遗址地理位置示意图

① 福建省文物局、福建博物院：《闽侯昙石山遗址第八次发掘报告》，科学出版社，2004 年。

2012 年 11 月，在对坪峰山遗址进行复查时，发现该遗址东南一侧因新建公路取土破坏严重，遗址的核心部位被挖去近三分之二，东部断坎一侧的部分地段仍可见约有 1 米厚的文化堆积层，也面临即将崩塌的境地，为了尽可能多地了解和保存遗址信息，2013 年 3 月，福建省昙石山遗址博物馆对该遗址进行了抢救性考古发掘。

发掘区域选择在东部断坎出露文化层的地段，顺地势开“L”形探沟（T1）一条，为 1.5 米 ×12.5 米，总面积为 18.75 平方米，方向为北偏东 45°（图 3-668）。现将发掘情况简报如下。

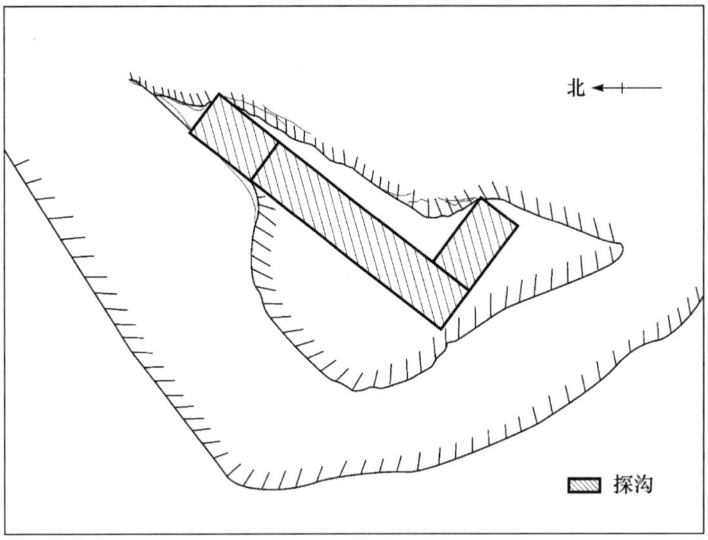


图 3-668　坪峰山遗址探沟位置示意图

（二）地层堆积

遗址的地层堆积，从试掘的 T1 西壁剖面可知有 4 层，现说明如下（图 3-669）。

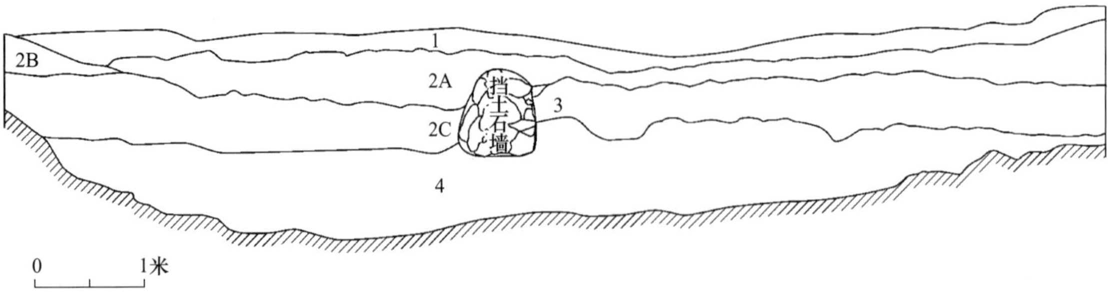


图 3-669　坪峰山遗址 T1 西壁剖面图

第 1 层：近现代耕土层，厚 5～25 厘米。为深灰色黏土，土质松软，内夹杂大量植物根系，出土较多黄土仑时期硬陶片和石块等，也包含有少量灰白瓷片。

第 2 层可细分为 2A、2B、2C 层。

2A 层：深 25～75、厚 0～45 厘米。为灰色黏土层，该层土质坚硬，颜色灰黄，包含一些黄土仑文化硬陶片和少量石块等。本层在探沟内局部分布，中间厚，南北两侧薄。该层下发现一段明清时期挡土石墙。

2B层：深5～25、厚0～20厘米。橙黄色土，夹杂大量碎石块，质地坚硬，未发现陶片。

2C层：深50～90、厚0～38厘米。深灰色土，质地较2B层更加坚硬，也包含少量硬陶片，仅在探方东南部分布。

第3层：深25～125、厚20～50厘米。为灰黄色黏土，夹杂大量红烧土块，还发现较多炭屑类物质，出土陶片非常多，并多属印纹硬陶；本层仅在探沟中北部分布。

第4层：深70～135、厚0～45厘米。为灰黄色土，该层南北两端薄，中部堆积较厚，包含物较少，土质坚硬。

第4层以下为生土层，呈黄色胶泥状，质地黏硬，依地势呈西北—东南倾斜。

（三）文化遗物

出土遗物主要是石器和陶器两类，且完整器及可复原者较少，多为残片。

**1. 石器**

发现少量石锛、石镞和砺石，多为磨制，皆为残件，石料选材多为青灰色页岩，次为灰黄色砂岩。

石锛　6件。平面为不规则梯形和长方形，横断面都略呈长方形，可分为A、B二型。

A型　3件。平面为不规则梯形，根据背面形态，又可分为二式。

Ⅰ式：1件。背面拱起成脊。T1②：1，青灰色页岩，双面都经磨制，刃部较钝，略残。长7、宽3.5、厚2厘米（图3-670：7；图版3：2）。

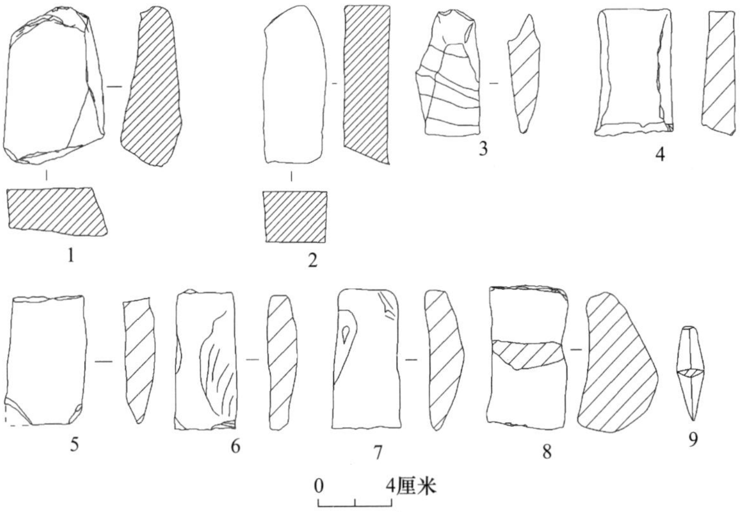


图3-670　坪峰山遗址出土石器

1、2、8. 砺石（T1③：2、T1③：4、T1③：3）3～7. 石锛（T1②：3、T1②：4、T1②：5、T1③：1、T1②：1）9. 石镞（T1③：5）

Ⅱ式：2件。背面平直或略外弧。T1②：3，青灰色砂岩。上端较窄，器身粗糙，带有数道天然横纹，刃部略弧，较钝。长7.1、宽3.6、厚1.8厘米（图3-670：3；图版3：6）。T1③：1，青灰色。器身仅经打制，较粗糙，刃部不明显，应为石锛坯体。长7.1、宽4、厚2厘米（图3-670：6；图版3：4）。

B型　3件。平面呈长方形。T1②：5，灰白色，泥质砂岩。双面皆经磨制，背面略外弧，刃部磨制精细，略残。长6.7、宽4、厚1.5厘米（图3-670：5；图版3：3）。T1②：4，土黄色，泥质砂岩。仅余上半段，背面平直，残长6.3、宽3.9、厚2厘米（图3-670：4；图版3：7）。采：1，灰白色泥质岩，通体磨制，下半段已残。残长5.2、宽3.8、厚1.8厘米（图版3：5）。

石镞　1件。T1③：5，青灰色页岩，通体磨制精细。平面呈长菱形，横截面呈扁菱形。双面都经磨制，双翼突出，铤部较长。略残损。长5、宽1.3、厚0.3厘米（图3-670：9；图版3：8）。

砺石　3件。T1③：2、灰黄色砂岩。平面略呈梯形，四面经磨制光滑，上下两端较粗糙。长8、宽5、厚3厘米（图3-670：1）。T1③：3，灰黄色砂岩。平面呈不规则长方形，砥磨面略内凹，背面隆起，断面呈三角形。长7、宽4.5、厚4厘米（图3-670：8）。T1③：4，青灰色页岩。长条形，正反两面皆有磨制痕迹，残长9.5、宽4、厚3厘米（图3-670：2）。

**2. 陶器**

陶质以火候较高、掺有少量细砂的泥质硬陶为主，泥质陶次之，少量施衣陶（黑衣或红衣）、釉陶和夹砂陶。

其中硬陶以泥质灰硬陶为主，零星施黑衣。制作方法以轮制为主，少量器物或器物的个别部位用手制。器表多饰回纹，其次为素面，再次为云雷纹、刻划纹、方格纹。口沿部分多饰弦纹，器柄多饰凸棱纹。还有少量网格纹、菱形回纹以及零星的篦点纹和网格纹与云雷纹组合纹饰。

泥质陶中，以泥质灰陶为最多，泥质黄陶次之，再次为泥质橙黄陶和红褐陶。火候相对较低，陶色不均。器表多素面，纹饰以回纹为主，云雷纹次之，再次为凸棱纹、竖条纹、刻划纹、篮纹，少量交错绳纹、网格纹、弦纹等。其中弦纹多见于口沿部分，凸棱纹则多见于器柄。

施衣陶数量较少，多为黑衣，次为红衣。脱衣现象严重。器表拍印纹饰有篮纹、凸棱纹、回纹、交错绳纹、方格纹、长方格纹、网格纹、栅格纹、叶脉纹、竖条纹等。

釉陶的数量也很少，釉色不均，多呈现为青绿色，脱釉现象严重。器表多饰回纹、其次为凸棱纹，少量素面。

夹砂陶数量极少，火候较低，陶色不均，呈现出灰黑、灰黄、灰红等色，较多为陶支脚，还有零星的器柄和器足。器表多素面，零星的于器腹饰以一道或二道凸棱纹（图3-671）。

在这批残陶器中，可见口沿有敞口、侈口、直口、敛口等。也发现较多器柄和支座。器柄多饰凸棱纹。还有圈足器和平底器。此外也有一些器耳，耳的形态多为表面饰以数道平行竖槽的宽带状鋬耳，有的耳上沿面两端还饰以捏塑的卷云状纽。

图 3-671　坪峰山遗址出土陶器纹饰

1、2. 回纹　3、8、11、17～19、24. 云雷纹　4～7、9、10、12、16. 变体雷纹　13、14、20. 方格纹　15. 细绳纹　21. 网格纹　22、25. 篮纹　23. 刻划纹

可辨器形有罐、钵、杯、豆、壶、盆、小盂等。

罐　19 件。按口沿及颈肩部特征分述如下。

直口斜折沿长颈罐　12 件，均为泥质灰硬陶。直口，斜折沿，口沿下出棱一周，竖颈。T1 ③ : 16，泥质灰硬陶。仅余部分口沿及肩颈部。颈与沿交接处有一道凸棱。颈部饰刻划三角形曲折纹。口径约 17、残高 5、厚约 0.4 厘米（图 3-672：1）。

侈口束颈罐　2 件。T1 ③ : 25，泥质灰陶。仅余部分口沿及肩部，器表及口沿内外均施一层黑衣，部分脱落。口径 14.8、残高 5.1、厚约 0.8 厘米（图 3-672：2）。T1 ③ : 28，泥质灰黄陶。仅余部分口沿及肩腹部，肩饰云雷纹。口径 17.4、残高 5.6、厚 0.5 厘米（图 3-672：10）。

直口罐　1 件。T1 ③ : 26，泥质灰硬陶。仅余部分口沿及肩部，肩颈部出棱一周。器身饰拍印菱形云雷纹。口径 9.3、残高 4.7、厚约 0.3 厘米（图 3-672：4）。

小口折腹罐　2 件。均为泥质灰硬陶，仅余部分口沿及腹部。侈口、束颈、折腹。T1 ③ : 33，腹饰刻划曲尺纹。口径 12.8、残高 4.7、厚约 0.5 厘米（图 3-672：7）。

小口广肩罐　2 件。T1 ③ : 30，泥质灰硬陶。仅余部分口沿及肩部。肩部饰两道凸棱纹，肩部以下饰拍印小菱形雷纹。口径 12.6、残高 3.4、厚约 0.5 厘米（图 3-672：12）。T1 ③ : 39，泥质灰陶。仅余部分口沿及肩腹部。肩部起棱一周，饰刻划斜线三角形曲折纹。口径 5.6、残高 1.9、厚约 0.3 厘米（图 3-672：5）。

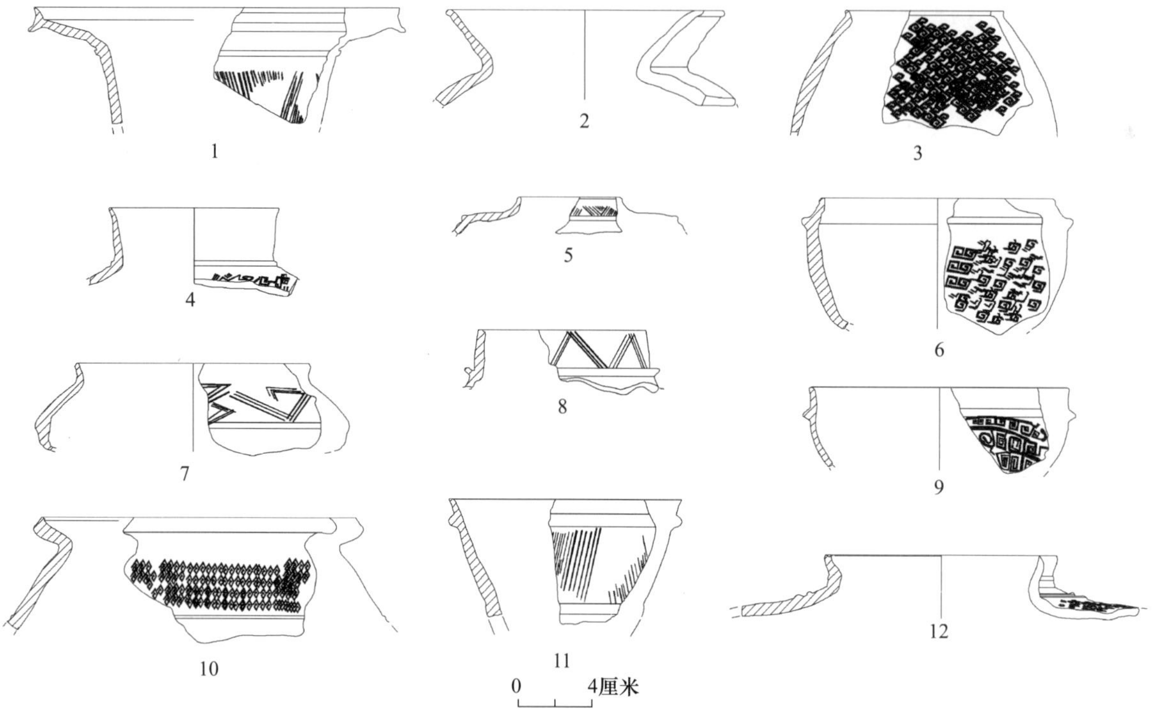


图 3-672　坪峰山遗址出土陶器（一）

1. 直口斜折沿长颈罐（T1③：16）2、10. 侈口束颈罐（T1③：25、T1③：28）3. 钵（T1③：31）4. 直口罐（T1③：26）5、12. 小口广肩罐（T1③：39、T1③：30）6、9. 豆（T1③：32、T1③：22）7. 小口折腹罐（T1③：33）8. 直口杯（T1③：18）11. 觚形杯（T1③：21）

钵　1件。T1③：31，泥质灰硬陶。仅余部分口沿及腹部，敛口、长弧腹，腹部饰拍印云雷纹。口径 8.6、残高 6.5、厚约 0.8 厘米（图 3-672：3）。

杯　3件。都极残破，仅余部分口沿及腹部。分为直口杯、觚形杯两种。

直口杯　1件。T1③：18，泥质灰硬陶。器表呈现灰黑色。直口竖颈，颈外饰凸棱一周。颈部饰刻划复线曲折纹。口径 9.2、残高 3.3、厚约 0.6 厘米（图 3-672：8）。

觚形杯　2件。口外沿下出棱一周。T1③：21，泥质灰褐陶。腹部刻划三角形曲折纹。口沿薄，腹壁渐厚。口径 12.8、残高 6.2、厚约 0.6 厘米（图 3-672：11）。

豆　3件。仅余豆盘局部，其中两件为直口深弧腹，外沿近口处出棱一周。T1③：22，泥质红陶。腹部饰拍印回纹。口径 14.1、残高 4.4、厚约 0.5 厘米（图 3-672：9）。T1③：32，泥质灰硬陶。腹部饰拍印云雷纹。口径 12.6、残高 7.1、厚约 0.8 厘米（图 3-672：6）。T1③：40，侈口浅盘，夹砂灰硬陶。口径 12.7、残高 6.2、厚 0.6 厘米（图 3-673：9）。

壶　3件。均为泥质灰硬陶，仅余部分口颈部。侈口，高领。T1③：23，颈部阴刻三角形平行斜线纹，肩颈部出棱一周。口径 14、残高 6.3、厚约 0.8 厘米（图 3-673：2）。T1③：24，颈部施凸棱纹二道。口径 12.6、残高 7.7、厚约 1 厘米（图 3-673：3）。T1③：37，器表及口沿内壁施黑衣。敞口，

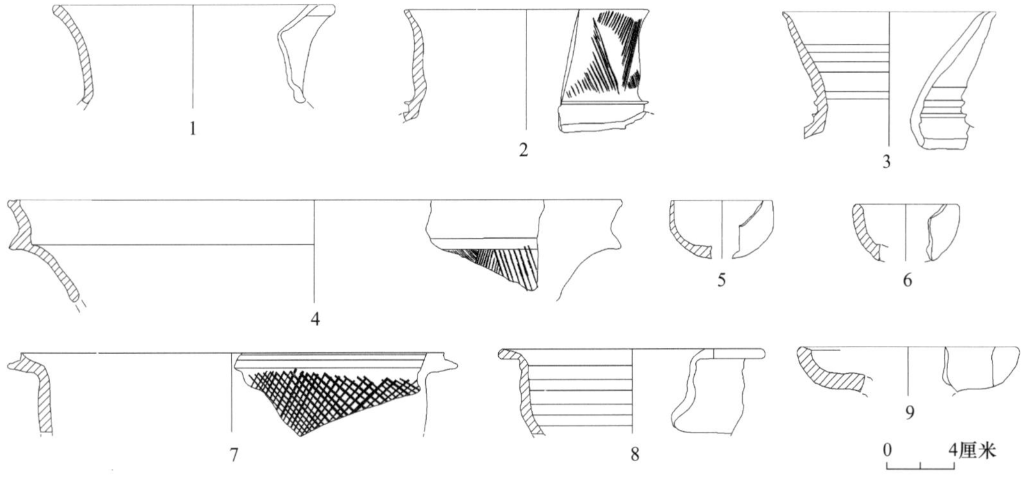


图 3-673　坪峰山遗址出土陶器（二）

1～3. 壶（T1③：37、T1③：23、T1③：24）　4、7、8. 盆（T1③：19、T1③：29、T1③：38）　5、6. 盂（T1③：35、T1③：36）　9. 豆（T1③：40）

束颈。口径 16.4、残高 5.9、厚约 0.4 厘米（图 3-673：1）。

盆　3 件。均为泥质灰硬陶，仅余部分口腹部。T1③：19，侈口斜腹，外沿下出棱一周，腹部饰刻划三角形曲折纹。口径 36、残高 5.6、厚约 0.3 厘米（图 3-673：4）。T1③：29，平折沿浅直腹，腹部饰拍印网格纹。口径 24.8、残高 4.5、厚约 0.8 厘米（图 3-673：7）。T1③：38，敞口微鼓腹。口径 15.2、残高 4.8、厚约 0.5 厘米（图 3-673：8）。

盂　2 件。均为泥质灰硬陶，敛口，浅腹，圜底。T1③：35，口径 5.8、残高 3.3、厚约 0.6 厘米（图 3-673：5）。T1③：36，口径 6、残高 3.2、厚约 0.6 厘米（图 3-673：6）。

除口沿残片外，坪峰山遗址还出土较多器底、器耳和陶支脚。

器底　共 23 件。可分圈足、平底、圜底三类。

其中圈足多为喇叭状，均为泥质灰硬陶，又可分为矮圈足和高圈足两种。

矮圈足　3 件。一般仅饰一道或不饰凸棱。推测应为簋的底座。

高圈足　8 件。柄部都较细长，并饰有数道凸棱。推测应为豆的底座。

平底　9 件。均为泥质灰硬陶，底径都较大，中部略内凹。推测应为罐、尊等较大型器物的底部。

圜底　3 件。器形都较小。1 件底部饰拍印有杂乱菱形的云雷纹，推测应为釜或甗的底部。其余 2 件为素面，应为小盂之器底。

器耳或系、把共 32 件。多为宽带状，有的中部饰数道凹槽，少数在宽带状耳面上方另饰卷云状小纽。器把 1 件，夹砂灰陶。一端呈圆柱形，一端呈扁平鸭嘴状。

陶支脚　5 件。均为夹砂陶，皆残断。基本形态为喇叭状底座，实心或中空，柱状器身。

T1 ③：6，夹砂灰黄陶。喇叭状底座，中空不到顶。器身下粗上细，略歪斜。残高 14.3、底径 10.2、把径 5.8 厘米（图 3-674：1；图版 3：9）。T1 ③：7，夹砂灰陶。小喇叭状底座，中部半空。器身呈圆柱形，略歪斜。残高 8.6、底径约 8.1 厘米（图 3-674：2）。T1 ③：8，夹砂灰陶。小喇叭状底座，中空不到顶。残高 7.5、底径 9.4 厘米（图 3-674：3）。T1 ③：9，夹砂灰黄陶。平底，柱状器身。残高 4.5、底径 10 厘米（图 3-674：4）。T1 ③：10，夹砂灰陶。仅余部分器身。残高 8 厘米，把径 6.4 厘米（图 3-674：5）。

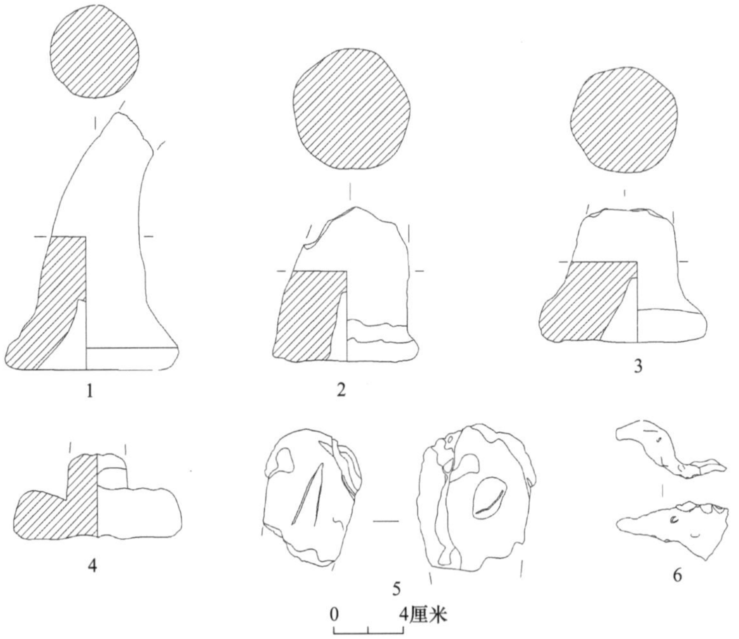


图 3-674　坪峰山遗址出土陶器（三）
1～5. 陶支脚（T1 ③：6、T1 ③：7、T1 ③：8、T1 ③：9、T1 ③：10）
6. 鸟形捏塑（T1 ②：2）

鸟形捏塑　1 件。T1 ②：2，泥质灰硬陶。捏制较粗糙，尖嘴、短颈、身体扁平。长 6、高 2.1 厘米（图 3-674：6；图版 3：10）。

（四）结语

本次发掘面积有限，发现完整或可复原器物也不多，但文化内涵相对单纯，出土陶片的陶质、陶色、纹饰、器形器类等都与鸿尾乡石佛头村的黄土仑遗址相类似[①]。都以火候较高、掺有少量细砂的泥质灰硬陶为大宗；豆、杯、罐、盂等器形均相同；器表装饰回纹、云雷纹、凸棱纹等也完全一样；喇叭形圈足、圆饼座、表面饰以数道平行竖槽的宽带状鋬、器耳等，也多见于黄土仑遗存中。凡此种种

① 福建省博物馆：《福建闽侯黄土仑遗址发掘简报》，《文物》1984 年 4 期。

均表明该遗址的文化内涵应属于闽江下游的黄土仑文化。

坪峰山遗址的发掘为进一步认识这一地区的文化性质与闽江下游流域史前文化遗存的分布、演变提供了新的实物资料，为复原黄土仑文化时期的聚落提供了新的佐证和线索。

## 三、黄岐屿遗址

### （一）遗址概况

黄岐屿遗址位于福建省连江县透堡镇馆读村东南面60米，坐标位置为北纬26°21′27″，东经119°37′10.1″，海拔约43米，相对高度约3米。平面呈不规则圆形，呈西高东低走势。遗址总面积约为5000平方米，现存面积约为200平方米（图3-675；图版4：1）。

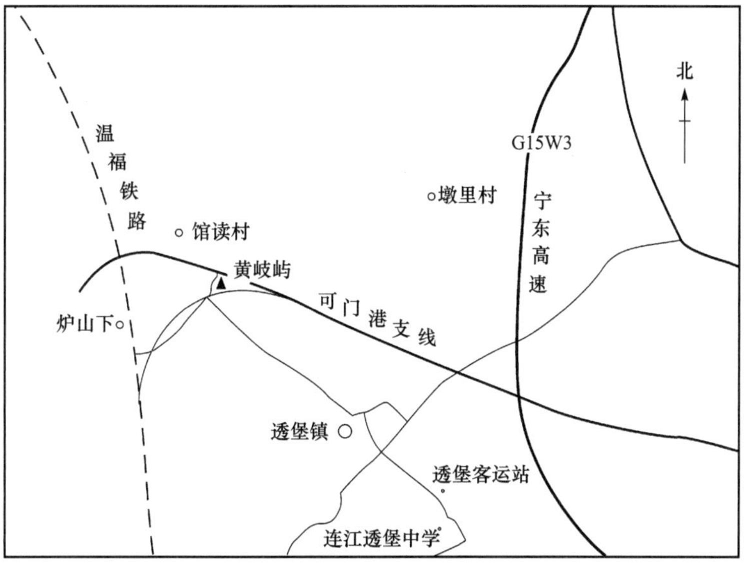


图3-675　黄岐屿遗址地理位置示意图

由于当地村民在此大量取土，且温福铁路可门港支线从遗址上方穿过，已对遗址造成严重破坏，遗址中心区域几乎被掏空，陶片、石器及贝壳散布遗址西南坡，取土断面能见1米多厚的文化层堆积。2015年1月22日至2月6日，为最大限度地提取该遗址的考古信息，福建省昙石山遗址博物馆会同福建博物院，对黄岐屿遗址进行了抢救性发掘，现将发掘收获简报如下。

### （二）地层堆积

此次发掘区域集中在山体西南坡边沿，顺地势开探沟2条，分别编号为T1和T2，方向为北偏东40°，均为2米×7米，之后T1向西南扩方至斜坡边沿，T2向西北扩方，均为3米×3米，总发掘面积约48平方米（图3-676）。

其中，以T2堆积较丰富，现以T2西壁为例将地层堆积情况介绍如下（图3-677）。

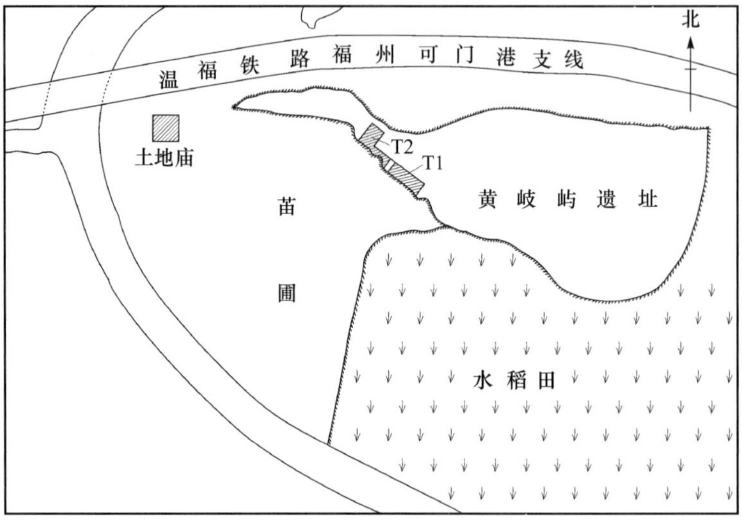


图 3-676　黄岐屿遗址探方位置图

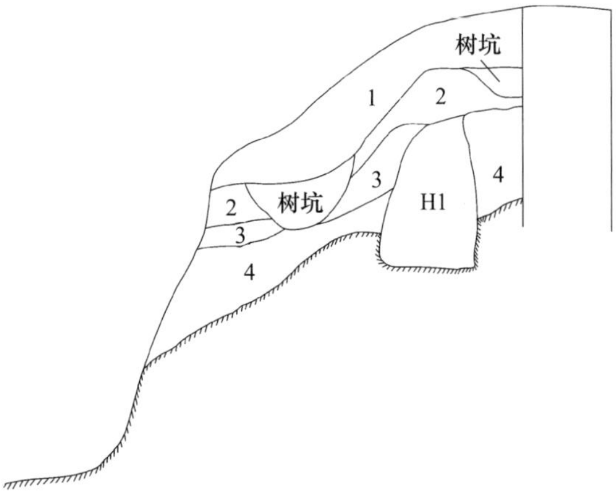


图 3-677　黄岐屿遗址 T2 西壁剖面图

第 1 层：表土层，厚 20～95 厘米。为灰黄色沙质土，疏松，夹杂一些草根，包含有零星的瓦块砖砾。此层在探方内都有分布，依地势呈西北厚东南薄斜坡状分布，推测应为现代堆土，此层下发现数个现代树坑。

第 2 层：近现代耕土层，深 20～95、厚 15～55 厘米。灰黑色黏土层，夹杂少量风化岩颗粒，较致密，出土有一些蚶壳，遗物早晚都有，如现代玻璃瓶、少量白瓷片、酱釉瓷片、泥质陶、夹砂陶等。在该层下发现一座近现代砖室墓，被断坎破坏，仅余墓葬后壁部分。该层在探沟内大部分布，局部被近现代树坑打破。

第 3 层：深 60～95、厚 0～70 厘米，为包含大量蚶壳、坚硬致密的褐色黏土层。出土物有夹细砂灰陶、泥质灰陶、泥质红陶片、夹砂红陶片等，风格以拍印绳纹为主，可辨器形有釜、罐、圈足器等，小件有石锛、陶纺轮等。本层仅分布于探方西北部，局部被近现代树坑、H1 打破。

第 4 层：深 80～150、厚 0～85 厘米，仅分布在探方西北部，呈黄褐色黏土，结构紧实，质地坚硬。出土少量碎骨、夹砂黑陶片、泥质黑陶片、泥质灰陶片等，可辨器形有釜、罐、圈足器等。另出土残石锛 2 件、骨锥 1 件、砺石 1 件、石镞 2 件、残石凿 1 件、穿孔圆陶片 1 件。在探方东部该层下叠压着 G1。

第 4 层从下为生土层，为黄红色黏土，黏性较大，结构较致密，杂少量风化基岩，纯净。

根据上述地层堆积状况和出土物的特征，可以看出黄岐屿遗址的文化内涵较单纯，第 3、4 层均为新石器时代文化层，其上为近现代的扰乱堆积，故下文主要讨论第3、4层的遗迹现象和出土遗物。

（三）文化遗迹

本次发掘发现灰坑1个、冲沟1条，分别编号为H1、G1。

H1　位于T2西北部。平面为不规则的椭圆形，呈口小底大袋状，坑口开在第2层下，南低北高，距地表深约1.05米。本坑打破第3、4层直至生土。坑口最长2.4、最宽1.1米。坑壁微斜，底部不平，最长2.1、最宽1.4、最深处距坑口1.6米（图3-678）。坑内堆积大量贝壳，且多属蚶和蛎类，夹杂少量暗红褐色黏土和一些骨骼碎片，出土一些夹砂灰陶、黑陶和泥质灰陶片，纹饰以绳纹为主，与第3层出土物类似。于西部近底处出土3件可复原的陶器，分别为1件陶杯、2件陶簋。

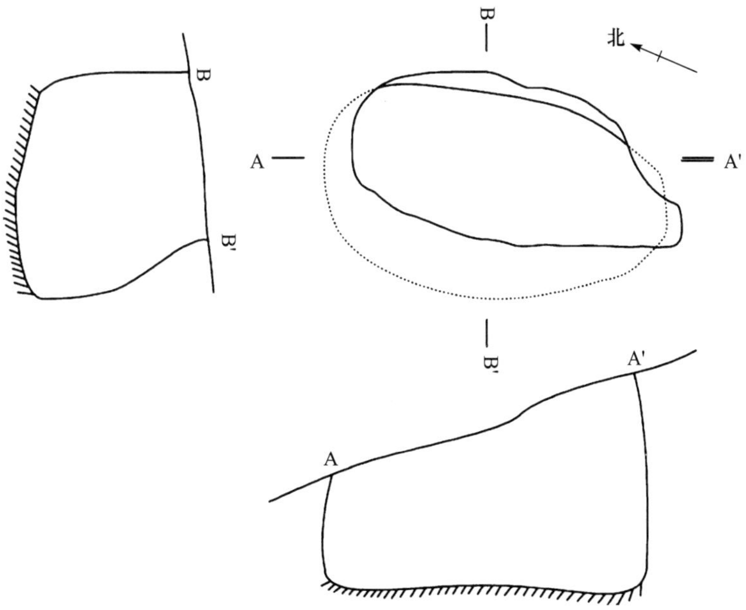


图3-678　黄岐屿遗址H1平、剖面图

G1　位于T2东北部。平面长条形，出露地段略呈东西走向，开口在第4层下，打破生土。出露部分长5、沟口宽1米。口大底小，沟两壁呈倾斜状。口至底深20～75厘米。沟底略平，宽60～80厘米。沟内堆积为黄褐色黏土，包含大量细小的夹砂红陶碎片，沟底基本被红陶碎片铺满。于沟底出土1件残石锛。

（四）文化遗物

**1. 石器**

共出土石器32件、地表采集6件，共计38件。其中第2层出土6件、第3层出土13件、第4层出土11件、H1内出土1件、G1内出土1件。因第2层出土石器显然系早期地层扰乱上去的，其年代应与第 3、4 层相同，故放在一起介绍。

石器多为打制粗磨，有些仅经打制，少量经过精细磨制。石料多为凝灰岩，还有页岩、砂岩等，石质均较细密坚硬。颜色以灰色和灰黑色为主，还有红褐色、灰黄色等。器形主要是锛，还有砺石、镞、凿等。

石锛　16 件。为石器中数量最多者。平面形态多为长方形、长梯形。依横断面特征可分 A、B、C 三型。

A 型　6 件。横断面近扁圆形或椭圆形，但多不规则。背面平直或微外弧，单面刃。G1∶1，灰色凝灰岩。上半部缺失，两侧残留打制痕迹，刃部经磨制。残长 4.5、宽 4.7、厚 2.6 厘米。重 76 克（图 3-679：1）。T1③∶1，灰黑色页岩。平面略呈长梯形，弧顶，两侧残留打制痕迹，背面平直，局部经磨制。长 8.7、宽 5.1、厚 2.1 厘米，重 137 克（图 3-679：2；图版 5：3）。T2③∶1，灰黑色页岩。平面略呈长方形，仅经打制成坯。长 8.3、宽 5.6、厚 1.4 厘米，重 101 克（图 3-679：3）。T2②∶4，灰色凝灰岩。平面略呈长方形，平顶，周身打制痕迹明显，未经磨制。长 8.3、宽 5.6、厚 4.4 厘米，重 135 克（图 3-679：4；图版 5：6）。T2④∶5，灰黑色页岩。顶部和右半部残缺，两侧残留打制痕迹，背面平直，背面和刃部经磨制。残长 8.6、宽 4.1、厚 3.1 厘米，重 142 克（图 3-679：5；图版 5：5）。T2③∶9，青灰色页岩。平面略呈长梯形，仅经打制成坯。刃端残失。残长 7、宽 5、厚 2.5 厘米，重 107 克（图 3-679：6）。

B 型　5 件。横断面呈扁平四边形，或近长方形和梯形，背面平直或微弧，均单面刃。T2③∶2，青灰色页岩。刃部缺失，平面略呈梯形，仅经打制成坯，未经磨制。残长 8.9、宽 5.9、厚 2.7 厘米，重 192 克（图 3-679：7）。T1②∶1，灰色凝灰岩。平面略呈长方形，左下刃部残缺。平顶，背面平直光滑，两侧和刃部均经磨制，内面残留打制痕迹。长 8.3、宽 4.3、厚 2.2 厘米，重 131 克（图 3-679：8；图版 5：4）。采∶4，青灰色页岩。器身较厚重，刃部残缺，局部经磨制。长 7.2、宽 2.9、厚 3.3 厘米，重 96 克（图 3-679：11）。T1②∶2，灰白色凝灰岩。器形较小，顶部微残，器身大部分经磨制光滑，背面残留打制痕迹。长 4.4、宽 2.5、厚 1 厘米，重 18 克（图 3-680：2）。T1③∶2，灰白色页岩。器形较小，器身缺失大半，局部经磨制。长 6.2、残宽 1.7、厚 1.7 厘米，重 29 克（图 3-680：13）。

C 型　3 件。横断面呈三边形，内面拱起如丘状。背面平直或微弧，单面刃。T2④∶3，灰黑色页岩。平面呈梯形，弧顶，仅经打制成坯，未经磨制。残长 6.5、宽 4.1、厚 2.8 厘米，重 93 克（图 3-679：9；图版 5：7）。T2②∶2，灰黑色凝灰岩。平面略呈长方形，顶部略残，两侧残留打制痕迹，背面平直，刃部稍磨。残长 7、宽 4.1、厚 2.2 厘米，重 93 克（图 3-679：10；图版 5：8）。T2③∶3，灰黑色凝灰岩。器形较小，平面呈长方形，平顶，器身残留打制痕迹，刃部稍磨。长 4.1、宽 2.8、厚 1.6 厘米，重 18 克（图 3-680：1）。

残锛　2 件。仅存刃部，不辨型式。

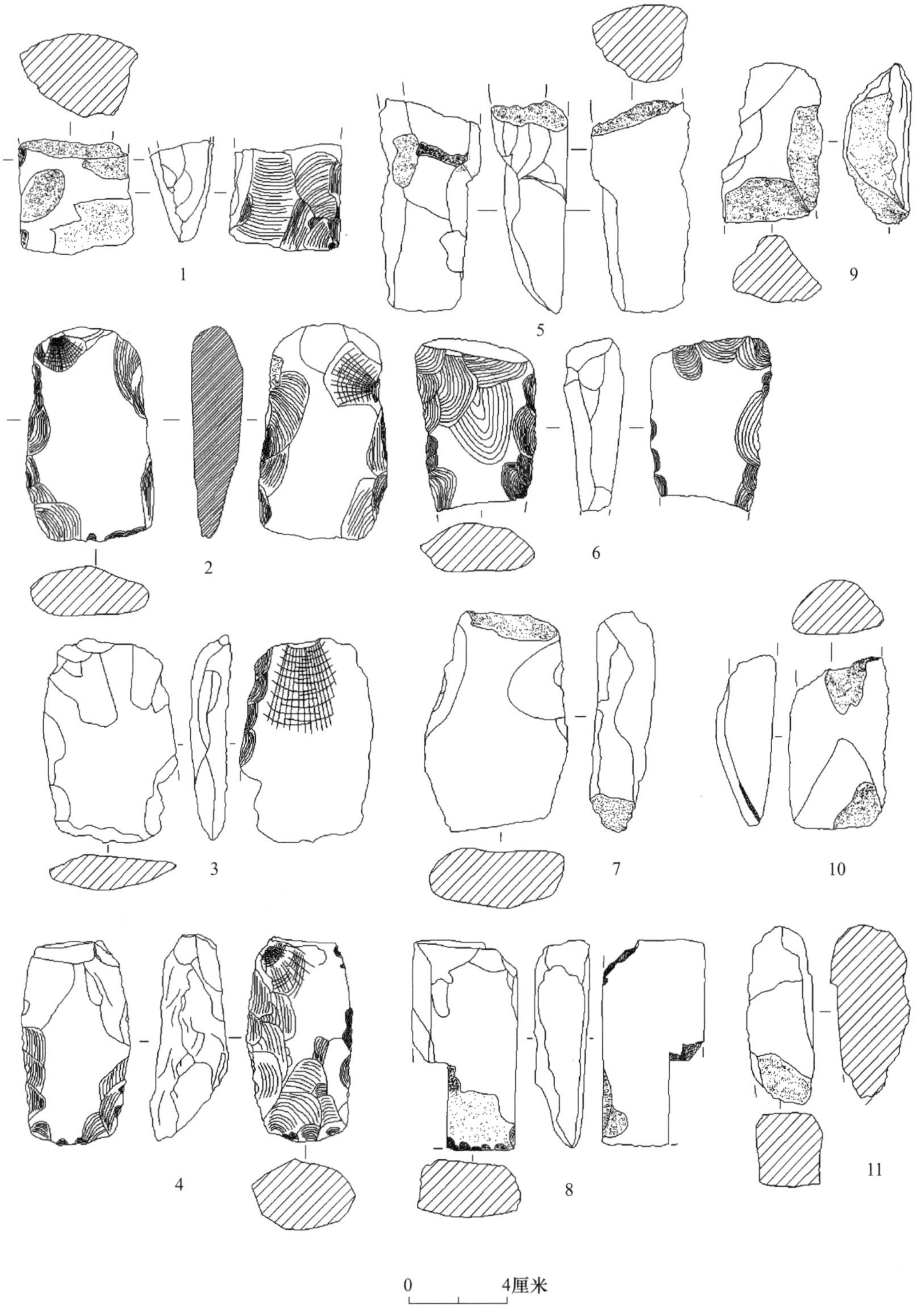


图3-679　黄岐屿遗址出土石锛

1～6. A型（G1：1、T1③：1、T2③：1、T2②：4、T2④：5、T2③：9）7、8、11. B型（T2③：2、T1②：1、采：4）

9、10. C型（T2④：3、T2②：2）

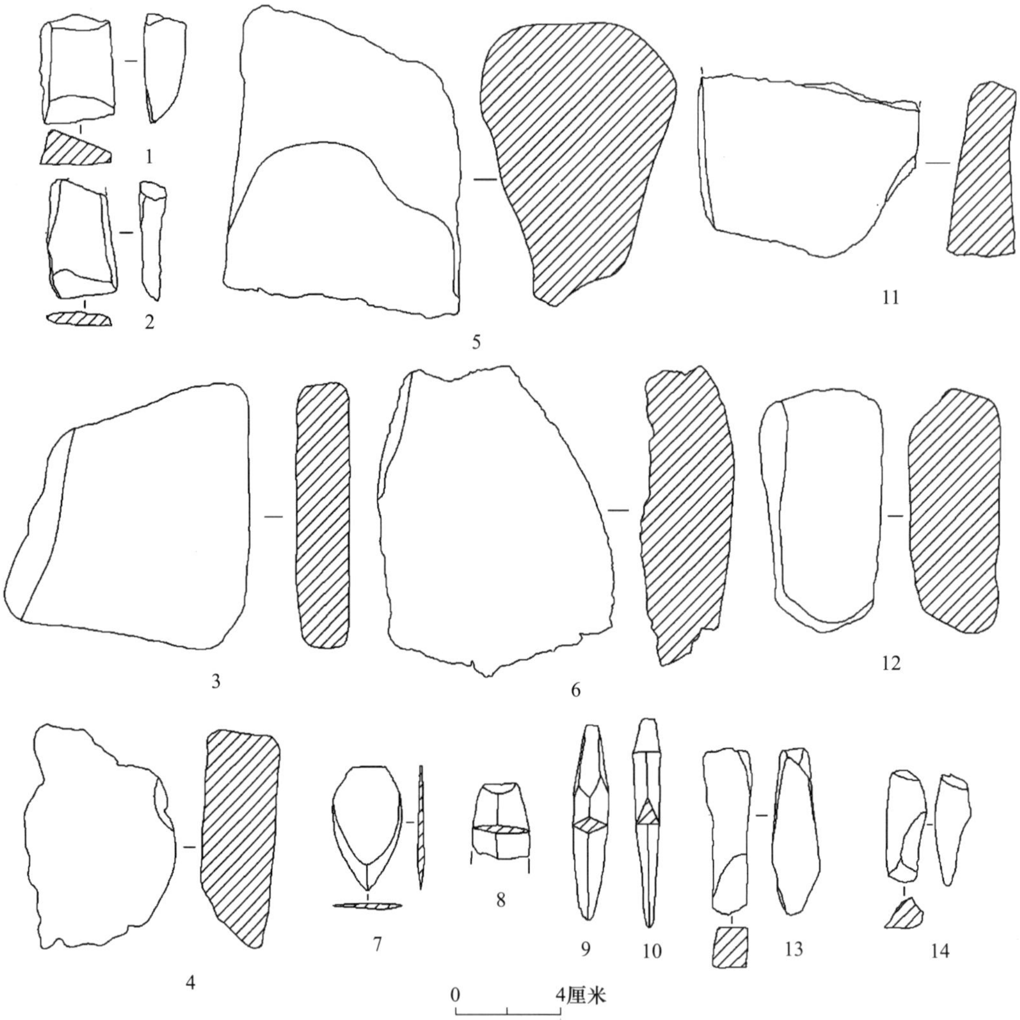


图 3-680　黄岐屿遗址出土石器与骨器

1.C 型石锛（T2③：3）2、13. B 型石锛（T1②：2、T1③：2）3～6、11、12. 砺石（T2③：5、采：3、H1：1、采：1、T2④：2、采：2）7～9. 石镞（T2④：4、T1②：3、T2④：6）10. 骨镞（T2④：1）14. 石凿（T2④：7）

砺石　6 件。T2③：5，浅黄色砂岩。平面略呈梯形，形状较规整，正面经磨砺光滑。长 9.8、宽 9.1、厚 2 厘米，重 277 克（图 3-680：3）。采：3，灰褐色凝灰岩，坚硬致密。形状不规则，两面都经磨砺光滑。长 8.2、宽 5.6、厚 3.1 厘米，重 189 克（图 3-680：4）。H1：1，黄褐色砂岩。器身厚重，形状不规则，正面经磨砺微凹。长 11.6、宽 9、厚 7.3 厘米，重 681 克（图 3-680：5）。采：1，灰褐色凝灰岩。形状不规则，正面经磨砺。长 11.5、宽 8.5、厚 3.2 厘米，重 415 克（图 3-680：6）。T2④：2，浅褐色砂岩。形状不规则，略残，三面经磨砺微凹。残长 6.7、宽 8.2、厚 2.5 厘米，重 203 克（图 3-680：11）。采：2，灰黄色砂岩。平面略呈长方形。两面经磨砺。长 9、宽 4.6、厚 3.4 厘米，重 179 克（图 3-680：12）。

石镞　3 件。T2④：4，完整。平面似桂叶形，横断面呈扁菱形，扁平短宽，通体磨制精细。长 4.6、宽 2.6、厚 0.3 厘米，重 11 克（图 3-680：7；图版 5：10）。T1②：3，尖端和铤部均残，仅余中间一部分。横断面为扁菱形。残长 2.7、宽 2.1、厚 0.3 厘米，重 9 克（图 3-680：8；图版 5：11）。T2④：6，尖端略有残缺，平面细长如柳叶形，横断面呈扁菱形，有脊有铤，通体磨制精细。长 7.2、宽 1.4、厚 0.6 厘米，重 10 克（图 3-680：9；图版 5：9）。

石凿　1 件。T2④：7，长条形，不规整，器身大部分经磨制。长 4.1、宽 1.3、厚 1.1 厘米，重 11 克（图 3-680：14）。

另还有采集和出土的 14 件石片石器，不辨器形，有的仅经打制，有的局部经磨制。

**2. 骨器**

骨镞　1 件。T2④：1，略残。利用动物骨骼磨制而成，呈牙黄色，平面细长如柳叶，截面为三角形。长 7.7、宽 1、厚 1 厘米，重 9 克（图 3-680：10；图版 5：14）。

**3. 陶器**

陶器为所获实物资料中最多者，可分为生活用器和生产工具。

出土陶器多为碎片，仅在 H1 中出土 3 件可复原陶器，T2 第 4 层出土 1 件可复原陶器。

从总体来看，H1、第 3 层、第 4 层、G1 中出土陶片在陶质、陶色和纹饰上大同小异，应该都属于同一时期的遗物，但也存在一些差别，可能说明存在一定的时间跨度。具体说明如下。

G1　出土陶片全部为细小破碎的夹砂陶片，器形无法确认，陶色以红色为主，少量灰色和灰黑色。纹饰以交错绳纹为主，少量素面。

第 4 层　出土陶片绝大多数为夹砂陶，其次是泥质陶，个别硬陶。其中夹砂陶的陶色以灰黑和灰色为主，少量灰褐和灰黄色，多见表里不一的现象，胎心多呈黑色。出土较多口沿片，可辨器形主要是釜和罐。其中釜类器掺砂颗粒粗、细都有，罐类器则大多掺细砂。多见掺和贝壳碎屑。纹饰以交错绳纹为主，其次为素面施红衣，零星附加堆纹、席纹、叶脉纹、篦点纹等。泥质陶的陶色以灰黑、灰黄为主，少量黄色和灰褐色。可辨器形有豆、壶、簋等，泥质陶多素面，少量交错绳纹，零星篮纹。硬陶多为黄色，纹饰以交错绳纹为主，其次是席纹，零星篮纹和云雷纹（图 3-681）。

第 3 层　出土陶片以夹砂陶为主，泥质陶次之，硬陶所占比例比第 4 层略高。其中夹砂陶以灰色为主，灰黑和灰褐色次之，纹饰以交错绳纹为主，素面次之；泥质陶的陶色多为灰黑，少量呈灰黄色，多为素面；硬陶以灰和灰黄色为主，多为素面，少量饰交错绳纹、梯格纹、篮纹、云雷纹、交错绳纹加附加堆纹的组合纹饰等（图 3-682）。

H1　出土陶片以泥质陶为主，其次是夹砂陶。其中泥质陶陶色以灰色为主，黄陶次之，零星黑色，泥质陶多素面，少量拍印绳纹，零星饰篮纹加附加堆纹的组合纹饰；夹砂陶陶色以红色为主，其次是灰色，少量灰黑色，多饰交错绳纹和绳纹，其次为素面无纹。

第 2 层出土陶片纹饰见图 3-683。

图 3-681　黄岐屿遗址第 4 层出土陶片纹饰

1、3、4、6. 绳纹　2、5. 交错绳纹

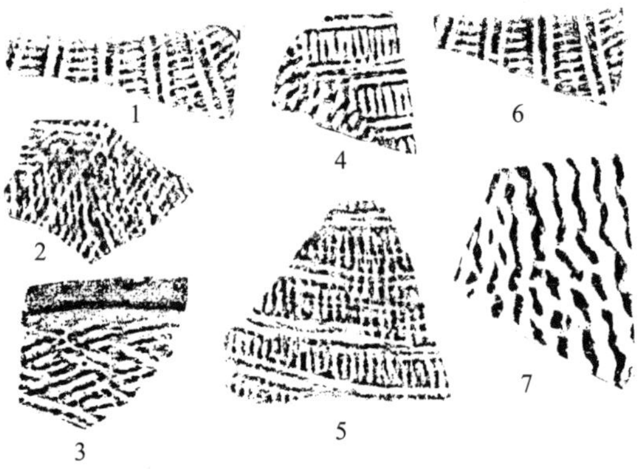

图 3-682　黄岐屿遗址第 3 层出土陶片纹饰

1、4～6. 梯格纹　2. 细绳纹　3. 菱形回纹　7. 粗绳纹

图 3-683　黄岐屿遗址第 2 层出土陶片纹饰

1. 菱形回纹　2、9. 方格纹　3、6、10. 绳纹　4、8、11、12. 席纹　5. 条纹　7. 叶脉纹

因出土陶片多破碎，陶器的制法难以做全面的观察，但从残片中可以反映出手、轮兼制的痕迹。器物的口、肩部位一般都经慢轮修整，口沿内侧一般留有较明显的轮旋痕迹。圈足部分多属轮制后再行衔接，容易脱落。

从陶片及原始瓷的口沿及底足形态中，可辨器形有釜、罐、豆、簋、壶、杯、盘、盆等。

釜　选择标本 15 件。均为口沿残片，侈口宽沿束颈，鼓腹。口沿沿面微内凹，圆唇多见，尖唇和方唇较少。T2 ④ : 12，夹砂灰陶，胎心呈灰黑色。侈口，尖唇，束颈，鼓腹。沿面有数道凹弦纹，肩部饰拍印交错绳纹。口径 26.1、残高 7.2 厘米（图 3-684：1）。T2 ④ : 11，夹粗砂灰陶，胎心呈灰黑色。侈口，圆唇，束颈，圆鼓腹。沿面有数道凹弦纹，肩部饰拍印交错绳纹。口径 21.2、残高 7.4 厘米（图 3-684：2）。T2 ④ : 13，夹细砂灰陶，胎心呈灰黑色。侈口，束颈，圆鼓腹，沿面有数道凹弦纹，肩部饰拍印交错绳纹。口径 20.8、残高 6 厘米（图 3-684：3）。T2 ④ : 14，夹砂灰陶。侈口，尖唇，圆鼓腹，沿面有数道凹弦纹，肩部饰拍印交错绳纹。口径 22.4、残高 6 厘米（图 3-684：4）。T2 ③ : 23，夹砂灰陶。侈口，圆唇，束颈。沿面有数道凹弦纹，器表剥蚀严重，纹饰不清。残高 3.6 厘米（图 3-684：5）。T2 ③ : 20，夹砂灰陶。侈口，圆唇，束颈。沿面有数道凹弦纹，肩颈部饰拍印绳纹。残高 4 厘米（图 3-684：6）；T1 ③ : 3，夹砂灰陶。侈口，尖唇，束颈。沿面施红衣，

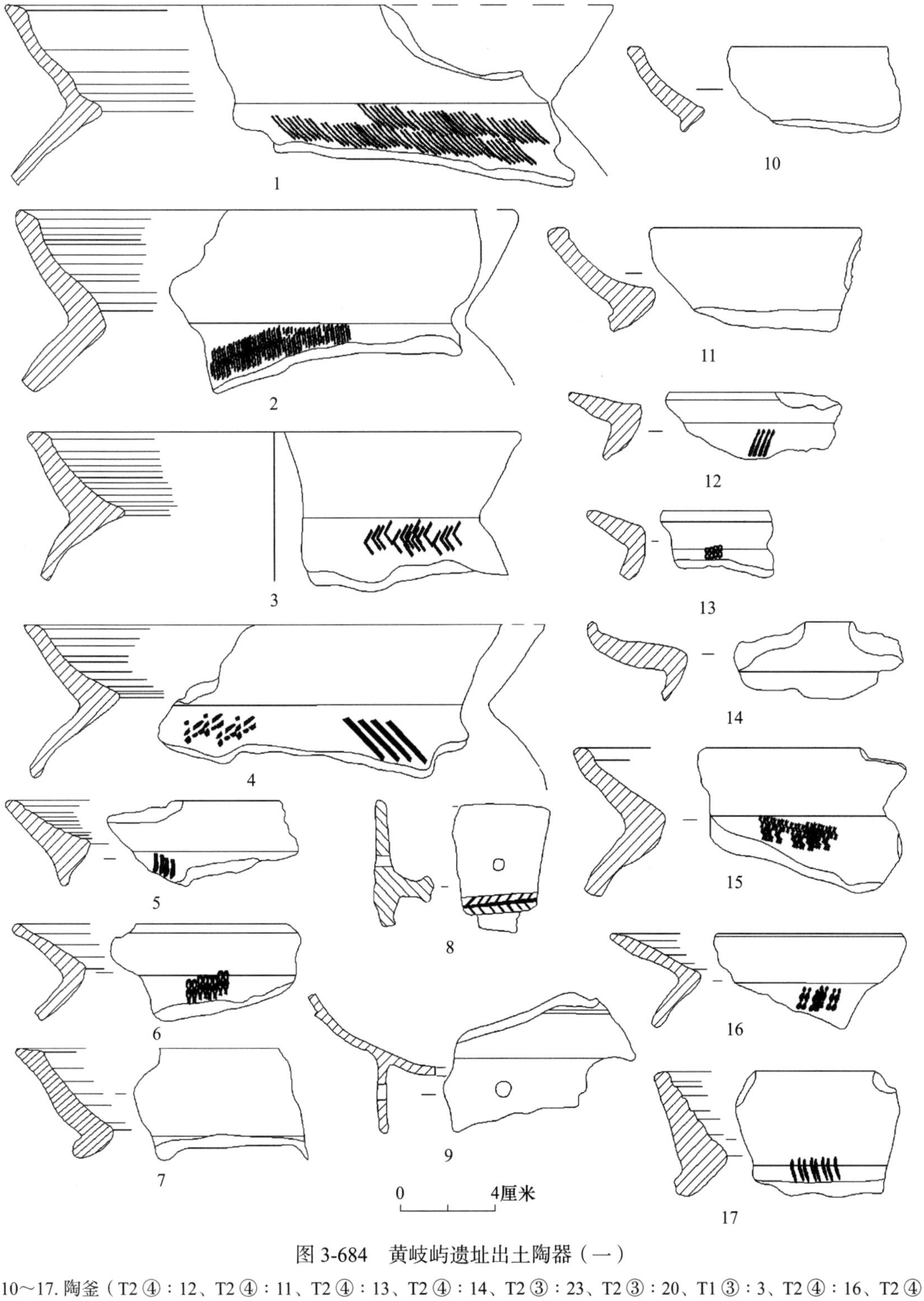


图 3-684　黄岐屿遗址出土陶器（一）

1～7、10～17. 陶釜（T2④：12、T2④：11、T2④：13、T2④：14、T2③：23、T2③：20、T1③：3、T2④：16、T2④：15、T2③：21、T2③：22、T2④：18、T2④：17、T2④：19、T2③：19）8. 杯鋬（T2③：24）9. 镂孔残圈足（T2③：25）

并有数道凹弦纹。残高 4.6 厘米（图 3-684：7）。T2④：16，夹砂灰陶。侈口，圆唇，束颈。残高 3.6 厘米（图 3-684：10）。T2④：15，夹砂灰陶。侈口方唇，束颈。残高 4.4 厘米（图 3-684：11）。T2③：21，夹砂灰陶。侈口，圆唇，束颈。沿面有数道凹弦纹，肩部饰拍印绳纹。残高 2.8 厘米（图 3-684：12）。

T2③：22，夹砂灰陶。侈口，圆唇，束颈。沿面有数道凹弦纹，肩部饰拍印绳纹。残高2.8厘米（图3-684：13）。T2④：18，夹砂灰黑陶。侈口，方唇，束颈。残高3.2厘米（图3-684：14）。T2④：17，夹砂灰陶。侈口，圆唇，束颈。肩部饰拍印交错绳纹。残高6.1厘米（图3-684：15）。T2④：19，夹砂灰陶。侈口，圆唇，束颈。肩部饰拍印交错绳纹。残高4厘米（图3-684：16）。T2③：19，夹砂灰陶。侈口，方唇，束颈。沿面有数道凹弦纹，颈肩部饰拍印绳纹。残高5.2厘米（图3-684：17）。

罐　选择标本9件。均为口沿残片，依口、颈形态观察，可分侈口束颈和侈口短颈两大类。

侈口束颈罐　5件。T2④：20，夹砂灰陶。侈口圆唇，沿略内凹，腹部饰交错绳纹。口径18.8、残高7.5厘米（图3-685：1）。T2④：25，夹砂灰陶。侈口尖唇，束颈，弧腹。肩部饰拍印交错绳纹。口径12.3、残高8.1厘米（图3-685：2）。T2④：23，夹砂灰陶。小口微侈，尖唇，束颈，斜弧腹。腹部饰拍印交错绳纹。残高9.2厘米（图3-685：3）。T2④：22，夹砂灰黑陶。侈口方唇，束颈。口沿有数道凹弦纹，肩部饰拍印交错绳纹。口径20、残高2.9厘米（图3-685：4）。T2③：18，夹砂灰黄陶。侈口圆唇，口沿内敛，束颈，鼓腹。沿面有数道凹弦纹，肩部饰拍印绳纹。残高4厘米（图3-685：9）。

侈口短颈罐　4件。T2④：26，夹细砂灰黄陶。直口微侈，圆唇。残高4.4厘米（图3-685：6）。T2④：24，夹砂灰陶。侈口圆唇，肩部饰绳纹。残高4.7厘米（图3-685：7）。T2③：17，夹细砂灰黄陶。侈口圆唇，颈较直。口沿处有明显的轮旋痕迹。口径11.6、残高6厘米（图3-685：8）。T2④：21，夹砂灰陶。侈口圆唇，口沿有数道凹弦纹，肩部饰拍印绳纹。残高4.7厘米（图3-685：10）。

豆　仅出土1件可复原器，其余都为残件，仅余豆盘或圈足。可复原器即T2④：29，泥质灰陶，素面。大敞口，斜弧腹，矮圈足。圈足处镂有一孔。口径22.1、足径13.6、高7.9厘米（图3-686：2；图版4，5）。

豆盘　6件。可分为侈口平沿豆和敛口豆两种。

侈口平沿豆　2件。T2④：37，泥质灰陶，素面。平沿，尖圆唇，敞口，斜弧腹。残高1.5厘米（图3-686：11）。T2③：11，泥质陶，陶色不均，外灰黄内黑。侈口，宽平沿，斜弧腹。下腹部有两道凹弦纹。口径不详，残高4厘米（图3-686：16）。

敛口豆　3件。T2③：10，泥质灰黄陶。敛口，折腹，折腹处起棱。残高6厘米（图3-686：12）。T2③：13，泥质磨光黑陶。直口微敛，折腹，折腹处起棱。口沿处有细小的贝印纹。口径不详，残高3.4厘米（图3-686：13）。T2③：14，泥质灰陶。平沿，敛口折腹，折腹处起棱。上腹部有明显的轮旋痕迹。口径不详，残高5.6厘米（图3-686：14）。

另有一件口沿和圈足均缺失的豆盘。T2④：33，泥质灰黄陶。敛口，折腹，圜底。腹近底处饰拍印绳纹。圈足脱落部位痕迹明显。口径不详。残高2.6厘米（图3-686：4）。

圈足　8件。多为泥质陶，另有一件采集于地表的原始瓷豆圈足。分为高圈足和矮圈足两种。因残片较小，难辨器形。与昙石山遗址出土遗物相对照，大致可看出多为豆的圈足，个别可能为壶或簋的圈足。

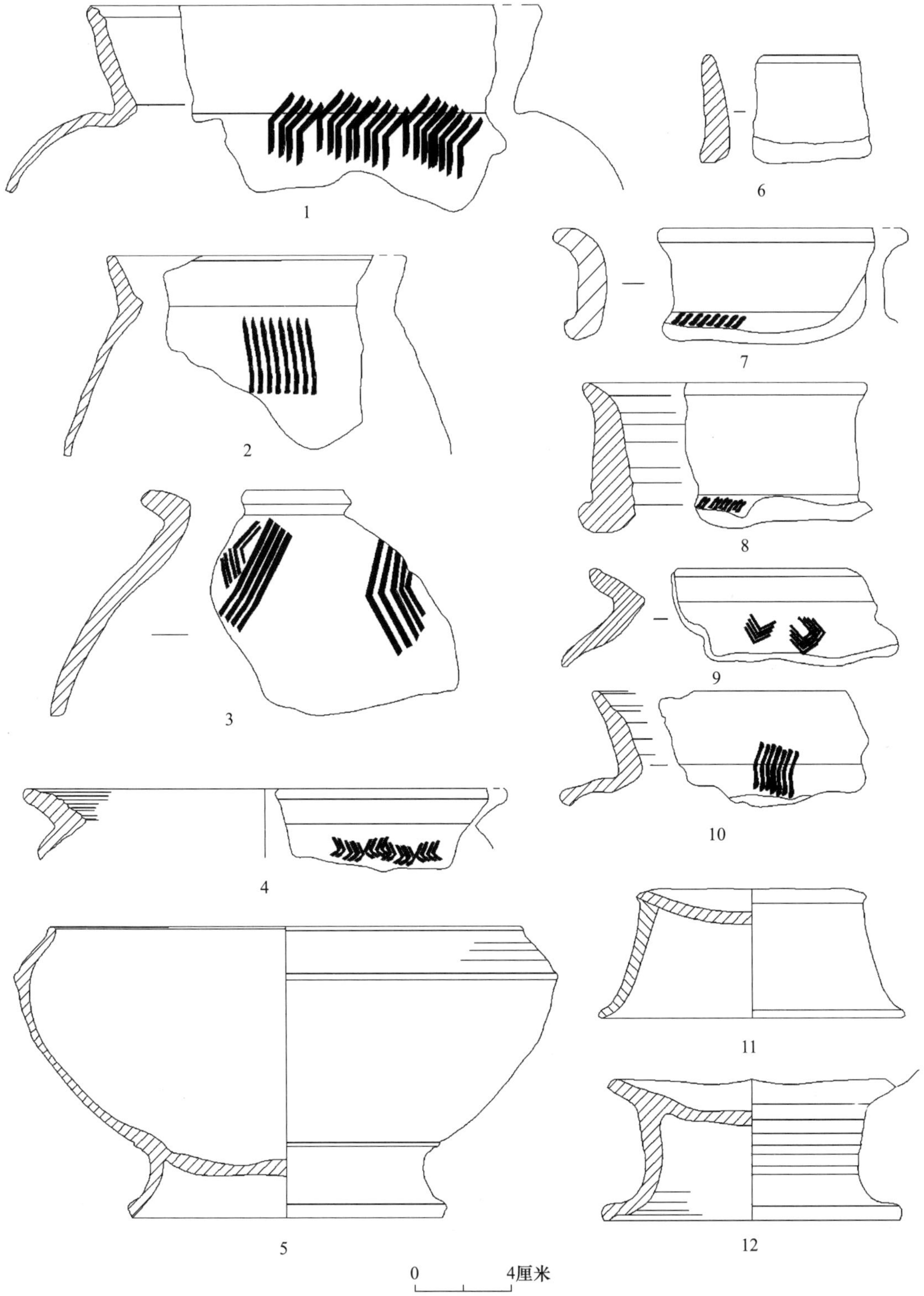


图 3-685　黄岐屿遗址出土陶器（二）

1～4、9. 侈口束颈罐（T2④：20、T2④：25、T2④：23、T2④：22、T2③：18）5. 簋（H1：3）6～8、10. 侈口短颈罐（T2④：26、T2④：24、T2③：17、T2④：21）11、12. 高圈足（T2④：30、T2④：32）

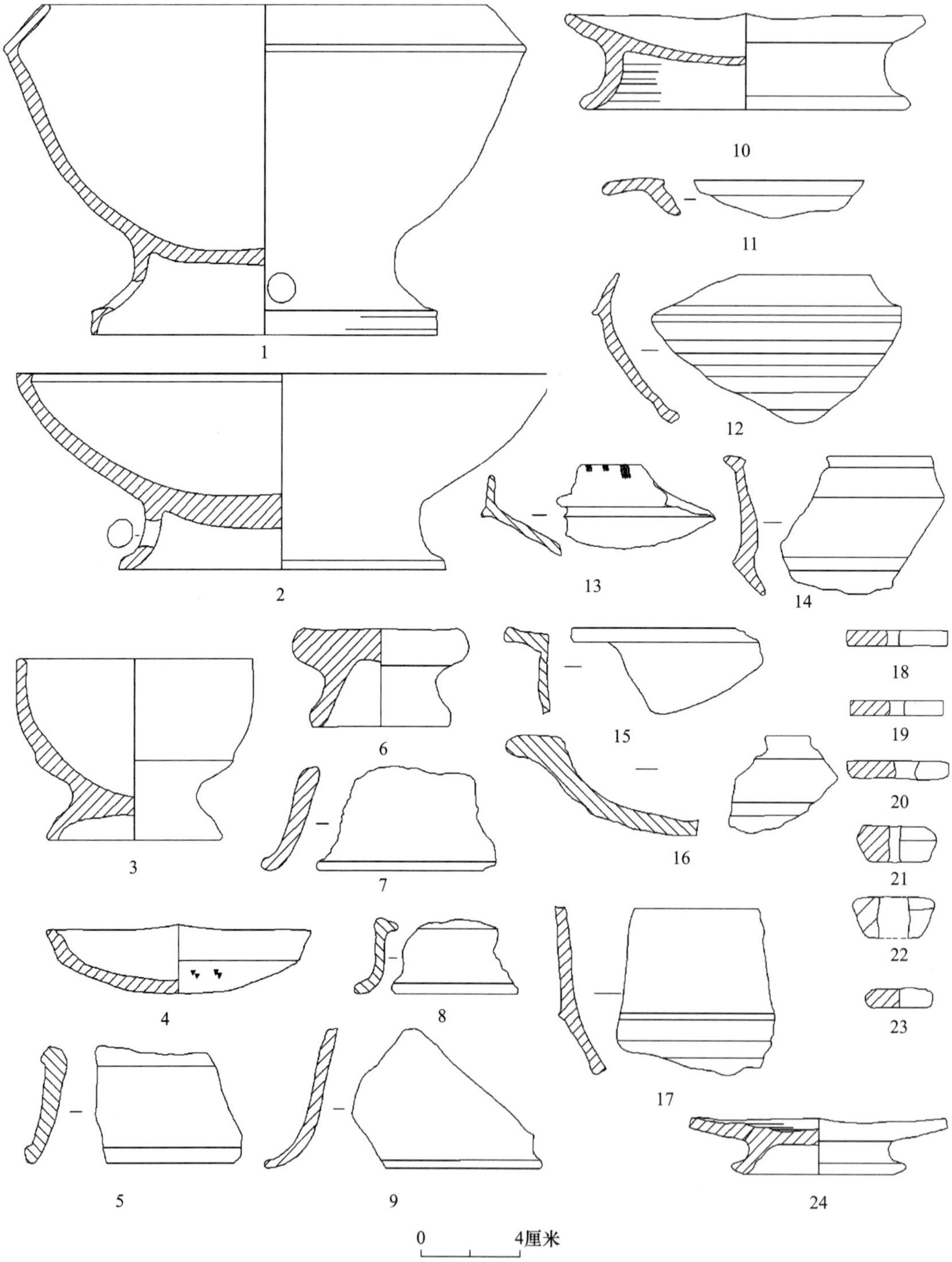


图 3-686　黄岐屿遗址出土陶器及原始瓷器

1. 簋（H1：5） 2. 豆（T2④：29） 3. 杯（H1：2） 4. 豆盘（T2④：33） 5、7、9. 高圈足（T2④：35、T2④：27、T2③：16） 6、8、10. 矮圈足（T2④：28、T2④：34、T2④：31） 11、16. 侈口平沿豆盘（T2④：37、T2③：11） 12～14. 敛口豆（T2③：10、T2③：13、T2③：14） 15、17. 器物口沿（T2③：15、T2③：12） 18～20、23. Ⅰ式纺轮（T2④：9、T2④：10、T2③：26、T2②：3） 21. Ⅱ式纺轮（T2③：4） 22. Ⅲ式纺轮（T2③：7） 24. 原始瓷豆（采：6）

高圈足　5件。T2④：35，泥质灰陶，素面。仅余部分圈足残片。圈足较高，足根外撇。圈足外部有凹弦纹。残高4.7厘米（图3-686：5）。T2④：27，夹砂灰陶。足根外撇。残高4.2厘米（图3-686：7）。T2③：16，泥质灰陶。仅余圈足残片。足根外撇。残高5.6厘米（图3-686：9）。T2④：30，泥质灰黄陶，素面。圜底，圈足较高，足根外撇。足径12.9、残高5.3厘米（图3-685：11）。T2④：32，泥质灰陶，素面。圜底，圈足较高，足根微外折。圈足外有数道凹弦纹。足径12.6、残高5.8厘米（图3-685：12）。

矮圈足　4件。T2④：28，夹砂灰陶。平底，圈足较矮，足根微外撇。足径5.6、残高3.9厘米（图3-686：6）。T2④：34，泥质灰陶，素面。仅余部分圈足残片。圈足较矮，足根外撇。残高3厘米（图3-686：8）。T2④：31，泥质灰陶，素面。圜底，圈足较矮，足根微外折。足径13.6、残高3.9厘米（图3-686：10）。采：6，原始瓷。近平底，矮圈足，足根外撇。底径7.2、残高2.6厘米（图3-686：24）。

镂孔残圈足　1件。T2③：25，泥质灰陶，素面。仅余部分器底和圈足。斜弧腹圜底，圈足上镂有一孔。残高5.8厘米（图3-684：9）。

簋　2件。均为敛口，斜弧腹，浅圜底。H1：5，泥质灰陶，素面。敛口，转折处起棱一道，斜弧腹，浅圜底。口径18.4、足径14.4、高13.4厘米（图3-686：1；图版4：4）。H1：3，泥质灰陶，素面。敛口，转折处起棱一道，斜弧腹，浅圜底，矮圈足。口径19.6、足径13、高11.9厘米（图3-685：5；图版4：3）。

杯　1件。H1：2，泥质灰陶，素面。直口，近直腹，圜底，矮圈足。口径10、足径7.2、高7.2厘米（图3-686：3；图版4：2）。

杯鋬　1件。T2③：24，泥质灰陶，素面。扁平盾状，平面呈梯形，中下部镂一孔，下部饰麦穗状附加堆纹。残高5.4厘米（图3-684：8）。

另还有一些不明器物口沿。T2③：15，泥质灰陶，素面。直口宽平沿方唇，沿面略内凹。残高3.3厘米（图3-686：15）。T2③：12，泥质灰陶，素面。侈口方唇，折腹，折腹处起棱。残高6.8厘米（图3-686：17）。

生产工具中仅见陶纺轮一种，共6件，可分为三式。

Ⅰ式：4件。用陶片磨圆制作而成，断面近长方形。T2④：9，夹砂灰黄陶，素面。平面呈圆形，断面近长方形。直径4.2、孔径0.6、厚0.6厘米（图3-686：18；图版5：12）。T2④：10，夹砂灰褐陶，素面。残，仅剩半个，平面呈半圆形，断面近长方形。底面施红色陶衣。直径3.8、孔径0.6、厚0.6厘米（图3-686：19）。T2③：26，夹砂灰黑陶。残，仅剩半个，平面呈半圆形，断面近长方形，底面饰绳纹。直径4.2、孔径0.9、厚0.7厘米（图3-686：20）。T2②：3，泥质灰黄陶，素面。平面呈圆形，断面近长方形。尚未穿孔。直径2.8、厚0.7厘米（图3-686：23）。

Ⅱ式：1件。T2③：4，泥质橙黄陶，素面。平面呈圆形，断面呈六边形，略残。直径3.2、孔径0.5、厚1.4厘米（图3-686：21；图版5：13）。

Ⅲ式：1件。T2③：7，夹砂灰黑陶，素面。残，仅余一小半。断面呈梯形。直径3.4、厚1.6厘米（图3-686：22）。

**4. 其他自然遗物**

主要是贝壳及动物骨骼。贝壳类主要为蚶类，还有牡蛎、魁蛤、小耳螺等。动物骨骼有猪、鹿等，还有少量鱼类、禽类、爬行类动物碎骨（图版5：1、2）。

（五）结语

（1）黄岐屿遗址为新石器时代晚期遗址。遗址地层堆积简单，文化内涵单纯，出土遗物与昙石山文化类同，应同属于昙石山文化范畴。我们将该遗址中第3、4层出土的炭样、果核、种子、碎骨等标本选送至北京大学进行 $^{14}C$ 测定，经树轮校正后的年代数据为距今4800～4300年，印证了这一推断①。

（2）黄岐屿遗址中出土了大量海生贝壳、动物骨骼以及植物种子等，对研究昙石山文化时期人类所处自然环境、生产和生活方式等提供了宝贵的实物资料。

## 四、芝 山 遗 址

### （一）遗址概况

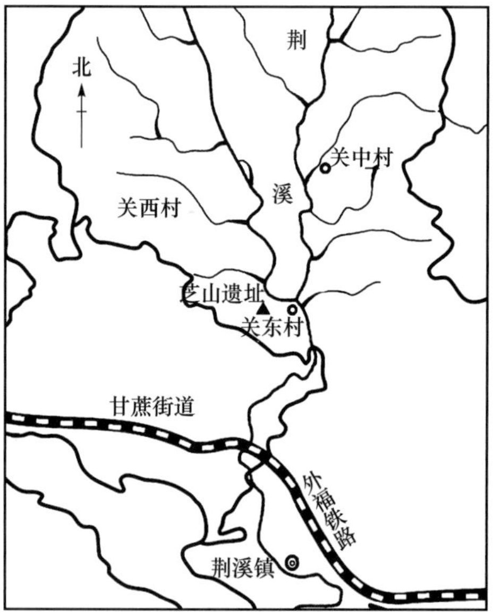

图3-687　芝山遗址地理位置示意图

芝山遗址位于福建省闽侯县荆溪镇关东村西约300米处。遗址地处闽江支流荆溪北岸的一级台地上。遗址中心地理坐标为北纬26°10′52″，东经119°10′21″，海拔高度约61.6米。2015年2～4月，福建省昙石山遗址博物馆开展“闽江下游流域史前遗址考古调查”课题，在其对荆溪沿岸考古调查时发现了该处遗址。由于京台高速公路关东服务区建设时从遗址中间穿过，已对遗址造成严重破坏，现遗址近残存东南部区域（图版6：1）。6～7月，我馆对该遗址进行了考古钻探和抢救性考古试掘，发现了以一批西周至春秋时期的遗迹及遗物（图3-687）。

此次试掘区为遗址仅残存的区域，即遗址东南部。以遗

① 见附录一。

址南部信号塔为总基点，采取坐标法，共布5米×5米探方（T0101、T0102、T0201、T0202）4个、1.5米×10米探沟（TG1）一条，发掘面积约115平方米。现将发掘情况简报如下（图3-688）。

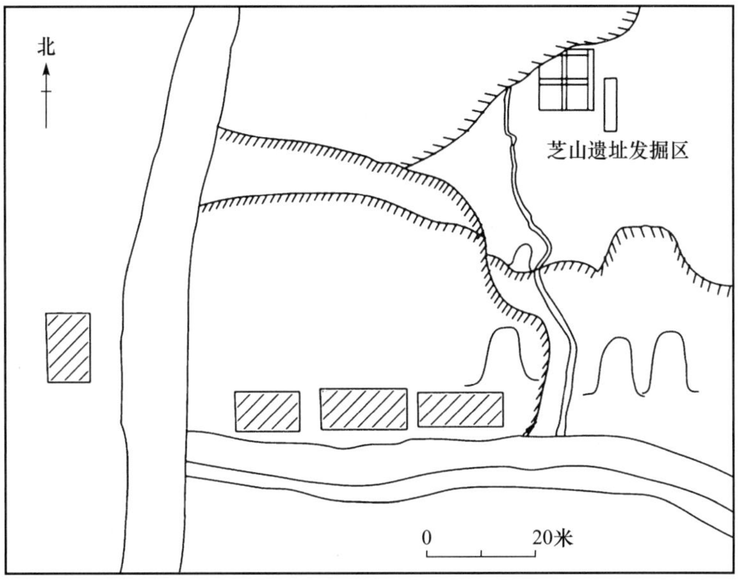


图3-688　芝山遗址探方分布图

（二）文化层堆积

该遗址发掘区域文化堆积层较为简单，以T0101东壁为例说明如下（图3-689）。第1层：表土层，层厚10～35厘米。灰褐色，砂质土，结构疏松，含水量大，包含草根、树根、石块、少量硬陶片、夹砂红陶片、原始瓷片、零星青瓷片，陶片纹饰含小方格纹、席纹、素面等。

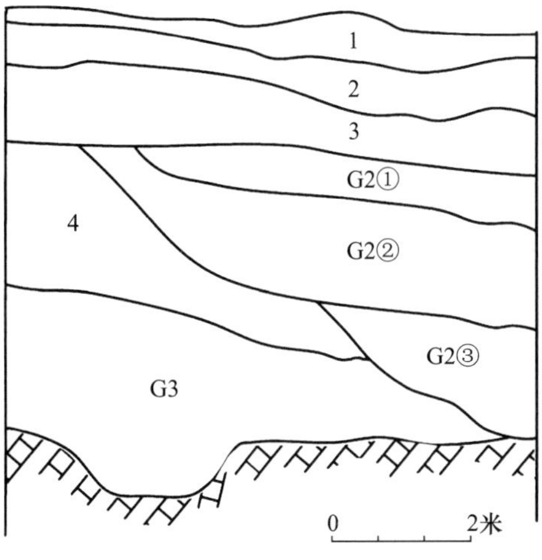


图3-689　芝山遗址T0101东壁剖面图

第2层：黄褐色砂质土层，层厚20～45、深10～35厘米。该层土质结构较松软，含水量较大，包含石块、少量硬陶片、泥质灰陶、原始瓷片，纹饰含刻划纹、小方格纹、席纹、弦纹、素面等。本层分布于整个发掘区。

第3层：灰黄色砂质黏土层，层厚25～55、深35～75厘米。结构较紧实，包含石块、原始瓷片、硬陶片、夹砂黄陶等。本层未见发掘区东南部。

第4层：黄褐色砂质土层，层厚10～100、深70～210厘米。该层含砂量明显增多，结构松散，出土原始青瓷片、硬陶片、少量夹砂黄陶片、夹砂黑陶、夹砂红陶等，纹饰包含刻划纹、小方格纹、席纹、弦纹、素面等。本层分布于整个发掘区。

第5层：浅黄褐色层，层厚15～120、深140～180厘米。砂质黏土，含砂量较大，结构较疏松，包含物有灰硬陶片、原始瓷片、夹砂红陶、夹砂黄陶、泥质黄陶等，纹饰有席纹、小方格纹、网格纹、刻划纹等。本层分布于整个发掘区。

（三）文化遗迹

**1. 柱洞**

D1　位于T0201西北部，叠压于3层下。平面呈椭圆形，长径30、短径25、深约18厘米，直壁，近平底。填土为灰黑色砂质黏土，质地坚硬，包含少量陶片（图3-690：1）。

D2　位于T0201西北部，叠压于3层下。平面呈圆形，直径30、深约10厘米，直壁，近平底。填土为灰黑色砂质黏土，质地坚硬，夹杂零星炭屑，少量陶片和小石块（图3-690：2）。

D3　位于T0201西北部，叠压于3层下。平面呈圆形，直径35、深约14厘米，直壁，近平底。填土为灰黑色砂质黏土，质地坚硬，夹杂零星炭屑，少量陶片和小石块（图3-690：3）。

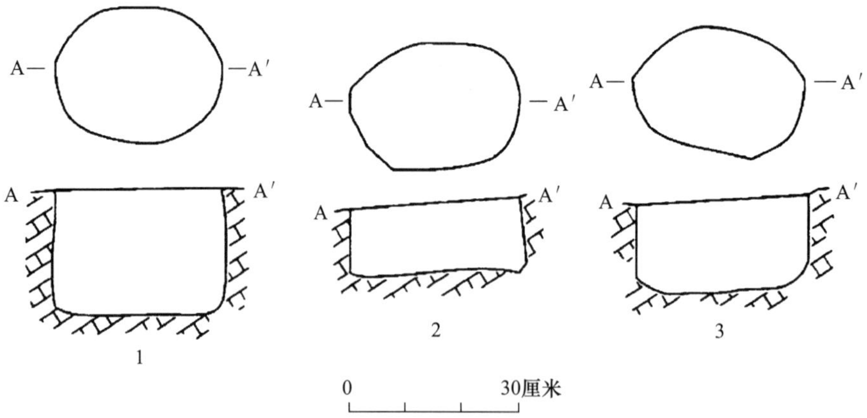


图3-690　柱洞D1、D2、D3平、剖面图

1. D1　2. D2　3. D3

**2. 灰沟**

G1　位于发掘区域的西部，开口于2层下，打破4层（至生土）。呈环形，近半在T0201、T0202东隔梁内，斜壁，近平底。沟口宽0.8～1.15、沟底宽0.3～0.4、深约0.7米。沟内填土呈灰黑色砂质黏土，结构较紧实。沟内遗物较多，出土大量陶片和原始瓷片（图3-691；图版6：3）。

G2　位于发掘区域的东南部，开口于3层下，打破4层（至生土）。跨越了T0101、T0102、T0203三个探方。呈西北至西南走向之长条状，斜壁，近平底。沟口宽3.6～6.5、沟底宽0.35～0.8、深约2.15米。沟内填土分3层：G2①层填土为黄褐色砂质黏土，质地较为疏松，包含较多的砾石，主要分布于该层底部，出土物以灰硬陶为主，夹砂红陶、夹砂黄陶次之，少量泥质黄陶和原始青瓷，且部分泥质黄陶施红衣；G2②层填土为黄色砂质黏土，质地疏松，出土物以灰硬陶为主，夹砂红陶、夹砂黄陶次之，少量泥质黄陶和原始青瓷，且部分泥质黄陶施红衣；G3③层填土为灰褐色土，含砂量渐少，质地较紧实，出土物较上层明显渐少，仍以灰硬陶为主，夹砂红陶、夹砂黄陶次之，少量泥质黄陶和原始青瓷，且部分泥质黄陶施红衣（图 3-692）。

G3　开口于 4 层下，打破生土，跨越 T0101、T0102、T0201、T0202 四个探方，总体呈西南—东北走向之长条状，斜壁，局部近直壁，近平底。沟口宽约 4.8、沟底宽约 0.65、沟深约 1.65 米。土为灰褐色土，含砂量渐少，质地较疏松（图 3-693）。

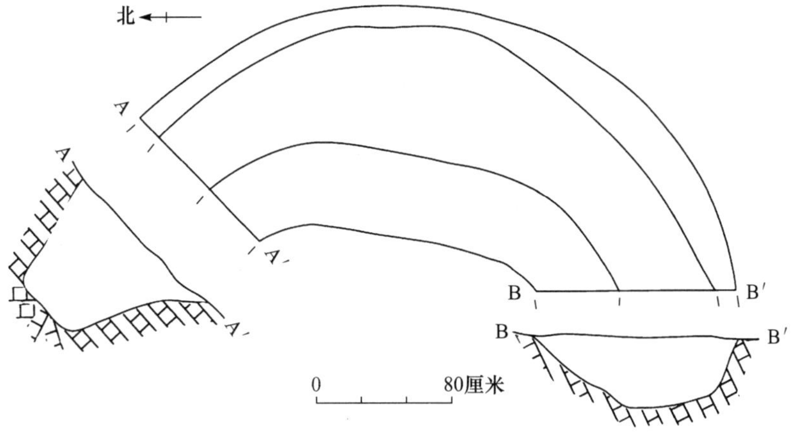


图 3-691　G1 平、剖面图

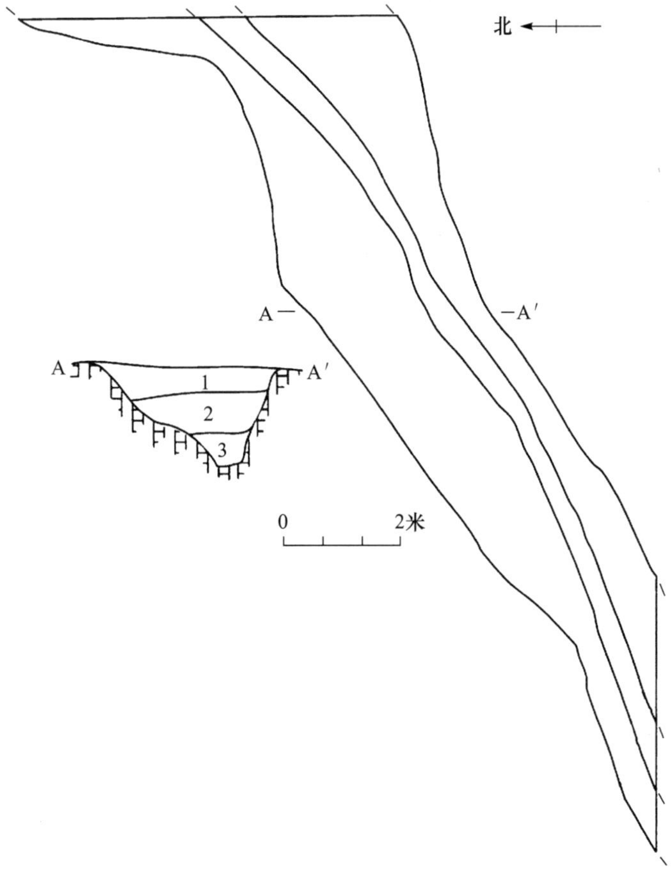


图 3-692　G2 平、剖面图

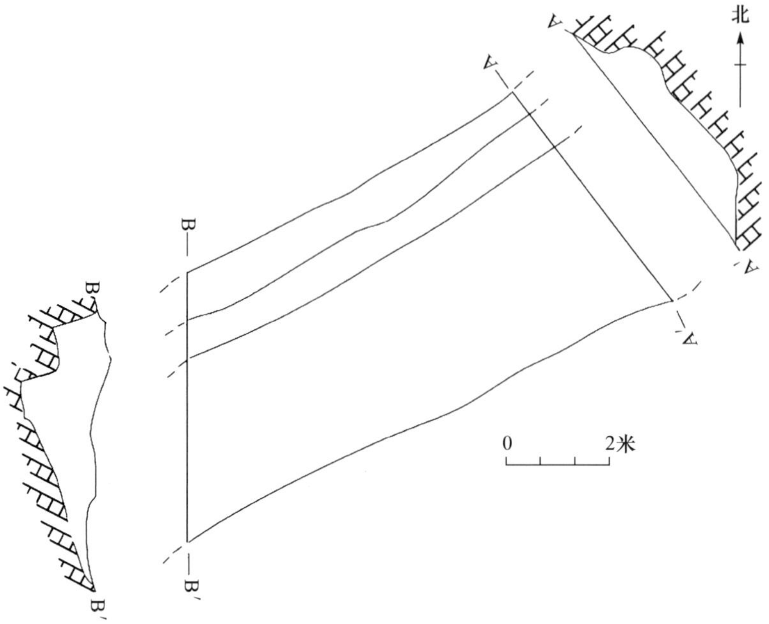


图 3-693　G3 平、剖面图

**3. 房址**

F1　位于 3 层底部，叠压于 2 层下。未发现居住面，残留的石基平面呈长方形，东西向最长约 7.6、南北向最宽约 5.5 米，西面因发掘面积所限未能全面揭露（图 3-694；图版 6：2）。

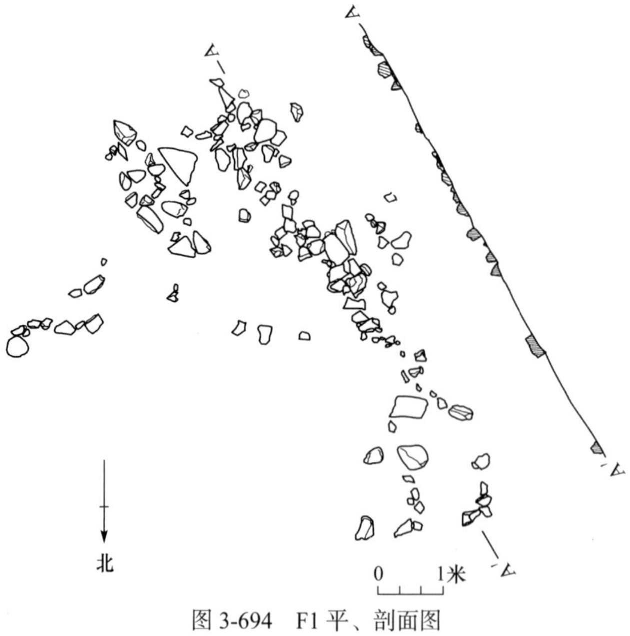


图 3-694　F1 平、剖面图

（四）文化遗物

**1. 陶器**

陶器为所获出土遗物最多者，多为残片，以生活用具为主。在烧成温度方面看，以千度以上的硬陶居多，千度以下的软陶次之。硬陶器表成色以灰色为主，赭色少量。夹砂陶以灰黄色为主，灰色次之。泥质陶以橙黄色为主，少量黄色和浅红色，部分施红衣。可辨器形有罐、钵、盂、豆、甗形器、支脚等。器底以圈足、圜底居多，少量凹底。陶器表面的装饰以拍印纹为主，尚有少量施红衣，以及堆塑、器表磨光现象。所施纹饰以绳纹、席纹、条纹为主，少量交错绳纹、回形纹、梯格纹、篮纹、云雷纹、弦纹、栅栏纹、叶脉纹、方格纹、圆圈纹、网格文、曲折纹、刻划纹等。此外，纹饰组合有条纹和网格纹组合、条纹和席纹组合、条纹和曲折纹组合、弦纹和刻划纹组合、小方格纹和圆圈纹组合、曲折纹和圆圈纹组合（图 3-695）。

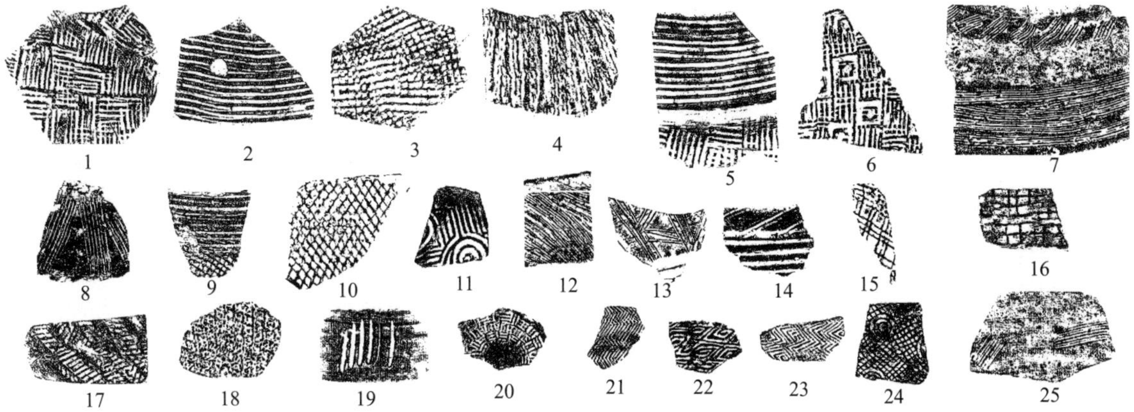

图 3-695　陶片纹饰拓片

1、20. 席纹　2. 条纹　3. 交错绳纹　4. 绳纹　5. 条纹和席纹组合　6. 回形纹　7、8、12、13、19、25. 刻划纹　9. 条纹和网格纹组合　10、15. 网格纹　11. 圆圈纹　14. 条纹和刻划纹组合　16. 梯格纹　17. 叶脉纹　18、22. 云雷纹　21、23. 曲折纹　24. 圆圈纹和方格纹组合

罐　15 件。多为口沿及腹部残片，根据口沿及腹部的不同，分为五型。

A 型　卷沿、短颈。T5 ④：14，口沿及肩部残片，灰硬陶，尖唇，卷沿，口沿内部施数道细弦纹，折肩，折处起一道突棱，肩部上部施数道细弦纹，腹部施网格纹，肩部仅残留一耳。口径 28、残高 8.5 厘米（图 3-696：8）。

B 型　侈口、束颈。G2：14，口沿及腹部残片，赭色，硬陶，圆唇，侈口，束颈，鼓腹，宽带状双耳（缺一耳）对称饰于口沿与上腹部，上腹部施数道弦纹，下腹部饰网格纹。口径 9、残高 12.8 厘米（图 3-696：7；图版 7：3）。T1 ③：2，方唇，侈口，束颈，垂腹，上腹部贴附管形耳，下腹部残缺。口径 16.2 厘米，残高 11.1 厘米。G3：8，口沿及肩部残片，方唇，侈口，束颈，溜肩。口径 20、残高 5.8 厘米。T1 ③：5，灰褐色硬陶，敛口，外折平沿，鼓腹，上腹对称饰一对弧形耳，器腹外饰小方格纹，下腹残缺。口径 16.4、残高 11 厘米（图版 7：1）。G2：8，泥质黄陶，侈口，尖唇，鼓腹，口腹间对称饰一对弧形耳，腹外饰方格纹，下腹残缺。口径 25、残高 11.7 厘米（图版 7：2）。G2：9，泥质橙黄陶，胎质较硬，侈口，圆唇外凸，束颈，鼓腹，平底，器身通体拍印方格纹。口径 15.7、底径 8.3、高 14.3 厘米（图版 8：3）。

C 型　敞口、高领。T5④：13，夹砂黄陶，圆唇，敞口，高领，溜肩，肩部饰网格纹。口径 24、残高 15.3 厘米（图 3-696：3）。T4④：7，口沿及腹部残片，夹砂橙黄陶，尖唇，口沿微敞，高直领，素面，表层施红衣，脱落严重。口径 21、残高 10.4 厘米。G2：7，夹砂黄陶，高领，口沿微敞，折腹呈斜平肩，器表及领内壁施红衣，下腹部残缺。口径 16、残高 13.7 厘米（图版 7：6）。

D 型　小直口。T5②：2，口沿及腹部残片，灰硬陶，方唇，小直口，折肩，折处起一道突棱，肩部素面，腹部饰席纹，肩上有一流，已残。口径 23、残高 10.5 厘米（图 3-696：9）。

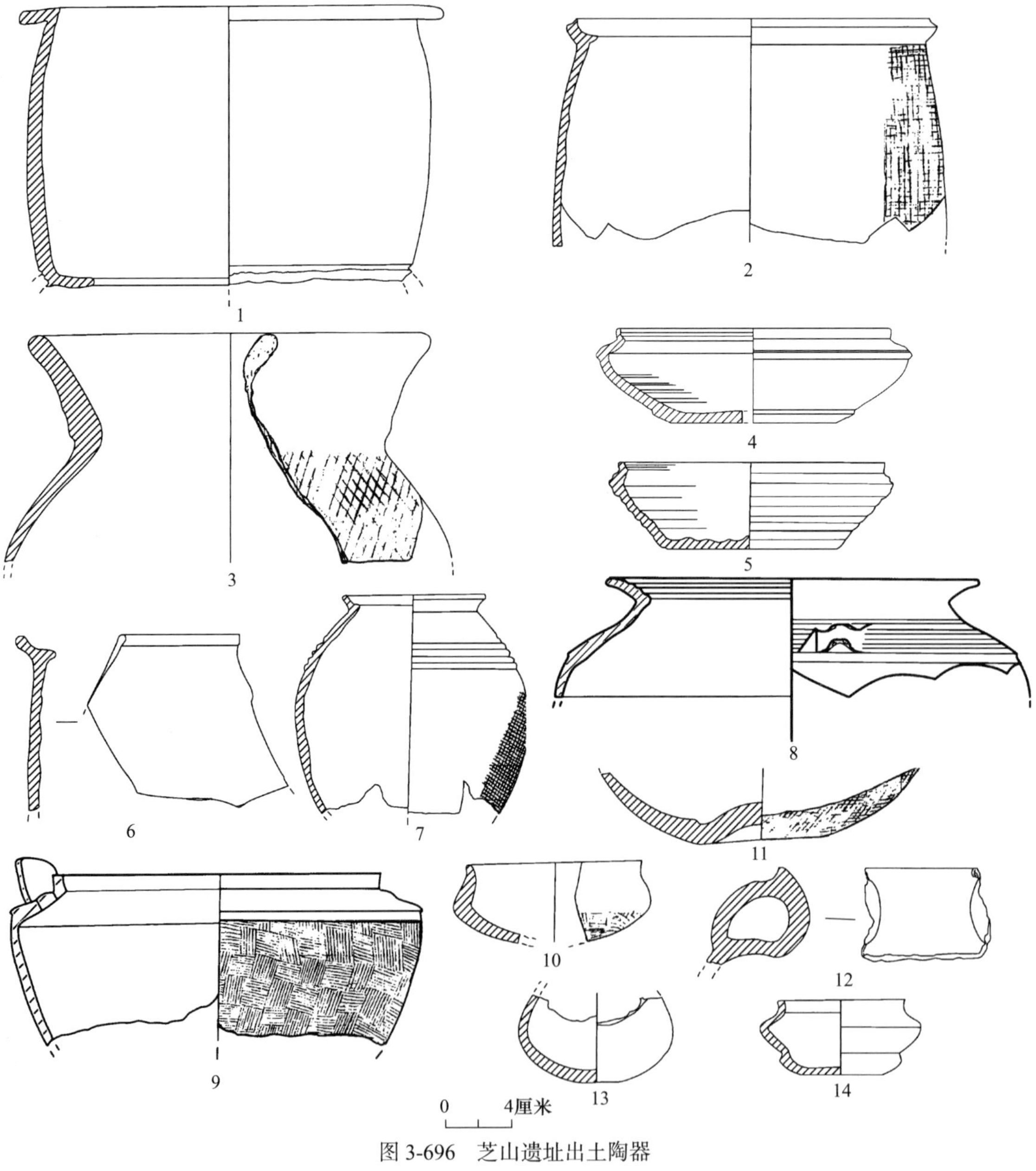


图 3-696　芝山遗址出土陶器

1. 甗形器（G2：10）　2、6. E 型罐（G1：2、T5⑤：11）　3. C 型罐（T5④：13）　4、5. B 型钵（G2：3、T2④：1）　7. B 型罐（G2：14）　8. A 型罐（T5④：14）　9. D 型罐（T5②：2）　10. A 型钵（T1④：6）　11、13. 器底（T5③：13、G2：3）　12. 器耳（G3：7）　14. 盂（G3：2）

E型　折口。T5⑤：11，口沿及腹部残片，灰褐色，硬陶，圆唇，折口，垂腹，腹部饰小方格纹。残高10厘米（图3-696：6）。T1④：8，口沿及腹部残片，赭色，硬陶，圆唇，折口，垂腹，肩部施数道弦纹，近腹部施一道突棱，上腹部饰一圈斜线纹。下腹部施数道细弦纹，口径20、残高12.5厘米。G1：2，口沿及腹部残片，泥质橙黄陶，方唇，唇面施数道细弦纹，外折沿近平，直垂腹，腹施小方格纹。口径22、残高13.1厘米（图3-696：2）。T4③：3，夹砂灰陶，侈口，圆唇，鼓腹，上腹饰凸棱一道，下腹饰方格纹。口径21.2、残高17.7厘米（图版7：4）。

钵　7件。数量较少，型制较为单一，根据口沿不同，可分为二型。

A型　直口，折肩，斜腹。T1④：6，口沿及腹部残片，灰硬陶，圆唇，小直口，溜肩，折弧腹，肩部素面，腹部施席纹。口径10、残高4.6厘米（图3-696：10）。

B型　侈口，折肩，斜腹。T4③：2，泥质黄陶，圆唇，侈口，折肩，斜腹，平底，唇面施两道凹弦纹，腹部施数道弦纹。口径14、底径8、通高6.2厘米。T2④：1，泥质黄陶，圆唇，侈口，折肩，斜弧腹，平底，唇面施两道凹弦纹，肩部及腹部施数道弦纹。口径15.5、底径10、通高5.4厘米（图3-696：5；图版8：2）。G2：3，泥质橙黄陶，圆唇，侈口，折肩，斜弧腹，平底，唇面施一道凹弦纹，肩部施数道弦纹。口径16.4、底径10、通高5厘米（图3-696：4；图版8：1）。

支脚　3件。均已残。T4⑤：3，底残，粗砂黄陶，实心正圆柱体，人工手捏痕迹明显。顶径4.8～5.5、残高9.6厘米（图3-697：1）。G3：5，底残，粗砂红陶，实心倾斜四方柱体。顶边长3.5～4.2、残高9.7厘米（图3-697：2）。G1：7，顶部残，粗砂红陶，实心倾斜四方柱体。底径9.6、残高13.4厘米（图3-697：3；图版8：5）。

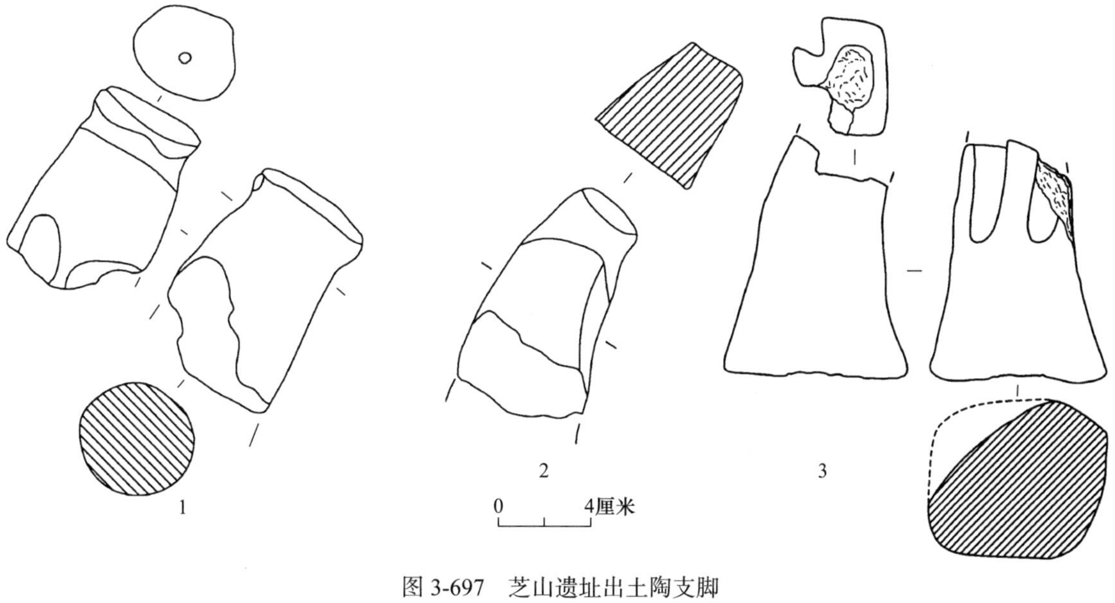


图3-697　芝山遗址出土陶支脚

1. T4⑤：3　2. G3：5　3. G1：7

器底　5件。多为凹底和圜底。T5③：13，底部及下腹部残片，凹底，下腹部施网格纹。底径6.5、残高3.8厘米（图3-696：11）。G2：13，泥质橙黄陶，通体施红衣，素面，圜底。残高4.5厘米。G2：5，泥质黄陶，素面，圜底。残高5.2厘米（图3-696：13）。

器耳　1件。G3：7，单耳残片，夹砂橙黄陶。宽6.6、高5.6厘米（图3-696：12）。

盂　1件。G3：2，泥质灰褐陶，圆唇，直口，折肩，斜腹，平底，通体素面。口径7、底径4.9、通高4.9厘米（图3-696：14；图版8：4）。

甗形器　2件。G2：10，口沿残片，灰硬陶，直口微敛，平折沿，沿面略向下倾斜，外表饰席纹，内壁用泥条黏附一周篦承。口径25、残高16.2厘米（图3-696：1；图版7：5）。

网坠　1件。G2：4，夹细砂橙黄陶，呈圆柱形，一端已残损。残长4.3、直径1.2厘米（图版8：6）。

**2. 原始瓷**

除陶器外，原始瓷亦是本遗址的重要包含物，每层堆积均有出土，数量较多，但器形种类较少，主要为豆，还有少量罐、尊、簋等。器物胎多呈灰色或灰白色，含较多细砂，胎中还有少量小孔。釉多呈青灰色，部分略偏褐或泛黄。釉层较薄，大部分内外均施釉，部分外施釉至足外壁，足内无釉。胎釉结合较紧密，除少量因为火候原因，釉脱落严重外，大部分釉保存较好。所施纹饰较为单一，以曲折纹和刻划纹为主，少量云雷纹和交错绳纹，部分豆盘施刻划纹和弦纹组合（图版10：5）。

豆　数量最多，器形大小不一，多为残片，故按口沿及腹部残片整体形态可分三型。

A型　48件。上腹部斜直，下腹部折收，依上腹部形态可分二式。

Ⅰ式：23件。上腹部略外斜，下腹部折收。T1③：11，口沿及腹部残片，方唇，口沿外侈，上腹部略外斜，下腹部折内收，上腹部外侧施数道弦纹，灰胎，青绿釉，内外均施釉，釉色均匀。口径16、残高4厘米（图3-698：6）。T4⑤：2，口沿及腹部残片，圆唇，口沿外侈，上腹部略外斜，下腹部折收，上腹部施数道弦纹，灰胎，青绿釉，内外部均施釉，釉色均匀。口径17、残高4.6厘米（图3-698：5）。T1③：1，方唇敞口，折肩，斜腹弧收圜底，圈足足根外侈口，通体素面，已通体脱釉露胎。口径7.9、足径5.5、通高5厘米（图3-698：2；图版9：6）。T2④：7，方唇敞口，折肩，腹弧收平底，圈足足根外侈口，唇面施凹弦纹两道，肩部及口部饰七道细凹弦纹，盘内饰三组刻划六道细凹弦纹与戳印纹组合，外腹底部贴附泥条加厚并饰五道凹弦纹，盘口四面各附贴两条泥条做耳，足部施两道凹弦纹。盘内施黄釉，外部通体几乎全部脱釉露胎。口径20、足径9.2、通高7.7厘米（图3-698：4；图版9：4）。T1⑤：1，圆唇敞口，折肩，深斜腹弧收圜底，圈足足根外侈口，盘内饰数道凹弦纹，肩部饰数道细凹弦纹，腹部素面，盘口四面各附贴泥条做卷云状耳，除圈足内底露胎外，余通施青釉。口径12.5、足径8.4、通高9.4厘米（图3-698：3；图版9：3）。G2：1，方唇敞口，折肩，斜腹弧收平底，圈足足根外侈口，通体脱釉严重。口径14、足径7.8、通高6.2厘米（图3-698：1；图版9：2）。

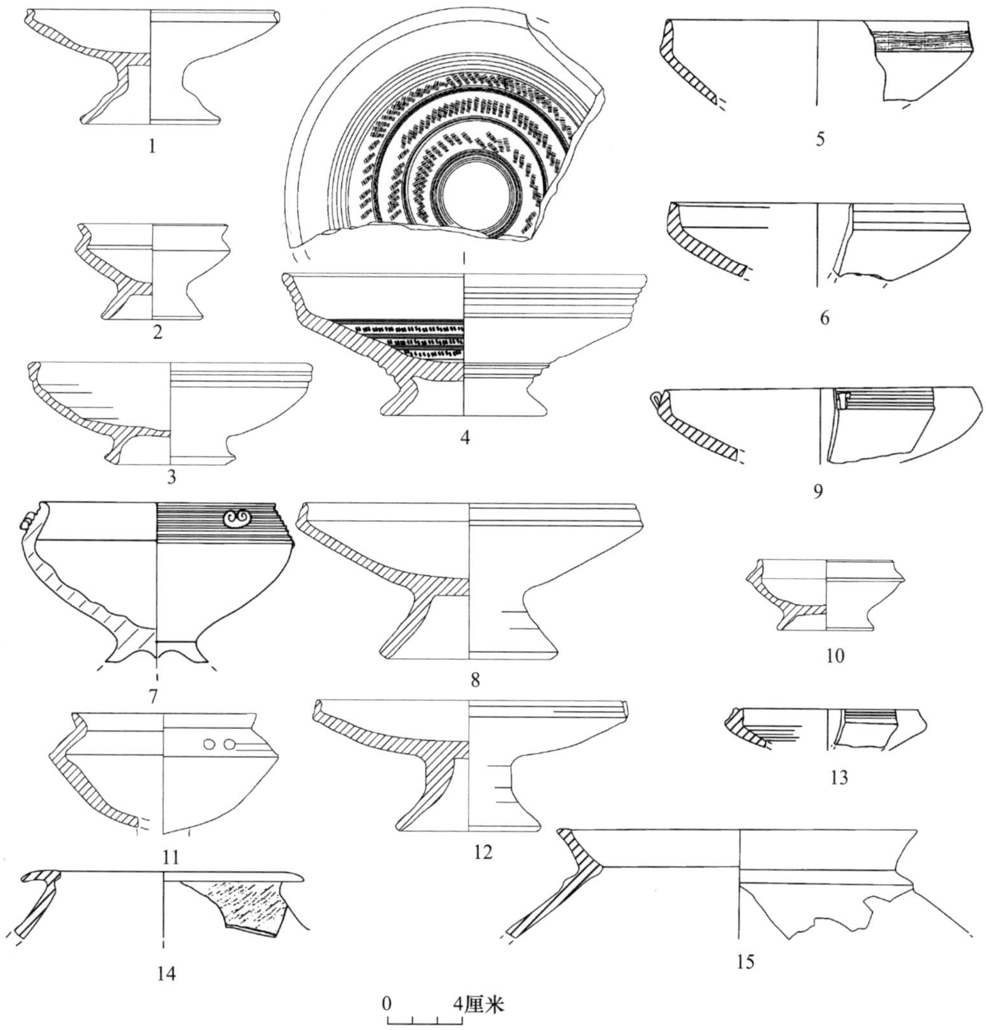


图 3-698　芝山遗址出土原始瓷器

1～6、10. AⅠ式豆（G2：1、T1③：1、T1⑤：1、T2④：7、T4⑤：2、T1③：11、G2：11）
7、11. 簋（T4⑤：1、T4④：1）8、9. B型豆（G2：2、G3：1）
12. C型豆（T4③：1）13. AⅡ式豆（T1⑤：2）14. B型罐（T1⑤：9）15. A型罐（G3：8）

G2：11，泥质灰陶，尖唇直口，折肩，斜腹弧收平底，圈足足根外侈口，通体脱釉严重，仅圈足局部尚残存少许。口径 7.4、足径 5.2、通高 3.8 厘米（图 3-698：10；图版 10：4）。

Ⅱ式：25 件。上直腹，下腹部折收。T1⑤：2，口沿及腹部残片，尖唇，上腹直，下腹折收，上腹部施数道弦纹，灰胎，青绿釉，内外部均施釉，口径 10、残高 2.6 厘米（图 3-698：13）。

B 型　7 件。上腹内敛，下腹部折收弧腹。G3：1，口沿及腹部残片，尖唇，直口，弧腹，灰胎，青绿釉，内外部均施釉，釉色均匀，直口外部施数道细弦纹，贴附一泥耳。口径 17、残高 4.1 厘米（图 3-698：9）。G2：2，尖唇敛口，折肩，斜腹弧收平底，圈足足根外侈口，通体素面，已局部脱釉露胎，余通施青釉。口径 18、足径 9.5、通高 8.9 厘米（图 3-698：8；图版 10：2）。T1④：3，方唇敛口，斜腹弧收平底，圈足足根外侈口，近口部施两道凹弦纹，局部脱釉露胎，余通施青绿釉。口径7.9、足径7.2、通高5厘米（图版10：3）。

C型　10件。弧腹。G1∶4，口沿及腹部残片，方唇，直口，直口外施数道弦纹，弧腹，灰胎，青绿釉，施釉均匀，内外部均施釉。口径16、残高33厘米。T4③∶1，尖唇直口，斜腹弧收圜底，圈足足根外侈口，口部外沿施一道细弦纹，贴附泥条状耳，局部脱釉露胎，余通施青釉。口径17、足径7.7、通高8.4厘米（图3-698：12；图版10：1）。T1④∶1，侈口，尖唇，颈部略内凹，颈肩部有凸棱一道，斜弧腹，内心略凹，喇叭形小圈足。青绿釉，胎釉结合紧密，圈足内部未施釉。近口沿处有三组饼状贴塑。圈足外饰凹弦纹两周。口径17.8、足径8.9、高8.4厘米（图版9：1）。

罐的数量较少，多为口沿或腹部、圈足残片。

A型　5件。G3∶8，口沿及肩部残片，方唇，敞口，束颈，溜肩，灰胎，青绿釉。内外部均施釉。口径20、残高5.8厘米（图3-698：15；图版11：6）。T5②∶1，小侈口，鼓腹，上腹对称饰一对耳型贴塑，腹外壁施弦纹和篦划纹。口径7，残高2.3厘米（图版11：1）。T4③∶1，小侈口，束颈，折腹，颈腹间对称饰一对耳形贴塑，通体施青釉。口径8，残高3.8厘米（图版11：2）。T3③∶1，灰白胎，小盘口，束颈，鼓腹，腹外壁饰曲折纹，通体施青绿釉。口径20，残高4厘米（图版11：4）。

B型　1件。T1⑤∶9，口沿及肩部残片，圆唇，口沿外折，溜肩，肩部施斜线刻划纹，灰胎，青绿釉。口径15、残高3.6厘米（图3-698：14；图版11：3）。

簋　2件。T4⑤∶1，小侈口，微折腹，矮圈足，上腹部饰细弦纹，并有三个卷云状贴塑，除足底外，通体施青釉。口径12.4、残高8.4厘米（图3-698：7；图版9：5）。T4④∶1，尖唇敞口，折肩，斜腹弧收，腹底及圈足部分残缺，肩部贴附两个乳突状泥塑，内外均施青釉。口径7.9、残高6.6厘米（图3-698：11，图版11：5）。

### 3. 石器

以磨制石器为主。石料多为凝灰岩，少量砂岩。颜色以灰黑色居多。器形有石锛、石凿、凹石、石锤、石砧、石范等。

石锛　7件，为石器中数量最多者。平面形态多为长方形、梯形等。根据横截面形态异同，可分为二型。

A型　横截面呈扁四边形，灰色，泥质砂岩，形制规整，平面略成长方形或梯形，单面刃。G2∶1，凝灰岩，灰色，平面略呈梯形，横截面呈扁四边形，背面平直，刃部残缺，磨制精细。残长5、宽2.7、厚1.2厘米（图3-699：7；图版6：4）。G2∶4，凝灰岩，灰色，平面呈长方形，横截面呈扁四边形，背面微外弧，单面刃，顶部稍有崩损。长5.7、宽2.9、厚1.1厘米（图3-699：8）。

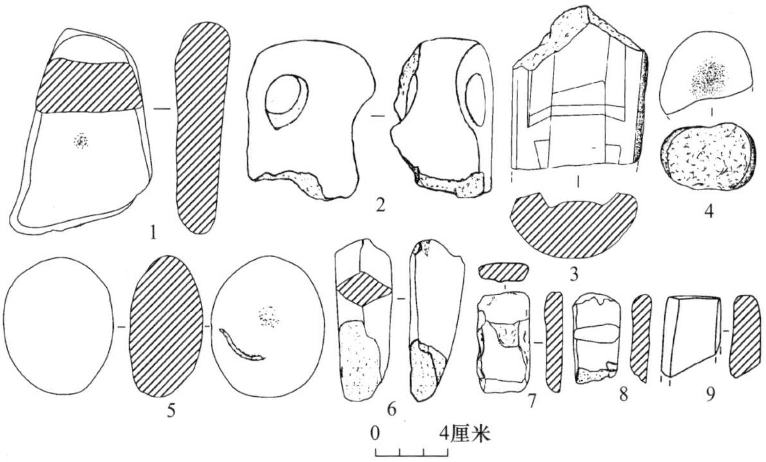


图 3-699　芝山遗址出土石器及建筑构件

1. 石砧（T5③：14） 2. 木骨泥墙残块（T1③：20） 3. 石范残段（G1：8） 4. 凹石（T2④：3） 5. 石锤（T4④：1） 6. 石凿（T2④：4） 7、8. A 型石锛（G2：1、G2：4） 9. B 型石锛（G2：2）

B 型　横截面呈梯形，平面略呈梯形，刃部磨制较精细，单面刃。G2：2，泥质岩，浅灰色，平面呈梯形，横截面呈梯形，背面微外弧，刃部残缺，磨制精细。残长 4.4、宽 3.3、厚 1.6 厘米（图 3-699：9）。

石凿　1 件。T2④：4，凝灰岩，灰黑色，呈长条形，横截面呈菱形，磨制规整，顶部残缺，刃部残损。残长 9.3 厘米，宽、厚 1.9～2.6 厘米（图 3-699：6）。

凹石　1 件。T2④：3，灰黄色，花岗岩，呈扁椭圆形鹅卵石，残存一半，中部有人为凿敲的凹坑。坑径 2 厘米，整体残长 8.9、厚 5.5 厘米（图 3-699：4）。

石锤　1 件。T4④：1，灰黄色，花岗岩，呈扁椭圆形鹅卵石，两面中部有人为凿敲的痕迹。长径 7.6、短径 6.6、厚 4.2 厘米（图 3-699：5）。

石砧　1 件。T5③：14，砂岩，黄色，略呈三角形，一面中部有一经锤砸形成的凹坑。坑径 1.3 厘米，通体长 15.5、宽 10.7、厚 2.7～4.3 厘米（图 3-699：1）。

石范残段　1 件。G1：8，细砂岩，半圆柱体。直径 6.9、残高 8.3 厘米（图 3-699：3；图版 6：5）。

**4. 建筑构件**

木骨泥墙残块　1 件。T1③：20，泥质橙黄陶，呈方形，边角有一圆形穿孔。孔径 2.3 厘米，一侧有木骨痕迹。长 8.3、宽 7.4、高 4.2 厘米（图 3-699：2）。

（五）结语

（1）从出土遗物来看，芝山遗址是一处以几何印纹陶为主的古文化遗址。除第 1、2 层为扰乱层外，3～5 层为同一时期，均以灰硬陶为主，泥质黄陶次之，原始瓷共存于每一层文化堆积中，数量较多，器形较丰富。这批遗物具有如下特征：其一，陶质大多为火候较高的泥质灰硬陶；其二，陶器造型多具折肩、起棱、圜底内凹以及附带宽带状双鋬；其三，器物纹饰方面具有共性，肩部拍印弦纹或凸棱纹，腹部拍印方格纹或网格纹等。

该遗址中器形以陶罐和陶豆为主，其中陶罐 T5④：13 与闽侯昙石山遗址第八次发掘出土的四期陶罐 G101③：6 形态相近，均为敞口、折沿，沿面较为宽大，年代约为黄土仑时期。陶罐 G2：8 与福州市新店罗汉山遗址出土的 BⅡ型陶罐 T1304①：1 形制相近，均为圆腹，侈口，束颈，宽带状双耳接于口沿和上腹部之间，年代约为黄土仑时期（商代中晚期至西周早期）①。据此，印纹硬陶可大致划归黄土仑时期，年代大约为商代中晚期到西周早期。

该遗址的一个突出特点就是原始青瓷器的数量较大，以豆为主，罐、钵次之。纹饰较为单一，以曲折纹、刻划纹等为主。其中，豆 T4⑤：1 与闽侯昙石山遗址上层出土的Ⅱ式豆②形制相近，均为口沿外侈，上腹部略外斜，下腹部折收，年代约为春秋时期；豆 T4④：1 与建瓯九朗科遗址出土的Ⅵ式豆形制相近③，均为敞口，折肩，斜腹弧收，年代约为春秋时期；豆 T2③：1 与昙石山遗址第八次发掘出土的 H139：3 形制相近，均为敞口盘状，矮喇叭状圈足，时代为黄土仑文化晚期阶段；豆 T4③：1 与光泽杨山遗址出土的原始瓷豆采：3 形制类同，均为直口，斜腹弧收圜底，年代约为西周早期。

在遗址第 5 层采集的炭样分别送到北京大学和美国贝塔实验室进行 $^{14}C$ 测年，结果均显示其年代距今约 2900 年，属西周早中期。由此也印证了该遗址出土的典型器与同时期其他遗址对比的准确性。故可将该遗址年代推断为上限不早于西周早期，下限不晚于春秋时期。

（2）芝山遗址的发掘为我们进一步认识闽江下游地区商周至春秋时期文化面貌提供了新的实物资料。商周时期南方地区印纹硬陶和原始瓷盛行，芝山遗址原始青瓷兼受两者影响，但也保留了自身特点。该批原始瓷的发现为研究本区域商周时期原始青瓷的源流提供了重要的资料，对探索福建的先秦历史具有十分重要的意义。

## 五、大坪顶遗址

### （一）遗址概况

大坪顶遗址位于福建省闽侯县洋里乡洋里村东南约 200 米，海拔 385 米，相对高度 30 米，地理坐标为北纬 26° 21′ 22.33″，东经 118°57′ 21″，系安仁溪上游的一个小型河谷地带，总面积约 1.5 万平方米。安仁溪是闽江下游流域的重要支流之一，发源于闽侯县洋里乡雪峰山西侧，全长 39 千米。在洋里乡境内河段称作洋里溪，进入闽清县东桥镇境内至南坑村河段称作平洋溪，出南坑村后与发源于闽侯

① 福州市文物考古工作队：《福州市新店罗汉山商周遗址 2008 年度考古发掘简报》，《福建文博》2014 年 4 期。
② 林忠干：《福建出土原始青瓷的初步研究》，《东南文化》1989 年 10 期。
③ 福建省文管会：《闽北建瓯建阳新石器时代遗址调查》，《考古》1961 年 4 期。

下祝乡的新桥溪汇合后至安仁溪口的河段被称作安仁溪。安仁溪流域总落差达1080米，除东桥、洋里两个河谷盆地地势较为平坦开阔外，大部分河段山势陡峭，水流湍急。洋里溪河谷平均海拔在350米以上，沿溪两岸分布着若干相对高度30米左右的或独立，或相连的山岗。大坪顶遗址就坐落在盆地中心，系大山向西北延伸出的一道山冈，平面近似“甲”字形。洋里溪原本紧沿山脚自东向西蜿蜒流过。20世纪60年代当地兴办农田水利建设，将河道北推，改造南岸部分的河漫滩为水稻田，故形成现今的走势（图3-700；图版12：1）。

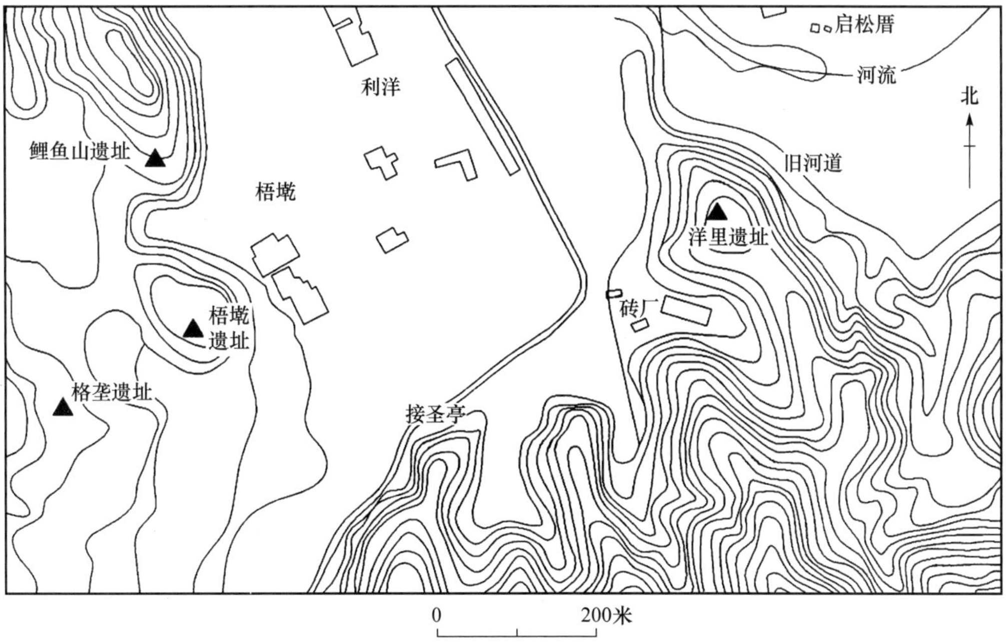

图3-700　大坪顶遗址地理位置图

2016年3月该遗址首次被发现。当时遗址的山顶部分因村民兴建厂房已被严重破坏，仅在其北部残留2条断坎。从取土形成的剖面上看，其文化层堆积较厚，且有完整的陶器、石器等遗物暴露。因厂房后续施工在即，在报经省文物局批准后，我们随即对上述残留部分进行抢救性清理，共布3米×3米的探沟两条（图3-701），发现10个灰坑、2座墓葬；出土陶器、石器40余件。现将清理情况简报如下。

（二）地层堆积

遗址所处的山顶部分总体地势平坦，因发掘区处于边缘地带，故地势略呈东高西低，现以T2西壁剖面为例进行介绍（图3-702）。

第1层：耕土层，灰黑色土。厚12～62厘米。包含物较少，除较多植物根系外，还有零星的印纹陶、黑衣陶片以及黑釉和青釉瓷片等。该层下的遗迹为H6、H10。

第2层：灰褐色土，砂性，土质较致密。深约62、厚0～44厘米。出土遗物除泥质黑衣陶片、彩

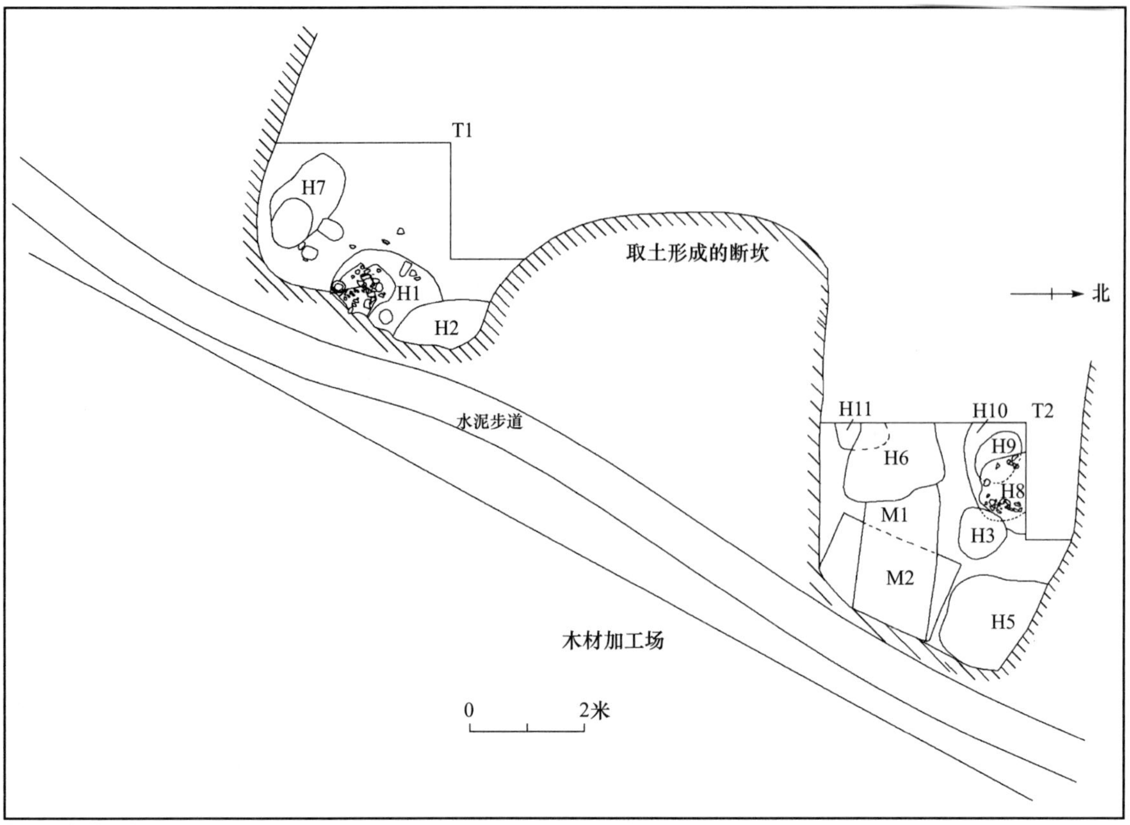


图 3-701　探方分布图

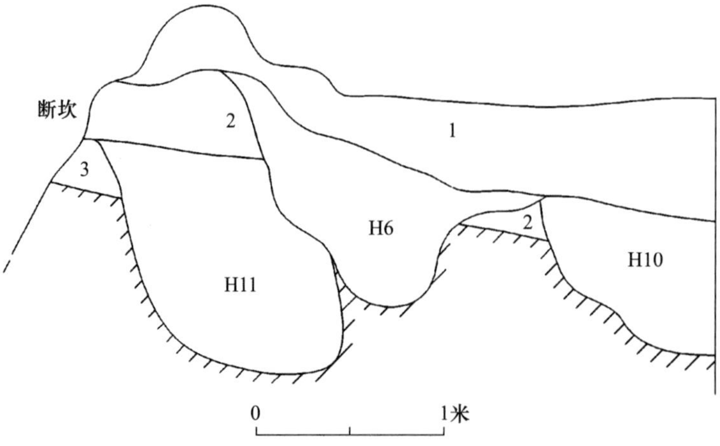


图 3-702　T2 西壁剖面图

陶、灰硬陶片及石片外，还有少量器形较完整的陶器和石器，如釜、支脚、纺轮、石锛、砺石等。该层下的遗迹为 H11。

第 3 层：黄褐色土，土质细腻。深约 76、厚 28～30 厘米。仅见有少量烧土颗粒，该层下的遗迹为 M1 和 M2。

结合地层叠压关系，各层出土的遗迹、遗物特征及 $^{14}$C 测年数据可将大坪顶遗址的遗存划分为三期：其中 M2 为最早的第一期遗存，M1 为第二期遗存，2 层为第三期遗存。

## （三）各期文化遗存

### 1. 第一期文化遗存

该期文化遗迹仅见于T2东南，是一座编号为M2的墓葬。M2为竖穴土坑墓，平面呈长方形，墓边较直，东南及西北部分被M1打破，东南角则被现代取土破坏。墓口长2.3、宽1.5、深度约为0.25米。墓壁斜直，平底。填土为坚硬的灰褐色黏土。墓圹内不见人骨骸残留，方向14°，葬式不明（图3-703；图版12：5）。墓葬开口于3层下，打破生土，西部和东部被M1叠压。随葬器物可分为陶器和石器，陶器被打碎后置于底部，并以层状分布。可辨器形主要为釜、罐。此外还夹杂有若干破碎的砾石块。

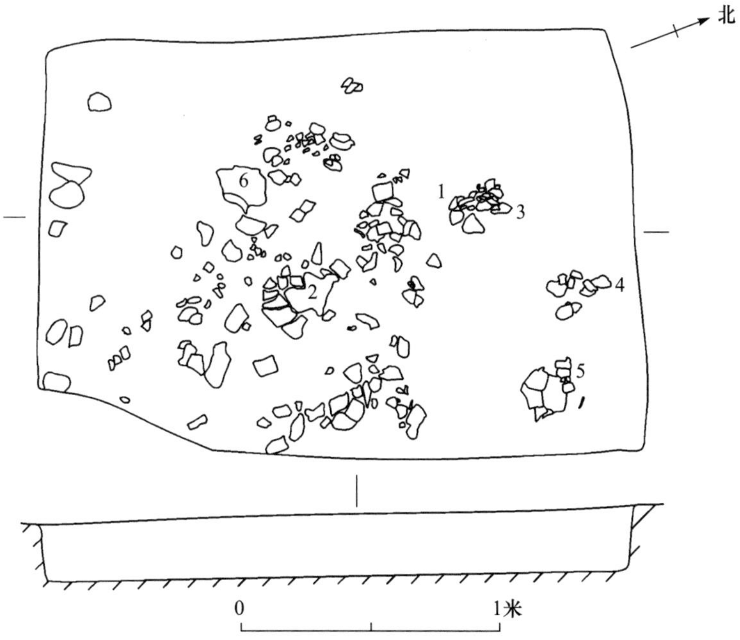


图3-703　M2平、剖面图
1. 石锛（M2：1）　2. 石饼（M2：2）　3～6. 陶片堆

M2出土的陶器均为破碎残片，无可复原者，可辨器形以釜、罐为主。陶器质地分为夹砂陶和夹炭陶两类，不见泥质陶。陶胎多呈黑色或土黄色，质地疏松，有层理结构，显示其采用泥片贴塑法制作且烧成火候较低，部分夹炭陶陶胎中夹杂有稻谷颖壳（图版14：3、5）。部分陶片上可辨有施红衣的现象，绝大部分为素面，偶见绳纹和刻划条纹。出土石器有石锛和石饼各1件。

石锛　1件。M2：1，青绿色细砂岩。平面呈长方形，通体磨制精细，顶端有两处打磨后留下的对称凹痕。长4、宽2.8、厚0.8厘米（图3-705：5；图版14：2）。

石饼　1件。M2：2，灰黄色细砂岩。平面近似圆形，横截面呈算珠形，外缘有明显的琢磨痕迹。直径4、厚2.2厘米（图版14：4）。

**2. 第二期文化遗存**

该期文化遗迹亦仅见于T2，是一座编号为M1的墓葬。M1为竖穴土坑墓，平面近长方形，墓边斜直，墓葬开口于2层下，打破3层，西北局部打破生土，东部叠压M1。东侧墓边被现代取土破坏，西侧墓边则被H6打破，墓口残长2.7、宽1.8、深度约为0.3米。墓壁斜直，平底。填土为坚硬的黄褐色黏土。墓圹内不见人骨骸残留，方向108°，葬式不明。随葬器物可分为陶器和石器两类，均位于墓圹北半侧，共20件，另有砾石3件（图3-704；图版12：4）。

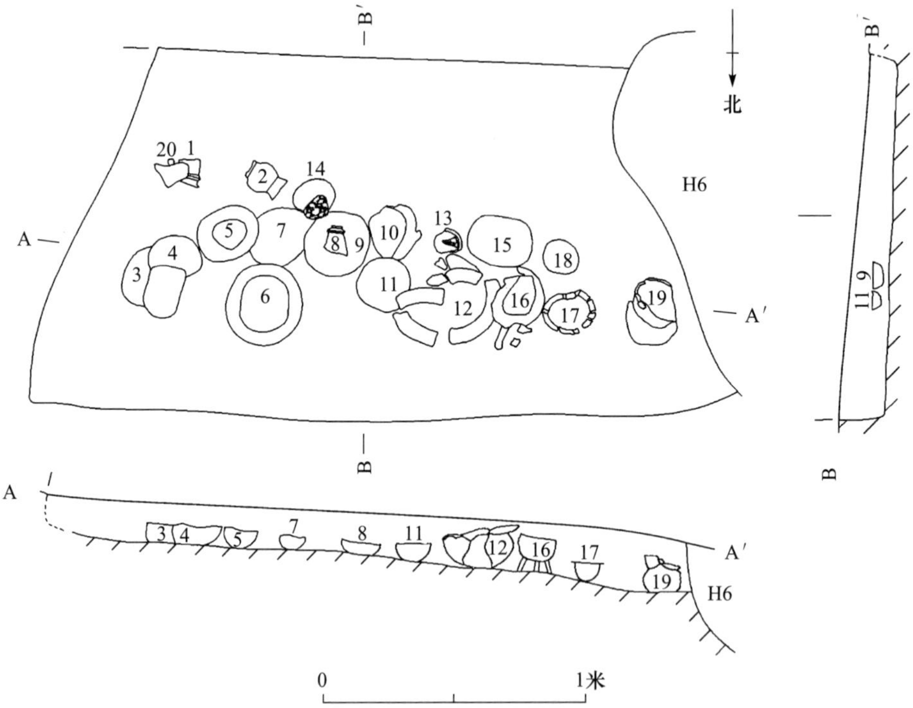


图3-704　M1平、剖面图

1、2、8、14、19. 陶壶　3、5、7、9、11. 陶盘　4. 陶罐　6、10、12、13、17. 陶釜　15. 陶豆　16. 陶鼎　18. 陶碗　20. 石锛

M1出土遗物共计20件，以陶器为主，可分为泥质陶及夹砂陶两大类。器类有釜、壶、罐、盘、鼎等，大部分保存状况不佳，其中有13件可修复。石器仅1件石锛。

陶釜　5件。M1：6，夹砂灰黄陶。制作不规整，宽沿斜折，侈口，束颈，浅腹，圜底。口径22、腹径19.2、高8厘米。M1：10，夹砂灰黄陶。宽沿，侈口，束颈，折腹，圜底。M1：12，夹砂灰黄陶。宽沿，侈口，束颈，深弧腹，圜底。外壁腹部饰绳纹，内口沿饰有弦纹。口径27、腹径24、高14.6厘米（图3-705：9；图版16：3）。外壁腹部饰绳纹，内口沿饰有弦纹。口径21.4、腹径17、高6.5厘米（图3-705，7；图版16：4）。M1：13，夹砂灰黄陶。窄沿，侈口，束颈，折腹，圜底。外壁腹部饰绳纹，内口沿饰有弦纹。口径15.2、腹径16、高7.2厘米（图版16：5）。M1：17，夹砂灰黄陶。宽沿，侈口，束颈，折腹，圜底。外壁腹部饰绳纹，内口沿饰有弦纹。口径17.6、腹径16.2、高5.6厘米（图版16：6）。

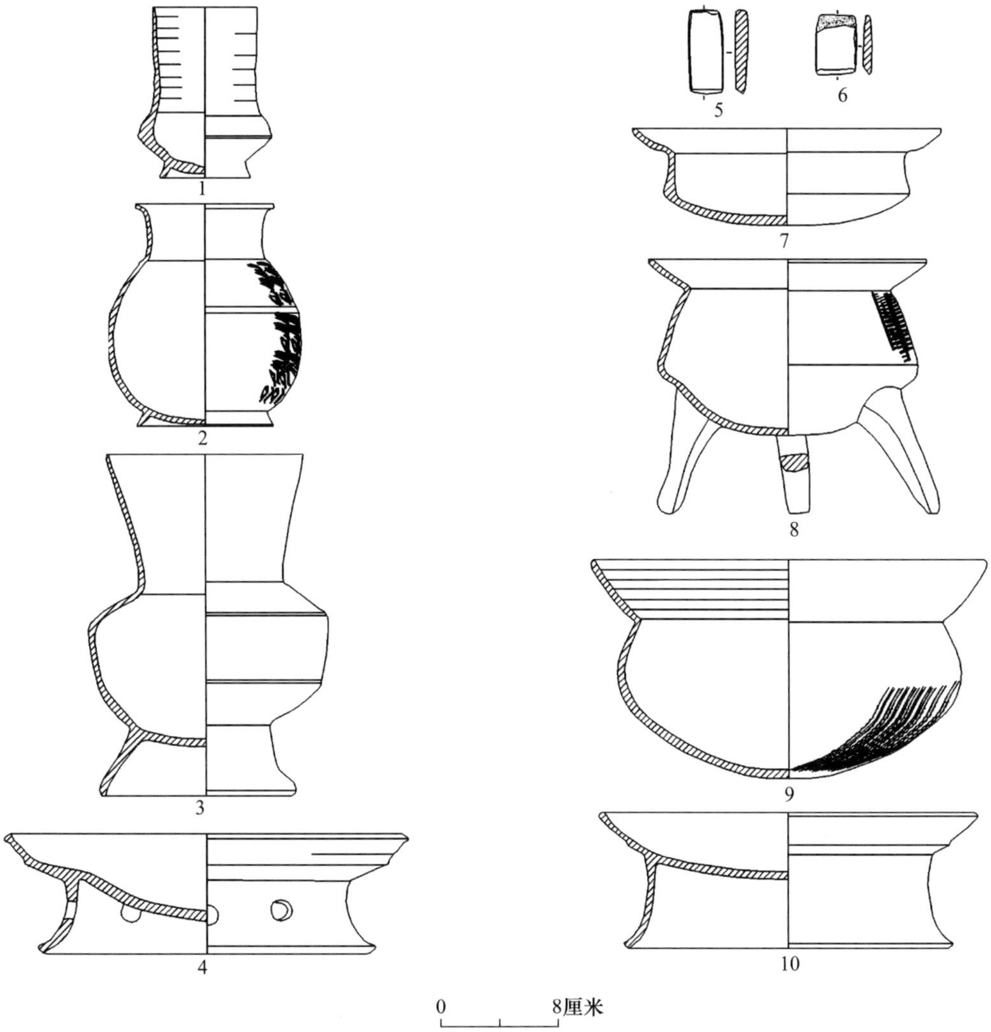


图 3-705　M1、M2 出土器物

1、3. 陶壶（M1：1、M1：19） 2. 陶罐（M1：2） 4、10. 陶盘（M1：9、M1：7） 5、6. 石锛（M2：1、M1：20）
7、9. 陶釜（M1：10、M1：12） 8. 陶鼎（M1：16）

陶壶　4 件。M1：1，泥质灰陶。直口，长颈，扁折腹，圜底下附矮圈足。口径 7.1、底径 6.1、高 11.4 厘米（图 3-705，1；图版 15：1）。M1：2，泥质灰陶，侈口，长颈，圆鼓腹，圜底下附圈足，器腹饰交错绳纹，且外壁腹中部有一圈凸棱，陶质较硬，部分器身上有一层黑色陶衣。口径 9.4、底径 8.8、高 15 厘米（图 3-705：2；图版 15：3）。M1：8，泥质灰陶。直口，长颈，扁折腹，圜底下附矮圈足。口径 6.1、底径 4.3、高 8.4 厘米（图版 15：2）。M1：19，泥质灰黑陶。侈口，长颈，圆鼓腹，圜底下附高圈足且外撇。口径 13.4、底径 13、高 22.8 厘米（图 3-705：3；图版 15：4）。

陶盘　3 件。M1：7，泥质灰陶，敞口，斜腹微曲，近底折而成平底，中腹有一道凸棱，圈足较高。口径 26、底径 22.2、高 9 厘米（图 3-705：10；图版 15：6）。M1：9，泥质灰陶，敞口，沿面下折，斜腹浅圜底，中腹有一道凸棱，圈足较矮，圈足部分残存约四分之三，间隔镂有 5 个圆孔。口径 26.8、底径 22.4、高 8 厘米（图 3-705：4；图版 16：1）。M1：11，泥质灰陶，敞口，折平沿，斜腹微曲，近底折而成平底，圈足较高。口径 24.2、底径 18.2、高 8.7 厘米（图版 16：2）。

陶鼎　1 件。M1：16，夹细砂灰陶，宽沿，侈口束颈，深折腹，圜底。下接三只截面呈梯形的鼎足，腹饰梯格纹，器身有烟炱痕迹。口径 19.3、腹径 18.2、高 17 厘米（图 3-705：8；图版 15：5）。

石锛　1 件。M1：20，完整。平面呈长方形，通体磨制，顶端两侧下凹留有打制痕迹。长 4、宽 2.8、厚 0.6 厘米（图 3-705：6）。

### 3. 第三期文化遗存

该期文化遗迹为 10 座灰坑，多为袋状坑，平面形状有圆形、长方形和不规则形。根据包含物的特点来看，主要可以分为三型。

A 型　包含有较多的烧土颗粒、炭屑、陶片及石片，如 H1、H6。

H1　开口于 T1 ②层下，东半部被施工取土破坏，北部局部被 H2 打破。残余部分平面近似扇形，半径约 1.1、深度 0.8 米。灰坑内有火塘、夯土台面等遗迹（图版 12：2）。灰坑内南部有一个土质较纯净的直径约为 0.48、厚 0.2 米的夯土台面，其上放置 1 件彩陶釜（见图 3-712：5）。火塘遗迹位于夯土台的北边，其内堆积一层较厚的灰烬，炭屑和烧土粒夹杂其间，伴出遗物有陶釜残片、纺轮、砺石及若干石料等（图 3-706）。

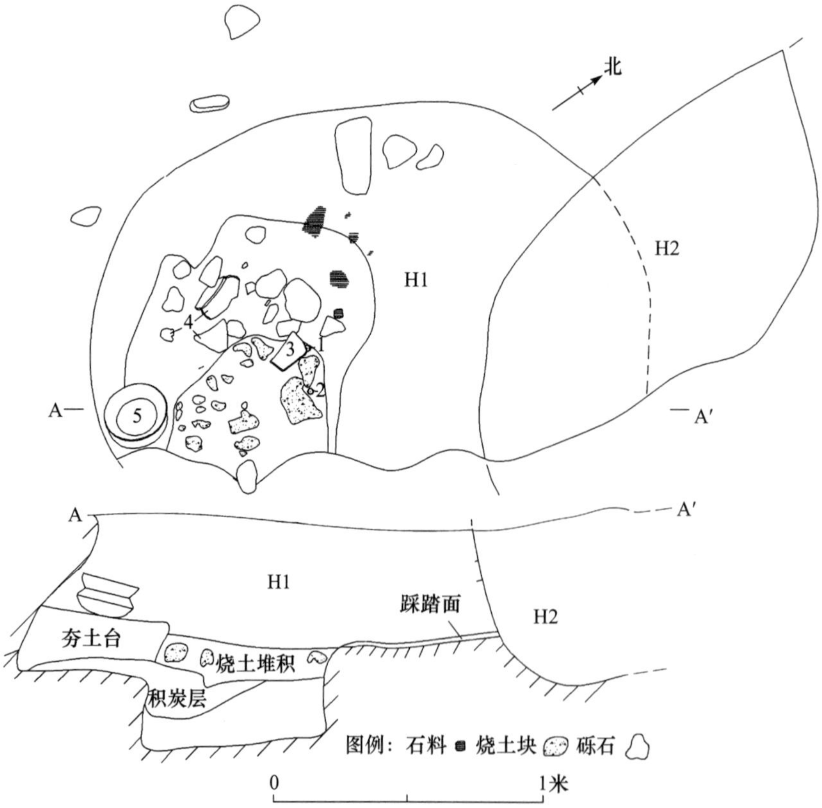


图 3-706　H1 平、剖面图

1、2. 纺轮（H1：1、H1：2）3. 砺石（H1：3）4. 陶釜（H1：4）5. 彩陶釜（H1：5）

H6　位于T2西南部，延伸到西隔梁之中，开口于1层下，打破H11、M1及生土。平面呈不规则圆袋形，弧壁，平底，半径约0.9、深1.03米（图3-707）。坑内堆积物包含有较多的烧土及炭屑，出土遗物主要为陶片及石制品，陶片可辨器形有釜和罐等，石制品见有石锛及石料等。

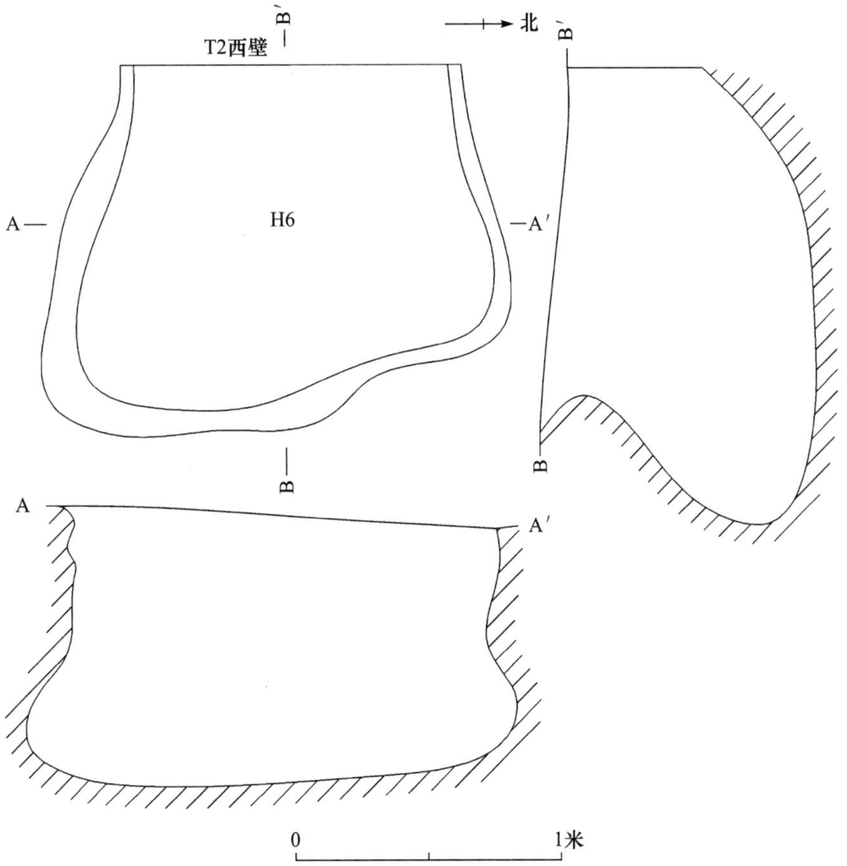


图3-707　H6平、剖面图

B型　坑内分布有排列具一定规律的鹅卵石，如H8。

H8　位于T2北部，延伸到北隔梁之中，开口于1层下（2层缺失），打破H9、H11。平面呈不规则圆形，弧壁，弧底，半径0.77、深0.36米，坑内边缘有鹅卵石堆积一圈（图3-708）。陶片见有夹砂灰陶及黑衣陶等，另有少量石片。

C型　坑内包含物极少，如H9。

H9　位于T2北部，开口于1层下（2层缺失），打破H10，被H8打破。平面呈圆形，弧壁，弧底，半径0.38、深0.69米（图3-709）。坑内仅出土一个石球和一片磨制石片。

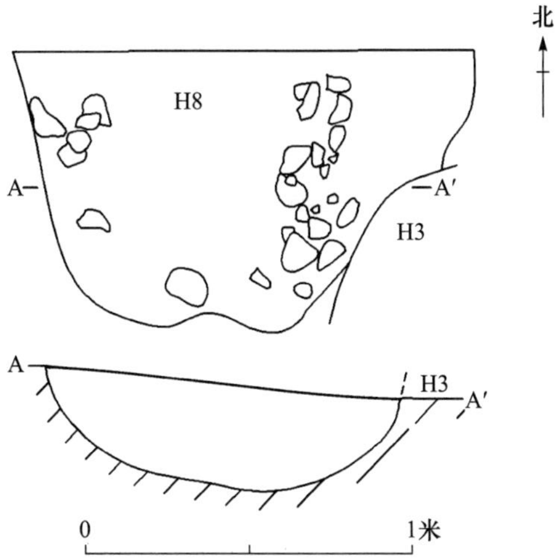


图3-708　H8平、剖面图

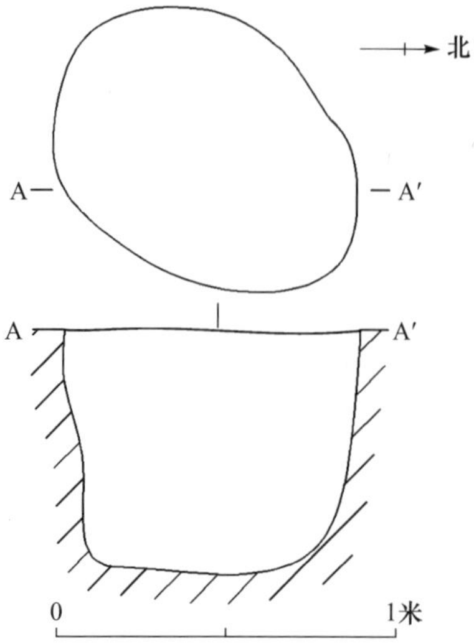


图 3-709　H9 平、剖面图

第三期遗存出土遗物主要有陶器和石器。

陶器中可复原者很少，多为残片。其中夹砂陶约占三分之一，泥质陶约占三分之二。可辨器形有釜、纺轮、支脚等。在泥质陶中又以橙黄陶居多，次为灰硬陶。橙黄陶的烧成火候也很高，硬度介于软陶与硬陶之间。陶器表面装饰手法，有拍印、刻划、戳点、压印、镂孔、堆贴、施衣和彩绘等。纹饰以拍印为主，有条纹、栅篱纹、方格纹、菱格纹、篮纹、绳纹、曲折纹、斜线三角纹、席纹、云雷纹、水波纹、复线菱纹等（图 3-710、图 3-711）。最具特色的是施衣和彩绘，数量较少。衣为赭色，

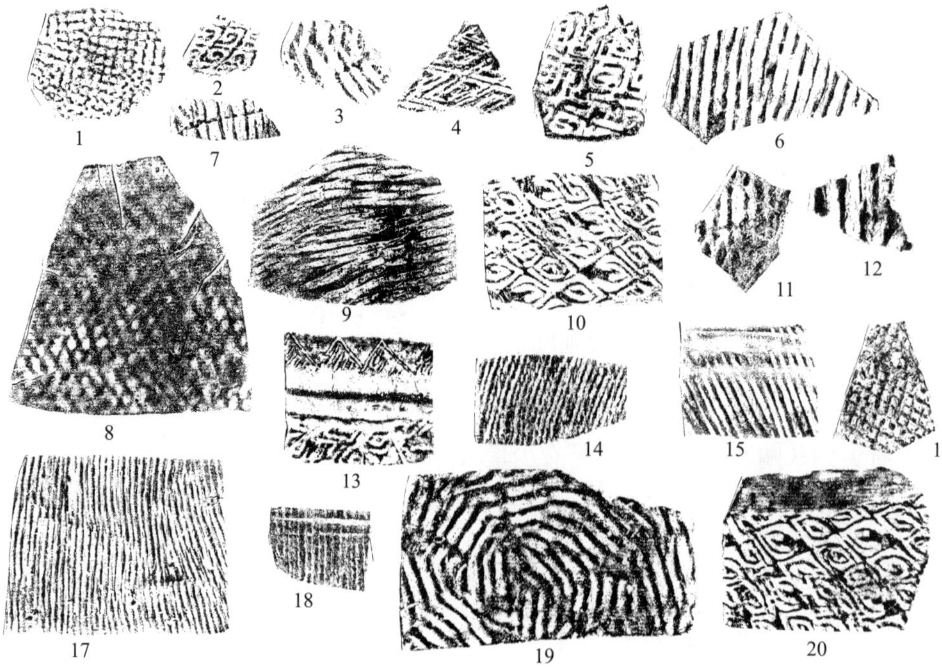


图 3-710　第三期遗存出土陶片纹饰拓片（一）

1、8、16. 方格纹　2、5、6、10、20. 云雷纹　3、4、11、12. 栅篱纹　7、9、15、17. 条纹　13. 斜线三角纹　14、18. 绳纹　19. 席纹

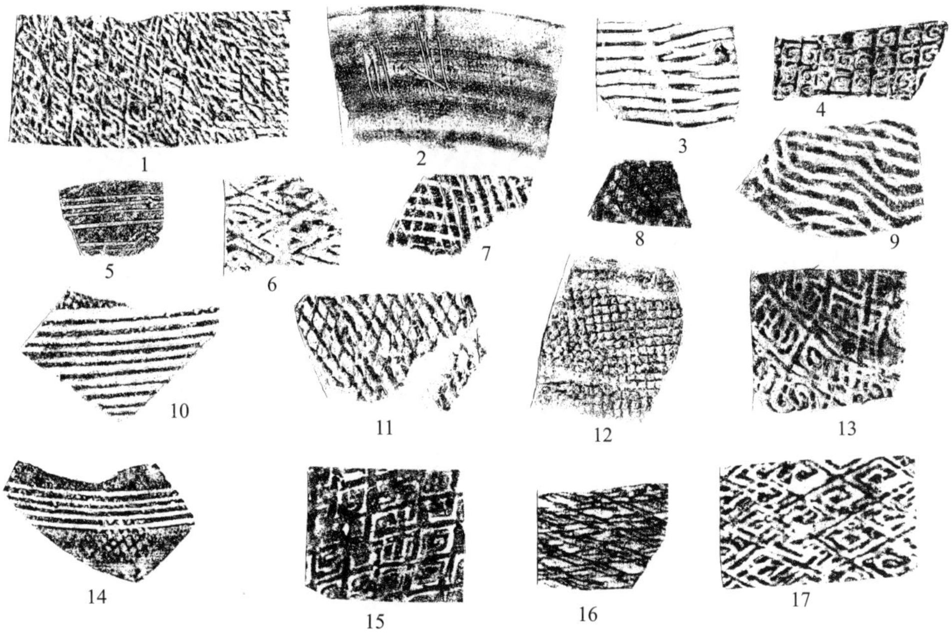


图 3-711　第三期遗存出土陶片纹饰拓片（二）

1、4、6、13、15、17. 方格纹　2、5. 刻划纹　3. 栅篱纹　7. 压印方格纹
8、11、12. 方格纹　9. 曲折纹　10、14. 弦纹　16. 复线菱纹

有深浅之分。深者偏黑，浅者偏红，多施于泥质橙黄陶及灰硬陶的表面，亦有内外通施的。彩绘纹样以线条为主，以连续平行，以及转折、交叉等方式组成的各种几何形图案。主要纹饰图案有平行短线纹、斜线三角纹等。

彩陶釜　1 件。侈口，束颈，浅鼓腹，圜底。H1：5，泥质橙黄陶。外壁腹中部起凸棱，腹外壁中部以上及内口沿黑彩绘斜线三角纹，腹下部及底部拍印细绳纹，器身除彩绘部分以外均施黑衣。口沿及腹部略残。口径 21.4、腹径 21.1、高 13.6 厘米（图 3-712：5；图版 14：1）。

陶纺轮　3 件。H6：6，泥质黄陶，素面，横截面呈六边形。约三分之一部分残缺。直径 4.2、孔径 0.6、厚 1.2 厘米（图 3-712：2）。

H1：7，夹砂灰黑陶，顶面微凸，横截面呈梯形。直径 6、孔径 0.9、厚 2.6 厘米（图 3-712：1；图版 13：10）。H1：8，夹砂灰黄陶，横截面呈梯形。直径 7.2、孔径 0.8、厚 2.4 厘米（图 3-712：3；图版 13：9）。

陶支脚　3 件。H1：4，残。细砂红陶，喇叭底微内凹，顶部呈 Y 状，略残。底径 9.6、残高 11.6 厘米（图 3-712：4；图版 13：11）。T1②：4，残。直径 6.6、残高 8.6 厘米。

石器种类较多，有石锛、石镞、石锤、砺石及石球等，此外还有石核及大量石片出土，原料主要为泥质岩、细砂岩及砾石。

石锛　10 件。平面形态多为长方形和长梯形。T1②：5，平面呈长方形，弓背，断面呈梯形。通体磨制。长 4.7、宽 2.8、厚 0.6 厘米（图 3-713：1）。H1：1，平面呈长方形，弓背，断面呈梯形。通

图 3-712　第三期遗存出土陶器

1～3. 纺轮（H1∶7、H6∶6、H1∶8） 4. 陶支脚（H1∶4） 5. 彩陶釜（H1∶5）

体磨制，刃部左侧残。长 4.7、宽 2.2、厚 0.7 厘米（图 3-713：6）。H6∶7，平面呈长方形，风化较严重。直背，断面不甚规则。长 8.4、宽 3.6、厚 2 厘米（图 3-713：10）。H2∶1，平面呈长方形，顶部右侧残，直背，断面不甚规则。长 7.2、宽 4.4、厚 1.9 厘米（图 3-713：9）。H6∶3，平面呈长方形，断面呈椭圆形，单面刃，通体磨制。上端残损。残长 4.1、宽 2.8、厚 1.3 厘米（图版 13：4）。T2②∶4，平面呈长方形，断面呈长方形，单面刃。通体磨制。残长 3.8、宽 1.8、厚 0.6 厘米（图版 13：5）。T1②∶2，平面呈长方形，断面呈长方形，单面刃，刃局部崩损，通体磨制。残长 4.2、宽 2.2、厚 0.6 厘米（图版 13：6）。T2②∶5，平面呈长梯形，断面扁梯形，背面微弧，通体粗磨。长 4.6、宽 1.8、厚 0.9 厘米（图版 13：7）。H8∶1，平面呈长梯形，断面呈扁梯形，通体粗磨。长 4.9、宽 1.9 厘米（图版 13：8）。

石锛半成品　5 件。H1∶2，平面呈梯方形，风化严重。器身见有打制痕迹，未经磨制。长 5.1、宽 4.4、厚 1.7 厘米（图 3-713：8）。H6∶5，刃部未成形，未经磨制。长 5.4、宽 2.5、厚 1 厘米（图 3-713：11）。H1∶10，平面呈梯形，风化严重。刃部残。残长 3.4、宽 2.3、厚 0.8 厘米（图 3-713：2）。

图 3-713　第三期遗存出土石器

1、6、9、10. A 型石锛（T1②：5、H1：1、H2：1、H6：7）2、4、7、8、11. 石锛半成品（H1：10、H3：1、H6：4、H1：2、H6：5）3. 打制石片（T1②：9）5. 石镞（T2②：1）12. 凹石（T1②：8）13. 石球（H9：1）14. 石核（H1：9）15. 石锤（T2②：3）16. 砺石（H1：3）

H6：4，平面呈梯形，刃部未加工。长 5、宽 1.8、厚 0.6 厘米（图 3-713：7）。H3：1，仅余刃部，器身多见打制痕迹。残长 3.8、宽 4.5、厚 2 厘米（图 3-713：4）。

石镞　1 件。T2②：1，两端均残断，通体磨制。残长 2.7、宽 2.5、厚 0.4 厘米（图 3-713：5）。

石球　1 件。H9：1，砾石制品。球面因使用而较光滑。直径 7.4 厘米（图 3-713：13）。

石锤　1 件。T2②：3，砾石制品。一端有用于砸击后的痕迹。长 13.7、直径 4.8 厘米（图 3-713：15；图版 13：3）。

砺石　3 件。H1∶3，灰黄色细砂岩。平面呈梯形。两面因使用而磨成弓背形。长 14.6、宽 9.7、厚 5.6 厘米（图 3-713：16；图版 13：1）。H7∶1，灰黄色细砂岩。两面使用。长 14.5、宽 7、厚 6.4 厘米（图 3-714；图版 13：2）。H6∶2，灰黄色细砂岩。两面使用。长 21.8、宽 11.3、厚 7.6 厘米。

石核　若干。H1∶9，不规则圆形。见有一个台面，石核上留有较多剥片遗留的疤痕。长 8.4、宽 4.7、厚 3.3 厘米（图 3-713：14）。

打制石片　若干。T1②∶9，不规则长方形。见有一个台面，台面附近留有打击留下的放射线。长 5.5、宽 4.3、厚 1.8 厘米（图 3-713：3）。

凹石　1 件。T1②∶8，砂岩。器呈圆形，上下面中心点均有内凹。约四分之一部分残缺。直径 9.8、厚 4.7 厘米（图 3-713：12）。

（四）结语

通过对本次清理出土的大坪顶遗址的三期文化遗存进行梳理，我们初步形成了以下几点认识：

（1）夹炭红衣陶是长江中下游流域新石器时代早期带时代性和区域性的核心文化特征[①]。此次在闽江下游流域的大坪顶遗址第一期遗存中也出土了夹炭红衣陶是一个值得关注的现象。取自 M2 的土样经浮选出土了 11 颗炭化稻米颗粒（图版 14：3）；经美国 BETA 实验室和北京大学 AMS 实验室 $^{14}C$ 测年后的结果均显示其距今约 7500 年[②]，因此可以确定 M2 的年代早于壳丘头文化时期，成为福建沿海地区目前发现最早的新石器时代遗址。该期遗存出土的炭化稻米经鉴定为人工栽培稻，从而把福建稻作农业的历史又提前了约 2500 年。

（2）继 2013 年福建博物院文物考古研究所在安仁溪中游的闽清县东桥镇南木墩遗址发现了昙石山文化晚期的墓葬区之后，此次我们又在其上游的大坪顶遗址发现了同时期的墓葬。这些发现把昙石山文化在闽江下游流域的分布范围扩大至西北部远离闽江干流的部分支流流域。结合其与第三期遗存的层位关系以及二者在 $^{14}C$ 测年数据上反映出较大的时间空隙现象等，为探讨昙石山文化的去向及其与黄瓜山文化之间的联系提供了新的线索。

（3）第三期遗存密集分布的 10 处灰坑遗迹也是一个值得注意的现象。除 H1 外大多数灰坑内遗物很少，往往仅有零星的砾石、陶片和石片。对部分灰坑取土样进行浮选后也仅发现些炭屑，不见植物种子或动物骨骸。因此对这些灰坑的用途还有待研究。相较其他灰坑，H1 显得比较特殊，从形制及内部的遗迹现象来看，其有可能是一处兼具炊煮及手工业加工点功能而非用于居住的半地穴式房屋遗迹。在不久前福建省昙石山遗址博物馆对遗址山下台地进行的勘探活动中，亦发现有该时期

① 蒋乐平：《中国早期新石器时代的三类型与两阶段——兼论上山文化在稻作农业起源中的位置》，《南方文物》2016 年 3 期。
② 见附录二、附录三。

的房屋遗迹（图版 12：3），但并非半地穴式。此外该期遗存中还出土了较多反映石器加工各环节的砺石、毛坯、石料、石器半成品及成品等遗物，结合此前在其周边调查的格垄遗址、鲤鱼山遗址等亦采集到同类遗物来看，我们推测石器制造对当时居住在安仁溪上游流域的聚落而言是一个比较重要的产业，至于这些石制品除了满足自身生产需要外是否会有部分用于对外交换，尚待进一步的分析。

# 第四章　关于闽江下游流域史前文化相关问题的探讨

## 第一节　对闽江下游流域史前文化的新认识

### 一、本区域史前遗址的时空分布情况

本次调查新发现新石器时代至青铜时代遗址共计 151 处，加上历次全国文物普查、福建省内文博单位和高校开展的科研调查等活动所报告发现的遗址，本区域内已知史前遗址总数达 292 处。这些史前遗址不仅广泛分布在闽江干流、大小支流流域及海岸线一带，而且类型多样，内涵丰富。通过对本次调查所采集信息的梳理，我们基本摸清了本区域内各时期史前遗址的时空分布规律。

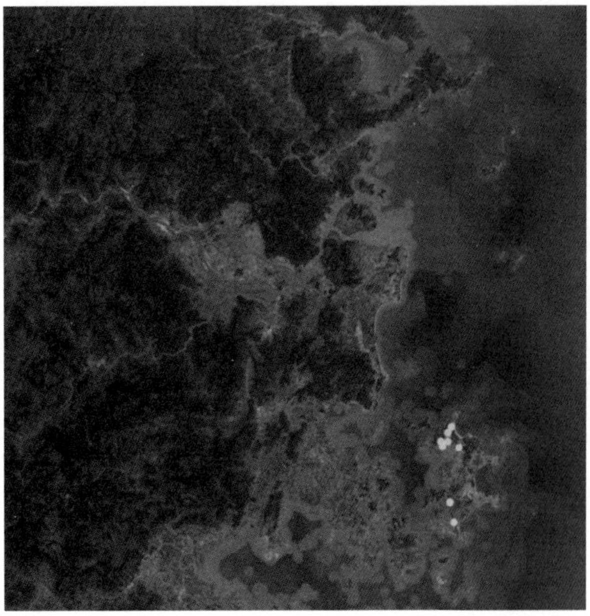

图 4-1　壳丘头文化遗址分布图

**1. 壳丘头文化时期**

壳丘头文化因其首先发现于平潭壳丘头遗址而得名，是目前福建沿海已知最早的新石器时代文化。本次调查新发现该时期遗址 1 处，从而将福建沿海地区这一时期的遗址发现数增至 10 处（图 4-1）[①]。该时期遗址主要分布在今闽江出海口外临近海岸线的岛屿上，其中又以平潭岛发现的遗址数量最多，有 8 处。平潭由海坛岛及其周边 127 个小岛组成。全岛地貌主要是沉积平原，丘陵、山地众多。目前发现的该时期遗址主要分布在海坛岛南北两端的丘陵坡地和台地上。

除普遍分布在岛屿上之外，壳丘头文化时期

① 本次调查前见记录的 7 处该时期遗址资料来自《中国文物地图集（福建分册）》，福建地图出版社，2008 年。

的遗址还有以下几个重要特点：①遗址面积普遍较小。马祖列岛上的亮岛遗址、炽坪陇遗址所处本身就是小岛，遗址面积小自不待言，即便是分布在平潭岛上的遗址面积也大多都在3000平方米左右。如壳丘头遗址“根据贝壳及散布的陶片估计，南北长65、东西长50米，面积约3000平方米”。②均为贝丘遗址，在2004年对壳丘头遗址第二次发掘时曾对出土的贝壳种类进行统计，结果有19种之多。此外还有鲨鱼、石斑鱼、海龟等海洋生物的骨骼[①]。这显示捕捞经济是其主要的生业形态。③遗址文化层普遍比较薄，如壳丘头遗址的文化层堆积为5～50厘米。这也说明该文化具有较强的迁徙性。

需要指出的是，壳丘头文化并不仅仅分布在本次调查的闽江下游流域范围内，从目前的考古研究成果看，已知其分布范围北可达马祖列岛[②]，南则远至金门列岛[③]，形成了一条长达300余千米的岛链。

**2. 昙石山下层文化时期**

在壳丘头文化之后出现在本区域的是昙石山下层文化。该时期遗址点此前仅见于闽侯县的昙石山遗址、溪头遗址以及长乐市白犬列岛上的炽坪陇遗址。本次调查也仅在闽侯县荆溪镇发现西塘山遗址1处。由于发现的遗址点很少，故掌握的资料也很有限。从上述4处遗址点的分布情况来看，其中位于闽侯县的3处都处于古福州湾的边缘地带。结合对本区域全新世以来海陆变迁的研究成果，我们在认同昙石山下层文化应是壳丘头文化向福州盆地扩散并演变为昙石山文化之前的过渡类型这一观点[④]的同时，也进一步推测该时期遗址的分布当以今福州盆地为中心，其范围基本不超出福州盆地[⑤]。

**3. 昙石山文化时期**

继昙石山下层文化之后在闽江下游流域兴起的是昙石山文化。以往的资料显示本区域内发现的这一时期遗址有15处，主要分布在闽侯县境内的闽江干流沿岸，在沿海岛屿如平潭岛亦有分布（图4-2）[⑥]。1988年在对闽江中游的南平樟湖镇宝峰山遗址进行发掘后，认为该遗址下层属昙石山

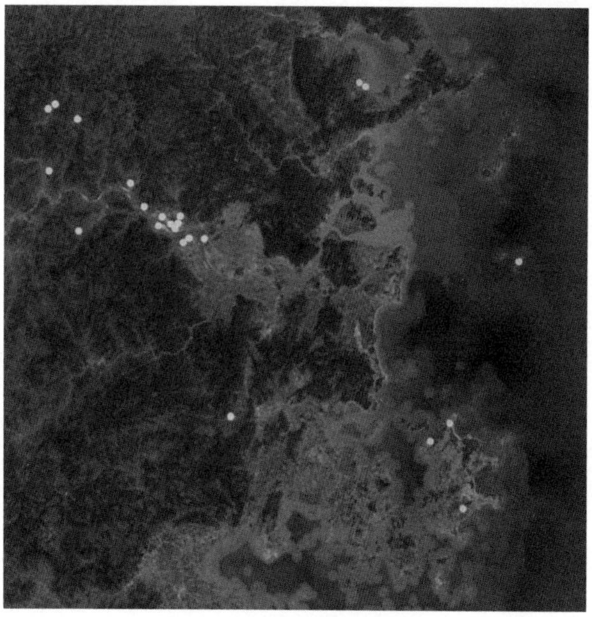

图4-2　昙石山文化遗址分布图

① 福建博物院：《2004年平潭壳丘头遗址发掘报告》，《福建文博》2009年1期。
② 陈仲玉等：《马祖亮岛岛尾遗址群发掘及“亮岛人”修复计划》，（中国台湾）连江县政府，2013年。
③ 陈维钧：《金门县金龟山遗址考古发掘报告》，（中国台湾）金门县文化局，2004年。
④ 福建博物院：《2004年平潭壳丘头遗址发掘报告》，《福建文博》2009年1期。
⑤ 详见本章第二节有关论述。
⑥ 具体分布情况为：闽侯县8处、福州市1处、福清市1处、长乐市1处、闽清县1处、平潭区3处。

文化范畴。这是已知昙石山文化分布的最西端①；最南端则为平潭区的湖南边遗址。经过本次调查新发现该时期遗址点6处，虽然数量不多，但在较大程度上扩展了之前的认知区域：一方面继2013年福建博物院文物考古研究所在安仁溪中游的闽清县东桥镇发现了南木墩遗址之后，福建省昙石山遗址博物馆于2016年又在其上游的闽侯县洋里乡发现了大坪顶遗址，两处遗址均发现了昙石山文化晚期的墓葬。从而把昙石山文化在闽江下游流域的分布范围扩大至远离闽江干流的部分支流流域。而另一方面，2014年福建省昙石山遗址博物馆在连江县透堡镇馆读村发现了黄岐屿遗址以及溪山遗址，并对其中的黄岐屿遗址进行了抢救性发掘，出土器物带有昙石山文化时期的显著特点，而对浮选采集的骨骼和木炭标本的测年结果也进一步做出了印证。从而又将昙石山文化在沿海大陆的分布范围向北推至罗源湾沿岸一带。

**4. 黄瓜山文化时期**

昙石山文化在距今约4300年退出了包括闽江下游流域在内的福建东部沿海地区，其原因及去向尚不明了，继之而起的是黄瓜山文化。在以往的调查中已知黄瓜山文化的分布范围在覆盖昙石山文化分布范围的基础上有所扩大：一方面沿海岸线从浙江南部直至福建南部的厦门灌口镇，甚至台湾的西海岸都有其踪迹；另一方面则是在闽江下游的干流沿岸直至中游的南平市樟湖镇，以及福清市龙江流域的东张亦有分布。本次调查不仅将已知该时期遗址点增至77处（图4-3），而且对其在闽江流域分布范围的认知也进一步清晰：不仅在闽江下游的主要支流，如安仁溪、荆溪、大樟溪等流域均发现较密集的遗址点分布，还在位于闽江中游重要支流的古田溪流域也有所分布。由此可见，黄瓜山文化沿海岸线及向内陆地区扩散的特点和规模都十分突出，较之前的昙石山文化更为强势和活跃。虽然本次调查没有继续深入到闽江中游乃至上游流域，但是现有的迹象已表明这一时期闽江流域史前文化的扩散，以及相互之间的联系情况要比以往的认识更为密切。

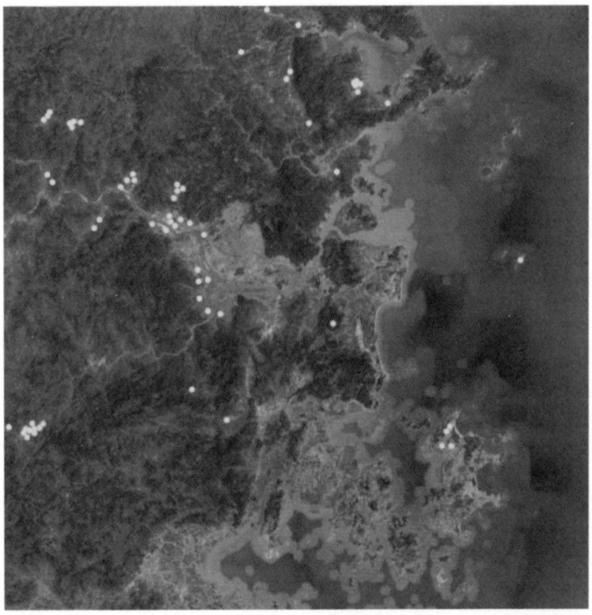

图4-3　黄瓜山文化遗址分布图

**5. 黄土仑文化时期**

黄瓜山文化是包括闽江下游流域在内的福建东部沿海地区新石器时代文化的尾声，在此之后本区

① 福建省博物馆、南平市博物馆：《南平樟湖宝峰山遗址发掘报告》，《福建文博》1991年1、2合期。

域的史前文化进入了青铜时代，即学界所谓的黄土仑文化时期。结合以往调查及本次调查的结果表明，这一时期包括闽江下游流域在内的福建东部沿海地区史前文化达到了空前的繁荣（图 4-4）。具体表现在：①遗址的数量大大多于此前任何一个文化时期，在闽江下游流域乃至整个福建东部沿海地区有密集分布，本次调查区域内绝大多数遗址点都有采集到该时期的陶片标本；②从分布的地理特点看，这一时期的遗址除了在传统的低海拔的丘陵、山冈、台地依然有分布外，还扩散到远离闽江干流的大部分支流流域，以及一些海拔较高的山区；③聚落规模也较之前更大，典型的如闽侯县鸿尾乡的古洋遗址群，遗址点密集分布在古洋溪两岸一系列连绵的山冈上，面积超过 1 平方千米；④在空间分布上，表现出与闽江中、上游流域同时期遗址在文化内涵上的同质性日益显著的特点。上述特点既反映出这一时期人口规模的迅速扩大，同时也反映出先秦闽族文化此时已在闽江流域基本孕育成形。

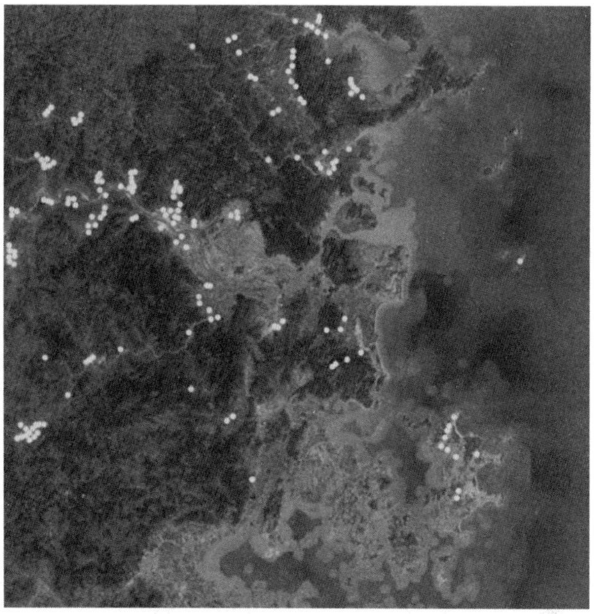

图 4-4　黄土仑文化遗址分布图

## 二、本区域史前文化研究的新线索

在本次调查中，福建省昙石山遗址博物馆先后对闽侯县境内的仁山遗址、坪峰山遗址、芝山遗址、大坪顶遗址及连江县境内的黄岐屿遗址五处遗址点进行了考古勘探或抢救性发掘，上述遗址涵盖了新石器时代至青铜时代。尤其是通过对大坪顶遗址、黄岐屿遗址、芝山遗址的探掘获得了一批重要的实物资料和科学数据，对本区域内史前文化面貌的深入研究提供了重要新线索。在此笔者按上述遗址的年代早晚为序进行简要的梳理。

### 1. 大坪顶遗址

结合对大坪顶遗址的探掘情况及周边调查结果，可以确定包括东桥和洋里两个盆地在内的安仁溪流域上游是新石器时代至青铜时代的一个重要聚落区。

对大坪顶遗址的探掘结果表明其文化内涵十分丰富。除了发现多处黄瓜山文化时期的灰坑遗迹以及一座昙石山文化晚期墓葬外，编号为 M2 的早期墓葬的发现尤为令人关注。在清理过程中我们已注意到 M2 内的陶器均为夹砂陶，陶质疏松且内夹杂炭屑，火候很低，反映出其制作工艺颇为原始。随后在对 M2 土样进行浮选后发现了零星的炭化稻谷颗粒，选取样本分送美国贝塔分析实验室及北京大学 AMS 实验室，经 $^{14}C$ 测年均显示其距今年代约为 7500 年[①]。这一结果无疑对包括本区域在内的福建东部沿海地区新石器时代文化的来源和传播路线，以及史前农业在闽江下游流域起源的研究提供了一个新的线索。目前包括本区域在内的福建东部沿海地区已知最早的考古学文化是壳丘头文化，但对其来源尚不明确，从目前掌握的考古资料及研究成果来看，其来源应该是多元的，其中最重要的有三个方向。

其一，来自福建以北的中国东南沿海地区。这是对壳丘头文化来源最早的一种推测。有学者认为，浙江的河姆渡文化与壳丘头文化不仅在年代上衔接较紧密，而且在陶器群特征上也均盛行圜底、圈足器，因此二者之间可能存在传承关系[②]。

其二，来自福建南部的九龙江流域。壳丘头文化在福建沿海的分布远达闽南地区，2009～2011 年对位于九龙江上游的漳平市奇和洞遗址的考古发掘过程中，首次在福建地区发现了从旧石器时代到新石器早、中期的连续完整的文化层堆积。其中，第三期文化遗存（距今 10 000～7000 年）中部分陶片上的锯齿压印纹和贝齿压印纹与壳丘头文化的陶器纹饰特点十分相似，且年代早于后者[③]。这些发现也为寻找壳丘头文化的来源提供了一种新的可能。

其三，来自闽江上游流域。近年来在三明地区的考古调查活动中已发现若干处新石器时代早期遗址，如大田县广平镇的慧林洞遗址[④]。但这些遗址若要与壳丘头文化建立起联系，在时间和空间上都存在一系列缺环。此次在闽侯洋里乡大坪顶遗址的发现，不仅将本区域新石器时代文化的年代上限又向前推进了约 1000 年，而且其地处闽江中游与下游交界处的特点均显示其可能成为弥补上述缺环的一个重要组成部分。

**2. 黄岐屿遗址**

黄岐屿遗址位于罗源湾西南岸滨，是一处典型的贝丘遗址。虽然此次发掘的面积较小，发现的遗迹遗物也不多，但仍然可以看出出土的陶器型式具有显著的昙石山文化时期的特征。根据我们送往北京大学 AMS 实验室检测的样本 $^{14}C$ 测年数据可知黄岐屿遗址年代为距今 4800～4300 年[⑤]，从而印证了我们对遗址时代的判断。黄岐屿遗址的发现填补了此前对闽江口以北至罗源湾沿岸这一带区域新石器时代文化认识上的空白，在对其周边进一步调查后又发现了同时期的溪山遗址。这也显示了在昙石山文化时期黄岐屿及其周边是一个重要的聚落区。

黄岐屿遗址与大坪顶遗址的发现反映了昙石山文化的两条重要的传播路线：①沿海岸线向闽江口南北传播；②溯闽江而上进入福建内陆。

---

① 详见附录三、附录四。
② 福建博物院：《2004 年平潭壳丘头遗址发掘报告》，《福建文博》2009 年 1 期。
③ 福建博物院、龙岩市文化与出版局：《福建漳平奇和洞史前遗址发掘简报》，《考古》2013 年 5 期。
④ 福建博物院：《奇和洞遗址周边相关文化遗存调查简报》，《福建文博》2016 年 3 期。
⑤ 详见附录一。

昙石山文化时期的遗址目前在福建省境内经过科学发掘的仅有闽侯县境内的昙石山遗址、庄边山遗址、溪头遗址；闽清县境内的南木墩遗址和福清市境内的东张遗址。可见于文献资料的同类遗址也仅有15个。在本次考古调查中也仅新发现10处。黄岐屿遗址作为连江县首个发现并经科学考古发掘的昙石山文化时期遗址，不仅将连江县的历史向前推进了2000年，而且其所处的特殊的地理位置，对于研究昙石山文化的沿海、海湾类型具有重要意义，同时也为台湾海峡两岸新石器时代文化的比较研究提供了新的实物资料。总之，黄岐屿遗址的发现为我们今后进一步探索昙石山文化在福建沿海的传播路线、范围以及可能的去向等问题提供了重要的线索。

**3. 仁山遗址**

仁山遗址黄瓜山文化遗存出土完整陶器虽然不多，但陶片的陶质、陶色、纹饰、器类等都与霞浦黄瓜山遗址[①]类似。其同样以泥质橙黄陶为大宗，纹饰以篮纹和席纹为主，所出陶片亦能反映出黄瓜山文化特征的大量施衣和彩陶[②]现象。所出石器以石锛为主，且形制亦与黄瓜山遗址所出者相似。当然，仁山遗址此类遗存亦有其自身的特点，如彩绘陶以通体施黑衣为主，鲜见网格纹、平行条带纹、弧线纹和圆点等彩绘纹饰，其中虽然存在彩陶脱衣严重的现象，但器表仍以素面为主，明显区别于黄瓜山遗址器表素面极少[③]的特征。此外，黄瓜山遗址较有特色的彩陶纺轮也未在仁山遗址发现。

鉴于目前材料，除了在黄土仑遗址和昙石山遗址[④]发现了黄土仑时期文化层外，其他如浮村[⑤]、东张[⑥]、古洋[⑦]等遗址大都缺乏完整的地层堆积，材料也不很丰富。此次仁山遗址不仅发现黄土仑时期的文化堆积还出土较多完整和可复原的陶器，且从陶质、陶色、纹饰、器类以及其仿铜作风来看，均与黄土仑遗址所出者相似。从装饰工艺上看，陶器装饰的云雷纹、方格纹、凸棱节、阴刻复线刻划纹等黄土仑文化所特有的纹饰大量出现，可以看出其与黄土仑文化有着十分密切的联系。但仁山遗址所见遗存亦有其自身的特点，陶器中虽然硬陶数量较大，但仍以泥质陶为主；彩绘陶多为通体施黑衣，纹饰的主体为素面、席纹和篮纹，明显区别于黄土仑遗址的雷纹、方格纹和刻划纹为特色的现象。出土的完整和可修复陶器经与黄土仑遗址出土遗物相对比，相似者有Ⅰ和Ⅱ式觚形杯、罍形器、Ⅵ式圆腹罐等。此外，不仅黄土仑遗址较有特色的鬶形器、虎子形器等未见于仁山遗址，其3层出土的原始瓷器亦未见于黄土仑遗址，说明仁山遗址较黄土仑遗址在时代跨度上具有一定的延续性。

① 福建博物院：《福建霞浦黄瓜山遗址第二次发掘》，《福建文博》2004年3期。

② 林公务：《福建黄瓜山遗址与台湾海峡两岸史前文化的交流》，《福建文博》2004年3期。

③ 福建省博物馆：《福建霞浦黄瓜山遗址发掘报告》，《福建文博》1994年1期。

④ 福建省文物局、福建博物院：《闽侯昙石山遗址第八次发掘报告》，科学出版社，2004年；福建博物院、福建省昙石山遗址博物馆：《闽侯昙石山遗址2004年考古发掘简报》，《福建文博》2010年1期；福建省昙石山遗址博物馆：《福建省闽侯昙石山第十次发掘简报》，《福建文博》2013年2期。

⑤ 曾凡：《福州浮村遗址的发掘》，《考古学报》1958年2期。

⑥ 福建省文物管理委员会：《福清东张新石器时代遗址发掘报告》，《考古》1965年2期。

⑦ 陈龙等：《闽侯古洋遗址调查》，《福建文博》1994年1期。

#### 4. 坪峰山遗址

坪峰山遗址所处的闽江支流源里溪流经此处，水面渐宽，两岸有发育良好的台地，为人类繁衍生息提供了良好条件。源里溪附近已发现数十处黄土仑文化时期的遗址，表明当时的人们已经形成了一定规模的聚落。坪峰山遗址文化内涵单纯，土著特征明显，应为黄土仑文化时期人类的一个生活区。

与黄土仑遗址相比，坪峰山遗址也曾出现一些不同的特征。如直口斜折沿长颈罐（T1③：16）、小口广肩罐（T1③：30）、盆（T1③：38）等器形则分别与光泽池湖遗址出土的A型Ⅰ式折肩大陶罐、B型Ⅰ式折肩大陶罐和A型Ⅰ式盆（M9填土：1）相似[①]，显示了黄土仑文化与闽西北地区白主段文化可能存在的交流关系。

#### 5. 芝山遗址

芝山遗址发掘最重要的收获是大量原始瓷的出土，这在本区域内以往同时期遗址的发掘中是从未有过的现象。我们将遗址第5层采集炭样分别送往北京大学AMS实验室和美国贝塔实验室进行$^{14}C$测年，结果均显示其年代上限可达西周早期，即距今约3000年[②]。在较晚期的地层中虽未能采集到炭样进行测年，但根据出土的原始瓷器形及纹饰特点，可将其年代下限推定为西周晚期至春秋早期。遗憾的是，由于芝山遗址在发现时核心区已被破坏，不仅遗址原有的地貌荡然无存，而且残留的边缘地带面积也很小。因而在对为何会有数量和器形如此丰富的原始瓷残片在该遗址出土的分析和判断上遇到了很大的困难。从发掘现场看，这些原始瓷残片与大量硬陶和夹砂陶片混杂在地层中，似为一处废弃物堆积点，堆积厚度超过2米；但在发掘过程中未见窑渣、红烧土或窑具等出土，故缺乏直接证据证明此处曾为窑址。

参与芝山遗址发掘的林恭务研究员认为：芝山遗址为了解本区域内黄土仑文化中后期，即西周至春秋早期的文化内涵特点提供了重要的资料和线索，这种以原始瓷为代表的考古学文化类型可称之为“芝山类型”。

与此同时，我们也注意到原始瓷作为一个重要的文化因素在该时期遗址中被较频繁发现的现象。结合本次调查及以往相关文献资料的统计，目前在本区域内已有35处遗址点（图4-5）采集到原始瓷标本，占比约20%[③]。这一比例与林忠干研究员早前对福建省原始瓷发现情况所进行的统计结果基本一致[④]。在进一步分析后我们还发现，原始瓷在本区域内的分布并不均衡，以闽侯县境内发现原始瓷的遗址点最多，达19处，且大多分布在闽江干流沿岸。但值得注意的是，在距闽江干流较远、位于荆溪上游的关源里盆地的芝山遗址出土了大量原始瓷，这一现象在本区域内为此前所未见。在结合本区域

---

① 福建博物院：《福建光泽池湖商周遗址及墓葬》，《东南考古研究》（第三辑），厦门大学出版社，2003年。

② 详见附录二、附录五。

③ 详见附录六。

④ 林忠干：《福建出土原始青瓷的初步研究》，《东南文化》1989年1期。

内的原料、烧造技术以及出土资料等因素分析后，笔者认为这种可能性是完全存在的。

第一，从原料产地来看，地质矿产调查资料显示，瓷土矿在闽江下游流域有广泛的分布，基本上区域内每个县市都有规模不等的瓷土矿。其中，如闽清县的白中镇、池园镇，闽侯县的鸿尾乡、小箬乡，永泰县的长庆镇、清凉镇等不仅瓷土矿藏丰富[①]，而且不少矿点往往位于遗址周边，地势低缓且临近河流，十分便于开采和就地加工。如予以仔细调查应该能有所收获。

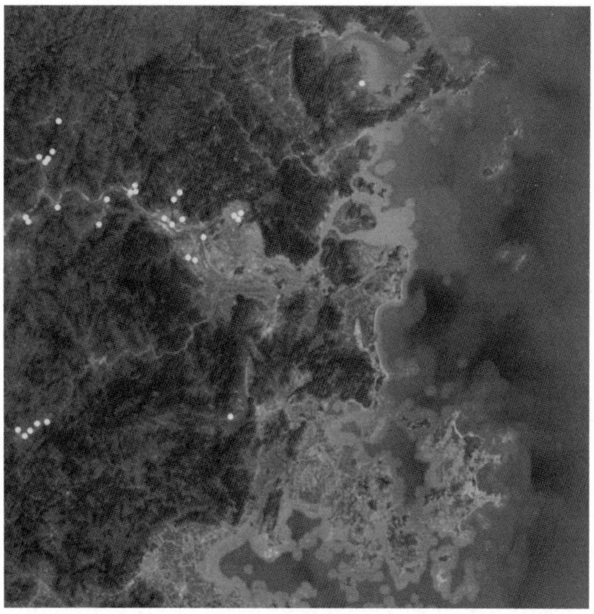

图 4-5　闽江下游流域原始瓷发现地点分布图

第二，从陶器烧造技术来看，早在黄瓜山文化时期，黑衣陶已成为一个重要的文化因素存在于本区域，并一直延续到黄土仑文化时期。这种黑衣陶有学者将之称作“泥釉黑陶”，其原因就在于这种施加于陶器表面的涂层的成分已接近釉的成分，其差异主要在于烧制温度的高低[②]。在本区域内亦有支持此观点的佐证：除了在黄瓜山文化后期的一些黑衣硬陶的胎质已是精炼的黏土，质地十分接近瓷土之外，更显著的是在黄土仑文化时期的部分施衣硬陶上也常发现表面部分区域的涂层有玻璃化的现象。例如，昙石山遗址出土的一件编号为2001MTT5②：1的硬陶杯，内外皆施黑褐色陶衣，在其内壁上呈现出明显的青釉。虽然尚不能由此认定系人工施釉，但显然是由于陶片的涂层受到高温焙烧后才会产生的现象。这表明至少在商周时期本区域已具备烧造原始瓷所需的技术前提。

## 第二节　对闽江下游流域史前人地关系的讨论

本区域的史前文化时期正处于全新世的大西洋期（距今7500～5000年）至亚北方期（距今5000～2700年）。长期以来学者们借助植物孢粉分析、沉积环境分析、$^{14}C$测年以及考古发掘等方式对全新世以来闽江下游流域环境演变情况进行了比较全面的研究，基本揭示了全新世以来本区域的气候波动、海平面变化及海陆变迁的过程。结合包括本次考古调查在内的闽江下游流域史前考古研究所取得的进展，我们对本区域内史前人地关系也取得了新的认识。

① 福建省地方志编纂委员会：《福建省志·矿产资源志》，方志出版社，1996年。

② 李家治：《浙江青瓷釉的形成和发展》，《硅酸盐学报》1983年1期；李家治：《浙江江山泥釉黑陶与原始瓷研究》，《硅酸盐学报》1983年1期；中国科学院上海硅酸盐研究所：《中国古陶瓷研究》，科学出版社，1987年；毛兆廷：《瓷器起源新说》，《东南文化》1991年Z1期。

## 一、本区域距今 6500～2700 年的环境变迁

通过对闽江河口全新世地层孢粉的研究和分析，目前已基本形成了对闽江下游流域全新世各时期气候变化的认识。其中在大西洋期，本区域内“常绿阔叶树花粉以 3 : 2 的优势高于落叶树花粉，蕨类孢子少但种类繁杂，气候暖热湿润”。但古气候记录表明，约距今 5500 年，在全国范围内发生过一次被称作“仰韶中期的寒冷期”的气候突变事件，表现为大范围的降温和干旱[①]。这一事件在本区域内也有所反映：在距今 5700 年左右的海退黏土层中，“孢粉为栲属—松属—栎属—水龙骨科组合，阔叶树尤其是常绿阔叶树花粉锐减，气候温凉偏干”[②]。这一气候事件一直持续到大西洋期结束。进入亚北方期后，5000～4300 年的植被“仍以栲、栎等常绿树为主，但混生大量落叶栗树，尚有少量落叶栎和桦等生长，部分地域生长暖性松树。下层植物以水龙骨科蕨类为主，里白科较多，金毛狗、桫椤等热带蕨类以及柃属等常绿灌木减少，红树林逐渐退出本区，以至消失，草本仍为香蒲、眼子菜等水生植物。此时气候温暖略干”。距今 4000～2700 年则以“栲和常绿栎为主，落叶树种较上一时期减少，有大片松林生长。下层植物为生长繁盛的里白科等蔗类以及禾本科等草本植物，红树科植物重新出现。气候为热暖湿润”[③]。但同时我们也注意到，在距今 5000～4000 年的后期出现的“柃属常绿灌木减少，红树林逐渐退出本区，以至消失”反映的是气温下降的趋势，而对福建海岸泥地沉积物研究也发现，距今 3800 年左右东亚冬季风变弱且不稳定[④]。由此带来的直接影响便是降水减少。这恰好与距今 4200 年左右又一次以降温和干旱为特征的全国范围的气候突变事件相对应。孢粉分析显示了在长江下游河口地区距今 4800～3800 年和距今 4000 年前后温度的相对降低[⑤]，从而可推论此次气候事件持续时间为距今 4200～3800 年。

综上所述，在距今 6500～2700 年闽江下游流域先后经历了五次较明显的气候波动，其顺序依次为：温暖湿润（距今 6500～5700 年）→温凉偏干（距今 5700～5000 年）→温暖偏干（距今 5000～4200 年）→温凉偏干（距今 4200～3800 年）→热暖湿润（距今 3800～2700 年）（图 4-6）。

在距今 6500～2700 年，闽江河口一带的海平面长期高于现今值，发生在距今 6500～5600 年的海进过程其峰值出现在距今 6100 年左右，高于现今值约 3.8 米。距今 5600～5000 年，海平面波动较大，先后发生了两次海退，期间位于闽江河口的福州盆地曾出现短暂成陆。但总体而言，福州盆地大部分

---

① 施雅风等：《中国全新世大暖期气候与环境的基本特征》，《中国全新世大暖期气候与环境》，海洋出版社，1992 年。

② 王珏：《闽江河口区晚更新世以来的自然环境变化》，《台湾海峡》1990 年 1 期。

③ 吴学忠：《福州马尾全新世孢粉组合及其地质意义》，《福建地质》1994 年 4 期。

④ Liu S F, Shi X F, Liu Y G, et al. Records of the East Asian winter monsoon from the mud area on the inner shelf of the East China Sea since the mid-Holocene. Chinese Science Bulletin, 2010,55(21): 2306-2314.

⑤ 彭亚君、孙千里、陈静、李茂田：《中国 4.0ka BP 前后气候的空间分布特征及其对史前文明变迁的影响》，《地质评论》2013 年 2 期；刘浴辉、孙震、郭彩青：《中国全新世 4.2ka B.P. 气候事件及其对古文明的影响》，《地质科技情报》2013 年 1 期。

时间均处于海平面之下，呈河口港湾形态。至于海水溯闽江河道侵入内陆的距离，根据在位于闽侯县中部的白沙镇溪头、寨档两处昙石山文化时期遗址仍有发现贝丘堆积及牡蛎壳制工具等现象判断，当时的海水至少可溯闽江口向内陆西进约 65 千米。

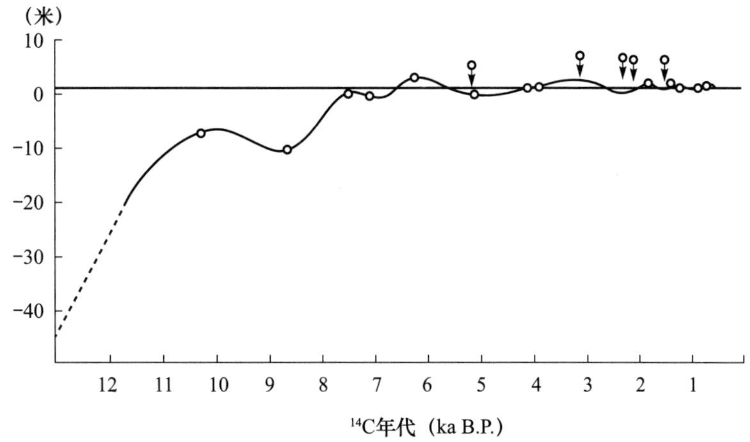


图 4-6 闽江口全新世以来海平面变化曲线图①

## 二、各时期古文化对环境变迁的响应

将闽江下游流域史前文化的年代序列与前述区域内同时期气候及海平面变化过程进行对照后，可得出下表：

**闽江下游流域各时期古文化与环境变化对照表**

| 考古学文化 | 气候变化 | 海平面变化 |
|---|---|---|
| 壳丘头文化（6.5～5.5ka B.P.） | 温暖湿润（6.5～5.7ka B.P.） | 海进（6.5～5.6ka B.P.） |
| 昙石山下层文化（5.5～5ka B.P.） | 温凉偏干（5.7～5ka B.P.） | 海退（5.6～5ka B.P.） |
| 昙石山文化（5～4.3ka B.P.） | 温暖偏干（5～4.2ka B.P.） | 回升（5～4.3ka.B.P.） |
| 黄瓜山文化（4.3～3.5ka B.P.） | 温凉偏干（4.2～3.8ka B.P.）<br>热暖湿润（3.8～2.7ka B.P.） | 持平（4.3～3.8ka B.P.）<br>海进（3.8～2.7ka B.P.） |
| 黄土仑文化（3.5～2.7ka B.P.） | | |

对该表内容加以梳理后，即可得到这样一幅闽江下游流域史前文化兴衰变迁的图景。

距今 7000 年左右开始的大暖期，伴随着海进，古闽江口退至福州盆地的西侧边缘，后者成为海湾。约 6500 年前壳丘头文化在古福州湾外缘的沿海岛屿上兴起，其中心为平潭岛。距今 5700 年左右发生的降温和海退事件中，古福州湾一度成陆，形成福州盆地。壳丘头文化于此时进入，并以此为中心衍生出昙石山下层文化。这次成陆持续到距今约 5000 年，之后海平面再次升高，福州盆地再度成为海湾，目前所发现该时期的遗址，如闽侯的昙石山遗址、溪头遗址和西塘山遗址均处在福州盆地的边缘，这也解释了该时期遗址发现数量何以如此之少。继昙石山下层文化之后，昙石山文化则以古福州湾西岸一带为中心，同时向内陆和沿海岸线传播，遗址数量显著增加。在距今 4200 年前后发生的又一次降

① 曾从盛：《闽东北沿海晚第四纪海侵与海面变动》，《福建师范大学学报（自然科学版）》1997 年 4 期。

温事件中昙石山文化走向衰落，黄瓜山文化入主本区域，其空间分布范围继续扩大。距今约3800年起本区域气候再度变得暖湿，新一轮海进过程开始，在距今约3500年，黄土仑文化兴起并取代了黄瓜山文化，并一直延续至距今约2700年。

这一图景表明，闽江下游流域内各考古学文化的起始和存续基本上都处于一个气候或海平面变化周期内，且前后两个文化发生变迁交替的时间节点也基本与相应时期内的气候及海平面发生变化的时间节点相吻合。总体而言对环境变化高度敏感，响应迅速。

对于这种对环境变化的敏感性，可以从本区域史前文化的聚落特点和经济模式中找到解释。

第一，地理空间上的限制对本区域史前聚落的规模形成了严重的制约。正如前文所介绍的，本区域地貌的主要特征为山地多、水系密集和岛屿众多，而在距今6500～2700年，本区域面积最大的福州平原（盆地）长期处于河口港湾的形态，因此，这一期间的史前遗址只能分布在相对狭小的河口岸滨、山谷、盆地或沿海岛屿，而且在这些区域内适宜作为聚落选址的山冈、台地或坡地也普遍面积不大，且各遗址点往往被密集的水系切割分散，难以连片形成大规模的聚落区。

第二，由于本区域地处亚热带，气候总体上温暖湿润，山海资源丰富，长期以来高度依赖天然资源的渔猎采、集经济占据主导地位，农业经济发展极为缓慢。尽管在2004年昙石山遗址的第九次发掘中曾发现炭化的人工种植稻谷颗粒，从而证明昙石山文化时期已出现稻作农业[①]。但同时也应注意到，此次所发现的稻谷颗粒数量极少；再结合目前出土的农业生产工具数量也很少等现象，可以认为当时的稻作农业水平十分初级，只是渔猎、采集经济的一种补充。也就是说，直到昙石山文化时期，本区域的经济模式才进入介于渔猎、采集经济和农业经济之间的过渡阶段。有学者将这种在很大程度上仍然要依赖渔猎和采集的食物来维持生存的经济模式称为“低水平食物生产经济”[②]。在昙石山文化之后，虽然稻作农业继续有所发展，但直至黄土仑文化时期都未能完全跳出这种过渡阶段。

由此可见，闽江下游流域特殊的地理环境既从空间上抑制大型聚落区的形成，又从资源条件上抑制了农业经济的发展；同时二者还形成一股合力，不仅促使低水平食物生产经济在本区域内形成，而且还共同维护了这种低水平食物生产经济能够在长时期内保持比较稳定的存在。在环境发生较大波动并直接影响天然资源的供给时，其区域内古文化的适应能力是十分脆弱的。

## 第三节　回顾与展望

### 一、本次调查的缺憾与不足

本次开展的闽江下游流域史前考古调查活动取得了较为丰富的成果，不仅完成了既定的目标，而

① 福建博物院、福建省昙石山遗址博物馆：《闽侯昙石山遗址2004年考古发掘简报》，《福建文博》2010年1期。

② Bruce D Smith. Low-level Food Production. Journal of Archaeological Research, 2001, 9(1).

且为今后更深入的研究本区域史前文化积累了一批重要的原始资料。但毋庸讳言，在此过程中仍然存在着若干的不足和缺憾。其原因概而言之有主观方面的原因，亦有客观方面的原因。

主观方面的原因主要有二：其一，由于是福建省昙石山遗址博物馆首次承担这种大流域的考古调查项目，加之团队成员普遍年轻且经验不足。因此在调查初期对地图的判读和把握、对遗址点勘查、信息采集的规范性和全面性等方面往往出现错漏。所幸得到福建博物院的林恭务研究员和范雪春研究员两位前辈的身体力行和悉心指导，这一局面在较短时间内得以改变。其二，随着调查的推进，调查人员对史前遗址可能分布区域的认识不断得到修正和补充，特别是发现早期遗址和晚期遗址分布的地理环境特点存在较大的差异。在调查初期因拘泥于对已知遗址的认识，往往将注意力放在海拔较低区域内那些相对高度较低且面积较小的山冈、台地，而忽略了海拔相对较高，但地势却比较理想的区域。虽然在调查后期我们针对这一问题对闽侯、闽清两个县此前被忽略的区域进行了补充调查，并新发现一批遗址点。但是限于经费和时间，无法对前期调查的永泰、平潭两县区做同样的工作，这些缺憾只能留待今后的工作中陆续弥补。

客观方面的原因亦有二：其一是气候原因。福建地处亚热带，山区里未经开垦的山冈、台地几乎四季都是植被茂密，尤其是在春夏季节还多有蛇虫之患。这也给我们的调查带来不小的困难，迫使放弃对部分可能遗址点的调查。其二，因专业人员不足及经费所限，未能对区域内岛屿进行调查。本次调查团队主要由福建省昙石山遗址博物馆考古研究部成员构成，在对闽江下游流域如此大面积区域开展调查时，专业人员不足是一个始终存在的困难。此外对岛屿的调查还涉及租用船只，所需费用颇大。故除个别交通较为方便的大岛外，对区域内广泛分布的沿海岛屿几乎未做调查。

## 二、关于今后研究的展望

通过对本次调查成果的总结和思考，我们认为今后对闽江下游流域的考古研究视野还应进一步扩大，特别是三个区域需要重点关注。

（1）沿海岛屿。虽然本次调查未能对闽江下游流域内沿海的诸多岛屿进行调查，但这部分工作的重要性是不言而喻的。本区域内目前已知最早的史前遗址，如壳丘头遗址等，都分布在沿海岛屿上。2008年在马祖列岛的亮岛更是发现了距今约8000年的“亮岛人”。这些现象对研究本区域新石器时代文化的起源有十分重要的指示作用。因此加强对沿海岛屿的考古调查，掌握更多的遗址点，摸清其文化面貌以及分布情况应是今后研究工作的重点之一。

（2）非闽江流域的福建东部沿海地区。闽江下游流域的史前诸文化都不是拘囿本区域内孤立产生和发展的。在探讨本区域史前诸文化的来源、发展、交流及去向时，都有必要将视野放得更开阔。通过本次调查我们已经发现，昙石山文化的分布范围向北可扩展到罗源湾沿岸，而较之更晚的黄瓜山文化则在诸如罗源境内的中房溪流域、连江境内的敖江流域、福清境内的龙江流域等非闽江流域亦有分布。这些现象也提醒我们今后对非闽江流域的福建东部沿海地区的流域的考古调查应予以重视。

（3）闽江中上游地区。本次调查我们将位于闽江中游与下游结合部的古田县也纳入了调查范围，其目的是希望在此发现闽江下游流域史前文化与中游乃至上游地区发生交流的更多考古学证据。在对古田溪流域的调查过程中，我们已经注意到在部分遗址采集到的标本与闽江下游流域的昙石山文化和黄瓜山文化存在较高的相似性。而在位于中、下游分界的安仁溪流域发现的大坪顶遗址也提示我们今后应当继续溯闽江而上，对中游乃至上游流域也开展全面的专题调查，以了解闽江流域新石器时代文化的起源以及流域内史前文化之间的交流或融合情况。

# 附　　录

## 附录一　北京大学加速器质谱（AMS）$^{14}$C 测试报告（一）

（连江黄岐屿遗址）

| Lab 编号 | 样品 | 出土单位 | $^{14}$C 年代（BP） | 树轮校正后年代 | |
|---|---|---|---|---|---|
| | | | | 1σ(68.2%) | 2σ(95.4%) |
| BA150460 | 炭样 | T2 ③ | 4135±25 | 2860BC ( 14.2%) 2830BC<br>2820BC ( 5.1%) 2800BC<br>2760BC (48.9%) 2630BC | 2880BC ( 95.4%) 2610BC |
| BA150461 | 炭样 | H1 | 3855±25 | 2440BC ( 5.7%) 2420BC<br>2410BC (12.4%) 2370BC<br>2350BC (43.8%) 2280BC<br>2250BC ( 6.3%) 2230BC | 2460BC (82.2%) 2270BC<br>2260BC (13.2%) 2200BC |
| BA150463 | 炭样 | T2 ④ | 4120±35 | 2860BC (20.6%) 2800BC<br>2760BC (11.9%) 2720BC<br>2700BC (35.7%) 2610BC | 2880BC (95.4%) 2570BC |
| BA150464 | 果核 | T2 ④ | 3865±25 | 2460BC (31.0%) 2370BC<br>2350BC (37.2%) 2280BC | 2470BC (89.9%) 2280BC<br>2250BC ( 4.2%) 2230BC<br>2220BC ( 1.2%) 2210BC |
| BA150465 | 种子 | T2 ③ | 3980±25 | 2565BC (35.8%) 2535BC<br>2495BC (32.4%) 2470BC | 2570BC (95.4%) 2460BC |
| BA150466 | 果核 | H1 | 3840±25 | 2350BC (41.7%) 2270BC<br>2260BC (26.5%) 2200BC | 2460BC (15.7%) 2360BC<br>2350BC (79.7%) 2200BC |
| BA150467 | 碎骨 | H1 | 3845±30 | 2400BC ( 7.5%) 2380BC<br>2350BC (40.4%) 2270BC<br>2260BC (20.3%) 2200BC | 2460BC (95.4%) 2200BC |
| BA150468 | 碎骨 | T2 ③ | 3870±35 | 2460BC (36.7%) 2360BC<br>2350BC (31.5%) 2290BC | 2470BC (87.5%) 2270BC<br>2260BC ( 7.9%) 2200BC |
| BA150469 | 碎骨 | T2 ④ | 4055±30 | 2630BC (45.1%) 2560BC<br>2540BC (23.1%) 2490BC | 2840BC ( 6.2%) 2810BC<br>2670BC (89.2%) 2470BC |

注：所用 $^{14}$C 半衰期为 5568 年，BP 为距 1950 年的年代。

树轮校正所用曲线为 IntCal04*，所用程序为 OxCal v3.10**。

* Reimer P J, Baillie M G L, Bard E, Bayliss A, Beck J W, Bertrand C, Blackwell P G, Buck C E, Burr G, Cutler K B, Damon P E, Edwards R L, Fairbanks R G, Friedrich M, Guilderson T P, Hughen K A, Kromer B, Mc Cormac F G, Manning S, Bronk Ramsey C, Reimer R W, Remmele S, Southon J R, Stuiver M, Talamo S, Taylor F W, J van der Plicht, and CE Weyhenmeyer. 2004 *Radiocarbon* 46:1029-1058.

** Christopher Bronk Ramsey 2005，www.rlaha.ox.ac.uk/orau/oxcal.html

# 附录二　北京大学加速器质谱（AMS）$^{14}$C 测试报告（二）

（闽侯芝山遗址）

| Lab 编号 | 样品 | 出土单位 | $^{14}$C 年代（BP） | 树轮校正后年代 | |
|---|---|---|---|---|---|
| | | | | 1σ(68.2%) | 2σ(95.4%) |
| BA160658 | 炭样 | T1 ⑤ | 2725±25 | 896BC (68.2%) 837BC | 916BC (95.4%) 817BC |

注：所用 $^{14}$C 半衰期为 5568 年，BP 为距 1950 年的年代。

树轮校正所用曲线为 IntCal13 atmospheric curve（Reimer et al 2013）*，所用程序为 OxCal v4.2.4 Bronk Ramsey (2013); r:5**

* Reimer P J, Bard E, Bayliss A, Beck J W, 2013. IntCal13 and Marine13 radiocarbon age calibration curves 0–50,000 years cal BP, Radiocarbon 55, 1869-1887.

** Christopher Bronk Ramsey 2015，https://c14.arch.ox.ac.uk/oxcal/OxCal.html

# 附录三　北京大学加速器质谱（AMS）$^{14}C$ 测试报告（三）

（闽侯大坪顶遗址）

| Lab 编号 | 样品 | 出土单位 | $^{14}C$ 年代（BP） | 树轮校正后年代 | |
|---|---|---|---|---|---|
| | | | | 1 σ (68.2%) | 2 σ (95.4%) |
| BA160651 | 炭样 | H1 | 3355 ± 30 | 1686BC (68.2%) 1619BC | 1740BC ( 7.7%) 1713BC<br>1697BC (78.6%) 1602BC<br>1585BC ( 8.5%) 1544BC<br>1539BC ( 0.6%) 1535BC |
| BA160652 | 炭样 | H1 | 3360 ± 25 | 1683BC (68.2%) 1626BC | 1739BC ( 7.7%) 1713BC<br>1697BC (86.3%) 1610BC<br>1575BC ( 1.3%) 1565BC |
| BA160653 | 炭样 | M1 | 3915 ± 30 | 2469BC (44.4%) 2401BC<br>2382BC (23.8%) 2348BC | 2475BC (95.4%) 2299BC |
| BA160654 | 炭样 | M1 | 3820 ± 39 | 2299BC (68.2%) 2203BC | 2448BC ( 0.2%) 2446BC<br>2436BC ( 1.4%) 2420BC<br>2405BC ( 3.5%) 2378BC<br>2350BC (84.9%) 2193BC<br>2177BC ( 5.3%) 2144BC |
| BA160655 | 炭样 | M2 | 6525 ± 30 | 5512BC (68.2%) 5474BC | 5557BC (92.0%) 5466BC<br>5435BC ( 0.8%) 5426BC<br>5405BC ( 2.6%) 5386BC |
| BA160656 | 炭样 | M2 | 6530 ± 30 | 5513BC (68.2%) 5476BC | 5558BC (94.4%) 5467BC<br>5400BC ( 1.0%) 5391BC |
| BA160657 | 稻谷<br>颗粒 | M2 | 6620 ± 30 | 5615BC (28.3%) 5586BC<br>5570BC (39.9%) 5528BC | 5621BC (95.4%) 5492BC |

注：所用 $^{14}C$ 半衰期为 5568 年，BP 为距 1950 年的年代。

树轮校正所用曲线为 IntCal13 atmospheric curve (Reimer *et al*. 2013)*，所用程序为 OxCal v4.2.4 Bronk Ramsey (2013); r:5**

* Reimer P J, Bard E, Bayliss A, Beck J W, 2013. IntCal13 and Marine13 radiocarbon age calibration curves 0–50000 years cal BP, Radiocarbon 55, 1869-1887.

** Christopher Bronk Ramsey 2015，https://c14.arch.ox.ac.uk/oxcal/OxCal.html

# 附录四　美国贝塔分析实验室 $^{14}C$ 测年报告（一）

（闽侯大坪顶遗址 M2）

## CALIBRATION OF RADIOCARBON AGE TO CALENDAR YEARS

(Variables: C13/C12 = -25.2 o/oo : lab. mult = 1)

| | |
|---|---|
| **Laboratory number** | **Beta-440341 : DPDM2** |
| **Conventional radiocarbon age** | **6690 ± 30 BP** |
| **Calibrated Result (95% Probability)** | **Cal BC 5645 to 5605 (Cal BP 7595 to 7555)**<br>**Cal BC 5595 to 5560 (Cal BP 7545 to 7510)** |
| Intercept of radiocarbon age with calibration curve | Cal BC 5625 (Cal BP 7575) |
| Calibrated Result (68% Probability) | Cal BC 5630 to 5615 (Cal BP 7580 to 7565)<br>Cal BC 5580 to 5575 (Cal BP 7530 to 7525) |

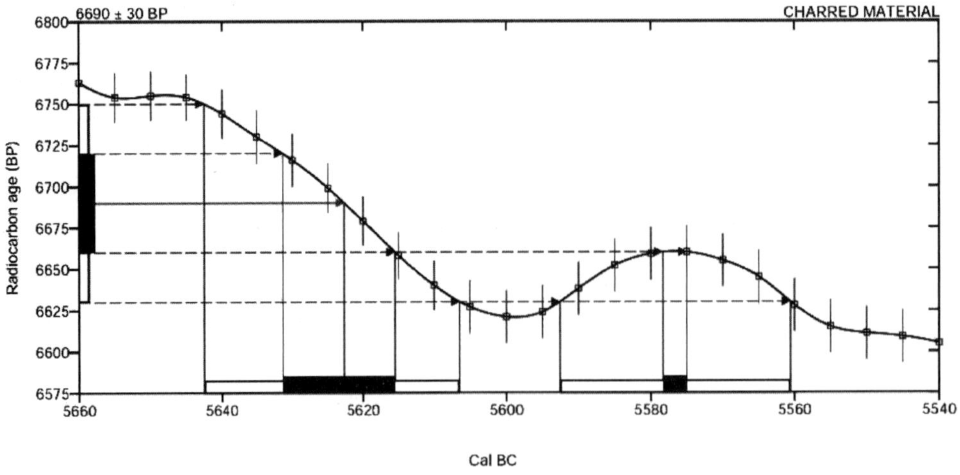


**Database used**
**INTCAL13**

**References**
**Mathematics used for calibration scenario**
A Simplified Approach to Calibrating C14 Dates, Talma, A. S., Vogel, J. C., 1993, Radiocarbon 35(2):317-322
**References to INTCAL13 database**
Reimer PJ et al. IntCal13 and Marine13 radiocarbon age calibration curves 0–50,000 years cal BP. Radiocarbon 55(4):1869–1887., 2013.

**Beta Analytic Radiocarbon Dating Laboratory**
4985 S.W. 74th Court, Miami, Florida 33155 • Tel: (305)667-5167 • Fax: (305)663-0964 • Email: beta@radiocarbon.com

# 附录五 美国贝塔分析实验室 $^{14}C$ 测年报告（二）

（闽侯芝山遗址 T1 ⑤）

## CALIBRATION OF RADIOCARBON AGE TO CALENDAR YEARS

(Variables: C13/C12 = -27.8 o/oo : lab. mult = 1)

**Laboratory number** **Beta-440342 : ZST1**

**Conventional radiocarbon age** **2840 ± 30 BP**

**Calibrated Result (95% Probability)**
**Cal BC 1105 to 1100 (Cal BP 3055 to 3050)**
**Cal BC 1080 to 1065 (Cal BP 3030 to 3015)**
**Cal BC 1055 to 920 (Cal BP 3005 to 2870)**

Intercept of radiocarbon age with calibration curve: Cal BC 1005 (Cal BP 2955)

Calibrated Result (68% Probability)
Cal BC 1020 to 970 (Cal BP 2970 to 2920)
Cal BC 955 to 940 (Cal BP 2905 to 2890)

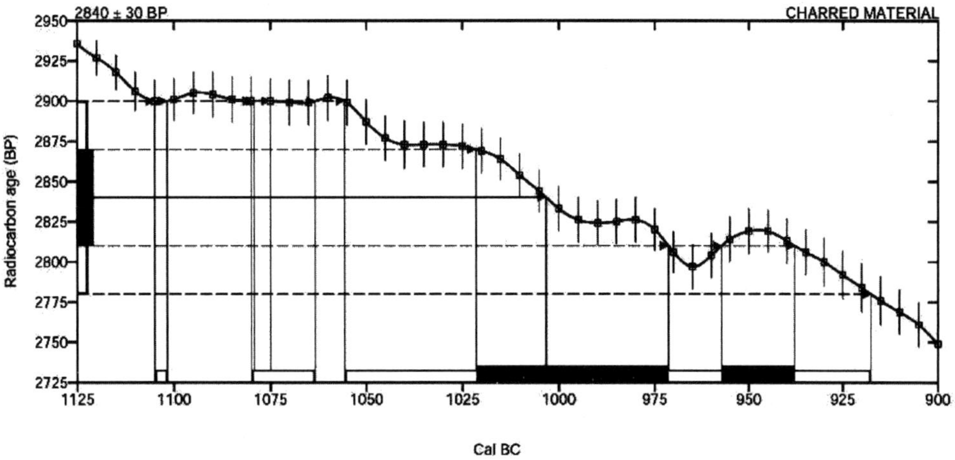


**Database used**
**INTCAL13**

**References**
**Mathematics used for calibration scenario**
A Simplified Approach to Calibrating C14 Dates, Talma, A. S., Vogel, J. C., 1993, Radiocarbon 35(2):317-322
**References to INTCAL13 database**
Reimer PJ et al. IntCal13 and Marine13 radiocarbon age calibration curves 0–50,000 years cal BP. Radiocarbon 55(4):1869–1887., 2013.

**Beta Analytic Radiocarbon Dating Laboratory**
4985 S.W. 74th Court, Miami, Florida 33155 • Tel: (305)667-5167 • Fax: (305)663-0964 • Email: beta@radiocarbon.com
Page 4 of 4

# 附录六　闽江下游流域原始瓷发现地点分布情况[①]

| 县市 | 乡镇 | 遗址名称 |
| --- | --- | --- |
| 福州市（4处） | 建新镇 | 淮安遗址 |
| | 新店镇 | 罗汉山遗址 |
| | | 浮村遗址 |
| | | 磐石山遗址 |
| 闽侯县（19处） | 白沙镇 | 溪头遗址 |
| | | 上寨遗址 |
| | | 南山洋遗址 |
| | 鸿尾乡 | 坪峰山遗址 |
| | | 程湾遗址 |
| | 荆溪镇 | 仁山遗址 |
| | | 芝山遗址 |
| | | 西山遗址 |
| | | 白头遗址 |
| | 甘蔗镇 | 昙石山遗址 |
| | 上街镇 | 岐头遗址 |
| | | 夕烟山遗址 |
| | 青口镇 | 青圃里遗址 |
| | 小箬乡 | 牛头山遗址 |
| | | 牛栏墓遗址 |
| | | 象鼻山遗址 |
| | | 蛇山遗址 |
| | 洋里乡 | 格垄遗址 |
| | | 后门山遗址 |
| 闽清县（3处） | 梅溪镇 | 后门山遗址 |
| | 阪东镇 | 后坪山遗址 |
| | | 后门寨遗址 |
| 永泰县（6处） | 梧桐镇 | 羊格山遗址 |
| | | 德顺山遗址 |
| | | 格埕山遗址 |
| | | 马头山遗址 |
| | | 张限遗址 |
| | 长庆镇 | 顶头埔遗址 |
| 福清市（1处） | 东张镇 | 东张遗址 |
| 连江县（2处） | 透堡镇 | 黄岐屿遗址 |
| | 丹阳镇 | 布政坪遗址 |

① 本次考古调查活动之前的原始瓷发现情况主要根据以下文献资料统计：国家文物局：《中国文物地图集——福建分册》（下），福建省地图出版社，2007年；福州市文物考古工作队：《福州市新店罗汉山商周遗址2008年度考古发掘简报》，《福建文博》2014年4期；曾凡：《福州浮村遗址的发掘》，《考古学报》1958年2期；福建省文管会：《福建福清东张新石器时代遗址发掘报告》，《考古》1965年2期；福建省博物馆：《闽侯溪头遗址第二次发掘报告》，《考古学报》1984年4期；《闽侯庄边山遗址发掘报告》，《考古学报》1998年2期；《福州市闽侯县小箬村遗址群调查简报》，《福建文博》2015年2期；福建博物院、福建省昙石山遗址博物馆：《福建省昙石山遗址1954～2004年发掘报告》，海峡书局，2015年；曾凡：《福建闽清永泰新石器时代遗址调查》，《考古》1965年2期。

# 大事记

1. 2011年5月30日，“闽江下游流域史前遗址考古调查与研究”项目正式启动。

2. 2011年6月20日～6月21日，先后对闽侯县荆溪镇仁山遗址、白沙镇后山遗址和寨档遗址进行考古勘探，确定考古发掘工作的可行性。

3. 2011年6月27日～7月15日，闽侯县荆溪镇仁山遗址抢救性考古发掘。

4. 2013年3月19日～3月28日，闽侯县鸿尾乡坪峰山遗址抢救性考古试掘。

5.《福建文博》2013年3期发表《闽侯县仁山遗址2011年试掘简报》。

6. 2015年1月22日～2月6日，连江县透堡镇黄岐屿遗址抢救性考古发掘。这是首次在罗源湾沿岸发现昙石山文化时期遗址。

7. 2015年5月29日～7月8日，闽侯县荆溪镇芝山遗址抢救性考古发掘。遗址出土了大量西周早中期原始瓷，其数量和器形之丰富为闽江下游流域首见。

8. 2015年6月26日，在古田县翠屏湖西南岸滨发现龟山遗址。现场采集到大量石器和陶器口沿，经勘探后推测其年代为新石器时代晚期至青铜时代。

9. 2015年7月9日，在古田县翠屏湖西部岸滨发现天宫岭窑址，从窑址的形制及陶片标本推断窑址属于战国至秦汉时期。

10. 2015年12月，“闽江下游流域史前遗址考古调查与研究”野外调查阶段基本结束。

11.《福建文博》2015年4期发表《闽侯县坪峰山遗址2013年试掘简报》。

12. 2016年3月8日，在闽侯县洋里乡洋里村南面发现遭严重破坏的大坪顶遗址，经小范围清理后，共发现新石器时代的灰坑、墓葬等十余处遗迹，并出土石器、陶器60余件。

13. 2016年6月20日，“闽江下游流域史前遗址考古调查与研究”成果汇报及初稿专家论证会在福建省昙石山遗址博物馆召开。

14. 2016年8月3日，专题报道《福建大坪顶遗址系昙石山文化和黄瓜山文化的重要遗址》在《中国文物报》发表。

15. 2016年7月至12月，在对大坪顶遗址勘掘过程中采集的土样进行浮选后，于M2中发现少量炭化稻谷颗粒，$^{14}C$ 测年为距今约 7500 年。这是福建境内目前已知最早的水稻遗存。

16.《福建文博》2016 年 4 期发表《福州连江县黄岐屿遗址发掘简报》。

17. 2017 年 6 月,《闽江下游流域史前遗址考古调查与研究》完成定稿并交付出版。

# 后　记

“闽江下游流域史前遗址调查与研究”的野外调查工作自2011年6月启动，原计划2年完成，由于林恭务馆长的退休，馆领导的更迭，项目未能如期完成。我于2013年10月来馆工作，有机会介入该项工作，尤其是全程参与了在罗源县全境的野外调查工作，对于我这个非考古专业出身的文物工作者而言，受益匪浅！我馆年轻同志的敬业精神也给我留下了深刻印象。2014年11月担任馆长以后，为推进项目进度，聘请了林恭务同志作为文物考古方面的学术顾问，如今，我们不仅较好地完成了全部的野外调查，而且还对连江县透堡镇黄岐屿遗址、闽侯县荆溪镇芝山遗址、闽侯县洋里乡大坪顶遗址进行了小规模的考古勘探或抢救性发掘，获取了不少宝贵的资料，丰富了对本区域史前文化面貌及内涵的认识。

“闽江下游流域史前遗址调查与研究”是我馆独立承担的第一个考古调查学术课题，参与人员以我馆年轻的业务人员为主。在报告撰写的过程中，根据他们的参与情况做了具体分工。吴卫负责全书的编辑和统稿，并撰写第一章第二节、第二章第一节、第三章古田县新发现遗址情况、大坪顶遗址发掘简报以及第四章；朱燕英撰写第一章第一节、第二章第二节、第三章闽侯县新发现遗址情况以及坪峰山遗址、黄岐屿遗址发掘简报；王有为撰写第三章永泰县、平潭区新发现遗址情况；王银平撰写第三章连江县新发现遗址情况以及仁山遗址和芝山遗址发掘简报；林凤英撰写第三章福清市新发现遗址情况；肖凡撰写第三章罗源县和闽清县新发现遗址情况。资料整理与录入由吴卫、朱燕英、王有为、王银平、林凤英、林海南、肖凡、陈芸完成。野外摄影与器物摄影由吴卫、王银平、林海南完成。器物绘图及拓片由林凤英、朱燕英、王有为、王银平、林海南、陈芸完成。器物修复人员为林凤英、吴卫、朱燕英、陈芸、林海南。

在该调查期间，福州市文物考古工作队提供了闽侯、永泰、罗源等县部分遗址点的调查资料以及福州市罗汉山遗址的发掘资料；福建博物院文物考古研究所也给予了从人员到资料等诸多方面的无私协助；调查所涉各市县文物部门也为本次调查的开展提供了许多便利，在此表示衷心的感谢。在报告撰写期间，郑国珍、林恭务、范雪春、陈兆善、温松全等学界同仁都提出了建设性的意见，林恭务研究员对本报告做了最后的审定，在此一并致以特别的谢意。

由于学识所限，本报告难免存在不足和疏漏，希望专家学者予以批评指正。

董　平

福建省昙石山遗址博物馆馆长

2017年10月

1. 仁山遗址（东—西）

2～10. 石锛（T0415③：9、T0315⑤：3、T0615③：2、采：2、T0515②：1、T0415③：4、T0615③：1、T0615③：4、T0415③：5）

11. 石镞（T0515③：1）

12. 陶网坠（采：3、采：1、T0415③：3）

13. 陶纺轮（T0615②：1、T0315③：1）

仁山遗址及出土器物

图版 2

1. 罍形器（T0515③：8）

2. 罐（T0315④：3）

3. 杯（T0315③：41）

4. 杯（T0515③：7）

5. 杯（T0315③：40）

6. 杯（T0315⑤：4）

仁山遗址出土陶器

1. 坪峰山遗址（南—北）

2～7. 石锛（T1②：1、T1②：5、T1③：1、采：1、T1②：3、T1②：4）

8. 石镞（T1③：5）

9. 陶支脚（T1③：6）

10. 鸟形捏塑（T1②：2）

坪峰山遗址及出土器物

图版 4

1. 黄岐屿遗址（南—北）

2. 陶杯（H1：2）

3. 陶簋（H1：3）

4. 陶簋（H1：5）

5. 陶豆（T2④：29）

黄岐屿遗址及出土器物

1. T2出土动物骨骼

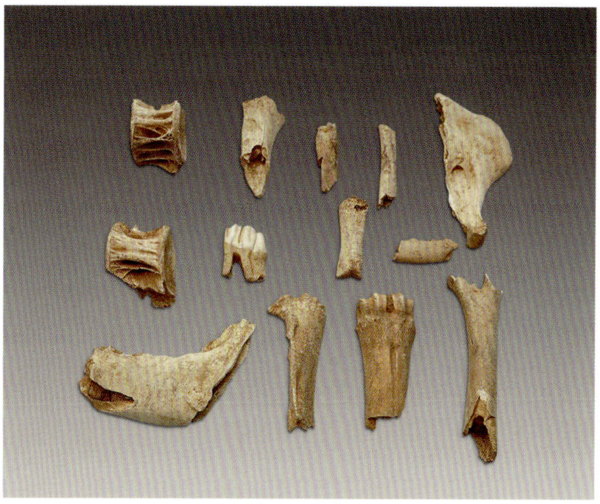

2. T2出土动物骨骼

3～8. 石锛（T1③：1、T1②：1、T2④：5、T2②：4、T2④：3、T2②：2）

9～11. 石镞（T2④：6、T2④：4、T1②：3）

12、13. 陶纺轮（T2④：9、T2③：4）

14. 骨镞（T2④：1）

黄岐屿遗址出土器物

1. 芝山遗址（南—北）

2. F1平面

3. G1平面

4. 石锛（G2：1）

5. 石范残段（G1：8）

芝山遗址及出土遗迹、器物

1. 罐（T1③：5）

2. 罐（G2：8）

3. 罐（G2：14）

4. 罐（T4③：3）

5. 甗形器（G2：10）

6. 罐（G2：7）

芝山遗址出土陶器

图版 8

1. 钵（G2：3）

2. 钵（T2④：1）

3. 罐（G2：9）

4. 盂（G3：2）

5. 支脚（G1：7）

6. 网坠（G2：4）

芝山遗址出土陶器

1. 豆（T1④：1）

2. 豆（G2：1）

3. 豆（T1⑤：1）

4. 豆（T2④：7）

5. 簋（T4⑤：1）

6. 豆（T1③：1）

芝山遗址出土原始瓷器

图版 10

1. 豆（T4③：1）

2. 豆（G2：2）

3. 豆（T1④：3）

4. 豆（G2：11）

5. 纹饰

芝山遗址出土原始瓷器及纹饰

1. 罐（T5②：1）

2. 罐（T4③：1）

3. 罐（T1⑤：9）

4. 罐（T3③：1）

5. 簋（T4④：1）

6. 罐（G3：8）

芝山遗址出土原始瓷器

图版 12

1. 大坪顶遗址（东一西）

2. H1剖面

3. F1平面

4. M1平面

5. M2平面

大坪顶遗址及出土遗迹

1. 砺石（H1：3）

2. 砺石（H7：1）

3. 石锤（T2②：3）

4～8. 石锛（H6：3、T2②：4、T1②：2、T2②：5、H8：1）

9、10. 陶纺轮（H1：8、H1：7）

11. 陶支脚（H1：4）

大坪顶遗址出土器物

# 图版 14

1. 彩陶釜（H1：5）

2. 石锛（M2：1）

3. M2出土炭化稻谷颗粒

4. 石饼（M2：2）

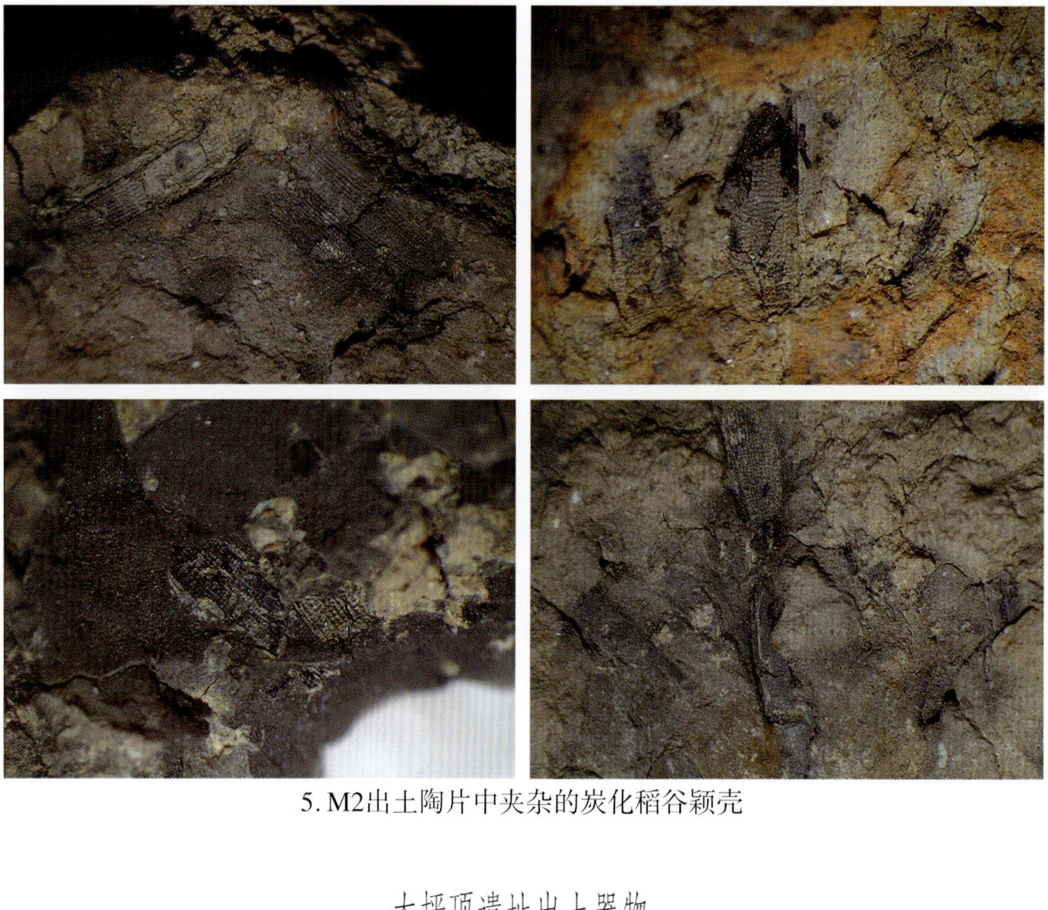

5. M2出土陶片中夹杂的炭化稻谷颖壳

大坪顶遗址出土器物

1. 壶（M1：1）

2. 壶（M1：8）

3. 壶（M1：2）

4. 壶（M1：19）

5. 鼎（M1：16）

6. 盘（M1：7）

大坪顶遗址出土陶器

1. 盘（M1：9）

2. 盘（M1：11）

3. 釜（M1：12）

4. 釜（M1：10）

5. 釜（M1：13）

6. 釜（M1：17）

大坪顶遗址出土陶器